Johannes Thon
Sprüche über das Sprechen

Beihefte zur Zeitschrift für die alttestamentliche Wissenschaft

Herausgegeben von
John Barton, Reinhard G. Kratz, Nathan MacDonald,
Sara Milstein und Markus Witte

Band 542

Johannes Thon

Sprüche über das Sprechen

—

Meta-pragmatische Metaphern zum sprachlichen
Handeln in Spr 10–29

DE GRUYTER

ISBN 978-3-11-076559-5
e-ISBN (PDF) 978-3-11-076566-3
e-ISBN (EPUB) 978-3-11-076571-7
ISSN 0934-2575

Library of Congress Control Number: 2022935819

Bibliografische Information der Deutschen Nationalbibliothek
Die Deutsche Nationalbibliothek verzeichnet diese Publikation in der Deutschen
Nationalbibliografie; detaillierte bibliografische Daten sind im Internet über
http://dnb.dnb.de abrufbar.

© 2022 Walter de Gruyter GmbH, Berlin/Boston
Druck und Bindung: CPI books GmbH, Leck

www.degruyter.com

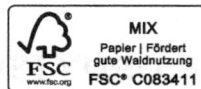

MIX
Papier | Fördert
gute Waldnutzung
FSC
www.fsc.org   FSC® C083411

Für Manfred Thon (1935–2022)

Inhaltsverzeichnis

Vorwort

Diese Arbeit stellt ein spätes Ergebnis meiner Mitwirkung an dem dankenswerterweise durch die Deutsche Forschungsgemeinschaft geförderte Projekt zu biblischen Sprachauffassungen d ar, d as v on 2 008–2015 a n d er Martin-Luther-Universität Halle–Wittenberg in Kooperation zwischen Altem Testament und Judaistik durchgeführt wurde. Die hiermit nun vorgelegten Untersuchungen zur Spruchweisheit konnte ich damals nicht abschließen, sondern habe sie während des Einstiegs in den Pfarrdienst immer nur stückweise weiterführen und nun zu Ende bringen können. Die Arbeit ist an der hiesigen Fakultät jetzt auch als Habilitationsschrift angenommen worden. Mein Dank gilt den Leitern dieses Projektes Ernst-Joachim Waschke, Giuseppe Veltri und – gegen Ende – Gerold Necker, die meine Studien mit getragen haben. Ebenso danke ich den Kollegen im alttestamentlichen Seminar in Halle, Jens Kotjatko-Reeb, Stefan Schorch, Frank Ueberschaer und besonders Benjamin Ziemer, die mir in unterschiedlichen Phasen der Arbeit mit Kritik und Gespräch hilfreich wurden. Mein Dank gilt auch den beiden Projektmitarbeiterinnen Jasmin Henle und Antje Seeger. Für die Aufnahme der Monographie in die Reihe BZAW danke ich dem Herausgeberkreis, für die fachkundige Betreuung Sophie Wagenhofer und Alice Meroz. Bei der technischen Umsetzung des Manuskriptes für den Satz mit X ELTEX half Charlotte Webster, die für alle Probleme umgehend eine Lösung wusste. Für das Stellenregister bin ich Daniel Christian Siegmund zu Dank verpflichtet. Am Ende danke ich den Kirchengemeinden im Pfarrbereich Hohenthurm, dass sie die wissenschaftliche Arbeit ihres Pastors wertschätzen und mittragen.

Über diese lange Zeit sind unsere beiden Söhne nun erwachsen geworden. Zusammen mit meiner Frau, der ich diese Familie verdanke, staune ich immer wieder darüber, womit man über die Jahre gesegnet und beschenkt wird. Ich widme dieses Buch meinem Vater, der manchen Gedanken hat reifen sehen und den wir in diesem Jahr der Fürsorge des Ewigen anbefohlen haben.

Johannes Thon   Ostern 2022

https://doi.org/10.1515/9783110765663-203

1 Einleitung und methodischer Ansatz

1.1 Einleitung

Die Kapitel 10–29 des Sprüchebuches, die wahrscheinlich zu den älteren Bestandteilen des Buches gehören, bestehen aus Zusammenstellungen von Einzelsprüchen (Kap. 10,1–22,16 und Kap. 25–29) bzw. kurzen Kompositionen weisheitlichen Materials (Kap. 22,17–24,34).[1] Eine bemerkenswert hohe Anzahl von Weisheitssprüchen beschäftigt sich mit sprachlichen Handlungen.[2] Dem steht die Behauptung gegenüber, im alten Israel habe es (so gut wie) keine Sprachreflexion gegeben.[3] Diese Diskrepanz überrascht, ist aber in der Überzeugung begründet, dass das Eine nichts mit dem Anderen zu tun habe: Weisheitssprüche stellen keine Sprachreflexion über das Reden im Sinne der europäischen Wissenschaftstradition dar. Das kann man allerdings als Mangel der einen wie der anderen Seite beschreiben: In der Hebräischen Bibel finden sich so gut wie keine Thematisierungen isolierter sprachlicher Formen, wie sie konstituierend für die europäische linguistische Wissenschaftstradition sind. Gleichzeitig offenbart sich dadurch eine Verengung der wissenschaftlichen Fragestellung, die heute in zunehmendem Maße als Defizit gesehen wird: Die Isolierung sprachlicher Phänomene von ihrem situativen Kontext verstellt den den Blick darauf, wie sprachliche Handlungen verstanden wurden. Verschiedene Neuansätze in der Sprachwissenschaft des 20. Jahrhunderts nötigen und ermöglichen daher, die Frage nach dem biblischen Sprachbewusstsein noch einmal neu zu stellen.[4]

Die Diskrepanz der Wissenskonzepte hat jedoch noch weiterreichende Folgen: George Lakoff und Mark Johnson sprechen hier kritisch vom „Mythos Objektivismus".[5] Demnach liegt der Betrachtung von Texten als strukturierter Zusammensetzungen von Einzelteilen (Sätze, Teilsätze, Wortarten, Formbildungs-

---

1 Markus Saur, *Einführung in die alttestamentliche Weisheitsliteratur* (Darmstadt, 2012), 47–51.

2 Udo Skladny, *Die ältesten Spruchsammlungen in Israel* (Berlin, 1961), 70; Jutta Hausmann, *Studien zum Menschenbild der älteren Weisheit: (Spr 10ff.)*, FAT 7 (Tübingen, 1995), 186–213.

3 So z. B. Seth Schwartz, "Language, Power and Identity in Ancient Palestine", *PaP* 148 (1995): 10–12.

4 Siehe dazu unten und Johannes Thon, "Sprachbewusstsein in nichtklassischen Kontexten. Eine Einleitung aus alttestamentlicher Perspektive", in *Sprachbewusstsein und Sprachkonzepte im Alten Orient, Alten Testament und dem rabbinischen Judentum*, hrsg. Johannes Thon, Giuseppe Veltri und Ernst-Joachim Waschke (Halle (Saale), 2012), 1–27.

5 George Lakoff und Mark Johnson, *Leben in Metaphern. Konstruktion und Gebrauch von Sprachbildern*, aus dem Amerikanischen übersetzt von Astrid Hildenbrand, 6. Aufl. (Heidelberg, 2008), 224.

https://doi.org/10.1515/9783110765663-001

elemente) ein mechanistisches Modell zugrunde, das das neuzeitliche Denken auf vielen Ebenen dominiert. Dadurch werden sprachliche Äußerungen *de facto* hypostasiert: Wörter und Sätze werden einerseits zu isolierten Zeichen(komplexen), die erst durch die mehr oder weniger willkürliche Zuordnung der Sprecher und Hörer auf bestimmte Bedeutungen verweisen. So isoliert werden sie andererseits zu Trägern oder Gefäßen, durch die Inhalte transportiert werden können. Man kann hier einwenden, dass wir als Teilhaber dieser Wissenstradition durchaus in der Lage sind, die suggestiven Aspekte dieser Konzeptualisierungen zu erkennen und davon zu abstrahieren. Dass wir von solchen Missverständnissen nicht frei sind, lässt sich auch daran zeigen, wie schwer es im wissenschaftlichen Diskurs gefallen ist, den Charakter von sprachlichen Äußerungen als Handlungen ernst zu nehmen und nicht nur als separierbare Einzelformen zu beschreiben.[6]

Wenn nun aus dieser neuzeitlichen Perspektive vorklassische Texte betrachtet werden, die sprachliches Handeln thematisieren, dann liegt die Gefahr einer Rückprojektion nahe: Antike Metaphern, die sprachliche Handlungen beschreiben, werden mechanistisch konkret verstanden: Wo Worte etwa wie Pfeile geschossen werden oder wie Vögel auffliegen, wird den antiken Autoren ein Sprachverständnis unterstellt, das Wörter quasi für materielle Gegenstände hält. Das hängt dann natürlich auch mit dem Problem zusammen, wie diese sprachlichen Bilder zu deuten sind. Wenn in dem typisch synthetischen Sprachgebrauch[7] alttestamentlicher Texte mit den Gegenständen und Körperteilen semantisch ihre jeweiligen Funktionen mit benannt sind, ist dann der physische Bedeutungsbereich dennoch so dominant, dass eine mechanistische Deutung berechtigt ist? Bei der Deutung alttestamentlicher Texte gehen Ausleger traditionell von einer Art Prädominanz der gegenständlichen Bedeutungsbereiche der Lexeme aus. Dadurch fallen die Auslegungen von sprachlichen Handlungen, insbesondere bei so spezifischen Situationen wie Prophetie, Segen oder Fluch, tendenziell eher insofern archaisierend aus, als den gesprochenen Worten eine Eigenwirksamkeit zugetraut wird, die öfter auch als „magisch" bezeichnet wird.

Beim Blick in die Kommentare zur alttestamentlichen (und altorientalischen) Spruchweisheit fällt auf, dass für die hier benannten Redesituationen diese (mechanistisch-magische) Deutung viel weniger in Betracht gezogen wird, obwohl auch hier die gleichen oder ähnliche Bildbereiche wie in der allgemeinen althebräischen Phraseologie verwendet werden. In Zusammenhang der Spruchweisheit wird in der Regel von einem Verständnis der sprachlichen Handlungen ausgegangen, die verschiedene Kommunikationssituationen kommentieren. Re-

---

6 Vgl. Lakoff und Johnson, *Leben*, 224–240.
7 Siehe dazu Kap. 3.2.

den ist hier ein spezifischer Modus des menschlichen Handelns, bei dem vor allem auf die situativen Bedingungen Rücksicht genommen werden muss.

Da dieses Buch zur Erfassung alttestamentlicher Sprachkonzepte bei dem relativ großen und in sich recht homogenen Material der Spruchweisheit ansetzt, wird es insgesamt von der These getragen, dass solche pragmatischen Einsichten den primären Fokus alttestamentlicher Aussagen über das Sprechen bilden und dass auch die verwendete Bildsprache in diesem Sinn zu interpretieren ist. Das wichtigste Korrelat für ein solches Verständnis bilden neuere Untersuchungen zu modernen Formen nichtlinguistischer Sprachreflexion: Alltagssprachlich werden auch in unserer Lebenswelt Äußerungen in ihrem handlungsbezogenen Kontext wahrgenommen und bewertet. Die wirklichkeitsverändernden Effekte von Kommunikation werden dabei oft unter Zuhilfenahme einer Bildsprache beschrieben, die auch als „schwach magisch"[8] bezeichnet werden kann. Ob dieser Ausdruck wirklich angemessen ist, kann bezweifelt werden. Letztlich formulieren Menschen die Einsicht, dass sprachliches Handeln unmittelbare Folgen auf das zwischenmenschliche Miteinander hat: Es kann sehr intensive Gefühle hervorrufen, durch die Beziehungen aufgebaut oder zerstört werden. Es kann gegen gesellschaftliche Regeln verstoßen, was sehr ernste Konsequenzen nach sich zieht. Dabei wirken solche Worte nie automatisch, sondern sind immer vom situativen Gefüge abhängig. Letzteres wird allerdings auch von neueren Magietheorien betont. Die Frage, was unter „Magie" zu verstehen ist, bleibt selbst hochgradig mit Vorurteilen belegt und von Voraussetzungen bedingt.[9]

Die vorliegende Studie gliedert sich – nach diesem einleitenden Kap. 1 – in drei Teile, die aufeinander aufbauen und sich z. T. gegenseitig bedingen.

Zunächst wird in Kap. 2 ein eher formaler Überblick gegeben über alle Belege in den Spruchsammlungen Spr 10–29, die sprachliches Handeln ansprechen. Neben den sprachlich formalen Unterscheidungen werden vor allem mit Listen zu den thematischen Bezügen und mit einem Überblick zur verwendeten Bildsprache die beiden folgenden Kapitel vorbereitet, die sich jedoch nur noch mit einem ausgewählten Drittel dieser Belege beschäftigen, nämlich solchen, in denen der Zusammenhang von Bildsprache und Themen stärker hervortritt.

In Kap. 3 werden dann Hypothesen aufgestellt über metaphorische Konzepte, die sich durch Zusammenstellung von Beleg-Clustern erhärten ließen. Dem liegt

---

8 Gerd Antos, *Laien-Linguistik. Studien zu Sprach- und Kommunikationsproblemen im Alltag. Am Beispiel von Sprachratgebern und Kommunikationstrainings: Studien zu Sprach- und Kommunikationsproblemen im Alltag ; am Beispiel von Sprachratgebern und Kommunikationstrainings*, Reihe Germanistische Linguistik 146 (Tübingen, 1996), 169.
9 Vgl. dazu S. 286.

die Auswertung der Einzelbelege zugrunde. Die detaillierte Besprechung der Einzelbelege erfolgt dann im folgenden Kap. 4, in dem diese Einzelbesprechungen nach metapragmatischen Themen angeordnet sind.

Dabei wird jeweils durch Übersetzungs- und Auslegungstraditionen überprüft, inwieweit thematische Zuordnung und Deutung der Bildsprache schwanken bzw. durch die Zeiten stabil sind (letzteres doch in einem erstaunlich hohen Maß). Aus pragmatischen Gründen mussten diese übersetzungs- und auslegungsgeschichtlichen Perspektiven exemplarisch beschränkt werden. Regelmäßig sind als alte Übersetzungen Septuaginta, Peschitta und Targum herangezogen worden. Die Rezensionen der LXX oder die Vulgata sind nur gelegentlich aufgeführt worden, wenn daran wichtige Beobachtungen gemacht wurden. Als Kommentare wurden regelmäßig Raschi und PsIbnEsra, öfter auch Saadia, sowie McKane, Plöger und Meinhold herangezogen. Bei der Auswahl war die Frage leitend, wo Bildsprache bzw. metapragmatische Aussagen eines Spruches durch Paraphrasierungen gedeutet werden.

Die Deutung der sprachlichen Bilder erfolgt in dieser Arbeit auf der Grundlage kognitiver Metaphertheorie: Sprachliche Bildbereiche sind keine isolierten Übertragungen, sondern lassen auf das Konzeptsystem der Sprechergemeinschaft schließen. Das sprachliche Handeln wird sehr stark mit körperlichen Aspekten zum Ausdruck gebracht. Dabei spielen die Sprechwerkzeuge eine wichtige Rolle, durch die physische und funktionale semantische Bereiche miteinander verknüpft erscheinen. Daneben stehen komplexere Bildelemente von Außen und Innen, Oberflächen und Tiefenstrukturen. Essen und Trinken, Jagd, Bergbau und Ernte liefern Vergleichspunkte um die Funktionalität des Redens zu verdeutlichen. Sehr dominant ist die komplexe Metaphorik des Weges, die Tun und Ergehen des Menschen normativ und/oder deskriptiv zum Ausdruck bringt.

1.2 Problemstellung: Dynamistische Deutungen biblischer Sprachkonzeptionen

Besonders die Forschungsgeschichte des 20. Jahrhunderts ist geprägt von dynamistischen Erklärungsansätzen für die Sprachkonzeptionen in biblischen Texten. Dabei wird zunächst eine große Differenz zu modernen Sprachauffassungen postuliert, in denen Worte lediglich als willkürliche Benennungen des Bezeichneten verstanden würden. In der Bibel, bzw. dem Alten Ägypten, dem Alten Orient oder ganz allgemein „primitiven Kulturen" wohne dagegen dem Wort selbst eine eigene Macht inne, die unabhängig wirke – und manchmal sogar als quasi-materielles Element beschrieben wird.

Ausgegangen wird in der Regel von Überlegungen zur Macht eines göttlichen Wortes, zur speziellen Wirkkraft von Gelübde, Fluch und Segen. Die genannte Auffassung wird meistens aber auch für die Alltagssprache behauptet. Oft kann auch eine große Nähe dieser dynamistischen Sprachauffassung zur Magie postuliert werden, obwohl letztere ja in biblischen Texten ganz deutlich abgelehnt wird.

Allerdings steht diese Betrachtung der selbständigen Wirkung des Wortes wenigstens in Bezug auf das AT einer gegenläufigen Annahme gegenüber, dass nämlich das Phänomen der Hypostasierung der Wortes erst spät angenommen wird, die dann eine Übernahme von fremden Religionen her darstellt.[10]

Sind die Ansätze zunächst durch religionsgeschichtliche Forschungen beeinflusst, die vor allem die Unfähigkeit zur begrifflichen Differenzierung konstatierten, verlagert sich um die Mitte des 20. Jahrhunderts der Schwerpunkt, weil einerseits die scharfe Kritik James Barrs an der methodischen Grundlage solcher Projektionen laut wurde, und weil andererseits die behauptete kulturelle Differenz positiv gewürdigt wurde. Das wird noch einmal deutlicher gefasst durch die Begrifflichkeit des „synthetischen Denkens", die in der aktuellen Debatte neu und auch kritisch betrachtet wird. Aktuelle Wertungen des Phänomens neigen dagegen eher zu einer pragmatischen Deutung der biblischen Aussagen und zu einer Relativierung des kulturellen Abstands.

1.2.1 Kein leerer Schall, Vergleich mit Segen, Fluch und Magie

In Johann Szerudas Monographie „Das Wort Jahwes. Eine Untersuchung zur israelitisch-jüdischen Religionsgeschichte" liest sich eine entsprechende allgemeine Stellungnahme folgendermaßen:

> Das Wort an und für sich ist für den Semiten kein leerer Schall, nicht nur eine Äußerung der menschlichen Gedanken, sondern es hat von dem Augenblicke an, wo es ausgesprochen wurde, reale Wirkung und ist direkt eine Macht. Schon der gewöhnliche Mensch kann durch sein Wort Segen oder Fluch bewirken. Ganz besonders sind es die Zauberer, deren Worte magische Wirkung haben.[11]

Mit der negativen Aussage am Anfang macht Szeruda deutlich, wie er ein modernes allgemein bestehendes Verständnis von Worten annimmt: Sie wären dem-

---

10 Vgl. Lorenz Dürr, *Die Wertung des göttlichen Wortes im Alten Testament und im Alten Orient. Zugleich ein Beitrag zur Vorgeschichte des neutestamentlichen Logosbegriffes*, MVÄG, 42,1 (Leipzig, 1938), 123.

11 Johann Szeruda, *Das Wort Jahwes. Eine Untersuchung zur israelitisch-jüdischen Religionsgeschichte* (Łódź, 1921), 33.

nach „leerer Schall" und „nur eine Äusserung der menschlichen Gedanken", die keine unmittelbare „reale Wirkung" hätte. Dieses aus negativen Aussagen geschlossene Verständnis von Sprache ist einigermaßen widersprüchlich, denn wenn es um Außerungen von Gedanken geht, ist das Attribut „leer" nicht wirklich angebracht. Und es kann nicht ernsthaft daran gedacht sein, dass es keine Wirkung hätte, wenn man Gedanken zur Sprache bringt. Dennoch scheint die Aussage akzeptabel gewesen zu sein (im folgenden werden ähnliche Belege aufgeführt) und vor allem geeignet, die Differenz zu der Auffassung eines „Semiten" zu beschreiben. Allerdings bezieht sich Szeruda dann nicht auf normale Alltagssprache, sondern auf alltägliche zwischenmenschliche Segenshandlungen.

In Sigmund Mowinckels „Psalmenstudien", im Zusammenhang der Argumentation, dass עָוֶן „Zauberei" bedeute, macht er folgende Aussagen:

> Wenn der Aunmann einen heimlich töten will, so greift er nach Ps. 64,4–6 (s. oben I 2) zu gewissen Worten, wie der Krieger sein Schwert wetzt und den Bogen greift, oder wie der Jäger die Fangstgrube gräbt – und mit derselben Wirkung. Die Zunge ist gleichsam sein Bogen, vgl. V. 9 und die „bitteren", verzehrenden „Worte", die „bösen Worte", Worte die wie ein brennendes Gift die Lebenskraft und die Gesundheit aus dem Opfer herausbrennen, sind seine Pfeile. Und dies ist sicherlich viel realer, unheimlicher, todernster gemeint als der mehr oder weniger starke psychische Schmerz, den „bittere" Worte uns Modernen verursachen können. Davon zeugt der ganze leidenschaftliche Ton des Psalms. Er zittert unter einer Furcht, wie bei einem, dem es Tod oder Leben gilt. Die „bitteren Worte" sind eben etwas ganz anderes als was wir Modernen darunter verstehen."[12]

Die Klagepsalmen liefern eine beeindruckende Reihe von Bildern, die die Wirkung sprachlicher Handlungen zum Ausdruck bringen. Mowinckel betont die Differenz zur Auffassung seiner Zeitgenossen („wir Modernen") dadurch, dass „wir" die Formulierung „bittere Worte" nicht so real als körperliches Leiden, sondern als „mehr oder weniger starke[n] psychische[n] Schmerz" verstehen würden. Diese Argumentation zeigt kein Bewusstsein für psychosomatische Zusammenhänge, sondern wertet seelische Leiden als irreal ab. Der gefühlte Schmerz ist, so könnte man diese Sicht umschreiben, nur eingebildet und deshalb nicht ernst zu nehmen. Mowinckel verwendet keinen Terminus wie „über"-tragene Bedeutung", sondern versucht statt dessen eine psychologisierende Erklärung, die nicht wirklich befriedigt. Allerdings liegt für Mowinckel der Unterschied eigentlich vor allem darin, dass wegen des Lexems עָוֶן mit den beschriebenen sprachlichen Handlungen Zauberei gemeint sei.

---

12 Sigmund Mowinckel, *Psalmenstudien 1: Åwän und die individuellen Klagepsalmen*, Skrifter utgit av Videnskapsselskapet (Kristiana, 1921), 16.

In seiner Monographie „Name und Wort Gottes im Alten Testament", Giessen 1934, geht Oskar Grether an folgender Stelle auf den Zusammenhang mit mehr oder weniger alltäglicher Rede ein:

> Hier ist nur noch anzudeuten [scil. Verweis auf Andrian, Wortaberglauben u. a.], daß das Moment der Dynamis auch dem Worte eignet, so daß es auch in diesem Punkt mit dem Offenbarungsbegriff verwandt ist. In der Gestalt des Befehlswortes bringt es Kräfte zur Betätigung und veranlaßt die Verwirklichung der Gedanken und Absichten des Sprechenden. In der Gestalt des Zauberwortes übt es unheimliche Wirkungen aus. In der Gestalt des Segens- und Fluchwortes bringt es Glück und Unheil [scil. Verweis auf Hempel, Anschauungen, ZDMG 79, 1925, 20 ff.]. Auch wenn es nicht beabsichtigt ist, zieht das gesprochene Wort das herbei, was mit dem Wort bezeichnet ist. Deshalb ist es gefährlich, von Krankheit und ähnlichem, was das Leben bedroht, zu sprechen. Sobald das Wort ausgesprochen ist, ist nach primitivem Glauben eine Macht ins Dasein getreten, die sich auswirken muß und vor der man sich nur schwer zu schützen vermag. Selbst der Sprecher des Wortes vermag kaum die Wirkungskraft seines Wortes aufzuheben. Es hat nicht immer Erfolg, wenn er seinem zuerst gesprochenen Wort ein Wort gegenteiligen Inhalts nachsendet.[13]

Vor allem im zweiten Teil des Zitates geht es um sprachliche Beobachtungen im Allgemeinen, vor allem um die Unverfügbarkeit des einmal Gesprochenen. Dass Grether hier eine Differenz zu modernem Sprachverständnis beschreibt, wird vor allem dadurch deutlich, dass er diese Wirkkraft auf einen „primitive[n] Glauben" zurückführt. Hergeleitet wird dieser „Glaube" von Beobachtungen zum zeitgenössischen Aberglauben. Insofern geht es hier eher um eine Differenz zwischen Aufgeklärten und Ungebildeten. Dabei versucht der letzte Satz auch dem (vermeintlich aufgeklärten?) Leser deutlich zu machen, dass er selbst Ansätze zur gleichen Erfahrung machen kann. Das einmal gesprochene Wort lässt sich nur schwer wieder aus der Welt schaffen.

Klaus Koch bezieht sich in seinem Aufsatz „Wort und Einheit des Schöpfergottes in Memphis und Jerusalem'" (1965) auf Grether. Beim Vergleich zwischen Ägypten und Israel spricht er nicht über Alltagssprache, sondern über Gottesworte, dennoch passt die Formulierung zu dem bisher Angeführten:

> Hier wie dort ist dieses [sc. das göttliche] Wort mehr als eine bloß geistige Größe, vielmehr ein *eigenständiges Etwas* voll numinoser Kraft."[14]

Auch in dieser Besprechung des „Denkmals der memphitischen Theologie" kann man aus den negativen Aussagen ein implizites Bild zeitgenössischen Sprachver-

---

13 Oskar Grether, *Name und Wort Gottes im Alten Testament*, BZAW 64 (Gießen, 1934), 109 f.
14 Klaus Koch, "Wort und Einheit des Schöpfergottes in Memphis und Jerusalem", *ZThK* 62 (1965): 284.

ständnisses rekonstruieren. Anders als für den antiken Text sei für Autor und Leser ein Wort demnach eine „bloß geistige Größe", die für sich genommen keine selbstständige Existenz habe.

1.2.2 Materialität

Das vorangegangene Zitat leitet zu einer Vorstellung über, die die selbständige und selbstwirkende Existenz eines Wortes mit dem Postulat einer gewissen Dinglichkeit bzw. einer bestimmten Art von Materie verbindet.

Lorenz Dürr schreibt in „Die Wertung des göttlichen Wortes im Alten Testament und im Antiken Orient" (1938):

> Um nun dessen [scil. des Wortes Gottes] Wesen und Wirken nach dieser Auffassung zu verstehen, gilt es sich klar zu sein, daß dasselbe keineswegs als etwas vollständig Immaterielles, rein Geistiges im Sinne unseres heutigen Denkens, insbesondere unseres Gottesbegriffes, oder gar als bloßer Gedanke oder Willensäußerung der Gottheit gefaßt ist, sondern daß es sich dabei um etwas Materiell-Stoffliches, wenn auch feinst ätherisches, sozusagen göttliches Pneuma oder Fluidum handelt, das aus dem Munde der Gottheit hervorgeht, als solches im Raume bleibt und als göttlich-sinnliche Potenz die vielgestaltigen Wirkungen hervorbringt.[15]

Auch hier kann wieder die negative Aussage verwendet werden, um das vorausgesetzte zeitgenössische Verständnis des Autors („im Sinne unseres heutigen Denkens") zu rekonstruieren. Demnach wäre ein Wort etwas „vollständiges Immaterielles, rein Geistiges", ein „bloßer Gedanke" oder eine „Willensäußerung". Dürr postuliert für ein altorientalisches Sprachverständnis dagegen eine Stofflichkeit der Worte, die freilich, weil eher gasförmig und sehr fein, schwer zu greifen wäre.

Bezüglich des Sprache allgemein zitiert Dürr den Autor H. W. Obbink: „De magische beteekenis van den nam insonderheid in het oude Egypte":

> „De stem en het woord zijn daarom voor het bewustzijn van die volken *dingen*, waarme men magisch opereeren kan; zij zijn by hun uittreden uit den mond een *substantie*, met een *eigen*, *objectif bestaan*, wel onzichtbaar, maar daarom niet minder werkelijk dan andere ‚afscheidingen‘ uit het lichaam als tranen, zweet en speeksel. Wanneer het woord is uitgesproken, dan ‚kristaliseert‘ het zich, zouden wij kunnen zeggen; het is dan een *ding in de ruimte geworden*, dat zijn bestaan in de ruimte terdege doet gevoelen."[16]

---

15 Dürr, *Wertung*, 143.
16 Zitiert nach Dürr, 150.

Obbink beschreibt diese Materialität sehr eindrucksvoll durch Vergleich mit Körperausscheidungen, bzw. Ausdünstungen, die sich dann zu einem „Ding im Raum" verfestigen. Diese Substanz sei dann leicht auch magisch einsetzbar.

Solche Vorstellungen von Materialität beschreibt Johannes Hempel („Die israelitischen Anschauungen von Segen und Fluch", ZDMG 79, 1925, 20–110.) für Segen und Fluch (in einem engen Zusammenhang mit Magie) unter Auflistung von Textbelegen. Es handelt sich nicht um Aussagen über Sprache im Allgemeinen:

> Die Vorstellung von dem Fluche als einem dinglichen „Etwas", das sich an jemanden „heften" (Dtn. 29,19 [...]), „fliegen" (Sach. 5,1 ff.) oder „in einem Hause sein" (Prov. 3,33) kann, begegnet auch im Arabischen [...], namentlich aber im Babylonischen [...]. Am krassesten ist die materielle Auffassung im indischen Ordal der Wage [...].[17]

Die gesteigerte Intensität von Wirkungen sprachlicher Handlungen bei Fluch und Segen lässt sich mit vielen Textbeispielen belegen. Ob diese Texte wirklich eine solch „krasse" Materialität intendieren, wie ihnen unterstellt wird, müsste am einzelnen Beleg geprüft werden. Es sollte auch in Betracht gezogen werden, dass sie eher eine Bildsprache verwenden, die das Wirken sprachlicher Handlungen adäquat in Worte fassen kann. Wenigstens der Beleg in Spr 3,33 ist durch seine syntaktische Formulierung als Nominalsatz für verschiedene Deutungen offen.

1.2.3 Linguistische „Dinglichkeit"

Einen anderen Ansatz vertritt Gillis Gerlemann, der die „Dinglichkeit" der Worte als Verselbständigung der linguistischen Formen beschreibt.

> Es gibt aber in der Sprache eine Neigung, dem Worte als linguistischer Größe einen gewissen Eigenwert beizumessen. [...] Das Wort wird behandelt, als ob es selbst eine Realität wäre, nicht nur eine dahinter steckende Realität verträte. / In unseren abendländischen Sprachen ist die Zuordnung eines bestimmten Laut- oder Schriftbildes zu einem bestimmten Gegenstand so selbstverständlich, dass die linguistische Realität der Worte als eine relativ seltene Kuriosität betrachtet wird. [...] / Eine sehr wichtige Rolle spielt diese Wortauffassung in der rabbinischen Bibelexegese, die weithin unbegreiflich bleibt, wenn man sich darüber nicht klar ist, dass die Rabbinen die Wörter oft als linguistisch autonome Größen betrachten. [...] / Diese Wortmagie ist aber auch im Alten Testament erkennbar und ist fuer die Entwicklung

---

17 Johannes Hempel, "Die israelitischen Anschauungen von Segen und Fluch im Lichte altorientalischer Parallelen", *ZDMG* 79 (1925): 27, Anm. 1.

verschiedener eigenartiger Ideen von Bedeutung gewesen. Hierzu gehört m. E. die Vorstellung vom Prophetenwort als einem selbständigen, machterfüllten Wesen. [...][18]

Gerlemann eröffnet diesen Abschnitt mit einer generellen Aussage, dass das, was er beschreiben will, Gemeingut des Sprachbewusstsein in unterschiedlichen Schattierungen sei. Es ist „in unseren abendländischen Sprachen" lediglich sehr verblasst, bzw. als „Kuriosität" missachtet. Seine Fremdheitserfahrung erläutert Gerlemann unter Verweis auf rabbinische exegetische Techniken, die ihm „unbegreiflich" bleiben und sehr viel Gewicht auf die Beobachtung sprachlicher Formen legen, die dadurch eine gewisse Eigenständigkeit zu bekommen scheinen. Die Deutung als „Wortmagie" scheint im Zusammenhang mit klassischen christlichen Vorurteilen zu stehen und bezeugt die Unfähigkeit, sich auf fremde exegetische Herangehensweisen einzulassen.

1.2.4 Keine Trennung von Zeichen und Bezeichnetem

Wenn es auch kuriose Auswüchse einer Deutungstradition gibt (wie die gerade aufgeführten), so setzt sich doch das Ringen um eine angemessene Beschreibung der Wirkzusammenhänge sprachlicher Handlungen fort. Während die vorangegangenen Beispiele eine Art kartesianische Trennung von Geistigem und Räumlichem in die Texte hineinprojizierten, um sich dann über die postulierte bloße Materialität der „primitiven" Vorstellungen zu wundern, folgen in der zweiten Hälfte des 20. Jahrhunderts Stimmen, die für die biblischen Texte, das Alte Israel oder den Alten Orient eine solche Trennung in Frage stellen. Körperliches und Geistiges seien eben (anders als von den modernen Autoren) immer als systemische Einheit verstanden worden (im Sinne eines synthetischen Bedeutungsspektrums). Genau darin liege die kulturelle Differenz.

In seiner „Theologie des Alten Testaments" geht Gerhard von Rad im Zusammenhang der Beschreibung der Prophetie Israels auch auf das Verständnis des Wortes im Allgemeinen ein:

> Ja, es will scheinen, als sei diese [scil. moderne – jth] Auffassung des Wortes lediglich als eines geistigen Bedeutungsträgers derjenigen geradezu entgegengesetzt, die wir in der mythischen Kulturstufe voraussetzen müssen. Hier ist das Wort viel mehr als nur eine hinweisende Bezeichnung; es gilt überhaupt nicht als ein dem Gegenstand sekundär angeheftetes Etikett. Der Mensch, auf der Stufe der mythischen Frühzeit stehend, apperzipiert die ihn

---

18 Gillis Gerleman, *Studies in the Septuagint III. Proverbs*, Lunds Universitets Årsskrift, N.F. 52,3 (Lund, 1956), 155–157.

umgebende Welt vielmehr als ein Ganzes. Er scheidet das Geistige nicht vom Dinglichen; beides ruht ihm engstens ineinander, und demgemäß vermag er auch nicht eigentlich zwischen Wort und Sache, zwischen Vorgestelltem und Wirklichem, zu scheiden. [...] Diese und zahllose Beispiele aus der Religionsgeschichte beruhen auf einer Auffassung von der Sprache, die man die dynamistische nennen könnte, insofern hier dem Wort (oder einem Zeichen oder einer zeichenhaften Handlung) eine Mächtigkeit zugeschrieben wird, die sich nicht auf den Bereich des Noetischen beschränkt, sondern sich auch im Bereich des Räumlichen und Dinglichen auszuwirken vermag.[19]

Auch von Rad konstatiert als geläufige zeitgenössische Sprachauffassung die von dem Wort „lediglich als eines geistigen Bedeutungsträgers". Was er dann für die „mythische Kulturstufe" postuliert, ist eine Verbindung von „Geistige[m]" mit „Dingliche[m]" die durch eine ganzheitliche Wahrnehmung entsteht. Es werde nicht unterschieden zwischen „Vorgestelltem und Wirklichem". Wenn also auch hier ein Aspekt von Materialität mit im Spiel ist, wird er doch fundamental anders begründet. Zum Ausdruck kommt dabei auch eine gewisse Wertschätzung dieser andersartigen Weltwahrnehmung.

Frederik L. Moriarty beschreibt die besondere Macht des Wortes in seinem Aufsatz „Word as Power in the Ancient Near East" (1974):

It seems that at the very beginning, a magical significance was attached to the word in the ancient world. Pronounced under the right circumstances this word was thought to have irresistible power for good or evil. Studies in comparative religion provide countless examples of the word conceived as a magical power by which man could gain some control over their precarious environment. The spells, rituals, and execrations were so many techniques by which results were achieved. We, who make an essential distinction between an action and a formula, rite, or symbolic act, find it hard to understand the mentality of people for whom such distinctions have little or no meaning, since symbol and reality coalesced.[20]

Auch Moriarty macht den entscheidenden Unterschied zwischen „uns" und einem anfänglichen Sprachbewusstsein in der Alten Welt in der mangelnden begrifflichen Unterscheidung fest. Handlung und Ritualformular fallen in eins. Das Defizit, diese Haltung nicht verstehen zu können, liegt auf Seiten der modernen Forscher. Letztlich ist auffällig, dass alle Belege, die Moriarty aufführt, aus einem mehr oder weniger kultischen Kontext stammen. Insofern verwundert es nicht,

19 Gerhard von Rad, *Theologie des Alten Testaments. Band 2: Die Theologie der prophetischen Überlieferungen Israels* (München, 1960), 93 f.
20 Frederick L. Moriarty, "Word as Power in the Ancient Near East", in *A Light unto my Path, Festschrift für Jacob M. Myers*, hrsg. Howard N. Bream, Ralph D. Heim und Carey A. Moore, GTS 4 (Philadelphia, 1974), 345 f.

dass das Wirken sprachlichen Handelns als intensiviert beschrieben wird. Für das Alte Testament sieht Moriarty diese frühe Stufe schon als überwunden an.[21]

1.2.5 Sprachliches Handeln

Am Übergang vom 20. zum 21. Jahrhundert wird eine Einsicht rezipiert, die die wissenschaftliche Sprachreflexion grundlegend beeinflusst hat: Dass Sprechen nämlich immer auch ein Handeln ist. Die Annahme, ein Wort sei etwas rein Geistiges, das keinerlei Wirkung habe, ist dem systemischen Zusammenhang der Kommunikation völlig unangemessen. Insofern sollte es nicht verwundern, wenn ein Text von der Macht des Wortes redet. Nach heutigem Verständnis ist damit der performative Aspekt der Sprache zum Ausdruck gebracht. Letztlich werden heute auch spezielle Anwendungskontexte wie Segen, Fluch oder Magie eher mit Kategorien von Sprach-Handlungs-Theorien beschrieben.

Rüdiger Lux skizziert den theologischen Zusammenhang von „Sprache und Schöpfung" in einem Aufsatz von 2009 und sieht in den biblischen und außerbiblischen Texten, die er bespricht, ein Bewusstsein für den performativen Aspekt der Sprache gegeben:

> Das dieser Schöpfungstheologie [der des Denkmals memphitischer Theologie – jth] zugrunde liegende Sprachverständnis liegt auf der Hand. Idee und Wort sind nicht Schall und Rauch. Sie bewirken etwas. So wie der Befehl des Königs entsprechende Handlungen auslöst, die materielle, physische, also wahrnehmbare und sichtbare Folgen haben und der Errichtung und Erhaltung seines Reiches dienen, so hatte der Befehl des Schöpfergottes sichtbare Folgen, die der Errichtung und Erhaltung des Kosmos dienen. Sprache wurde hier bereits in ihrer Performativität erkannt. Sie verfügt über die Eigenschaft, Realität nicht nur zu beschreiben, sondern auch zu bewirken und zu setzen. Sprachtheoretisch gesprochen verhält es sich eben nicht so, dass nur das Sein Bewusstsein schafft. Vielmehr geht auch aus dem sprachlich artikulierten Bewusstsein eine Fülle des Seins hervor. Was wir hier vor uns haben, ist nicht nur eine hochgradig durchreflektierte Schöpfungstheologie. Ist es zu kühn, in diesen Texten die Wiege der Sprachphilosophie zu suchen?[22]

Auch in diese Einschätzung ägyptischer Schöpfungstheologie durch Rüdiger Lux scheint zunächst vorausgesetzt zu sein, dass die Differenz zu einem heutigen Verständnis der Sprache darin liege, dass „Idee und Wort" nicht „Schall und Rauch" seien. Die Bezugnahme auf die Redewendung „Namen sind Schall und Rauch" belegt dabei, wie stark diese Überzeugung in einem kollektiven Bewusstsein besteht.

---

21 Moriarty, "Word as Power", 359–361.
22 Rüdiger Lux, "Sprache und Schöpfung", *Leqach* 8 (2009): 93.

Lux macht nun darauf aufmerksam, dass diese landläufige Ansicht dem Phänomen der Sprache nicht gerecht wird – wenigstens insoweit als durch die Entwicklungen der Sprachakttheorien im 20. Jahrhundert auf dieses Defizit aufmerksam gemacht wurde. Sprechen ist Handeln. Lux sieht im Denkmal der memphitischen Theologie diese Einsicht zum Ausdruck gebracht: „Sprache wird hier bereits in ihrer Performativität erkannt."

Annette Zgoll erklärt in einem Aufsatz von 2007 („Wort-Bedeutung und Bedeutung des Wortes"[23]) das besondere Gewicht, das dem Wort im Alten Orient zukam vor allem mit dem konstitutiven Charakter des Redens für soziale Beziehungen:

> Die Wichtigkeit des Wortes für den altorientalischen Menschen kann nicht hoch genug eingeschätzt werden. Nicht zufällig beginnt der Codex Hammurapi nicht mit der Ahndung des Kapitaldelikts Mord sondern mit der nicht bewiesenen Anschuldigung desselben [...]. Worte haben Macht über Leben und Tod – und sie können missbraucht werden. Gerade die babylonischen Gebete und Beschwörungen zeigen durch ihre Rhetorik ein ausgeprägtes Bewusstsein um die Macht des Wortes.[24]
>
> „Wort" steht hier (also) für Kommunikation, für den Austausch zwischen Ich und Mitmenschen, woraus sich wiederrum die Stellung des Ich in der Gesellschaft ableitet. Wie wichtig der gute Ruf ist, welch schwerwiegende Folgen drohen, wenn Wort gegen Wort steht, wenn dem Wort nicht mehr vertraut wird, das ist auch uns als Zeitgenossen einer modernen Mediengesellschaft durchaus verständlich. [...] In der Antike allerdings wog eine Vernichtung durch das Wort schwerer als heute, da der Rückzug in eine Individualsphäre praktisch unmöglich war: war die gesellschaftliche Stellung vernichtet, dann war die Wurzel der Existenz eines Menschen betroffen [...][25]

Bei der Auswertung des Handerhebungsgebetes an Ischtar macht Annette Zgoll am Beispiel von Verleumdung (über die in dem Gebet geklagt wird) verständlich, wie stark Kommunikation die gesellschaftliche Integration eines Menschen bestimmen kann, und betont dabei die Auswirkungen auf das Wohlbefinden in einem psychosomatischen Gesamtzusammenhang. Auch wenn für den altorientalischen Kontext solche sprachlichen Handlungen teilweise auch dem Bereich der

---

23 Annette Zgoll, "Wort-Bedeutung und Bedeutung des Wortes. Von den Leipziger Semitistischen Studien zur modernen Akkadistik", in *Das geistige Erfassen der Welt im Alten Orient. Sprache, Religion, Kultur und Gesellschaft, Nach Vorarbeiten von Joost Hazenbos und Annette Zgoll*, hrsg. Claus Wilcke (Wiesbaden, 2007), 83–94.
24 Zgoll, 92.
25 Zgoll, 93.

Magie zugeordnet werden,[26] wird deutlich gemacht, wie plausibel diese Grundeinsicht auch für einen modernen Menschen sein kann.

1.2.6 Auswertung

Die ausgewählten Zitate eint das Bedürfnis, die Differenz alttestamentlicher bzw. altorientalischer/altägyptischer Auffassungen vom Wirken der Sprache zu dem herauszustellen, was der Autor/die Autorin für sich selbst und seine/ihre LeserInnen bzw. als geläufige zeitgenössische Ansicht über dieses Phänomen voraussetzt. Besonders aussagekräftig erscheinen dabei implizite Annahmen zu sein, die aus den negativen Charakterisierungen antiker Konzeptionen rückgeschlossen werden konnten. Was als Gegenüber in dieser Differenz formuliert ist, kann allerdings sehr unterschiedlich sein: Primitiv gegenüber Modern, Semitisch gegenüber Griechisch, Abergläubisch gegenüber Aufgeklärt.

Ein vorherrschendes Motiv ist offensichtlich die Voraussetzung einer landläufigen Auffassung von Sprache als eines konventionellen Zeichensystems, dessen willkürliche Zusammenstellung auch die Verwendung der Sprache charakterisiert. Dieses Zeichensystem hat aus sich selbst heraus keine Wirkung. Es ist ein nominalistischer Zugang zum Phänomen der Sprache. Nach dem kartesianischen Modell der Trennung von Denken und Ausdehnung werden Worte dem ersten Bereich zugewiesen. Selbst wenn man versucht, den physischen Gehalt von Worten zu fassen, bleibt er als „bloßer Schall" wirkungslos. Die Autoren deuten zum Teil (und in unterschiedlicher Weise) an, wie stark sie die jeweils skizzierte Andersartigkeit der antiken Vorstellung auch als eine wichtige Ergänzung schätzen.

Wird der Unterschied zunächst dadurch deutlich gemacht, dass die antiken Autoren den Worten eine viel stärkere Realität in der Wirkung (ggf. sogar mit einer Art Materialität) zuschreiben, die für moderne LeserInnen aufgrund seines nominalistischen Verständnisses nur schwer nachvollziehbar sei, liegt das beschriebene Defizit ab der Mitte des 20. Jahrhunderts stärker in der mangelnden begrifflichen Trennung. Ideen, Benennungen und Realia seien ununterschieden miteinander verbunden gewesen und wären deshalb auch als gemeinsam wirkend vorgestellt worden. Die Exegeten können einem solchen Ansatz, Ganzheiten wahrzunehmen, oft auch einen Erfahrungszugewinn zuerkennen.

Die gerade auf Sprachbeobachtungen gründende Kritik der westlichen Wissenschaftstraditionen und ihren die Welterfahrung fragmentierenden Begriffsdif-

---

26 Unter Verweis auf Marten Stol, "Psychosomatic Suffering in Ancient Mesopotamia", in *Mesopotamian magic: Conference on Mesopotamian Magic*, hrsg. Tzvi Abusch, Ancient magic and divination 1 (Groningen, 1999), 57–68.

ferenzierungen, hat neue metalinguistische Ansätze hervorgebracht, die sprachliches Handeln in vergleichbarer Weise systemisch betrachten, sodass die Aussagen der antiken Texte sich als viel stärker anschlussfähig erweisen. Auch wenn die Bezüge zu magischen Praktiken gut belegt sind und bestehen bleiben, werden die Belegtexte dadurch nicht diskreditiert, sondern zeigen nur um so deutlicher die Stimmigkeit der Grundannahme: Sprechen ist Handeln.

1.3 Forschungsgeschichte zu explizit metalinguistischen biblischen Texten

Auffällig ist, dass die vereinzelten Versuche, einen Überblick über metalinguistische Aussagen in der hebräischen Bibel zu geben (außer Kouloughli – s. u.), viel weniger ein dynamistisches Verständnis nahelegen, als der vorhergehende Abschnitt vermuten lässt. Im Folgenden werden die wichtigsten dieser Überblicksdarstellungen angesprochen und in einem zweiten Schritt die Fragestellung auf das Proverbienbuch verengt.

1.3.1 Forschungsgeschichte zum Sprachbewusstsein in der hebräischen Bibel

Auch wenn von den jeweiligen Autoren immer wieder betont wird, dass Sprachbewusstsein nur relativ selten auf einer Meta-Ebene explizit gemacht wird und dabei vor allem einen pragmatischen Schwerpunkt aufweist, gibt es doch mehrere Überblicksdarstellungen die wichtige Belege zusammengetragen und z. T. recht unterschiedliche Schwerpunkte gesetzt haben.

Werner Weinberg hat 1980 Anzeichen für Sprachbewusstsein im AT systematisch nach verschiedenen linguistischen Phänomenen (z. B. Mehrsprachigkeit, Sprachfehler, regionale Varianz) zusammengestellt, die in den jeweiligen Texten beobachtet werden. Er stellt fest, das lediglich לשון und שפה für *language* (im Sinne eines Sprachsystems) stehen können. Die anderen Sprechwerkzeug-Lexeme stehen dagegen bei metonymischem Gebrauch immer für *speech* (also konkreter Vollzug der Rede).

Jonathan Webber hat 1981 einen Aufsatz „On Biblical Ideas about Language" veröffentlicht, der auf den ersten Blick die alttestamentliche Fragestellung bei weitem in die Auslegungsgeschichte hinein überschreitet, dabei aber wichtige Einsichten zu den biblischen Texten formuliert. Zur Deutung der Rolle der Sprache als Rahmen der Urgeschichte (Wortschöpfung und Turmbau) besteht er darauf, die mythischen Erzählelemente als Genre der Reflexion zu gewichten. Die Turmbauerzählung führt auf prägnante Weise vor Augen, wie eng Sprache und Gesellschaft durcheinander bedingt sind. Die anscheinend als Unvollkommenheit verstandene Mehrdeutigkeit menschlicher Sprache scheint nötig zu sein, um bei diesem gemeinsamen Kommunikationsmedium eine Differenz zwischen Gott und Menschen aufrechtzuerhalten – was sich als Motiv in prophetischen Berufungserzählungen wiederfindet.[27] Damit ist die ausufernde Deutungsgeschichte zu Gen 1 und 11 angerissen, die hier ausgespart bleiben muss.[28]

1989 hat Djamel-Eddine Kouloughli einen Überblick über alttestamentliche Thematisierungen der Sprache zusammengestellt, wobei sich seine Hauptbelege hauptsächlich auf die Urgeschichte beschränken (Schöpfung durch das Wort, Namengebung, Turmbau). Dazu zieht er weitere Textpassagen. Es ist auffällig, dass die Spruchweisheit überhaupt nicht im Blick ist. Sein zentrales Argumentationsmuster ist die Annahme einer für die Semiten spezifischen Namensdoktrin, dass das einmal ausgesprochene Wort wirke. Er kann deshalb den Gedanken aufnehmen, dass Sprechen Handeln sei und erklärt das dann durchaus in einem sozialen und pragmatischen Sinn.[29]

Einen deutliche Gegenakzent setzte Wolfgang Schenk 1991 mit einem Aufsatz, zu dessen Beginn er die auf Völkerpsychologie beruhende Auffassung vom „hebräischen Denken" ablehnt.[30] Auch er stellt fest, dass Metonymien mit Sprechwerkzeugen normalerweise für *langage* (Sprachfähigkeit) oder für *parole* (Redeperformanz) steht, lediglich mit den Lexemen לשון und שפה könne auch auf die *langue* (das Sprachsystem) verwiesen sein.[31] Auch Schenk geht von den Texten der Urgeschichte aus. Bei P in Gen 1,3 sieht er keine mythische Sprachauffassung, sondern eine dichterisch prägnante Zusammenschau von Funktionalität (Planung und Steuerung von Handlungen). Das göttliche Wort ist – anders als in Ägypten und Mesopotamien – keine Emanation Gottes, sondern Ausdruck seines Willens.[32] Schenk schließt die weisheitlichen Belege mit ein und spricht hierbei von „sprachpragmatische[n] Reflexionen".[33]

---

27 Jonathan Webber, "Some Notes on Biblical Ideas about Language. An Anthropological Perspective", *European Judaism* 5 (1981): 21–25.

28 Vgl. Johannes Thon, "Das Interesse an Sprache in Gen 11", in Thon, Veltri und Waschke, *Sprachbewusstsein und Sprachkonzepte im Alten Orient, Alten Testament und dem rabbinischen Judentum*, 95–120.

29 Djamel-Eddine Kouloughli, "La thématique du langage dans la Bible", in *Histoire des idees linguistiques, I: La naissance des métalangages en Orient et en Occident*, hrsg. Sylvain Auroux (Liège – Brüssel, 1989), 65–78.

30 Wolfgang Schenk, "Altisraelitische Sprachauffassungen in der Hebräischen Bibel", in *Geschichte der Sprachtheorie*, hrsg. Peter Schmitter (Tübingen, 1987-), 3: (mit Anm. 1).

31 Schenk, 3 f.

32 Schenk, 10 f.

33 Schenk, 12 f.

Mit Blick auf die Umwelt des antiken Israel sind neure Untersuchungen zum Sprachbewusstsein wichtig, die besonders für die Schriftkulturen Ägyptens und Mesopotamiens Phänomene der Metasprachlichkeit breit thematisieren und dabei insbesondere die Rolle von Determinativen erörtern.[34] Dabei betonen E. Cancik-Kirschbaum und J. C. Johnson, dass hier eher von lokalen Traditionen zur Systematisierung des Wissens auszugehen ist als von altorientalischen Erschließung der Welt. Aber sie weisen auch darauf hin, dass sich von den Determinativen her Aufschlüsse zum zugrundeliegenden Konzeptsystem eröffnen,[35] auf die unten in Kap. 1.4.7 eingegangen wird.

1.3.2 Forschungsgeschichte zum Sprachbewusstsein in der älteren Spruchweisheit

Walter Bühlmann hat in seiner Monographie von 1976 eine erste systematische Analyse der Weisheitssprüche über das Reden vorgelegt. Neben einem einleitenden Gesamtüberblick beschränkt er sich auf die positiven Charakterisierungen der Rede und interpretiert sie mithilfe exegetischer Erkenntnisse zur lebensweltlichen Einbettung der Lexeme, wodurch viele Anwendungen von Metaphern in einem neuen Licht erscheinen. Die Gliederung der Studie benennt die wichtigsten Themen, die die einschlägigen Sprüche ansprechen: Wert und Schönheit der Rede, Freimut und Zuverlässigkeit, kluge Zurückhaltung, richtiges Schweigen, heilbringende Kraft, Macht und Ohnmacht des menschlichen Redens.[36]

1979 fasste William McKane in einem Aufsatz zur Funktion der Sprache in den Sprüchen seine Einsichten aus der Kommentierung des Sprüchebuches zusammen und ging insofern über Bühlmann hinaus, als er das Interesse der Sprüche

---

34 Manfred Krebernik, "Zur Entwicklung des Sprachbewusstseins im Alten Orient", in Wilcke, *Das geistige Erfassen der Welt im Alten Orient. Sprache, Religion, Kultur und Gesellschaft, Nach Vorarbeiten von Joost Hazenbos und Annette Zgoll*, 39–61; Ludwig D. Morenz, ",Du wirst es gut bei mir haben, du wirst die Sprache Ägyptens hören.' Identitätsdiskurs und Sprachbewusstsein im Alten Ägypten", in Thon, Veltri und Waschke, *Sprachbewusstsein und Sprachkonzepte im Alten Orient, Alten Testament und dem rabbinischen Judentum*, 61–80; Peter Stein, "Aspekte von Sprachbewusstsein im antiken Südarabien", in Thon, Veltri und Waschke, *Sprachbewusstsein und Sprachkonzepte im Alten Orient, Alten Testament und dem rabbinischen Judentum*, 29–59; Eva Cancik-Kirschbaum und J. Cale Johnson, Hrsg., *Encoding metalinguistic awareness. Ancient Mesopotamia and beyond*, Berliner Beiträge zum Vorderen Orient 29 (Gladbeck, 2019).
35 Eva Cancik-Kirschbaum und J. Cale Johnson, "Metalinguistic awareness, orthographic elaboration and the problem of notational scaffolding in the ancient Near East", in *Encoding metalinguistic awareness. Ancient Mesopotamia and beyond*, 19–21.
36 Walter Bühlmann, *Vom rechten Reden und Schweigen. Studien zu Proverbien 10–31*, OBO 12 (Freiburg Schweiz – Göttingen, 1976).

am Handlungsaspekt der Sprache in den Blick nimmt. Er beschreibt diese pragmatischen Funktionen des sprachlichen Handelns unter den Gesichtspunkten von Kommunikation und sozialer Wirksamkeit. Er schließt dabei das destruktive sprachliche Handeln mit ein. Unter den Stichworten von Kürze, Prägnanz, Selbstbeherrschtheit, aggressivem Verhalten gegenüber heilendem Reden, Geschwätz und Verleumdung gibt er einen kurzen Überblick über die Belege.[37]

Im Artikel „Reden und Schweigen" im Lexikon der Ägyptologie (Band V, 1984) bietet Jan Assmann einen hilfreichen Überblick zu diesem – vor allem weisheitlichen – Thema in der ägyptischen Literatur. Bei der Lektüre wird schnell die Nähe zur alttestamentlichen Spruchweisheit deutlich. Im Vordergrund steht das Reden als soziales Verhalten, das mit verschiedenen sprachlichen Tugenden verbunden ist (Aufrichtigkeit, Beredsamkeit, Kontrolliertheit, Diskretion).[38]

Jutta Hausmann hat in ihrer Arbeit zum Menschenbild der älteren Weisheit von 1995 das Thema der Sprache in einem umfangreichen Abschnitt in den Blick genommen und gibt dabei einen Überblick über die Themenschwerpunkte. Dabei nehmen die destruktiven Formen des sprachlichen Verhaltens einen breiten Raum ein. Neben Selbst- und Fremdschädigung führt sie Belege an für Irreführung, Lüge und Geschwätz. Demgegenüber stehen positiv bewertete sprachliche Handlungen, die als Wohltat bezeichnet werden, zum richtigen Zeitpunkt oder in der richtigen Form geschehen. Letzteres führen die Sprüche jedoch nie in Anweisungen zur konkreten sprachlichen Gestaltung der Rede aus.[39]

Maria Häusl hat 2005 die Darstellungen von Bühlmann und Hausmann kritisch aufgenommen und vor allem die Einsicht von McKane, dass Sprechen vorrangig als Handeln konzeptualisiert wird, rezipiert. Die den Sprechakttheorien zugrundeliegende Erkenntnis sieht Häusl in den Aussagen der Spruchweisheit bestätigt.[40] Sie bietet deshalb einen Überblick über wichtige Belege, indem sie die von den Sprichworten benannten sprachlichen Handlungen zu Sprechakten zu klassifizieren versucht. Dabei stößt sie insbesondere unter der Überschrift REPRÄSENTATIVA auf das Problem, dass oft von Wahrheit und Lüge gesprochen wird, dass tendenziell dabei jedoch weniger inhaltliche Aussagen problematisiert werden, als die Haltung und die Zuverlässlichkeit des Sprechers im Blick sind.[41] Bei

---

37 William McKane, "Functions of Language and Objectives of Discourse according to Proverbs, 10 – 30", in *La sagesse de l'Ancien Testament*, 2. Aufl., hrsg. Maurice Gilbert, BEThL 51 (Leuven, 1990), 166–185.

38 Jan Assmann, "Reden und Schweigen", *LÄ* V (1984): 195–201.

39 Hausmann, *Studien*, 186–213.

40 Maria Häusl, "Zuraten, zurechtweisen und sich zurückhalten. Sprüche zur Sprache aus der älteren Weisheit (Spr 10–22 und 25–29)", *BZ* 49 (2005): 29.

41 Häusl, 32 f.

einem großen Teil der Belege stellt sie fest, dass die sprachlichen Handlungen nicht als Illokutionen, sondern als – den Mitmenschen unterstützende oder schädigende – Perlokutionen angesprochen werden.[42]

William P. Brown hat 2004 einen Überblick über die einschlägigen Sprüche des Proverbienbuches gegeben, wobei er vor allem die metaphorischen Konzepte benennt, die in den Sprüchen erscheinen, die das sprachliche Handeln berühren. Dabei hat er für die salomonische Sammlung besonders einen zentrale „metametaphor" herausgearbeitet, in etwa: WEISHEITSSPRÜCHE SIND SPEISEN.[43] In der hiskijanischen Sammlung tritt nach Brown dieses Grundkonzept etwas zurück und macht Platz für die Anwendung weiterer Bildelemente wie Quelle, Oberfläche und Tiefe.[44]

Jürg Luchsinger hat 2010 in seiner „Poetik der alttestamentlichen Spruchweisheit" die Anwendung metaphorischer Konzepte auf das Sprechen im Rahmen der gesamten Spruchweisheit zusammengestellt. Er postuliert etwa REDEN IST EINE KOSTBARE SUBSTANZ und WORTE SIND QUELLEN, WORTE SIND SPEISE, WORTE SIND ARZNEI und WORTE SIND PFLANZEN,[45] darüber hinaus DAS LEBEN IST EINE REISE und TATEN SIND WEGE,[46] sowie verschiedene Konzepte, die im Übergangsbereich zwischen Metapher und Metonymie liegen[47] wie MUND/LIPPEN STEHT/HEN FÜR WORTE und dadurch ableitbar WORTE SIND EINE FALLE und andere.[48] Er postuliert auch ein Konzept WORTE SIND PERSONEN,[49] das zum großen Teil jedoch lediglich darauf gründet, dass Worte grammatisches Subjekt sein können.

1.3.3 Zusammenfassung

Bis auf die Monographie von Bühlmann stellen die meisten Arbeiten zum Thema Überblicksartikel dar, bzw. Unterabschnitte in Monographien zur Spruchweisheit. Darin werden tendenziell eine mehr oder weniger ähnliche Auswahl der wichtigsten Belege geboten. Einzelne Arbeiten bringen wichtige Impulse mit ein, die in der vorliegenden Arbeit entfaltet werden. So etwa die Einsicht, dass die Sprüche das Sprechen des Menschen als Modus seines Handelns ansehen, und dass die in

---

42 Häusl, 33–37.
43 William P. Brown, "The Didactic Power of Metaphor in the Aphoristic Sayings of Proverbs", *JSOT* 28 (2004): 138. Dieses Postulat wird unten in Kap. 3.4.4 kritisch hinterfragt.
44 Brown.
45 Jürg Luchsinger, *Poetik der alttestamentlichen Spruchweisheit* (Stuttgart, 2010), 277–279.
46 Luchsinger, 277–279.
47 Vgl. S. 76.
48 Luchsinger, *Poetik*, 287.
49 Luchsinger, 284.

den Sprüchen verwendete Metaphorik mithilfe der Kognitiven Metapherntheorie klassifiziert werden kann.

1.4 Methodischer Zugang

1.4.1 Sprachbewusstsein

Mit Bezeichnungen wie „Sprachbewusstsein", „language awareness" oder „language consciousness" wird in der Linguistik auf recht unterschiedliche Ansatzpunkte der Sprachreflexion bezug genommen. Sowohl die selbstkritische Rückfrage nach der Korrektheit eigener Sprachproduktion als auch die Wahrnehmung situationsangemessener Wortwahl und Ausdrucksweise – inklusive damit verbundener politischer Implikationen – können mit dieser Begrifflichkeit angesprochen sein. Eine große Rolle spielt sie im Zusammenhang schulischer Didaktik und baut auf dem Begriff des Sprachgefühls auf, durch das jedem Sprecher/jeder Sprecherin ein unmittelbarer Zugang gegeben ist, sich Sprache bewusst zu machen.[50] Dennoch gehört zur Funktion der Sprache gerade auch, dass ihre Einzelelemente in der Regel unbewusst bleiben, bzw. nur unter Mühen bewusst gemacht werden können.[51]

Hier wird der Begriff vor allem im Sinne der Prägung durch Hans-Martin Gauger verwendet werden,[52] der den in der Regel vorbewussten, nur sporadisch bewusst werdenden Charakter der Sprachkompetenz beschrieb. Da er dabei von der Sprachkompetenz durchschnittlicher Sprecher ausgeht, zeigen sich deutliche Berührungspunkte zu einschlägigen alttestamentlichen Texten. Als Fallbeispiel kann dazu 1 Sam 9,9 und seine ausführliche Diskussion in der Forschung betrachtet werden. Was auf der Textebene als Bewusstsein diachroner Sprachentwicklung formuliert zu sein scheint, kann sich auf sehr unterschiedliche Phänomene beziehen (individuell lebensgeschichtlich wahrnehmbare Differenzen oder unterschiedlicher Sprachgebrauch in verschiedenen Literaturkorpora). Dabei kann eine beschriebene Diachronie in Wirklichkeit auch eine dialektale Synchronie o. ä.

---

50 Ingwer Paul, *Praktische Sprachreflexion*, Konzepte der Sprach- und Literaturwissenschaft 61 (Tübingen, 1999), 38–40. Vgl. dazu Thon, "Sprachbewusstsein".
51 Hans-Martin Gauger, *Sprachbewußtsein und Sprachwissenschaft*, Serie Piper 144 (München, 1976), 42 f. John A. Lucy, "Reflexive language and the human disciplines", in *Reflexive language. Reported speech and metapragmatics: reported speech and metapragmatics*, hrsg. John A. Lucy (Cambridge [u.a.], 1993), 24 f. Michael Silverstein, *The limits of awareness*, Sociolinguistic working paper 84 (Austin, 1981).
52 Gauger, *Sprachbewußtsein*.

referenzieren. Die Forschungsgeschichte zu 1 Sam 9,9 macht deutlich, dass die literarkritischen Entscheidungen und die Erklärungsmodelle der Autorenintention erhebliche Konsequenzen dafür haben, was für ein Bewusstsein für sprachliche Phänomene hier jeweils von den Exegeten gesehen wird.[53]

In jüngerer Zeit hat es mehrere Ansätze gegeben, die den Eigenwert solchen durchschnittlichen Sprachbewusstseins – im Gegensatz zu einer ausdifferenzierten linguistischen Wissenschaftstradition – unter Begriffen wie *Praktische Sprachreflexion*[54], *Metalinguistic Metaphors*[55], *Volkslinguistik*[56] oder *Laienlinguistik*[57] herausgearbeitet haben. Hier zeigen sich viele Berührungspunkte zu den pragmatisch ausgerichteten Thematisierungen des Redens in biblischen Texten, insbesondere in der Spruchweisheit.[58] Gerade letztere zeigt Formen vertiefter Sprachreflexion, die ein starkes Bewusstsein literarischer und nichtliterarischer Traditionen voraussetzt und auch eine ausgeprägte Wissenskultur belegt, die sich freilich in Grundansatz und Terminologie von der oben genannten „westlichen" Wissenschaftstradition unterscheidet.

In Bezug auf die Spruchweisheit hat allerdings Jan Dietrich im Anschluss an Michael Carasik deren Mangel an „Denken zweiter Ordnung" (im Unterschied etwa zu Hiob oder Kohelet) hervorgehoben, weil die stark autoritätsbezogene Tendenz der Spruchweisheit selbständiges Denken sehr restriktiv bewerte.[59] Hier ist allerdings einzuwenden, dass sich diese Tendenz gerade als Mahnung zur kritischen Selbstkontrolle ausdrückt. Auch das ist eine Form von Selbstreflexion!

---

53 Siehe unter anderem den Vorschlag von Ernst-Joachim Waschke, "Der *Nābîʾ*. Anmerkungen zu einem Titel", *Leqach* 4 (2004): 59–63. Vgl. meinen Aufsatz Johannes Thon, "Diachrones Sprachbewusstsein im Alten Testament am Beispiel von I Sam 9,9", in *Nichts Neues unter der Sonne? Zeitvorstellungen im Alten Testament, FS für Ernst-Joachim Waschke*, hrsg. Jens Kotjatko-Reeb u. a., BZAW 450 (Berlin [u.a.], 2014), 37–54.
54 Paul, *Praktische Sprachreflexion*.
55 Johan Vanparys, "A Survey of Metalinguistic Metaphors", in *By Word of Mouth. Metaphor, Metonymy and Linguistic Action in a Cognitive Perspective*, hrsg. Louis Goossens u. a., Pragmatics & beyond, N. S., 33 (Amsterdam [u. a.], 1995), 1–34. Vgl. Jef Verschueren, *International News Reporting. Metapragmatic Metaphors and the U-2*, Pragmatics and Beyond, VI: 5 (Amsterdam – Philadelphia, 1985).
56 Nancy A. Niedzielski und Dennis Richard Preston, *Folk linguistics*, Trends in linguistics. Studies and Monographs 122 (Berlin – New York, 2000).
57 Antos, *Laien-Linguistik*.
58 Siehe dazu Thon, "Sprachbewusstsein".
59 Jan Dietrich, "Hebräisches Denken und die Frage nach den Ursprüngen des Denkens zweiter Ordnung im Alten Testament, Alten Ägypten und Alten Orient", in *Individualität und Selbstreflexion in den Literaturen des Alten Testaments*, hrsg. Andreas Wagner und Jürgen Van Oorschot, 48 (Leipzig, 2017), 57 f., 64. Vgl. Michael Carasik, *Theologies of the Mind in Biblical Israel*, StBL 85 (New York u. a., 2006), 176.

1.4.2 Kommunikationstheoretische Grundlagen

1.4.2.1 Sprechakte, soziale Interaktion und die Metaphorik der Gewalt

Drei Klassiker verschiedener theoretischer Ansätze können hier miteinander ins Gespräch gebracht werden. John L. Austin als Initiator der Sprechakttheorie (1955), Erving Goffman mit seiner Theorie der Interaktionsrituale (1967) sowie Georg Lakoff und Mark Johnson mit ihrer Analyse des metaphorischen Konzepts ARGUMENTATION IST KRIEG in *Metaphors we live by* (1980). Alle drei beschreiben ein Gespräch als ein gemeinschaftliches Handlungs- und Beziehungsgefüge, dessen Ablauf und Gelingen darauf basieren bzw. davon abhängen, dass der Kontext der Kommunikation geeignet und die Teilnehmenden dazu befähigt sind und auch miteinander darin (meist stillschweigend) überein kommen, eben diese Kommunikationssituation nach bestimmten Regeln durchzuführen. Die Labilität dieses temporären Beziehungsgefüges birgt immer wieder die Gefahr des Scheiterns bzw. des Missbrauchs. Die Konsequenzen solcher Regelwidrigkeiten werden als ernsthafte Störungen der sozialen Beziehungen wahrgenommen und können mit metaphorischen Konzepten von Gewaltanwendung benannt werden.

John L. Austin geht es primär darum, dass Sprechen nicht lediglich ein Äußern von sinntragenden Lauten oder das Übermitteln von Botschaften bedeutet, sondern dass Sprechen erst dann richtig begriffen wird, wenn es als Handeln in den Blick genommen wird. Um den performativen Charakter bestimmter Sprechakte zu beschreiben macht Austin deutlich, dass für das „Glücken" dieser Handlung bestimmte Bedingungen erfüllt sein müssen: Die Situation muss dazu geeignet sein, die Teilnehmenden müssen dazu in der Lage und berechtigt sein und die Handlung muss nach bestimmten Regeln vollständig ausgeführt werden.[60]

Diesem sozialen Gefüge einer Gesprächssituation widmet Erving Goffman seine Aufmerksamkeit, indem er deutlich macht, wie labil dieses temporäre soziale System einer Unterhaltung ist. Denn es setzt voraus, dass die Kommunikationsteilnehmer einander als solche anerkennen, dass sie für die Dauer dieser Begegnung (möglicherweise auch nur zum Schein) das zentrale Thema der Kommunikation anerkennen und dass sie dabei sich an bestimmte Regeln und Rituale haltend stets darauf bedacht sind, dass alle Teilnehmer ihr *image* wahren können, bzw. bestimmte Rituale vollziehen, dasselbe wieder herzustellen. Jede Unterhaltung wird so zur Reaktualisierung sozialer Beziehungen und stellt sie gleichzeitig auf die Probe. Dabei spielen die verschiedenen sozialen Status der Teilnehmenden eine entscheidende Rolle. Selbstkontrolle und Gelassenheit sind dafür wichtige Techniken, die zum Gelingen verhelfen. Und als Kehrseite bietet die Kommuni-

---

60 John L. Austin, *Zur Theorie der Sprechakte (How to do things with words)* (Stuttgart, 2005), 37.

kation mannigfaltige Möglichkeiten, durch Regelverletzungen das *image* anderer Teilnehmer zu verletzen oder sich ihrer Loyalität zu versichern.[61]

Das metaphorische Konzept ARGUMENTATION IST KRIEG bildet für Georg Lakoff und Mark Johnson den zentralen Einstiegspunkt in die von ihnen initiierte Kognitive Metapherntheorie.[62] Bei der Betrachtung dieses zentralen Falls gehen sie von vergleichbaren Beobachtungen aus, wie die eben beschriebenen und machen dabei eine Unterscheidung zwischen einer Unterhaltung und einer Argumentation. Die Unterhaltung stellt eben das auf Konsens angelegte wechselseitige Austauschen sprachlicher Signale dar, dessen Funktion hauptsächlich ist, das bestehende soziale Gefüge unter den Kommunikationsteilnehmern zu stabilisieren. In dem Moment jedoch, in dem die Unterhaltung in eine Argumentation umschlägt, finden sich die Teilnehmenden in einer Kampfsituation wieder. Jedenfalls konzeptualisieren sie das entsprechend mit einer Ausdrucksweise, die sich aus dem Bildbereich des Kampfes speist.[63]

Die von Austin als so fundamental neue Einsicht formulierte Erkenntnis, dass Sprechen Handeln sei, erweist sich mit Blick auf die in der vorliegenden Untersuchung betrachtete biblische Spruchweisheit als sehr treffendes Modell, um die weisheitliche Sprachreflexion zu erfassen: Sprechen wird auch hier vor allem als ein zentraler Modus des Handelns beschrieben.[64] Auch die eben, besonders von Goffman benannten Rücksichten auf die Umstände der Gesprächssituation und die soziale Stellung der Teilnehmer, lässt sich in den weisheitlichen Mahnungen immer wieder identifizieren und wird in dieser Untersuchung unter dem Stichwort der „Angemessenheit" subsumiert. Die Weisen mahnen, aufmerksam zu prüfen, ob es der richtige Zeitpunkt ist, das Wort zu ergreifen und sich dabei seiner sozialen Stellung bewusst zu sein. Die dabei verwendeten metaphorischen Konzepte weisen erstaunliche Übereinstimmungen zu den referierten Sprachreflexionen auf. Dabei spielen verschiedene Bildbereiche von angedrohter oder ausgeführter Gewaltanwendung eine Rolle. Einerseits findet sich das häufige Motiv, sich selbst bzw. seine Sprechwerkzeuge zu bewachen. Andererseits werden immer wieder (Lebens-)Gefahren und Verletzungen benannt die man sich selbst durch unbedachtes sprachliches Agieren zufügt, oder die man durch aggressives Kommunizieren Anderer erfährt. An vielen Stellen wirken diese Bedrohungen weit existentieller als in dem metaphorischen Konzept ARGUMENTATION IST KRIEG von Lakoff und Johnson.

---

61 Erving Goffman, *Interaktionsrituale. Über Verhalten in direkter Kommunikation*, Suhrkamp Taschenbuch Wissenschaft 594 (Frankfurt am Main, 1986), 21–53.
62 Siehe dazu unten Kap. 3.
63 Lakoff und Johnson, *Leben*, 93–99.
64 Siehe dazu unten Kap. 1.4.3.

1.4.2.2 Kommunikation und soziales Handeln

Um die weisheitliche Sicht auf das sprachliche Handeln einzuordnen, ist es sinnvoll, auch auf die Theorie des kommunikativen Handelns von Jürgen Habermas bezug zu nehmen.[65] In dieser Theorie wird die zentrale Funktion der Kommunikation zur Konstituierung und Stabilisierung menschlicher Gesellschaften herausgearbeitet. Durch sie manifestieren sich intersubjektive Geltungsansprüche als Konsens des Zusammenlebens.[66]

Diese Wirkweise gründet in der systemischen und mehrfach reflexiven Struktur der Kommunikation.[67] Die Kommunikanten nehmen dabei wechselnde Rollen ein mit speziellen Kompetenzen und in bestimmten Beziehungsmustern. Sie formulieren direkt oder indirekt Erwartungen und Geltungsansprüche, deren Akzeptanz durch die Kommunikationspartner schon im Voraus unterstellt wird.[68] So kommt es zu sozialer Generalisierung und der Ausbildung von Gruppenidentität, verbunden mit Normen und Sanktionierungen.[69] Ob das gelingt, hängt also vor allem davon ab, ob die Kommunikationspartner in der Lage sind, angemessen in der Situation zu agieren, in der sie sich befinden.

Habermas nimmt ausdrücklich Bezug auf die Differenzen einer „okzidentalen" Rationalität zu Lebenswelten, die durch „mythische" Weltbilder geprägt seien.[70] Zu letzteren nimmt er mangelnde Differenzierung von objektiver, sozialer und subjektiver Welt an,[71] warnt jedoch auch vor einer Hypostasierung der wissenschaftlichen Rationalität in westlichen Diskursen.[72] Auch ein traditionalistisches Verständnis von Gemeinschaft gründet auf den Prinzipien des kommunikativen Handelns. Im Unterschied zu einem posttraditionalistischen Verständnis beruhe es allerdings darauf, dass die kollektiven Normen als gegeben hingenommen werden und nicht erneut zur Diskussion gestellt werden können.[73]

Mit diesen Einschränkungen kann dieses Theoriegerüst durchaus in Beziehung gesetzt werden zu den metapragmatischen Aussagen in der Spruchweisheit. Vergleichbar ist insbesondere die Überzeugung, dass das kommunikative Han-

---

65 Jürgen Habermas, *Theorie des kommunikativen Handelns, 2 Bände*, 9. Aufl. (Frankfurt am Main, 2014).

66 Habermas, I, 37.

67 Habermas, I, 164. Vgl. hierzu auch Klaus Merten, *Einführung in die Kommunikationswissenschaft, Bd. 1: Grundlagen der Kommunikationswissenschaft* (Münster – Hamburg – London, 1999), 101–108.

68 Habermas, *Theorie*, I, 39.

69 Habermas, II, 42–62.

70 Habermas, I, 72–85.

71 Habermas, I, 85.

72 Habermas, I, 102.

73 Habermas, II, 64 f.

deln fundamentale Auswirkungen für das menschliche Zusammenleben hat. Insbesondere ist hier auffällig, dass Habermas dieses gesellschaftsbezogene kommunikative Handeln einem egozentrischen strategischen Handeln gegenüberstellt, das die sozial konstruktive Funktion der Kommunikation torpediert,[74] ähnlich wie die Weisheit das gemeinschaftsgemäße Handeln der „Gerechten" den destruktiven Absichten der „Frevler" entgegensetzt.

Die Spruchweisheit verwendet keinen so globalen Begriff wie kommunikatives Handeln. Hierfür fehlt die begriffliche Differenzierung. Jedoch habe ich oben gezeigt, dass das Reden des Menschen in der Spruchweisheit vorrangig als Modus seines Handelns benannt wird. Dadurch können Beobachtungen gemacht werden, die mit dem Modell des kommunikativen Handelns vergleichbar sind.

Die Spruchweisheit spricht dabei undifferenziert – aber mit verschiedenen Lexemen und ihren jeweiligen semantischen Nuancen – von „Sprache/Sprechen" einerseits und von Handlungen des Menschen andererseits. Die metapragmatischen Aussagen betrachten jedoch nicht (oder nur sehr selten) die sprachliche Form, sondern thematisieren vor allem den Handlungsaspekt. Habermas distanziert sich von den strukturorientierten Klassifizierungsmodellen der Sprechakttheorien.[75] Kommunikatives Handeln fällt nicht mit Sprechhandlungen zusammen, Sprache ist hier allein unter pragmatischem Gesichtspunkt relevant.[76]

1.4.3 Sprechen als Modus des Handelns

Das Reden wird in den Weisheitssprüchen vorrangig als Modus des menschlichen Handelns thematisiert. Von den insgesamt 216 Belegen einschlägiger Aussagen in Spr 10-29 thematisieren 45 ein Reden, das dem Akteur selbst nützt oder schadet. 85 mal wird betrachtet, wie anderen Personen durch Reden genutzt oder geschadet wird. Und 34 mal werden konstruktive oder destruktive Konsequenzen eher allgemein für die Gemeinschaft angesprochen. 37 Belege stellen darüber hinaus Bewertungen des Redens dar, die nicht explizit Handlungen thematisieren aber implizit auf menschliches Verhalten in Zusammenhang des Sprechens verweisen könnten.

Für die genannte These ist wichtig, dass es ganz ähnliche Formulierungen geben kann, die keine Sprechwerkzeuge benennen – und also nicht speziell auf *sprachliches* Handeln bezogen werden können. Vgl. etwa die folgenden beiden Sprüche (in Verbindung mit dem Bildbereich Falle):

---

74 Habermas, I, 385, 446.
75 Habermas, I, 442.
76 Habermas, I, 148, 151.

Spr 12,13

בְּפֶשַׁע שְׂפָתַיִם מוֹקֵשׁ רָע וַיֵּצֵא מִצָּרָה צַדִּיק:

Durch das Vergehen der Lippen gibt es ein böses Fangnetz, aber der Gerechte geht heraus aus der Bedrängnis. [auf Rede bezogen]

Spr 29,6

בְּפֶשַׁע אִישׁ רָע מוֹקֵשׁ וְצַדִּיק יָרוּן וְשָׂמֵחַ:

Durch das Vergehen eines bösen Menschen gibt es ein Fangnetz, aber der Gerechte jubelt und freut sich. [nicht auf Rede bezogen]

Als ein ähnlicher Fall (aber in Verbindung mit dem Bildbereich FRUCHT) kann Spr 18,20 im Vergleich mit 11,30 angesehen werden. Die wörtliche Formulierung weicht stärker ab, aber wichtig ist, dass die Folgen des Handelns als FRUCHT konzeptualisiert werden, die einmal der ganzen Person zugeordnet werden und einmal nur seinem „Mund".[77]

Spr 18,20

מִפְּרִי פִי־אִישׁ תִּשְׂבַּע בִּטְנוֹ תְּבוּאַת שְׂפָתָיו יִשְׂבָּע:

Von der Frucht des Mundes eines Mannes wird sein Bauch satt, vom Ertrag seiner Lippen wird er satt. [auf Rede bezogen]

Spr 11,30

פְּרִי־צַדִּיק עֵץ חַיִּים וְלֹקֵחַ נְפָשׁוֹת חָכָם:

Die Frucht des Gerechten ist ein Lebensbaum. Und Leute gewinnt ein Weiser. [nicht auf Rede bezogen]

Wenn sich solche vergleichbaren Sprüche finden, einmal in Bezug auf das Reden einer Person, einmal in Bezug auf sein Verhalten, dann erklärt sich das am einfachsten damit, dass es eben um sprachliches *Handeln* geht.[78]

1.4.3.1 Formale sprachliche Beschreibung
Formal betrachtet wird das Wirken des Redens in verschiedenen syntaktischen Konstruktionen zum Ausdruck gebracht.

---

[77] Vgl. zu dieser Deutung des Bildbereiches die Diskussion auf S. 116.
[78] Siehe dazu unten Kap. 1.4.3.2.

Handlungsträger mit redebezogener Charakterisierung Spr 12,18; 16,28; 19,5; 19,9; 29,8, z. B.

Spr 16,28

אִישׁ תַּהְפֻּכוֹת יְשַׁלַּח מָדוֹן וְנִרְגָּן מַפְרִיד אַלּוּף׃

Ein Mann von Verkehrtheiten sendet Streit aus, und ein Verleumder entzweit einen Vertrauten.

Worte als Subjekt Spr 12,6

Spr 12,6

דִּבְרֵי רְשָׁעִים אֱרָב־דָּם וּפִי יְשָׁרִים יַצִּילֵם׃

Worte von Frevlern – ein Lauern auf Blut, aber der Mund von Geradlinigen rettet sie.

Worte als Instrument Spr 11,11

Spr 11,11

בְּבִרְכַּת יְשָׁרִים תָּרוּם קָרֶת וּבְפִי רְשָׁעִים תֵּהָרֵס׃

Durch Segen von Geradlinigen erhebt sich eine Stadt, aber durch den Mund von Frevlern wird sie niedergerissen.

Sprechwerkzeug als Subjekt Spr 10,21; 12,6; 19,28; 25,15, z. B.

Spr 10,21

שִׂפְתֵי צַדִּיק יִרְעוּ רַבִּים וֶאֱוִילִים בַּחֲסַר־לֵב יָמוּתוּ׃

Die Lippen eines Gerechten hüten viele, aber die Toren sterben durch Mangel an Verstand.

Sprechwerkzeug als Instrument Spr 11,9; 18,21; 21,6

Spr 11,9

בְּפֶה חָנֵף יַשְׁחִת רֵעֵהוּ וּבְדַעַת צַדִּיקִים יֵחָלֵצוּ׃

Mit dem Munde richtet der Ruchlose seinen Nächsten zugrunde. Aber durch Erkenntnis werden die Gerechten gerettet.

Vergleich mit gefährlichen Tieren Spr 19,12; 20,2

Spr 19,12

נַהַם כַּכְּפִיר זַעַף מֶלֶךְ וּכְטַל עַל־עֵשֶׂב רְצוֹנוֹ׃

Ein Fauchen wie eines Junglöwen ist der Zorn eines Königs, aber wie Tau auf Kraut sein Wohlgefallen.

Vergleich mit Waffen Spr 12,18; 14,3; 25,18[79]

Spr 25,18

מֵפִיץ וְחֶרֶב וְחֵץ שָׁנוּן אִישׁ עֹנֶה בְרֵעֵהוּ עֵד שָׁקֶר׃

---

[79] Vgl. Kap. 3.4.6.

Keule, Schwert und gespitzter Pfeil:
ein Mann, der gegen seinen Nächsten als Lügenzeuge aussagt.

1.4.3.2 Formulierungen des Tun-Ergehen-Zusammenhangs

Die These, Sprechen werde als Handeln aufgefasst,[80] legt sich auch deshalb nahe, weil eine ganze Reihe von Aussagen über das Sprechen betont, dass die Folgen einer Rede auf ihren Sprecher zurückkommen. Sprache ist hier kein separates Zeichensystem, sondern sie hat unmittelbare Wirkungen, die man berücksichtigen muss, um verantwortlich damit umzugehen. Positive wie negative, beabsichtigte und nicht beabsichtigte Wirkungen treffen nicht nur andere, sondern, so wird betont, vor allem denjenigen selbst, der geredet hat.

Spr 12,14

מִפְּרִי פִי־אִישׁ יִשְׂבַּע־טֹוב וּגְמוּל יְדֵי־אָדָם יָשׁוּב (ישיב) לֹו׃

> Von der Frucht des Mundes eines Mannes sättigt er sich an Gutem, und
> die Tat der Hände eines Menschen kehrt zu ihm zurück.

In der Weisheitsliteratur zeigen sich spezifische theologische Profile, insbesondere das Konzept des Tun-Ergehen-Zusammenhangs, das Israel jedoch mit der altorientalischen Umwelt, besonders mit Ägypten, teilte.[81] Vor dem Hintergrund dieses allgemeinen Konzepts sind dann auch die weisheitlichen Aussagen zum Reden des Menschen zu verstehen, die schon Bühlmann zu mehreren Komplexen zusammengefasst hat.[82] Das Reden des Menschen ist ein Modus seines Handelns, und die Weisheit vermittelt Einsicht in die Konsequenzen: Sie spricht in eindrücklichen Bildern von der Macht der Sprache und deren positiven und negativen Folgen – für den Sprecher wie für die Hörer, bzw. die Objekte des sprachlichen Handelns. Daher folgt immer wieder die Mahnung, die Sprech(werkzeug)e unter Kontrolle zu halten und Sinn für ihren rechten Gebrauch zu entwickeln.

Spr 18,7

פִּי־כְסִיל מְחִתָּה־לֹו וּשְׂפָתָיו מֹוקֵשׁ נַפְשֹׁו׃

> Der Mund des Toren ist ihm ein Verderben und seine Lippen ein Klappnetz für ihn selbst.

---

80 Vgl. Häusl, "Zuraten, zurechtweisen und sich zurückhalten. Sprüche zur Sprache aus der älteren Weisheit (Spr 10–22 und 25–29)".
81 Martin Rösel, "Tun-Ergehen-Zusammenhang", *NBL* III (2001): 931–934.
82 Bühlmann, *Reden*.

Auch unter den Sprüchen, die den Tun-Ergehen-Zusammenhang explizit machen, finden sich zwei vergleichbare Formulierungen, die – einmal mit Bezug auf sprachliches Handeln, einmal allgemeiner ausgedrückt – das Sprechen als Modus des Handelns vor Augen führen.

Spr 19,1

טוֹב־רָשׁ הוֹלֵךְ בְּתֻמּוֹ מֵעִקֵּשׁ שְׂפָתָיו וְהוּא כְסִיל׃

Besser ist ein Armer, der in seiner Einfalt wandelt, als ein Lippenverdreher, der ein Tor ist.

Spr 28,6

טוֹב־רָשׁ הוֹלֵךְ בְּתֻמּוֹ מֵעִקֵּשׁ דְּרָכַיִם וְהוּא עָשִׁיר

Besser ist ein Armer, der in seiner Einfalt wandelt, als ein Wegeverdreher, der reich ist.

Wenn hier speziell das Verhältnis von Sprache und Wirklichkeit hinterfragt wird, dann muss besonders die Behauptung von der Macht der Sprache auf ihren Grund hin untersucht werden (und auch die dem gegenüber stehenden Aussagen von möglicher Wirkungslosigkeit!). Die Wirkung des Redens scheint sich im Gesamtzusammenhang aus der Logik des Tun-Ergehen-Zusammenhangs zu erklären. Es ist Teil des menschlichen Handelns, das seine Konsequenzen hat.

Muss dann auch die Wirkung der Sprache eher aus einem systemischen Weltverständnis erklärt werden? Während der Tun-Ergehen-Zusammenhang von Klaus Koch mit einer (quasi materiellen) Sphäre um den Menschen erklärt wurde,[83] ist er seit den 90er Jahren von Bernd Janowski[84] in Anschluss an Jan Assmann[85] eher aus der Logik innergesellschaftlicher Konnektivität begründet worden. Das Proverbienbuch betont den Tun-Ergehen-Zusammenhang, auch wenn ägyptische Texte wie die Lehre des Amenemope, die die biblischen Spruchsammlungen offenbar als klassische Texte bis in einzelne Formulierungen geprägt

---

83 Klaus Koch, "Gibt es ein Vergeltungsdogma im Alten Testament", *ZThK* 52 (1955): 11, 19 u. ö. Klaus Koch, "צדק *ṣdq* gemeinschaftstreu/heilvoll sein", *THAT* II³ (1984): 517. Vgl. auch Hartmut Gese, *Lehre und Wirklichkeit in der alten Weisheit: Studien zu den Sprüchen Salomos und zu dem Buche Hiob* (Tübingen, 1958), 42–45; Rösel, "Tun-Ergehen-Zusammenhang".
84 Bernd Janowski, "Die Tat kehrt zum Täter zurück. Offene Fragen im Umkreis des »Tun-Ergehen-Zusammenhangs«", *ZThK* 91 (1994): 247–274.
85 Jan Assmann, *Ma'at. Gerechtigkeit und Unsterblichkeit im Alten Ägypten*, Beck'sche Reihe 1403 (München, 2001).

haben, eher von dessen Nicht-Funktionieren ausgehen.[86] Georg Freuling betont für die Deutung des Phänomens die vorrangig didaktische Absicht der älteren Spruchsammlungen: Es geht um Handlungsanleitungen, die aufzeigen, wie man sich in die gegebene gesellschaftliche Ordnung einzuordnen habe.[87]

Wird nun im Zusammenhang sprachlichen Handelns von den Wirkungen des Redens gesprochen, dann handelt es sich also zunächst um einen Spezialfall des Tun-Ergehen-Zusammenhangs, und die Beantwortung der Frage, wie die Kraft der Sprache verstanden wurde, muss deshalb jeweils abhängig von den Erklärungsmodellen für diesen Zusammenhang gesehen werden. Dabei fällt eine forschungsgeschichtliche Parallelität ins Auge zwischen dem älteren Erklärungsmodell des Tun-Ergehen-Zusammenhangs und klassischen Ansichten über alttestamentliche Sprachkonzepte. Sie deuten die metonymische Ausdrucksweise und die verwendeten Metaphern in ihrer wörtlichen Bedeutung: Wenn eine Tat oder ein Wort als grammatisches Subjekt einer aktiven Handlung auftritt, dann sei es auch der reale Handlungsträger.[88] Vorausgesetzt ist dabei eine primitivere Stufe des Denkens, in der Israel „zwischen Ursache und Wirkung nicht habe scheiden können".[89] Die synthetische Ausdrucksweise verbindet einen konkreten Gegenstand mit seiner Funktion. Es wäre aber ein Missverständnis, den Handlungen dadurch eine Substantialität zuzusprechen. Reden und Handeln des Menschen ist integraler Teil seiner Person.

1.4.3.3 Sprachmagie

Die Wirksamkeit von Sprache tritt bei bestimmten sprachlichen Handlungen besonders deutlich hervor, etwa bei Segen[90] und Fluch[91] oder bei der Verwendung von Euphemismen[92], sodass auch eine „magische[] Komponente der sprachli-

---

86 Bernd Ulrich Schipper, "Die Lehre des Amenemope und Prov 22,17–24,22. Eine Neubestimmung des literarischen Verhältnisses", *ZAW* 117 (2005): 274.

87 Georg Freuling, *„Wer eine Grube gräbt …." Der Tun-Ergehen-Zusammenhang und sein Wandel in der alttestamentlichen Weisheitsliteratur*, WMANT 102 (Neukirchen-Vluyn, 2004), 103 f. u. ö.

88 Dürr, *Wertung*, 6–11, 111–114; Koch, "Vergeltungsdogma", 11, 18 f.

89 Koch, 27, vgl. auch 39, unter Bezugnahme auf Fahlgren K. Hj. Fahlgren, *ṣedāḳā, nahestehende und entgegengesetzte Begriffe im Alten Testament* (Uppsala, 1932), 50–54.

90 Martin Leuenberger, *Segen und Segenstheologien im alten Israel. Untersuchungen zu ihren religions- und theologiegeschichtlichen Konstellationen und Transformationen*, AThANT 90 (Zürich, 2008), 482–485.

91 Katarina Nordh, *Aspects of Ancient Egyptian Curses and Blessings. Conceptual Background and Transmission*, BOREAS 26 (Stockholm, 1996), 96 f, siehe dazu unten Kap. 4.4.6.

92 Stefan Schorch, "The Avoidance of Speech-Sins in Ancient Israel", in *Papers for Discussion. Presented by the Department of Ancient Near Eastern Studies / Egyptology – The Hebrew University*, hrsg. Sarah Groll und Irene Shirun-Grumbach, Bd. III (Jerusalem, 2003), 87.

chen ‚Kunst'"[93] betont werden kann. Begründet sind Konzepte solcher Wirkzusammenhänge vor allem in Erfahrungswissen, was Giuseppe Veltri gerade auch
für magische Praktiken betont hat.[94] Welche Welterfassung magischen Ritualen
freilich zugrundeliegt, ist heiß umstritten: Klassische Modelle von „primitivem"[95]
Denken werden mit dem Vorwurf einer ethnozentrischen Perspektive[96] konfrontiert. Hans-Peter Müller hat auf die Zirkularität der jeweiligen Zugangsweisen
und ihrer Metasprachen aufmerksam gemacht.[97] Dennoch erweisen sich neuere wissenschaftliche Methodiken als sinnvolle Ansatzpunkte, sich den in Frage
stehenden vorklassischen oder außereuropäischen Denkweisen zu nähern: Systemische Forschungsansätze,[98] die die Mehrdimensionalität von Ursache-Wirkung-
Zusammenhängen betonen, die Einsichten der Sprechakttheorie über die Wirkungen von Sprache[99] und neuere Theorien zur Deutung von Metaphern,[100] die
sie nicht einfach als rhetorische Figuren verstehen, sondern darin Zugang zu
den Grundlagen des menschlichen Denkens finden.[101] Neuere Arbeiten v. a. zum

93 Assmann, "Reden", 197,201, Anm. 72 unter Verweis auf Peter Kaplony, "Die Definition der
schönen Literatur im Alten Ägypten", in *Fragen an die altägyptische Literatur. Studien zum Gedenken an Eberhard Otto*, hrsg. Jan Assmann (Wiesbaden, 1977), 294, der jedoch unter Verweis
auf „Zauberkunst der *srw* ‚Beamten' im „Beredten Bauern" die existenzgefährdende Macht der
Beamten benennt. Vgl. auch B. Kedar-Kopfstein, "שָׂפָה *śāpāh*", *ThWAT* VII (1993): 846.
94 Giuseppe Veltri, *Magie und Halakha. Ansätze zu einem empirischen Wissenschaftsbegriff im
spätantiken und frühmittelalterlichen Judentum*, TSAJ 62 (Tübingen, 1997), 291–293; Giuseppe Veltri, Hrsg., *Gegenwart der Tradition. Studien zur jüdischen Literatur und Kulturgeschichte*, JSJSup 69
(Leiden – Boston – Köln, 2002), 38–54.
95 Christopher Robert Hallpike, *Die Grundlagen primitiven Denkens* (München – Stuttgart, 1990),
der den entwicklungspsychologischen Terminus des „begrifflichen Realismus" aufgreift.
96 Annette Wilke, "„Magisch-religiös"? Hinduistische Weltorientierung und Magie-Debatte",
in *Zur Akzeptanz von Magie, Religion und Wissenschaft. Ein medizinethnologisches Symposium
der Institute für Ethnologie und Anatomie, Westfälische Wilhelms-Universität Münster*, hrsg. A.
Fiedermutz-Laun u. a., Worte – Werke – Utopien 17 (Münster, 2002), 84.
97 Hans-Peter Müller, "Handeln, Sprache, Magie und Religion", in Fiedermutz-Laun u. a., *Zur
Akzeptanz von Magie, Religion und Wissenschaft. Ein medizinethnologisches Symposium der Institute für Ethnologie und Anatomie, Westfälische Wilhelms-Universität Münster*, 60 f.
98 Stanley Jeyaraja Tambiah, *Magic, science, religion, and the scope of rationality* (Cambridge,
1990), 85 f.
99 Tambiah, 73; Nordh, *Curses*, 96 f. Leuenberger, *Segen und Segenstheologien im alten Israel.
Untersuchungen zu ihren religions- und theologiegeschichtlichen Konstellationen und Transformationen*, 484 f.
100 Vgl. Stanley Jeyaraja Tambiah, "The Magical Power of Words", *Man* N. S. 3 (1968): 188; Müller, "Handeln", 62 f.
101 Eine interessante entgegengesetzte Argumentation findet sich jetzt bei Annette Schellenberg,
"More than Spirit. On the Physical Dimension in the Priestly Understanding of Holiness", *ZAW*
126 (2014): 163–179, die vor allem für eine reale Körperlichkeit Gottes in P plädiert. Aber auch

Verständnis der Namens-Theologie zeigen, dass eine einfache Alternative von magischem vs. rationalem Denken eine unangebrachte Verkürzung darstellt, die die komplexeren Zusammenhänge sprachlicher Repräsentation (auch nach heutigem Verständnis) nicht angemessen erfassen kann.[102]

Ein besonderes Problem – aber doch mit dem eben für den menschlichen Bereich beschriebenen verknüpft – ist die Begründung der Macht göttlichen Sprechens, für das man ebenso mythische Deutungsmuster mit einem modernen Verständnis der Performativität der Sprache in Bezug setzen muss. Für den *locus classicus* für Schöpfung durch das Wort, Ps 33,4.9, legt sich noch ein anderes Erklärungsmodell nahe: Eine innerbiblisch-exegetische Ausdeutung der Sprechakte Gottes in Gen 1.

1.4.3.4 Fazit

Formulierungen über die Wirksamkeit oder die besondere Kraft menschlichen Sprechens sind im Rahmen weisheitlicher Lebensbeobachtungen als eher pragmatische Einsichten zu verstehen: Mit Worten gestaltet man wesentlich zwischenmenschliche Beziehungen und es spiegeln sich in den Reden, und wie man sie auf Situation und Gesprächspartner adaptiert, gesellschaftliche Normen und hierarchische Strukturen. Die exegetische Deutung einer substanziellen Eigenständigkeit und Wirkkraft von Worten ist vorrangig durch eine realistisch überinterpretierende Deutung der typischen metonymischen Ausdrucksweise zu verstehen, nach der die Sprechwerkzeuge die sprachliche Handlung repräsentieren, bzw. *pars pro toto* für den Sprecher stehen können. Pragmatisch wird mit diesen Aussagen verdeutlicht, welche ernsten Konsequenzen das Reden haben kann. Das einmal gesprochene Wort entzieht sich dabei der Kontrolle des Sprechers.

1.4.4 Glücken und Scheitern

In seinen Vorlesungen „How to do Things with Words", hat John Langshaw Austin zur Verdeutlichung seiner These vom Sprechen als Handeln vom Scheitern (bzw. Missglücken) dieses Handelns gesprochen. Es kommt schließlich relativ häufig vor, dass eine Äußerung nicht das bewirkt, was der Sprecher intendiert hat. Ob

---

sie betont das Problem der Rückprojektion einer Geist-Materie-Dichotomie (Schellenberg, "Spirit", 163), die im Umkehrschluss zur Folge hat, dass wir aus unserer heutigen Perspektive diese Körperlichkeit als eine „static materiality" (Schellenberg, 178) missverstehen.
102 Vgl. etwa Eckart Otto, "Altorientalische Kontexte der deuteronomischen Namenstheologie", *ZAR* 13 (2007): 237–248; Michael Hundley, "To Be or Not to Be: A Reexamination of Name Language in Deuteronomy and the Deuteronimistic History", *VT* 59 (2009): 533–555.

eine sprachliche Handlung glückt oder nicht, hängt nach Austin an verschiedenen Bedingungen, die eingehalten werden müssen. Denn es handelt sich um konventionalisierte Handlungsmuster.[103] Zu Beginn seiner Überlegungen geht er vom Scheitern explizit performativer Sprechakte aus, weil an ihnen deren Scheitern am deutlichsten vorgeführt werden kann. Jedoch weist er relativ bald darauf hin, dass die Übergänge zu anderen sprachlichen Handlungen fließend sind.[104] Zu den Bedingungen, die er benennt, gehören beteiligte Personen und gegebene Umstände, die zu dem konventionalen Verfahren passen müssen. Dabei spielen die Meinungen, Absichten und Gefühle der beteiligten Personen eine entscheidende Rolle.[105]

Glücken Austins Bezeichnung gelingender sprachlicher Handlungen als „glücklich" („happy") provoziert es geradezu, die Bewertung einer sprachlichen Handlung in Spr 15,23 zu betrachten, denn hier wird von der Freude des Sprechers über eine geglückte Antwort gesprochen:

Spr 15,23

שִׂמְחָה לָאִישׁ בְּמַעֲנֵה־פִיו וְדָבָר בְּעִתּוֹ מַה־טּוֹב׃

Freude hat ein Mann an der Antwort seines Mundes, und ein Wort zu seiner Zeit – wie gut ist es!

Die Angemessenheit einer Rede wird mit sehr eindrücklicher Bildsprache in Spr 25,11 illustriert:

Spr 25,11

תַּפּוּחֵי זָהָב בְּמַשְׂכִּיּוֹת כָּסֶף דָּבָר דָּבֻר עַל־אָפְנָיו׃

Goldäpfel in Silberfassungen: Ein Wort geredet entsprechend seiner Art (?).

Allerdings muss die Deutung mit einer Reihe von Unsicherheiten umgehen. Das betrifft einerseits die Erhellung der Bildebene durch Realia. Andererseits ist offen, welche Ebene der Redegestaltung hier charakterisiert wird: Die poetische Gestaltung im Parallelismus, die inhaltliche Angemessenheit oder der gut getroffene Zeitpunkt.[106]

---

103 Austin, *Zur Theorie der Sprechakte (How to do things with words)*, 37.
104 Austin, 73.
105 Austin, 37.
106 Vgl. hierzu S. 254 und Johannes Thon, ",Oberfläche' und ,Tiefe' als Bildelemente in Weisheitssprüchen über sprachliches Verhalten", in *Studien zur Theologie des Alten Testaments: Stu-*

Wenn auch offen bleibt, was genau an der Rede hier so hoch geschätzt wird, so handelt es sich aber auf jeden Fall um einen Aspekt der Stimmigkeit des Wortes zu seiner Situation. Dass diese Wertschätzung durch positive körperliche Empfindungen begründet ist, zeigen Beispiele für den psychosomatischen Wirkzusammenhang der Rede, die unten besprochen werden.[107]

Positiv physisch konnotiert ist schließlich die passende Antwort auch in

Spr 24,26

שְׂפָתַיִם יִשָּׁק מֵשִׁיב דְּבָרִים נְכֹחִים׃

Lippen küsst, wer rechte Worte erwidert.

Der Kuss, der wie freundliche Rede ein sozial konstruktives kommunikatives Verhalten darstellt, verdeutlicht das Gelingen einer sprachlichen Handlung besonders als ein wechselseitiges oder zwischenmenschliches Wohlgefühl.[108]

Scheitern Auch in den Weisheitssprüchen nimmt das Scheitern einer sprachlichen Handlung relativ breiten Raum ein. Allerdings zeigt sich an dieser Stelle schon ein zentrales Problem bei der Übertragung einer modernen Fragestellung auf die biblischen Texte: Denn für die alttestamentlichen Aussagen stehen die Absichten des Sprechers weniger im Zentrum. Ein Sprecher wird charakterisiert, eine Handlung wird bewertet – aber weniger mit Blick auf die Absicht des Sprechers, sondern einfach in Beurteilung der Folgen der Handlung und unter der Frage, ob diese Handlung dem einzelnen beim Zusammenleben mit seinen Mitmenschen nützt.

Maria Häusl hat in einem Aufsatz über Sprüche zur Sprache, den Aspekt der Absicht stärker betont, weil gerade negative Absichten beurteilt würden.[109] Ich sehe aber relativ wenig eindeutige Hinweise auf die Absicht und würde deshalb eher davon sprechen, dass die Einstellung zum Mitmenschen beurteilt wird, die sich in seinem Verhalten zeigt.

Insofern müssen hier zwei unterschiedliche Fragen miteinander verknüpft werden, die nicht so einfach aufeinander passen: Die Frage nach dem Gelingen des Beabsichtigten muss aus der Bewertung der Folgen oder des Akteurs erschlossen werden. In vielen Fällen sind die hebräischen Begriffe im Hinblick auf die Ab-

---

dien zur Theologie des Alten Testaments ; Festschrift für Rüdiger Lux zum 65. Geburtstag, hrsg. Angelika Berlejung und Raik Heckl, ABG 39 (Leipzig, 2012), 351.

107 Siehe unten S. 170.

108 Vgl. William McKane, *Proverbs. A New Approach*, OTL (London, 1977), 575.

109 Häusl, "Zuraten, zurechtweisen und sich zurückhalten. Sprüche zur Sprache aus der älteren Weisheit (Spr 10–22 und 25–29)", bes. 36.

sicht des Sprechers semantisch relativ offen. In den Übersetzungen, schon in den alten, ist dieser Aspekt oft viel stärker ausgearbeitet.

Eine gescheiterte sprachliche Handlung (also eine mit nicht intendierter Folge) kann daher etwa da vermutet werden, wo negative Folgen beschrieben werden, die auf den Sprecher selbst zurückfallen. Aber auch negative Folgen, die andere zu spüren bekommen, können vom Sprecher unbeabsichtigt sein. Und umgekehrt könnte auch eine gescheiterte sprachliche Handlung aus einer weisheitlichen Perspektive positiv bewertet werden. Das muss jeweils am Einzeltext interpretierend konstruiert werden.

Obwohl also die Fragerichtungen deutlich andere sind, lohnt es sich, nach dem Scheitern von sprachlichem Handeln zu suchen, weil Aspekte der Funktionalität des Sprechens herausgearbeitet werden können, wie sie die biblischen Sprachkonzepte prägen.

Ein weisheitlicher Textbereich – wenn auch nicht in der Spruchweisheit –, der das Scheitern sprachlicher Handlungen relativ breit thematisiert, sind die Dialoge Hiobs mit seinen Freunden.[110] Besonders aussagekräftig ist die Einleitung der Rede des Elifas in Hiob 15. Die explizite doppelte Formulierung, dass Hiobs Worte nichts bewirkten (Hiob 15,3: הוֹכֵחַ בְּדָבָר לֹא יִסְכֵּוֹן וּמִלִּים לֹא־יוֹעִיל בָּם) wird verstärkt durch den Bildbereich des Windes (15,2, vgl. Kap. 2.6.7).[111] Hiob wolle zurechtweisen – so Elifas –, könne jedoch seine Gesprächspartner nicht überzeugen,[112] ja er untergrabe sogar die weisheitlichen Grundeinsichten und mache so das fromme Gespräch unmöglich (15,4). Jürgen van Oorschot zeigt auf, dass die Hiobreden dieses Scheitern ganz adäquat für die Freundesreden postulieren: Die weisheitliche Belehrung soll Trost bringen, erreicht jedoch nichts oder eher das Gegenteil: Sie vergrößert das Leiden nur noch.[113]

---

110 Vgl. Pierre Van Hecke, *From linguistics to hermeneutics: a functional and cognitive approach to Job 12 - 14*, Studia Semitica Neerlandica 55 (Leiden, 2011), 367.

111 Vgl. David J. A. Clines, "The Arguments of Job's three Friends", in *Art and meaning. Rhetoric in Biblical literature: rhetoric in Biblical literature*, hrsg. David J. A. Clines, David M. Gunn und Alan J. Hauser, JSOT. S 19 (Sheffield, 1982), 207; Jürgen van Oorschot, "Beredte Sprachlosigkeit im Ijob. Körpererfahrung an den Grenzen von Weisheit und Wissen", in *Menschenbilder und Körperkonzepte im Alten Israel, in Ägypten und im Alten Orient*, hrsg. Angelika Berlejung, Jan Dietrich und Joachim Friedrich Quack, Orientalische Religionen in der Antike 9 (Tübingen, 2012), 245.

112 Nach vielen Auslegern sehe Elifas die Sinnlosigkeit vor allem in Hiobs Ansinnen, mit Gott einen Rechtsstreit zu führen (David J. A. Clines, *Job 1 – 20*, WBC 17 (Nashville, 1989), 347; Friedrich Horst, *Hiob. Kapitel 1–19*, BK. AT, XVI, 1 (Neu"-kirchen-Vluyn, 1983), 221). Hecke, *Linguistics*, 376 f, hält das zu recht für unwahrscheinlich.

113 van Oorschot, "Beredte Sprachlosigkeit im Ijob. Körpererfahrung an den Grenzen von Weisheit und Wissen", bes. 245 f.

Auch ist Scheitern nicht beschränkt auf das Nichteintreffen der intendierten Wirkung, sondern es schließt auch das Eintreten nichtintendierter Wirkungen mit ein. Wörtlich genommen ist der Ausdruck „wirkungslos" daher irreführend. Es ist nicht gleichgültig, ob diese Worte gesprochen werden, sondern man sollte sie vermeiden!

1.4.5 Sprechsituationen als systemische Gefüge und konventionalisierte Handlungsmuster

Menschen zeigen in bestimmten Situationen typische Verhaltensmuster. Dazu kann es kritische Untertöne geben, in der Regel formulieren die Sprüche solche Regelmäßigkeiten eher positiv und empfehlen, diese Erfahrungen zu beachten. Zwei Sprüche sind dazu insofern besonders aussagekräftig, weil sie zeigen, wie die Regelmäßigkeit der Beobachtungen konzeptualisiert wird: Sie wird mit Wettererscheinungen verglichen, die auch als Gefüge von Bedingungen und erwartbaren Folgen wahrgenommen werden[114] – sodass Ausnahmen eine besondere Aufmerksamkeit auf sich ziehen.

Spr 25,23

רוּחַ צָפוֹן תְּחוֹלֵל גָּשֶׁם וּפָנִים נִזְעָמִים לְשׁוֹן סָתֶר׃

Nordwind erzeugt Regen und zornige Gesichter eine verborgene Rede.

Spr 25,14

נְשִׂיאִים וְרוּחַ וְגֶשֶׁם אָיִן אִישׁ מִתְהַלֵּל בְּמַתַּת־שָׁקֶר׃

Wolken und Wind aber kein Regen – ein Mann, der sich eines trügerischen Geschenkes rühmt.

Auf der Bildebene führt die Beobachtung eines Wetterphänomens zu der Erwartung eines bevorstehenden Regens. Es wird also eine bestimmte Konstellation von Bedingungen beschrieben. Wenn dieses Bild nun auf eine sprachliche Handlung übertragen wird, kann man auch hier von ähnlichen Konstellationen ausgehen: Jemand verspricht etwas und weckt damit bestimmte Erwartungen, die üblicherweise erfüllt werden sollten.

---

114 Vgl. Joseph Edward Grady, "Foundations of meaning. Primary metaphors and primary scenes" (Diss., Berkeley, 1997), 290, der die moderne primäre Metapher CIRCUMSTACES ARE WEATHER konstruiert.

1.4.6 Metapragmatische Metaphern

Mit Metapragmatik wird hier eine Terminologie aufgegriffen, die von Michael Silverstein geprägt wurde. Sie bezeichnet diejenigen mehr oder weniger alltagssprachlichen Ausdrucksmöglichkeiten, mit denen ein Sprecher sprachliches Handeln als wirkungsvolles Handeln in einem sozialen, mehr oder weniger stark regelbedingten Kontext zur Sprache bringt.[115]

Daran anknüpfend haben Louis Goossens, Paul Pauwels, Anne-Marie Simon-Vandenbergen und Johan Vanparys für das moderne Englisch besonders auf die Rolle von Metaphern aufmerksam gemacht, mithilfe derer solche metapragmatischen Einsichten umgangssprachlich zum Ausdruck gebracht werden. Dabei nehmen sie besonders die Funktion von Körperteillexemen in den Blick,[116] besprechen die Ausdrucksmöglichkeiten zur Wertung sprachlichen Verhaltens[117] und bauen das insgesamt auf einen Überblick über die verwendeten metapragmatischen Metaphern auf.[118] Dabei verwenden die Autoren das Beschreibungsmodell der Kognitiven Metapherntheorie (siehe dazu die Einleitung von Kap. 3).

Bei der Lektüre dieser Arbeiten fällt immer wieder auf, wie stark das nicht-wissenschaft"-liche metapragmatische Inventar einer modernen Sprache den Phänomenen ähnelt, die am biblischen Hebräisch beobachtet werden können. In den folgenden Kapiteln wird immer wieder auf solche Überschneidungen hingewiesen.

---

115 Silverstein, *Limits*; Paul Pauwels, "Levels of Metaphorization. The Case of *Put*", in Goossens u. a., *By Word of Mouth. Metaphor, Metonymy and Linguistic Action in a Cognitive Perspective*, 125–158; Silverstein, *Limits*. Vgl. auch Michael Silverstein, "Metapragmatic discourse and metapragmatic function", in Lucy, *Reflexive language. Reported speech and metapragmatics*, 42; Lucy, "Reflexive language", 17; Niedzielski und Preston, *Folk linguistics*, 10–25.

116 Louis Goossens, "muþ, mouth(e), mouth denoting linguistic action. Aspects of the development of a radial category", *Acta Linguistica Hungarica* 38 (1988): 61–81; Louis Goossens, "Metaphtonymy: the interaction of metaphor and metonymy in expressions for linguistic action", *Cognitive Linguistics* 1–3 (1990): 323–340; Louis Goossens, "The Rise of a New Conceptual Pattern: Old English *lippe, weler, tunge* and *muþ* with Reference to Linguistic Action", in *Historical linguistics 1989. Papers from the 9th International Conference on Historical Linguistics*, hrsg. Henk Aertsen und Robert J. Jeffers, Current Issues in Linguistic Theories 106 (Amsterdam [u.a.], 1993), 141–154; Paul Pauwels und Anne-Marie Simon-Vandenbergen, "Body Parts in Linguistic Action. Underlying Schema and Value Judgements", in Goossens u. a., *By Word of Mouth. Metaphor, Metonymy and Linguistic Action in a Cognitive Perspective*, 35–69.

117 Anne-Marie Simon-Vandenbergen, "Assessing Linguistic Behaviour. A Study of Value Judgements", in Goossens u. a., *By Word of Mouth. Metaphor, Metonymy and Linguistic Action in a Cognitive Perspective*, 71–124.

118 Vanparys, "Survey"; Pauwels, "Levels".

1.4.6.1 Metapragmatische Metaphern im Englischen nach Vanparys

Vanparys stellt Cluster von Beispielsätzen oder lexikalisisierten Phrasen zusammen, die aus zwei Wörterbüchern des Englischen extrahiert wurden. Im folgenden werden die Bildelemete bzw. metaphorischen Konzepte in deutscher Übersetzung zusammengestellt und je zwei englische Belege beispielhaft aufgeführt.[119]

Sprachliche Ausdrücke als Behälter z. B.
> They cannot *put* their feelings *into* words.
> Words *embody* thought.

Sprachliche Ausdrücke als Objekte
> *Verben des Herstellens* z. B.
>> make a promise / construct a sentence
>> Jean *cooked up* a story to explain why she was late for work but her employer did not believe her.
> *Verben des Schmückens* z. B.
>> I asked him to tell the truth and not to *embellish* it with ideas of his own.
>> Why do you *lard* your conversation with bits of slang?
> *Verben des Vergrößerns und Kompriemierens* z. B.
>> ideas can be *amplified*
>> a report can be *condensed*
> *andere Verben der Veränderung* z. B.
>> a report can be *angled, distorted* or *twisted*
>> *turn* a phrase
> *Visuelle Wahrnehmung (BEKANNT-MACHEN IST SICHTBAR-MACHEN)* z. B.
>> put one's cards on the table
>> draw a curtain over s. th.

---

119 Vanparys, "Survey".

Informationstransfer
> *Verben des Gebens* z. B.
>> The examiners have given away the answer.
>> May I *offer* my congratulations?
> *Verben des Bringens* z. B.
>> The neighbours *brought* a complaint against the fast driver.
>> Can the prisoner *bring forward* any proof of his story?
> *Setzen, Stellen, Legen und Verwandtes* z. B.
>> *put* a question
>> *lay* claim to
>> *let drop* a suggestion
> *Die Partikel across, home, through* z. B.
>> one's point *comes* or *gets home*
>> one's ideas *come* or *get across*
> *Gewaltsamer Transfer* z. B.
>> Instead of answering he *parries* with another question.
>> *fend off* a question
> *Verben des Zurücknehmens* z. B.
>> draw back a promise
>> withdraw a remark
> *Verben des Behaltens* z. B.
>> keep a secret
>> withhold information
> *Verben des Nehmens* z. B.
>> I didn't really *get* the point of the story.
>> I *grasped* the main points of the speech.
> *Verben des Austauschens* z. B.
>> excahnge words with
> *Verben des Verbreitens* z. B.
>> A rumour was *put about/around* to the effect that he had been drunk.
>> Don't *broadcast* it, but I'm looking for another job.

Autonom getriebene Bewegung z. B.
> Requests for informations *flooded in* after the advertisement.
> Her words *flowed on* in perfect sentences.

Zielgerichtete Bewegungen z. B.
> Put the blame on s. o.

Sprecher und Hörer als Behälter z. B.
> The truth had to be *dragged out* of him.
> I had it *dinned* into me at school.

Bewegung des Sprechers
> *Bewegung auf den Hörer zu* z. B.
>> Did he *approach you* about lending hin some money?
>> make advances to
> *Bewegung auf das Thema zu* z. B.
>> meander
>> dwell on
>> get to the point
> *Bewegung auf das Ziel der Konversation zu* z. B.
>> to arrive at a decision
>> to come to terms
> *Art der Bewegung* z. B.
>> dash off an essay
>> rattle through a speech
> *Die Unterhaltung als Behälter* z. B.
>> fall into a conversation
>> step in

beim Sprechen benutzte Körperteile z. B.
> to waste one's breath
> to bite one's tongue off

Kognitive und emotionale Effekte als physische Effekte z. B.
> The funny story really *broke* me *up*.
> I will not *burden* you with a lengthy account.

Sprachliche Aggression als physische Aggression z. B.
> throw dirt at s. o.
> annihilate s. o.

Laute z. B.
> bark
> bleat (out)

Erweiterungen von nichtverbaler zu verbaler Kommunkation
> und innerhalb dieses Bereichs, z. B.

point the finger at s. o.
bow to s. o.

Komplexe Kategorien z. B.
   dish up arguments
   overshoot the mark

Dieser Überblick – hier ja auch nur ausschnittweise wiedergegeben – ist ausdrücklich unvollständig. Viele der aufgezählten Bildelemente werden in den folgenden Untersuchungen identifizierbar sein. Die Beschreibungen und die Systematik der Bereiche sind teilweise anders gewählt. Oft liegt der Fokus an anderer Stelle in einem ähnlichen semantischen Bereich. Manche metaphorischen Konzepte lassen sich in der Spruchweisheit nicht finden, so z. B. EINE UNTERHALTUNG IST EIN BEHÄLTER. Mit der folgenden Untersuchung wird auch deutlich werden, dass in der Spruchweisheit der Fokus beinahe gar nicht darauf liegt *Informationsaustausch* zu konzeptualisieren. Im Mittelpunkt des Interesses steht stattdessen der Handlungsaspekt des Redens.

1.4.7 Kognitive Metapherntheorie

Als methodischer Ansatzpunkt dient die Kognitive Metapherntheorie von George Lakoff und Mark Johnson,[120] terminologisch verfeinert unter anderem durch Lakoff, Zoltán Kövecses, Mark Turner und in kritischer Abgrenzung von den Vorhergenannten Joseph Edward Grady,[121] und ihre Rezeption durch Arbeiten zur alttes-

---

[120] George Lakoff und Mark Johnson, *Metaphors We Live By* (Chicago – London, 1980), übersetzt: Lakoff und Johnson, *Leben*.

[121] George Lakoff und Zoltán Kövecses, "The cognitive model of anger inherent in American English", in *Cultural Models in Language and Thought*, hrsg. Dorothy Holland und Naomi Quinn (Cambridge, 1987), 195–221; George Lakoff und Mark Turner, *More than Cool Reason. A Field Guide to Poetic Metaphor* (Chicago – London, 1989); George Lakoff, "The contemporary theory of metaphor", in *Metaphor and Thought*, 2. Aufl., hrsg. Andrew Ortony (Cambridge, 1994), 202–251; Grady, "Foundations".

tamentlichen Metaphorik[122] und zur altorientalischen Anthropologie[123]. Für diesen Theoriekomplex ist die Grundannahme leitend, dass Begriffe und Kategorien nicht durch eine universal gültige Logik vorgegeben sind, sondern durch prototypische Erfahrungen entstehen.[124] Diese Erfahrungen lassen sich vorzugsweise an bildhaften idiomatischen Wendungen ablesen. Die vermeintlich toten Metaphern ermöglichen, solange sie für Sprecher und Hörer noch transparent für ihre metaphorische Motivierung sind,[125] Rückschlüsse auf metaphorische Grundkonzepte, die in der kognitiven Metapherntheorie hypothetisch konstruiert werden. Dazu wird nach Clustern solcher Wendungen zu einem bestimmten Bildbereich gesucht. Von dem daraus konstruierten zugrundeliegenden metaphorischen Konzept ergeben sich erneut Rückschlüsse auf konkrete in Texten verwendete sprachliche Bilder.[126]

Einen wichtigen Zugang zum vorherrschenden Konzeptsystem bieten einzelne Elemente der Schriftkultur. Orly Goldwasser hat am Beispiel der ägyptischen Hieroglyphen überzeugend vorgeführt, wie der prototypische Charakter der einzelnen Bildzeichen die komplexen Prozesse der Kategorisierung und semantischen Differenzierung strukturiert.[127] Bemerkenswert für das Thema dieser Arbeit ist dabei die Beobachtung, dass wichtige Begriffe für menschliche Sprach- und Denk-

---

122 Z. B. Hans Reichenmacher, "Kognitive Linguistik und althebräische Lexikographie", *JNSL* 30 (2004): 43–59; Annett Giercke, "Eine Zunge voller Jubel – sprachliche Bilder als Emotionsträger in Ps 126", in *Ein Herz so weit wie der Sand am Ufer des Meeres, FS für Georg Hentschel*, hrsg. Susanne Gillmayr-Bucher, Annett Giercke und Christina Nießen, EThSt 90 (Würzburg, 2006), 378 f; Job Y. Jindo, "Toward a Poetics of Biblical Mind: Language, Culture, and Cognition", *VT* 59 (2009): 222–243; Job Y. Jindo, *Biblical metaphor reconsidered. A cognitive approach to poetic prophecy in Jeremiah 1–24*, Harvard Semitic Museum publications 64 (Winona Lake, Ind., 2010), 25–53; Alec Basson, "The Path Image Schema as Underlying Structure for the Metaphor *Moral Life is a Journey* in Psalm 25", *OTE* 24 (2011): 19–29; Johan de Joode, "The Body and Its Boundaries. The Coherence of Conceptual Metaphors for Job's Distress and Lack of Control", *ZAW* 126 (2014): 554–569; Johan de Joode, *Metaphorical Landscapes and the Theology of the Book of Job. An Analysis if Job's Spacial Metaphors*, VT. S 179 (Leiden – Boston, 2018), 12–45. Siehe die umfangreichen Literaturangaben bei Hecke, *Linguistics*, 263 f., 267 f., 290.
123 Ulrike Steinert, *Aspekte des Menschseins im Alten Mesopotamien. Eine Studie zu Person und Identitat im 2. und 1. Jt. v. Chr. eine Studie zu Person und Identität im 2. und 1. Jt. v. Chr*, Cuneiform monographs 44 (Leiden, 2012).
124 Lakoff und Kövecses, "The cognitive model of anger inherent in American English", 217; Cornelia Müller, *Metaphors dead and alive, sleeping and waking. A dynamic view: a dynamic view* (Chicago, Ill. [u.a.], 2008), 46.
125 Müller, 184–192.
126 Müller, 43–47.
127 Orly Goldwasser, *From icon to metaphor. Studies in the semiotics of the hieroglyphs: studies in the semiotics of the hieroglyphs*, OBO 142 (Fribourg, Switzerland, 1995), bes. 33, 56–58. Vgl. dazu auch Kaplony, "Definition", 290 f. der von „Abstraktion" spricht.

tätigkeit Lexeme für Körperteile sind – ein Befund, der ja auch vom Hebräischen her bekannt ist.[128] Die entsprechenden Hieroglyphenzeichen wie etwa Zunge, Ohr, Herz oder auch Leib[129] werden als tierische Körperteile dargestellt, was den physischen Aspekt dieser Organe hervorhebt.[130] Ludwig Morenz hat im Zusammenhang der bildlichen Repräsentation von Himmelsmetaphorik auf „das enge Wechselspiel von inneren Bildern und ihrer Materialisierung sowohl in der Sprachwelt als auch in äußeren Bildern"[131] hingewiesen. Dabei betont er die enge Vernetzung von „Mythologie, Metaphorik, Denken, Vorstellen und Darstellen".[132]

Ulrike Steinert baut ihre Untersuchungen zur altorientalischen Anthropologie in Aufnahme der kognitiven Metapherntheorie vorrangig auf die Analyse der Phraseologie zu relevanten Körperteillexemen auf. Um die synthetische Bedeutungsbreite dieser Lexeme auszuloten, hat sie das mit Beobachtungen zur Rolle dieser Körperteile besonders in rituellen und strafrechtlichen Zusammenhängen korreliert. Konzeptmetaphern erscheinen nicht nur auf der linguistischen Ebene, sie konkretisieren sich in verschiedenen Modi wie etwa Gesten oder Bilddarstellungen.[133] Die Untersuchungen Steinerts bleiben also stark an die sprachlichen Erscheinungsformen gebunden und die Frage nach der Bildebene und den zugrundeliegenden Realia steht im Vordergrund.

Pierre van Hecke verweist darauf, dass der kognitive Ansatz im Grunde den traditionellen Verfahren in der hebräischen Lexikographie sehr nahesteht. Denn zur Erklärung der Wortbedeutungen werden diachrone Zusammenhänge (die Suche nach der zugrundeliegenden prototypischen Erfahrung) konstruiert, die deutliche Berührungen mit der Frage nach der Herkunft eines Wortes in der Etymologie und der hypothetischen Konstruktion einer Grundbedeutung aufweisen.[134] Die etablierten Methoden der historischen Semantik können und sollen deshalb für die kognitive Semantik verwendet werden.[135] Im Unterschied zu dieser traditio-

128 Siehe Kap. 3.2.
129 Siehe dazu Kap. 3.4.1.2.
130 Goldwasser, *Icon*, 32.
131 Ludwig D. Morenz, "Vom Himmel hoch … – Zu Bild-Zeichen geronnene Himmelsmetaphorik", *GM* 232 (2012): 101.
132 Morenz, 101.
133 Steinert, *Aspekte*, 132–136. Vgl. Müller, *Metaphors dead and alive, sleeping and waking. A dynamic view*, 35.
134 Hecke, *Linguistics*, 286–294; Pierre Van Hecke, *From Linguistics to Hermeneutics. A Functional and Cognitive Approach to Job 12–14*, Studia Semitica Neerlandica 55 (Leiden, 2011), 286–288. Vgl. James Barr, "Etymology and the Old Testament", in *Bible and Interpretation. The Collected Essays, III: Linguistics and Translation*, 1. ed., hrsg. John Barton und Ernest Nicholson (Oxford, 2014), 405–407.
135 Van Hecke, *From Linguistics*, 401.

nellen Herangehensweise werden die kognitiven Erklärungsmodelle jedoch nicht atomistisch für jedes Lexem einzeln aufgestellt,[136] sondern Grundlage der Herleitung sind Hypothesen zum basalen Konzeptsystem und die Zuordnung der spezifischen Bedeutungen zu enzyklopädischen Wissensbereichen (*domains*).[137] Die Relevanz der Herkunft eines Wortes für seine aktuelle Bedeutung hängt aber vor allem davon ab, inwieweit dieses Wort für Sprecher und Hörer auf diese Herkunft hin transparent ist.[138]

1.4.8 Abgrenzung des Korpus (Spr 10–29) und hermeneutisches Grundproblem

Der Hauptuntersuchungsgegenstand der vorliegenden Arbeit sind Weisheitssprüche aus Spr 10–29. Hier, vor allem in den beiden Hauptsammlungen, 10,1–22,16 und 25–29,[139] finden sich mehrere Spruchgruppen und verstreute Einzelsprüche, die das sprachliche Verhalten des Menschen thematisieren. Die beiden kleinen Sammlungen 22,17–24,22 und 24,23–34 bieten dagegen nur an einzelnen Punkten wichtiges Material.[140] Das formal betrachtet sehr homogene Material der beiden Hauptsammlungen wird in der Regel eher in vorexilische Zeit datiert.[141] Beinahe ebenso einhellig wird angenommen, dass zunächst die Einzelsprüche oder sogar nur die Halbverse jeweils als Einheiten zu verstehen sind.[142] Die Zusammenstellung der Sprüche dürfte erst sekundär nach verschiedenen thematischen oder eher assoziativen Ordnungsprinzipien erfolgt sein. Die Korrelation eines Spruches durch einen korrespondierenden Halbvers, dient zur Orientierung, stellt aber wohl ebenfalls schon eine sekundäre Kontextualisierung dar.

Über die Rolle dieser literarischen Kontexte für die Deutung der Einzelsprüche sind die Ausleger zum Teil sehr unterschiedlicher Meinung.[143] In jedem Fall

---

136 Hecke, *Linguistics*, 291 f.

137 Hecke, 266 f. Vgl. J. C. Lübbe, "Semantic domains, associative fields, and Hebrew Lexicography", *Journal of Semitics* 12 (2003): 128–142.

138 Müller, *Metaphors dead and alive, sleeping and waking. A dynamic view*, 179, 187–192.

139 Vgl. Arndt Meinhold, *Die Sprüche. Teil 1–2*, ZBK. AT, 16,1 (Zürich, 1991), 23.

140 Vgl. Bühlmann, *Reden*, 12.

141 Saur, *Einführung*, 47.

142 McKane, *Proverbs*, 10 f., 413–415.

143 Während etwa McKane, 10 f. neue Spruchgruppen postuliert, betont Meinhold, *Sprüche*, 23–26, die Rolle dieser Spruchgruppierungen. Bernd Ulrich Schipper, *Sprüche (Proverbia), Teilband 1: Proverbien 1,1–15,33*, BK. AT, XVII/1 (Göttingen–Bristol, 2018), 602–605, schlägt als generelles Kompositionsprinzip eine Methode vor, die in jedem Kapitel 3 thematische Ebenen diskursiv miteinander verbindet. Vgl. auch Zoltán Schwaáb, "The Sayings Clusters in Proverbs: Towards an Associative Reading Strategy", *JSOT* 38 (2013): 59–79.

lässt sich vom literaischen Kontext auf einen zweiten Deutungsvorgang schließen. Insofern liegt ein Einzelspruch jetzt isoliert von seinem Entstehungs- bzw.
primären Anwendungszusammenhang vor, sodass es beinahe aussichtslos scheinen könnte, die ursprüngliche Intention zu rekonstruieren.

Das Verständnis der Texte ist also schon sehr früh durch den Überliefe-
rungsprozess bestimmt worden – ein Prozess, der durch Übersetzungen und
Kommentare immer wieder erneuert und modifiziert wurde. Als wichtiges kriti-
sches Korrektiv können heute den tradierten Verständnissen der Sprüche, deren
(alt)orientalische und mediterrane Parallelen an die Seite gestellt werden. Sofern
man von einem Spruchgut ausgeht, das von einer Gemeinschaft als משל anerkannt ist, scheinen die Themen und Sprachformen doch kollektiv geprägt zu
sein, und über die Grenzen von Einzelsprachen und Kulturen hinauszugehen.

1.4.9 Funktion der angeführten Vergleichstexte

Beim Vergleich der salomonischen Spruchweisheit mit Sprüchen anderer Weis-
heitssammlungen stellt sich die Frage, wie relevant dieses Material angesichts
zeitlicher und sprachlicher Differenzen ist, und welche Schlüsse man für die Interpretation daraus ziehen kann. Die Verbindungen zur ägyptischen Weisheit,
die allgemein anerkannt sind (weil z. T. ja auch direkte literarische Einflüsse
nachweisbar sind), und auch sumerische und akkadische sowie griechische
Weisheitstexte bilden wichtige Referenzpunkte.[144] Nachalttestamentliches Material und mündliche Überlieferungen aus weiter entfernten geographischen
Räumen werden eher unter einer allgemeineren kulturvergleichenden Perspektive herangezogen.[145] Hier steht natürlich oft die Möglichkeit im Raum, dass diese
Texte literarisch von der biblischen Literatur abhängig sind. Das Beispiel der
ägyptischen Weisheitsliteratur selbst zeigt einerseits große Kontinuitäten über
Jahrtausende hinweg, andererseits ist deutlich, dass sich Themen und Begriffe
gewandelt haben.[146] Insgesamt sind aber große Übereinstimmungen zwischen de-

---

144 Hugo Gressmann, "Die neugefundene Lehre des Amen-em-ope und die vorexilische Spruchdichtung Israels", *ZAW* 42 (1924): 272–296; R. N. Whybray, "The social world of the wisdom writers", in *The World of Ancient Israel. Sociological, Anthropological, and Political Perspectives*, Reprint, hrsg. R. E. Clements (Cambridge, 1995), 229–231; Joachim Friedrich Quack, *Die Lehren des
Ani. Ein neuägyptischer Weisheitstext in seinem kulturellen Umfeld*, OBO 141 (Freiburg Schweiz –
Göttingen, 1994), 206–211; Saur, *Einführung*, 27–30.
145 Claus Westermann, *Wurzeln der Weisheit. Die ältesten Sprüche Israels und anderer Völker*
(Göttingen, 1990), 152; Riad Aziz Kassis, *The Book of Proverbs and Arabic Proverbial Works*,
VT. S 74 (Leiden – Boston – Köln, 1999).
146 Schipper, "Lehre", 232 f., 239.

motischer und hellenistischer Spruchweisheit[147] und den Themen der koptischen Apophthegmata Patrum einerseits und der älteren ägyptischen Weisheitstradition andererseits,[148] sowie zwischen dem aramäischen Achikar aus Elephantine, Spr, Sir und der späteren syrischen und arabischen Weisheitstradition festgestellt worden.[149] Dass dabei nicht alles beim Alten blieb, zeigt sich schon beim besonderen Charakter der Septuaginta des Proverbienbuches,[150] und noch stärker in den syrischen Achikarfassungen[151]. Aber es ist sinnvoll, diese Parallelen wahrzunehmen und mit einiger Vorsicht zum Vergleich heranzuziehen, weil dort ähnliche Themen und eine vergleichbare Bildsprache verwendet werden.

Die Relevanz angeführter Paralleltexte kann also auf drei unterschiedlichen Ebenen festgemacht werden. Zunächst liegen traditionsgeschichtliche Verbindungen zwischen verschiedenen Spruchsammlungen nahe. In einzelnen Fällen sind darüber hinaus literarische Bezugnahmen wahrscheinlich. Im Zusammenhang von im Schulbetrieb immer wieder verwendeten Texten, kann der Übergang zwischen beiden Ebenen fließend sein. Als dritte Ebene ist das phraseologisch zum Ausdruck kommende Konzeptsystem einer Sprechergemeinschaft im Blick, das Ähnlichkeiten zu benachbarten Sprachsystemen aufweisen kann. Auch hier wird es nicht immer möglich sein, Übersetzungsprozesse und kulturelle Analogien auseinander zu halten.

---

147 Nikolaos Lazaridis, *Wisdom in Loose Form. The Language of Egyptian and Greek Proverbs in Collections of the Hellenistic and Roman Periods: the language of Egyptian and Greek proverbs in collections of the Hellenistic and Roman periods*, Mnemosyne (Leiden [u. a.], 2007).

148 Emma Brunner-Traut, "Weiterleben der ägyptischen Lebenslehren in den koptischen Apophthegmata am Beispiel des Schweigens", in *Studien zu altägyptischen Lebenslehren*, hrsg. Erik Hornung und Othmar Keel, OBO 28 (Freiburg Schweiz – Göttingen, 1979), 173–216.

149 Zurückhaltend ist M. L. Henry, "Vogelfang", *BHH* III (1966): 40 f. ausführlicher Kassis, *The Book of Proverbs and Arabic Proverbial Works*, 3–7.

150 Georg Bertram, "Die religiöse Umdeutung altorientalische Lebensweisheit in der griechischen Übersetzung des ATs", *ZAW* 54 (1936): 153–167; Ruth Scoralick, "Salomos griechische Gewänder. Beobachtungen zur Septuagintafassung des Sprichwörterbuches", in *Rettendes Wissen. Studien zum Fortgang weisheitlichen Denkens im Frühjudentum und frühen Christentum*, hrsg. Karl Löning und Martin Faßnacht, AOAT 300 (Münster, 1002), 43–75; Hermann von Lips, "Beobachtungen zur griechischen Übersetzung des Proverbia-Buches", in *Frühjudentum und Neues Testament im Horizont biblischer Theologie. Fachsymposium zum Thema Altes Testament – Frühjudentum – Neues Testament*, hrsg. Wolfgang Kraus, WUNT 162 (Tübingen, 2003), 36–49; vgl. dazu unten S. 47.

151 Vgl. Smil Grünberg, "Die weisen Sprüche des Achikar nach der syrischen Hs Cod. Sachau Nr. 336 der Kgl. Bibliothek in Berlin" (Diss., Gießen, 1917), 47.

1.4.10 Übersetzungs- und Auslegungstraditionen, moderne Kommentare

Oben wurden die Schwierigkeiten angesprochen, die metaphorischen Konzepte historischer Texte zu rekonstruieren. Beim Sprachgebrauch einer bestehenden Sprechergemeinschaft ist solche Hypothesenbildung viel leichter zwischen Autor und Leserschaft kommunizierbar und kontrollierbar. Bei historischen Texten ist diese Voraussetzung kollektiver Auffassungen über die Richtigkeit einer Deutung nicht gegeben. Daher bezieht die Interpretation der Einzeltexte auch auslegungsgeschichtliche Elemente mit ein, an denen Wandel und Kontinuität verwendeter Konzepte abgelesen werden können.

Was die alten Übersetzungen angeht, besteht dabei freilich das Problem, dass der Vergleich der Versionen einerseits eine klassisch textkritische Herangehensweise ist, die dazu dient, möglichst die diachrone Abfolge der Varianten zu erklären. Im Fall des Sprüchebuches bietet sich hier das besondere Problem, dass Septuaginta, Peschitta, Targum und masoretischer Text in einem spezifischen Abhängigkeitsverhältnis zueinander zu stehen scheinen, was sich am Einzeltext jedoch nicht immer plausibel machen lässt. Die Rekonstruktion des diachronen Verhältnisses dient jedoch nicht nur zur Bildung von Hypothesen über eine mögliche Urform des Spruches, sondern präsentiert auch die Versionen als Zeugen einer Deutung des jeweiligen Maschal.[152] Besonders die Peschitta ist als möglichst textnaher Auslegungsversuch hervorgehoben worden.[153]

Die Textgeschichte des Proverbienbuches unterscheidet sich – insbesondere was das Verhältnis der antiken Versionen zueinander angeht – durch eine spezielle Problemlage von anderen biblischen Büchern. Hier soll die grundsätzliche Problemlage skizziert werden. Targum und Peschitta verbindet eine ungewöhnliche Nähe in vielen Formulierungen (wörtliche Übereinstimmungen bei abweichender Orthographie), das Targum enthält daher viele Syrizismen und zeigt insgesamt wenig exegetische Erweiterungen. Zu diesen Gemeinsamkeiten gehören bemerkenswerterweise auch viele Übereinstimmungen mit der Septuaginta gegen den masoretischen Text. Dabei wird in der Regel angenommen, dass die Peschitta zunächst einen hebräischen – dem masoretischen Typ ähnlichen – Text übersetzte, jedoch immer wieder Spezifika der Septuaginta aufnahm, öfter sogar in Form von

---

152 So etwa die Frage nach der Transparenz einer Form zu einer Wurzel (siehe hierzu S. 59), die sich auch als Übersetzungstechnik zeigt (Hans Auslos und Bénédicte Lemmelijn, "Etymological Translations in the Septuagint", in *Die Sprache der Septuaginta / The Language of the Septuagint*, hrsg. Eberhard Bons und Jan Joosten, Handbuch zur Septuaginta 3 (Gütersloh, 2016), 194).
153 Hermann Pinkuss, "Die syrische Übersetzung der Proverbien textkritisch und in ihrem Verhältnisse zu dem masoretischen Text den LXX und dem Targum untersucht", *ZAW* 14 (1894): 199 f.

Doppelübersetzungen.[154] Eine aktuelle Zusammenfassung der seit dem 18. Jahrhundert geführten Diskussion bietet J. J. Owens.[155] Der genannte auffällige Befund kollidiert mit Grundannahmen zu den alten Übersetzungen, die spezifischen religiösen Gruppen zugeordnet werden, so dass keine jüdisch-christlichen Wechselbeziehungen, sondern eher die pauschale Übernahme des Gesamttextes des Proverbienbuches angenommen wird. Nur selten findet sich die Hypothese, die Septuaginta hinge von einer alten aramäisch-syrischen Texttradition ab.[156] Meist wird davon ausgegangen, dass das Targum den Peschitta-Text übernahm und zum Teil der masoretischen Tradition anglich.[157] Von einem so postulierten Konsens gehen die meisten Forschungen aus.[158] Allerdings zeigt sich der Befund bei der Betrachtung der Einzelsprüche je sehr verschieden. Und Owens macht unter Verweis auf J. F. Healey darauf aufmerksam, das doch auch gewichtige Indizien für abweichende Modelle zu finden sind.[159]

Um das Verständnis der Septuaginta-Fassung des Buches als einer spezifisch ausgerichteten Lektüre des hebräischen Buches hat es eine reiche Diskussion gegeben, die z. T. sehr pointierte Deutungsmodelle hervorbrachte. Diskutiert wird dabei vor allem der Stellenwert des griechisch-hellenistischen Einflusses gegenüber Deutungen, die im Hintergrund spezifische jüdische Gruppen[160] sehen.[161] Ema-

---

154 Siehe Jan Joosten, "Doublet Translations in Peshitta Proverbs", in *The Peshitta as a translation. Papers Read at the II Peshitta Symposium, Held at Leiden 19–21 August 1993*, hrsg. Peter B. Dirksen und Arie van der Kooij, MPIL 8 (Leiden, 1995), 64–66.

155 Robert J. Owens, "The Relationship Between the Targum and Peshitta Texts of the Book of Proverbs: *status questionis*", in *Targum Studies II: Targum and Peshitta*, hrsg. Paul V. M. Flesher, SFSHJ 165 (Atlanta, Georgia, 1998), 195–207.

156 Siegmund Maybaum, "Über die Sprache des Targum zu den Sprüchen und dessen Verhältniss zum Syrer", *Archiv für die wissenschaftliche Erforschung des Alten Testamentes* 2 (1871/72): 67; A. Kaminka, "Septuaginta und Targum zu Proverbia", *HUCA* 8–9 (1931/32): 172.

157 Johann August Dathe, "De Ratione consensus versionis Chaldaicae et Syriacae", in *Opuscula Ad Crisin Et Interpretationem Veteris Testamenti Spectantia*, hrsg. Ernst Friedrich Karl Rosenmüller (Lipsiae, 1796), 107; Theodor Nöldeke, "Das Targum zu den Sprüchen von der Peschitta abhängig", *Archiv für die wissenschaftliche Erforschung des Alten Testamentes* 2 (1871/72): 447–449; Pinkuss, "Übersetzung", 109; E. Z. Melamed, "The Targum on Proverbs (hebr.)", in *Memorial to H. M. Shapiro: (1902 - 1970)*, hrsg. H. Z. Hirschberg, Bd. I, Bar-Ilan University : annual (Ramat-Gan, 1972), 72. Dagegen Maybaum, "Sprache", 67.

158 Owens, "Relationship", 202–204.

159 Owens, 204; John F. Healey, *The Targum of Proverbs. Translated with a critical introduction, apparatus and notes*, The Aramaic Bible 15 (Collegevielle, Minn., 1991), 9.

160 So etwa Bertram, "Umdeutung", mit einem Verständnis des Judentums, das vor allem durch das Vergeltungsschema geprägt sei.

161 Siehe den Forschungsüberblick bei Johann Cook, *The Septuagint of Proverbs – Jewish and/or Hellenistic Proverbs? Concerning the Hellenistic Colouring of LXX Proverbs*, Supplements to Vetus

nuel Tov unterscheidet bei den Differenzen zwischen Septuaginta und masoretischem Text die Ebene einer älteren hebräischen Rezension als Vorlage der griechischen Übersetzung, die sich vor allem in Elementen der Textanordnung zeige,[162] von der Ebene der sprachlichen Umsetzung der Einzelverse durch den griechischen Übersetzer,[163] wobei er im Anschluss an de Lagarde wörtlichere Dubletten ggf. noch einmal als eine Ergänzung zu freieren Paraphrasen[164] ansieht. Ronald L. Giese hat die These Gillis Gerlemans von 1956 vehement hinterfragt, nach der ein besonderer Einfluss stoischer Philosophie vorläge.[165] Er stellt vor allem in Frage, ob wirklich irdischer Reichtum in der Proverbien-Septuaginta abgewertet wird, und ob das adäquat als „stoisch" bezeichnet werden kann.[166] Johann Cook hat sich dieser Argumentation angeschlossen, dabei aber doch deutliche Anzeichen für einen weiten griechischen Bildungshorizont des jüdisch-hellenistischen Übersetzers erkannt.[167] An einzelnen Aussagen zeigen sich in der Septuagintafassung Abweichungen, die als „moralisierend" oder „theologisierend" oder ähnlich gedeutet werden können.[168] In vielen Fällen sind die Änderungen jedoch eng mit textkritischen Problemen verbunden.[169] Im Kontext der vorliegenden Studie ist es ratsam, die verschiedenen Möglichkeiten in Betracht zu ziehen, bei der Untersuchung jedoch jeweils von der Deutung des einzelnen Spruches und seiner Übersetzung auszugehen. Auch wenn die Septuagintafassung an vielen Stellen vom masoretischen Text abweicht, muss das doch insgesamt als Ausdruck einer Deutungs- und Überlieferungsbemühung dem hebräischen Text gegenüber verstanden werden, den sie für griechische Leser wiedergeben will.[170]

Als Teil der jüdischen Auslegungstradition, aber auch in einem kritischen Verhältnis zu den alten Übersetzungen stehen die rabbinischen Kommentare, deren Nutzen in der Repräsentation möglicher Deutungen steht, die sich jedoch vor

---

Testamentum 69 (Leiden [u.a.], 1997), 3–12. Vgl. Lips, "Beobachtungen"; Emanuel Tov, "Recensional differences between the masoretic text and the Septuagint od Proverbs", in *Of scribes and scrolls. Studies on the Hebrew Bible, intertestamental Judaism, and Christian origins, FS John Strugnell*, hrsg. Harold W. Attridge und John J. Collins, College Theology Society resources in religion 5 (Lanham, Md. [u.a.], 1990), 43–56.
162 Tov, 49–56.
163 Tov, 44–49.
164 Paul Lagarde, *Anmerkungen zur Griechischen Übersetzung der Proverbien* (Leipzig, 1863), 3; Tov, "Differences", 44.
165 Gerleman, *Proverbs*, 54–57.
166 Ronald L. Giese, "Qualifying Wealth in the Septuagint of Proverbs", *JBL* 111 (1992): 409–425.
167 Cook, *Septuagint*, 316–321. ähnlich urteilt Scoralick, "Gewänder", 71 f.
168 Lips, "Beobachtungen", 43–46.
169 Vgl. Giese, "Wealth", 420; Scoralick, "Gewänder", 48.
170 Giese, "Wealth", 409.

allem auch durch ihr intensives Bemühen um den Wortsinn der Texte auszeichnen. Neben Raschi und dem geläufigen Kommentar unter dem Namen Ibn Esras, der wahrscheinlich von Moses Kimchi verfasst wurde,[171] werden als besondere Deutungen die Übersetzung und der Kommentar Saadias ausgewertet, der das Problem der Metaphorik immer wieder expliziert thematisiert und dadurch bei der Besprechung der Sachhälfte pragmatische Funktionen in typischen Situationen herausarbeitet. Freilich muss er dabei vorrangig als Vertreter klassisch-aristotelischer Metapherntheorie verstanden werden. Er reflektiert diese Positionen jedoch von seinen detaillierten Beobachtungen am hebräischen Text her.

Saadia greift damit ein anthropologisches Konzept auf, das viele Verbindungslinien zu spätmittelalterlichen und neuzeitlichen Wissenstraditionen bietet. Diese Linie kann man als einen Körper-Geist-Dualismus skizzieren, der über Augustin, Thomas von Aquin und Descartes das neuzeitliche Denken prägte.[172] Allerdings wird Aristoteles' Anthropologie heute weniger im Sinne der Beseelung eines mechanischen Körpers verstanden. Die Seele stelle vielmehr den Funktionszusammenhang des Körpers dar.[173] Saadia wendet diese Grundidee auf anthropologisch relevante Aussagen des biblischen Textes an und kann auf diese Weise das Wirken der נפש als Person betonen.[174]

Auch die modernen Kommentare stehen in einer erstaunlichen Kontinuität zu den zuvor genannten Deutungstraditionen. Letztlich zeigen sich genügend Punkte, an denen ein allgemeiner Konsens beim Verständnis der Texte offenbar wird. Dieser Konsens kann in der Regel einen guten Ausgangspunkt für die Einzelinterpretation bilden, der zeigt, dass Leser in verschiedenen historischen Situationen ein ähnliches Verständnis des Spruches entwickeln konnten.

---

171 Übersicht der Argumente bei Samuel Rolles Driver, Hrsg., *A Commentary on the Book of Proverbs attributed to Abraham Ibn Ezra* (Oxford, 1880), v–vii.

172 So Pierre Mourlon Beernaert, *Cœur – langue – mains dans la Bible. Un langage sur l'homme*, Cahiers evangile 46 (Paris, 1983), 6, der jedoch selbst die unzulässige Vereinfachung sieht.

173 So bei Hubertus Busche, *Die Seele als System. Aristoteles' Wissenschaft von der Psyche*, Paradeigmata 25 (Hamburg, 2001), 5–9.

174 Vgl. dazu S. 74.

2 Überblick über die Phraseologie zur Beschreibung sprachlichen Handelns

Die meta-sprachlichen Aussagen im Textcorpus sind in einer Datenbank erfasst worden. Dabei ist eine Gesamtzahl an Einträgen von 216 aufgenommen worden. Sehr klar ließen sich thematisierte sprachliche Handlungen da erkennen, wo Verben des Sprechens verwendet wurden. Ebenso deutlich ist die große Anzahl derjenigen Belege zu erkennen, in denen Sprechwerkzeug-Lexeme in dieser Funktion verwendet wurden. Nur sehr selten kann darüber Zweifel bestehen. Als weniger, allerdings noch hinreichend, eindeutig müssen die Belege angesehen werden, die Formen der zwischenmenschlichen Kommunikation benennen. Während „loben" sehr klar als einschlägig angesehen werden muss (הלל als Verb des Sprechens), kann das bei „Streit" schon nicht so klar vorausgesetzt werden. Auch „Freude" und „Zorn" können Kommunikationsvorgänge implizieren. Das ist jedoch nicht von vornherein selbstverständlich.

Die Auswahl der Belege ist deshalb nicht nur von bestimmten Lexemen oder Wortverbindungen ausgegangen, sondern hat das gesamte Korpus in den Blick genommen und ist an der Aussage jedes einzelnen Spruches orientiert gewesen. Dabei ist in der Regel der einen Vers bildende Doppelspruch verzeichnet worden. Haben sich in beiden Vershälften unterschiedliche Aussagen zu sprachlichem Handeln gefunden, dann sind sie getrennt verzeichnet worden.

Unterscheidung von implizit und explizit verwendeter Rede-Terminologie? Eine klare Unterscheidung von nur implizit verwendeter Rede-Terminologie gegenüber expliziten Thematisierungen des Redens lässt sich nicht eindeutig vornehmen. Es handelt sich beim Untersuchungskorpus nicht um Prosatexte, in denen direkte und indirekte Reden mit konventionalisierten Ausdrucksmitteln von der Erzählerperspektive unterschieden werden. In den Sprüchen liegen dagegen extrem kurze literarische Einheiten von einem bis zwei kurzen Sätzen vor. Sie bieten ihre Aussagen in wohldurchdachter, sehr komprimierter Form dar. In den allermeisten Fällen ist das in den Sprüchen erwähnte sprachliche Handeln wenigstens teilweise auch Teil des Themas dieses Spruches. Wie wenig rein implizite Verwendungen von Verben des Sprechens vorliegen, wird im folgenden Kap. 2.1 besonders deutlich. Zur hier anschließenden Frage nach bewusstem und unbewusstem Gebrauch bildhafter Elemente siehe Kap. 2.6.1.

https://doi.org/10.1515/9783110765663-002

2.1 Verben des Sprechens

2.1.1 finale Verbformen und Inf. cs.

Unter den 31 Einträgen finaler Formen von Verben des Sprechens finden sich auffälligerweise nur sieben Belege, bei denen das Thema des Spruches nicht auch
das Reden selbst war (17,19; 20,22; 24,12; 24,29; 25,7; 26,13 – dabei handelt es sich
ausschließlich um Verwendungen von אמר *qal* – und von diesen fällt nur ein Beleg
nicht darunter [20,14]!). Eines dieser wenigen Beispiele ist

26,13

אָמַר עָצֵל שַׁחַל בַּדָּרֶךְ אֲרִי בֵּין הָרְחֹבוֹת׃

Ein Fauler sagt: Ein Junglöwe ist auf dem Weg, ein Löwe auf den Gassen.

Die komprimierte Form der Sprüche lässt wenig Raum für unbeabsichtigte Flos-
keln (siehe 2.6.1). Letztlich ist selbst in diesem Beispiel die sprachliche Handlung
(nämlich eine Ausflucht) Thema des Spruches.

Verwendet werden die Verben
אמר *qal* 17,19; 20,14; 20,22; 24,12; 24,29; 25,7; 26,13
דבר *pi* 18,23a; 21,28; 23,9a; (23,16b [Inf. cs.])
ענה *qal* 18,23b; 26,4; 26,5; (15,28a [Inf. cs.])
פוח *hif* 12,17a; 14,5b; 14,25; 19,5; 19,9; 29,8[1]
הלל *pi, pu, hitp* 12,8; 20,14; 27,1; 28,4
קרא *qal, nif* 16,21a; 20,6; 24,8
הגה *qal* 15,28; 24,2
נגד *hif* 12,17a; 29,24
נבע *hif* 15,2b; 15,28b
פתה *pi* 16,29
נוב *qal* 10,31

2.1.2 Partizipien

אמר *qal* 24,24; 28,24
שוב *hif* 18,13; 26,16
דבר *qal* 16,13b

---

[1] Vgl. hierzu S. 65.

לעג‎ *qal* 17,5
ענה‎ *qal* 25,18
הלל‎ *hitp* 25,14
בטה‎ *qal* 12,18

2.1.3 Schweigen

חרש‎ *hif* 15,18b; 17,28a;
שקט‎ *hif* 11,12;
שתק‎ *qal* 26,20

2.2 Explizite Verwendung der Sprechwerkzeug-Lexeme

81 Belege benennen ausdrücklich פה‎, לשון‎ bzw. שפה‎ bei der Beschreibung sprachlichen Handelns. Dabei ist in manchen Fällen schwer zu entscheiden, inwieweit
die Sprechwerkzeuge als Körperteile vorzustellen sind, oder ob einfach „Rede" zu
übersetzen ist. Auch die Unterscheidung von Singular und Dual bei שפה‎ hilft dabei nicht weiter, wie ein Vergleich von 12,19a und 12,22a deutlich macht:

12,19a

שְׂפַת־אֱמֶת תִּכּוֹן לָעַד

Lippe/Rede von Wahrheit besteht für immer.

12,22a

תּוֹעֲבַת יְהוָה שִׂפְתֵי־שָׁקֶר

Ein Greuel des HERRN sind Lügen-Lippen.

Die Frage nach der Transparenz einzelner Sprüche zu bildhaften Bedeutungsele-
menten wird weiter unten besprochen (siehe 2.6.1).

Mehrere öfter wiederkehrende syntaktische Strukturen, insbesondere Genitiv-
Verbindungen bilden Beleg-Gruppen.

2.2.1 Das Sprechwerkzeug-Lexem mit einem Attribut

Das Sprechwerkzeug-Lexem ist mit einem Attribut verbunden.

z. B. 25,15b

וְלָשׁוֹן רַכָּה תִּשְׁבָּר־גָּרֶם׃

aber eine weiche Zunge zerbricht Knochen.

Zu dieser Gruppe gehören 3 Belege:
25,15b; 26,23; 26,28b

2.2.2 Das Sprechwerkzeug-Lexem mit einem Personalsuffix

Das Sprechwerkzeug-Lexem ist mit einem Personalsuffix verbunden:

Z. B. 18,7b

וּשְׂפָתָיו מוֹקֵשׁ נַפְשׁוֹ׃

und seine Lippen sind ein Fallstrick für sein Leben.

Zu dieser Gruppe gehören 12 Belege:
16,10b; 16,23a; 16,23b; 16,27a; 16,27b; 18,6b; 18,7b; 24,2b; 24,7; 24,28; 26,24a; 27,2

2.2.3 Das Sprechwerkzeug-Lexem als *nomen regens* mit einer Person/Personen als *nomen rectum*

In einer Genitiv-Verbindung bildet das Sprechwerkzeug-Lexem das *nomen regens*. An der Position des *nomen rectum* wird eine Person genannt.

In einem Verbalsatz:
z. B. 10,6b

וּפִי רְשָׁעִים יְכַסֶּה חָמָס׃

und ein Mund von Frevlern bedeckt Gewalttat.

In einem Nominalsatz:
z. B. 10,20a

כֶּסֶף נִבְחָר לְשׁוֹן צַדִּיק

Erlesenes Silber ist eine Zunge eines Gerechten.

Zu dieser Gruppe gehören 27 Belege:
10,6b; 10,11a; 10,11b; 10,13a; 10,14b; 10,20a; 10,21a; 10,31a; 10,31b; 10,32a; 11,9a;

11,11b; 12,6b; 12,18b; 14,3a; 14,3b; 15,2a; 15,2b; 15,7a; 15,14b [Qere]; 15,28b; 16,10a; 18,6a; 18,7a; 19,28b; 26,7b; 26,9b

2.2.4 Das Sprechwerkzeug-Lexem als *nomen regens*, ein nicht-personales Nomen als *nomen rectum*

In einer Genitiv-Verbindung bildet das Sprechwerkzeug-Lexem das *nomen regens*. An der Position des *nomen rectum* steht ein nicht-personales Nomen.

In einem Verbalsatz
z. B. 12,19a und b

שְׂפַת־אֱמֶת תִּכּוֹן לָעַד וְעַד־אַרְגִּיעָה לְשׁוֹן שָׁקֶר

Eine Lippe von Wahrheit steht fest für immer, aber für den Augenblick eine Lügenzunge.

In einem Nominalsatz
z. B. 16,13a

רְצוֹן מְלָכִים שִׂפְתֵי־צֶדֶק

Ein Wohlgefallen von Königen *finden* Lippen von Gerechtigkeit.

Zu dieser Gruppe gehören 14 Belege:
10,18a; 12,19a; 12,19b; 12,22a; 14,7b; 16,13a; 17,4a; 17,4b; 17,7a; 17,7b; 20,15; 21,6; 25,23; 26,28a

2.2.5 Das Sprechwerkzeug-Lexem als *nomen rectum*

8 Mal erscheint ein Sprechwerkzeug-Lexem als *nomen rectum* eines Partizip aktiv.

Z. B. 21,23

שֹׁמֵר פִּיו וּלְשׁוֹנוֹ שֹׁמֵר מִצָּרוֹת נַפְשׁוֹ

Der Bewahrende seines Mundes und seiner Zunge bewahrt vor Bedräng-nissen seine Seele.

Die Sätze ließen sich leicht in Verbalsätze umwandeln, in denen die Sprechwer-zeuge Akkusativobjete bilden würden.
Die 8 Belege sind:
10,19; 13,3a; 13,3b; 16,30b; 17,28b; 20,19b; 21,23; 28,23.

In drei Belegen (von denen 2 wörtlich übereinstimmen) stehen Sprechwerkzeuge als *nomen rectum* zu einem eine Person charakterisierendem Nomen:

10,8b // 10,10b

וֶאֱוִיל שְׂפָתַיִם יִלָּבֵט׃

Ein Narr von Lippen kommt zu Fall.

19,1

טוֹב־רָשׁ הוֹלֵךְ בְּתֻמּוֹ מֵעִקֵּשׁ שְׂפָתָיו וְהוּא כְסִיל׃

Besser ist ein Armer, der in seiner Einfalt wandelt, als ein Verkehrter an seinen Lippen – das ist ein Tor.

Bei 5 Belegen steht ein Sprechwerkzeug-Lexem als *nomen rectum* zu einem Verbalnomen eines Verbes des Sprechens oder einem anderen Nomen, das sprachliches Handeln benennt.

15,23a

שִׂמְחָה לָאִישׁ בְּמַעֲנֵה־פִיו

Freude hat ein Mann an der Antwort seines Mundes.

Hierzu gehören die Belege:
14,23; 15,23a; 16,1; 18,4.

Bei 5 weiteren Belegen steht ein Sprechwerkzeug-Lexem als *nomen rectum* zu einem anderen Nomen:
12,13a; 15,4a; 16,21b; 18,20b; 22,11.

2.3 Verbalabstrakta von Verben des Sprechens

Von Verben des Sprechens abgeleitete Verbalabstrakta erscheinen in verschiedenen Positionen:

2.3.1 mit Attribut

5 Belege: דבר טוב (12,25); מענה רך (15,1a); דבריך הנעימים (23,8); דברים נכחים (24,26); דְּבָר דָּבוּר (25,11).

2.3.2 als *nomen regens* zu einem Sprechwerkzeuglexem

4 Belege: דבר־שפתים (14,23); מענה־פיו (15,23a); מענה־לשון (16,1); דברי פי־איש (18,4).

2.3.3 als *nomen regens* zu einem abstrakten Nomen

8 Belege:
דבר־שקר (13,5; 29,12); דבר־עצב (15,1b); אמרי־נעם (15,26; 16,24); אמרי־דעת (19,27b; 23,12); אמרי־אמת (22,21).

2.4 Beschreibungen rezeptiven Verhaltens

Sprachliche Vorgänge werden auch da benannt, wo es – durch Hören – um Rezeption geht.

2.4.1 finite Verbformen

Davon werden finite Verformen gebildet:
שמע *qal* 13,1; 13,8; 15,29; 18,13; 19,20; 19,27 (Inf. cs.); 28,9 (Inf. cs.); 29,24

2.4.2 Partizipien

Es erscheinen Partizipien:
שמע *qal* 12,15; 15,10a; 15,31; 15,32; 21,28; 25,12
קשב *hif* 17,4a; 29,12
אזן *hif* 17,4b

2.4.3 Nomina

Und es werden Nomina verwendet, die auf Verben des Hörens zurückzuführen sind.
שְׁמוּעָה 15,30; 25,25
אֹזֶן 15,31; 18,15; 21,13a; 23,9a; 23,12; 25,12

2.5 Ausschließlich thematische Bezüge

In 46 Belegen, die als Beschreibungen von Kommunikationsvorgängen angesehen wurden, lagen keine expliziten Lexem-Marker für sprachliches Handeln vor. Die thematische Zuordnung impliziert jedoch mit hoher Wahrscheinlichkeit Kommunikation. In eckigen Klammern [] sind diejenigen Belege aufgeführt, die zusätzlich durch eine vorhergenannte Markierung einschlägig waren. Die Darstellungweise ergibt hier auch Mehrfachnennungen!

2.5.1 Streit

Stichwort ריב 17,14; 18,17; 25,9; 26,17; 26,21; [15,18; 18,6]
Stichwort מדון 16,28; 17,14; 26,21; 27,15; 28,25; 29,22; [26,20]

2.5.2 Zurechtweisen

Stichwort יכח *hif* / תוכחת 15,12; 19,25; 27,5; 29,1; 29,15 [15,31. 32]
Stichwort מוסר 16,22 [13,1; 15,32; 19,20; 19,27a]
Stichwort גערה 17,10 [13,1]

2.5.3 Zorn

Stichwort אף 27,4, 29,22 [15,1b; 29,8]
Stichwort חמה 15,18a; 27,4, 29,22 [15,1a]
Stichwort אימה 20,2
Stichwort עברה 14,35
Stichwort כעס 12,16; 27,3
Stichwort זעף 19,12
Stichwort זעם [25,23]

2.5.4 Botschaft

Stichwort מלאך 13,17; 17,11
Stichwort ציר 13,17; 25,13
Stichwort שלח 10,26; 17,11; 25,13 [22,21; 26,6]
Stichwort שמועה [15,30; 25,25]

2.5.5 Rat

Stichwort עצה 20,5; 27,9 [12,15; 19,20]
Stichwort יעץ 12,20; 15,22
Stichwort סוד 15,22

2.5.6 Weitere Einzelthemen

Weiter Themen haben zu einzelnen Belegen geführt, die nicht schon durch andere Merkmale einschlägig waren (wegen der Vielzahl solcher Überschneidungen werden hier keine Belege in eckigen Klammern aufgeführt):

Lüge (19,22), Gelübde (20,25), Segen (28,20), Offenlegen (18,2), Jubel (11,10; 23,16a), Zeugnis (19,28a)

2.6 Bildbereiche zum Reden in Spr 10–29

Im folgenden wird zunächst ein Überblick über die in den gesammelten Belegen erscheinenden Bildelemente gegeben. Aufgeführt werden Bildbereiche, die in mehr als einem Beleg erscheinen. Die einschlägigen Belege werden aufgelistet unter Nennung derjenigen Lexeme, die als zentral für die Evozierung der bildlichen Vorstellung angesehen werden. Danach folgt jeweils eine kurze Besprechung der Verwendung solche Bildelemete im Untersuchungscorpus ohne Bezug auf das Reden, bzw. in einigen Fällen stärker mit Blick auf die Verwendung der Lexeme im gesamten bibelhebräischen Corpus.

Gleichzeitig werden die Belege geordnet nach verschiedenen thematischen Anwendungsbereichen. Dadurch deutet sich an, was hinterher ausführlicher behandelt werden muss: Metaphorische Konzepte werden verwendet, aber im Kontext verschiedener metapragmatischer Aussagen.

2.6.1 Bewusste und unbewusste Bildverwendung, Transparenz

Bei der nun folgenden Auflistung drängt sich die Frage auf, ob die postulierten Bildbereiche beim Lesen/Hören der Sprüche bewusst wurden. In vielen Fällen sind es bestimmte Stichwörter, deren semantische Breite die angenommenen bildhaften Assoziationen einschließen. Es muss deshalb hier nach Anzeichen für die Transparenz der Sprüche zu solchen Bildbereichen gefragt werden.[2]

Ein wichtiger Hinweis auf eine solche Transparenz ist das Vorkommen mehrerer Lexeme in einem Spruch, die auf die entsprechende Bildebene verweisen. Bei der Auflistung der Bildbereiche muss immer wieder erörtert werden, ob sich der postulierte Bildbereich lediglich im Bedeutungsumfang einer bestimmten Verbwurzel findet, sonst in dem Spruch jedoch kein weiterer deutlicher Hinweis diese bildhafte Assoziation bestätigt.[3]

2.6.2 Stehen

Bedeutungsbereiche:
Nachhaltigkeit von Rede/Sprechwerkzeug 12,19 (כון *nif*)
Erfolg der Person 15,22 (קום *qal*)

Ohne Bezug zum Reden
Verben mit der Grundbedeutung „sich hinstellen, stehen" zeigen im biblisch-hebräischen Wortschatz eine Reihe von Verwendungen, die semantische Aspekte wie „Bestand haben" (כון *nif* 3), „gelten" (עמד *qal* 3p, קום *qal* 2d), „feststellen/bestätigen" (עמד *hif* 5, כון *hif* 8, קום *pi* 1), „begründen" (כון *pol* 1), „richtig sein" (כון *nif* 5) und „in ein Amt bestellen" (עמד *hif* 2, כון *hif* 4) aufweisen. Die deutschen Übersetzungen machen deutlich, dass das Konzept AUFRECHT STEHEN auch in unserer Sprache in den semantischen Bereichen BESTÄNDIGKEIT und GÜLTIGKEIT aktiv ist.

Im Sprüchebuch finden sich folgende Belege für Verben des Stehens (ohne Bezug zum Reden):

---

2 Vgl. Heinrich von Siebenthal, "‚Wahrheit' bei den Althebräern. Anmerkungen zur Diskrepanztheorie aus linguistischer Sicht", in *Theologische Wahrheit und die Postmoderne. Theologische Studienkonferenz des Arbeitskreises für Evangelikale Theologie: Theologische Studienkonferenz des Arbeitskreises für Evangelikale Theologie*, hrsg. Herbert H. Klement (Wuppertal – Gießen – Basel, 2000), 223 f.
3 Vgl. dazu Müller, *Metaphors dead and alive, sleeping and waking. A dynamic view*, 190–192. Vgl. dazu auch die Bewertung von Determinativen in Hieroglyphenschrift als Transparenzmarker Goldwasser, *Icon*, 58–60; Daniel A. Werning, "Der ‚Kopf des Beines', der ‚Mund der Arme' und die ‚Zähne' des Schöpfers. Zu metonymischen und metaphorischen Verwendungen von Körperteil-Lexemen im Hieroglyphisch-Ägyptischen", in *Synthetische Körperauffassung im Hebräischen und den Sprachen der Nachbarkulturen: Internationales Forschungssymposium zum Thema "Synthetische Körperauffassungen"*, hrsg. Katrin Müller und Andreas Wagner, AOAT 416 (Münster, 2014), 138 f.

Bestand haben, von Personen 12,3 (כון *nif*); 27,4 (עמד *qal*)
Bestand haben, von Sachen 16,12; 25,5; 29,14 (כון *nif*); 19,21 (קום *qal*); 12,7 (עמד *qal*);
eintreffen/geschehen 24,22 (קום *qal*)
fertiggestellt werden, gelingen 16,3: 20,18 (כון *nif*)
bereitstehen 19,29; 22,18 (כון *nif*)

2.6.3 Weg, laufen, vergehen, fallen, verdreht sein

Bedeutungsbereiche:
Tun und Ergehen 12,13; 12,15; 13,17; 15,10; 19,9; 19,27b; 20,19; 21,28 (דֶּרֶךְ, יצא *qal*,
נפל *qal*, אָשֻׁר, עזב *qal*, אֹרַח; אבד *qal*; שגה *qal*; הלך *qal*; פַּעַם)
eifern 19,7, 28,18, 29,20 (רדף *pi*, אוץ *qal*)
jmdn. führen 16,29 (הלך *hif*, דֶּרֶךְ)
lernen 15,12 (הלך אל *qal*)
Handlungsfähigkeit 26,6 (רגלים)

Geradheit/Verdrehtheit
Ein Vorstellungskomplex, der mit dem Weg verbunden zu sein scheint ist das Begriffspaar *Geradheit – Verdrehtheit*. Bedeutungsbereiche:
Richtig-Sein, mit Wegmetaphorik 12,15 (יָשָׁר); 19,1 (הוֹלֵךְ בְּתֻמּוֹ // עִקֵּשׁ שְׂפָתָיו); 17,20
(עִקֶּשׁ לֵב // נֶהְפָּךְ בִּלְשׁוֹנוֹ)
ohne Wegmetaphorik 10,31b (לְשׁוֹן תַּהְפֻּכוֹת); 16,13b (דֹּבֵר יְשָׁרִים)

Mit Spr 12,15 liegt eine Verwendung vor, die das Motiv „Geradheit/Verdrehtheit"
auf das Bild des Weges anwendet. דֶּרֶךְ אֱוִיל יָשָׁר בְּעֵינָיו וְשֹׁמֵעַ לְעֵצָה חָכָם: „Der Weg eines Toren ist gerade/recht in seinen Augen, aber wer auf Rat hört, ist weise." Die
Wörterbücher geben für das Adjektiv יָשָׁר die Bedeutungen „gerade, eben, recht,
redlich" an. Der Bildbereich des Weges, der als geradeaus verlaufend, daher gut
einsehbar und für den Handelnden wie seine Umgebung vorhersagbar vorzustellen ist, passt gut dazu.

Der zweite Beleg 16,13b, mit diesem Adjektiv zeigt keine Bezüge zu dieser Bildebene. רְצוֹן מְלָכִים שִׂפְתֵי־צֶדֶק וְדֹבֵר יְשָׁרִים יֶאֱהָב: „Wohlgefallen von Königen sind Lip-
pen/ist Rede von Wahrheit. er liebt den, der aufrichtig redet."

In 19,1 erscheint עִקֵּשׁ „verdreht" als Gegenbegriff zur „Rechtschaffenheit" (תֹּם,
„Ganzheit, Vollständigkeit, Unversehrtheit, Untadeligkeit"), die wiederum durch
das Verb „gehen" (הוֹלֵךְ בְּתֻמּוֹ) mit dem Bild des Weges verbunden ist.

Wegmetaphorik in 17,20 (עִקֶּשׁ לֵב // נֶהְפָּךְ בִּלְשׁוֹנוֹ) ist lediglich aus der Formulierung יִפּוֹל בְּרָעָה „fällt in's Unglück" ableitbar, ist aber nicht dirkt mit den Phrasen
zum Reden verbunden.

Ohne Bezug zum Reden Der Bedeutungsbereich AUF EINEM WEG GEHEN ist ein zentrales Bildmotiv im Biblischen Hebräisch, sowohl als Ausdruck für *Lebenswandel* (vorgeschriebenen wie auch selbst gewählten) als auch für das *Ergehen* auf diesem Weg. Daher ist es nicht verwunderlich, dass auch in Spr 10–29 entsprechende Verwendungen häufig belegt sind (דֶּרֶךְ 19 x, אֹרַח 3 x, הלך 12 x, נפל 12 x, אבד 8 x).

Die Transparenz des Sprachgebrauches für die Bildebene GEHEN AUF EINEM WEG wird vor allem da deutlich, wo mehrere Lexeme miteinander kombiniert sind (28,18): הוֹלֵךְ תָּמִים יִוָּשֵׁעַ וְנֶעְקַשׁ דְּרָכַיִם יִפּוֹל בְּאֶחָת׃ „Wer vollkommen/unsträflich wandelt wird gerettet, aber wer gekrümmter Wege ist, fällt mit einemmal."

Die Szenerie der am Wege liegenden Gefahren illustriert ausdrücklich Spr 22,5: צִנִּים פַּחִים בְּדֶרֶךְ עִקֵּשׁ שׁוֹמֵר נַפְשׁוֹ יִרְחַק מֵהֶם׃ „Dornen und Fallstricke liegen auf dem gekrümmten Weg/dem Weg des Gekrümmten, wer sein Leben bewahrt, hält sich fern davon."

Mehrmals sind folgende Lexeme miteinander kombiniert:

דֶּרֶךְ und יָשָׁר 28,10; 29,27
דֶּרֶךְ und נֶעְקַשׁ/עִקֵּשׁ 22,5; 28,6; 28,18
דֶּרֶךְ und תָּמִים/תֹּם 10,20; 13,6
הלך und ישר 14,2; 15,21
הלך und תָּמִים/תֹּם 10,9; 19,1 // 28,6

2.6.4 Nähe und Distanz

Bedeutungsbereiche:
Feindschaft/Missachtung 15,29 (רָחֹק); 16,28 (פרד hif); 28,4 (עזב qal)
Unverfügbarkeit 25,10b (שׁוּב qal)
Kommunikations- /Lernhemmnis 23,14 (בוא hif); 25,25 (מֶרְחָק); 27,11 (שׁוּב hif)
Verwirklichungshemmnis 26,2 (בוא qal)

Ohne Bezug zum Reden Spr 27,10 stellt 3 Aussagen nebeneinander, die durch die Thematik von Nähe und Ferne miteinander verbunden sind.

Spr 27,10

רֵעֲךָ֤ וְרֵעַ֪ה (ורע) אָבִ֡יךָ אַֽל־תַּעֲזֹב֮
וּבֵ֥ית אָחִ֗יךָ אַל־תָּ֭בוֹא בְּי֣וֹם אֵידֶ֑ךָ
ט֥וֹב שָׁכֵ֥ן קָר֗וֹב מֵאָ֥ח רָחֽוֹק׃

Deinen Freund und den Freund deines Vaters verlass nicht!
Aber geh nicht in das Haus deines Bruders am Tage deiner Not.
Besser ist ein naher Nachbar als ein ferner Bruder.

Die Stichworte, die hier Nähe und Distanz markieren, sind עזב *qal*, בוא *qal*, קָרוֹב und רָחוֹק. Das Konzept von Nähe und Ferne wird in diesem Vers auf soziale Sicherungsmechanismen in Familie und Wohnumfeld hin entfaltet. Und zwar wird hier die Ortsgemeinschaft als verlässlicher beschrieben als familiäre Vernetzung. Ein problematisches Verhältnis zum Bruder wird auch in 18,19 und 19,7 angesprochen. Im Begriff des „nahen Nachbarn" שָׁכֵן קָרוֹב wird das Konzept der Nähe sehr deutlich räumlich vor Augen geführt.

Übersicht über Belege für das Bildkonzept Distanz im Sprüchebuch, unabhängig von sprachlichem Handeln

Distanz als Schutz/Nähe als Gefahr 22,5 (רחק *qal*); 22,15 (רחק *pi*); 10,14 (קָרוֹב); 11,27; 18,3; 22,4 (בוא *qal*)
Herankommen als „sich ereignen/jemandem zustoßen" 10,24; 11.2.27; 13,12; 24,25.34; 28,22 (בוא *qal*); 17,13; 24,12.29 (שוב *hif*)
Herankommen als „aktiv werden" 18,3; 18,17; 23,10; 27,10 (בוא *qal*)
Nähe als sozialer Zusammenhalt, Distanz als dessen Mangel 19,7 (רחק *qal*); 15,29; 27,10 (עזב *qal*), רָחוֹק); 25,25 (מֶרְחָק); 27,10 (קָרוֹב)
Nähe als Akzeptanz der Lehre 10,17; 15,10; 28,4 (עזב *qal*); 23,12 (בוא *hif*)
Distanz als Akzeptanz der Lehre 28,13 (עזב *qal*)

2.6.5 Aufdecken/Verbergen

Bedeutungsbereiche:
sich verstellen/lügen 10,18a; 26,24-26 (כסה *pi*, גלה *nif*)
beinhalten 10,6b//10,11b (כסה *pi*)
aufdecken/verraten 20,19, 25,9 (כסה *qal/pi*)
Offenheit 27,5 (גלה *pu*)
vergeben 10,12; 17,9 (כסה *pi*)
sich zurückhalten, nicht protzen 10,14; 12,23; 18,2 (צפן *qal*, כסה *qal*, גלה *hitp*)

sich zurückhalten und vergeben 12,16 (כסה *qal*)
öffnen/losbrechen 17,14; 18,1; 20,3 (גלע *hitp*[4])

Diskussion Wie stark dieser Bildbereich im Sprüchebuch mit dem sprachlichen Handeln assoziiert ist, ziegt sich daran, dass von den beiden Wurzeln גלה und כסה beinahe keine Verwendung zu finden ist, die nicht unter die Belege der Untersuchung aufgenommen wurde (lediglich גלה in Spr 27,25).

2.6.6 Feuer/Hitze

Bedeutungsbereiche:
Anstrengung (vgl. Erfrischung) 25,13 (יוֹם קָצִיר, LXX liest wohl חֹם קציר[5]); 25,25 (impliziert)
Bosheit 16,27 (אֵשׁ צָרֶבֶת); 26,23 (דלק *qal*)
Streitsucht 15,18a (חֵמָה); 26,20 (אֵשׁ); 26,21 (חרר *pilp* // אֵשׁ)

Ohne Bezug zum Reden Hitze als Ausdrucksmittel für Charakter oder Verfassung eines Menschen ist in Spr 10-29 vor allem mit dem Lexem חֵמָה „Hitze, Gift, Zorn" verbunden – und also schon deutlich in der Semantik dieses Nomens impliziert: 15,18; 16,14; 19,19; 22,24; 27,4; 29,22; 21,14. Alle diese Verwendungen lassen sich mit „Zorn" wiedergeben. Die Herleitung des Wortes von der Wurzel יחם „begehren" (und daher nur indirekt in Assoziation zu חמם „heiß sein") und die semantischen Bereiche „Weinhitze" und „Gift" im biblischen Hebräisch lassen auf eine Grundbedeutung schließen, die innere körperlich gespürte Wärme benennt, die auch den Zorn begleiten kann, und die eher als heiße Flüssigkeit vorgestellt wird.[6] Dennoch zeigt sich gelegentlich die Transparenz zum Bildbereich des Feuers (2 Kön 22,13.17; Jer 4,4; 7,20; 21,12; Nah 1,6; Ps 89,47; Esth 1,12).[7]

---

4 Die Wurzel גלע erscheint im BH nur an diesen drei Stellen und berührt dabei immer den Bedeutungsbereich „einen Streit losbrechen". Es ist eine Grundbedeutung „öffnen, offenlegen" möglich. Im späteren Hebräisch sind starke Assoziationen mit der Wurzel גלה „aufdecken" zu beobachten. Das schlägt sich auch in den rabbinischen Kommentaren nieder. Besonders 17,14 führt jedoch ein Bild vor Augen, das nichts VERBERGEN sondern mit (WASSER) ZURÜCKHALTEN zu tun hat (vgl. dazu diesen Bildbereich).
5 Vgl. Michael V. Fox, *Proverbs. An eclectic edition with introduction and textual commentary* (Atlanta, 2015), 334 f.
6 Andreas Wagner, Hrsg., *Emotionen, Gefühle und Sprache im Alten Testament*, KUSATU 7 (Waltrop, 2006), 62–65.
7 K.-D. Schunck, "חֵמָה *ḥemāh*", *ThWAT* II (1977): 1033.

Bernd Schipper nimmt zu Spr 22,24 an, dass das dortige אִישׁ חֵמֹות einen Versuch darstellt, eine Entsprechung zu dem ägyptischen *šmm* „Heißer" zu bilden, das den „Hitzigen" als Gegenpart zum selbstbeherrschten „Schweiger" bildet.[8] In diesem Fall wäre auch hier eine Transparenz des Begriffs חֵמָה zur Wurzel חמם anzunehmen.

2.6.7 Wind

Vier Belege nennen bzw. evozieren den Bildbereich des Windes: 21,6; 25,14; 25,23 und 29,8. Bedeutungsbereiche:

Wind und Regen 25,14. 23 (רוּחַ)
Wind und Feuer 29,8 (פוח *hif*, [Stadtbrand als Bildelement für Aufruhr])
Flüchtigkeit 21,6 (הֶבֶל נִדָּף)

25,14 bezieht sich auf den Wind als ein wichtiges Teilelement in einer Wettersituation, deren Ende vorauszuahnen ist. Wind entspricht hier einer Ankündigung und damit verbunden einer gespannten Erwartung. Auch in 25,23 geht es um Wettererscheinungen und ihre Folgen: Wind bringt Regen.

29,8 evoziert die verheerende Wirkung von Wind bei einem Stadtbrand. Allerdings geht das „Anfachen" hier von Menschen aus. Die Deutung des Verbes פוח *hif* als Beleg für diesen Bildbereich ist schwierig, weil durch den Nachweis von *ypḥ* „Zeuge" in Ugarit für Belege im Kontext von Zeugenschaft die gewöhnlich angenommene Herleitung von פוח *hif* „blasen, verbreiten" unwahrscheinlich geworden ist.[9]

In 21,6 legt sich für הבל nur deshalb die konkrete Bedeutung „Windhauch" nahe, weil es in Verbindung mit dem Verb נדף *nif.* steht, das „verwehen" bedeutet.

רוח bezeichnet nicht nur die verschiedenen meteorologischen Phänomene. Mit diesem Lexem werden auch zentrale Lebensäußerungen des Menschen beschrieben – vom physischen Atmen über die dynamische Lebenskraft bis zur geistigen Tätigkeit des Menschen. Metaphorische Verwendungen evozieren einerseits die zerstörerische Kraft des Sturmes, andererseits wird darauf abgehoben, dass Wind – obwohl spürbar – doch nicht greifbar ist, nur momentan auftritt und nicht festgehalten werden kann. So wird es zu einem zentralen Ausdruck für „Nichtigkeit", der neben הבל, ריק, אין, אפס und תהו auftritt.[10] Da das menschliche Sprechen

---

8 Schipper, "Lehre", 63.
9 Dennis Pardee, "*ypḥ* ‚witness' in Hebrew and Ugaritic", *VT* 28 (1978): 204–213.
10 Rainer Albertz und Claus Westermann, "רוּחַ *rūaḥ*", *THAT* II[3] (1984): 731.

physiologisch mit dem Atmen assoziiert ist,[11] verwundert es nicht, dass beide semantischen Bereiche auf das Reden angewendet werden.

Die *Kraft des Wortes* wird etwa in Verbindung mit רוח in Ps 33,6 zum Ausdruck gebracht, *Nichtigkeit von Worten* vor allem in Hiob 15,2 und 16,3.[12]

2.6.8 Wasser/Kühle/Erfrischung

Bedeutungsbereiche:

Lebensspender/Erfrischung 10,11a (מָקוֹר); 16,22 (מָקוֹר); 18,4 (נבע *qal*, נַחַל, מָקוֹר);
20,5 (דלה *qal*); 25,13 (צִנַּת־שֶׁלֶג); 25,14 (גֶּשֶׁם); 25,25 (מַיִם קָרִים)
Unverfügbarkeit/Bedrohung 18,4; 20,5 (מַיִם עֲמֻקִּים)
mangelnde Zurückhaltung/Streitsucht 15,2; 15,28b (נבע *hif*); 17,14 (פּוֹטֵר מַיִם); 27,15
(דֶּלֶף טוֹרֵד)

Beschreibung des Wortfeldes Mit Wasser, Schnee, Kälte und damit verbundenen Wetterphänomenen können unterschiedliche – positiv und negativ bewertete – Sinnzusammenhänge assoziiert sein. Es geht einerseits um Quellen der Erfrischung und um fundamentale Lebensmittel (z. B. 25,21, negativ 25,26), andererseits gehen von Wassern oft auch Gefahren aus und Gewässer können für Unzugänglichkeit stehen (21,1).[13] Eine ambivalente bzw. negative Bedeutung des Wassers findet sich in Spr 17,14; 18,4; 20,5 und 22,14

Oft geht es um den richtigen Zeitpunkt. Ernte, Sommer und Hitze stehen im AT öfter parallel und gehören auch sachlich zusammen.[14] Auch wenn Schneefall dabei nicht vollkommen ausgeschlossen ist, so wird er doch als sehr ungewöhnlich angenommen.[15] Als negative Störung (wie Regen für die Ernte) erscheint er in Spr 26,1. In 25,13 und 25,25 veranschaulicht die Schneekühle dagegen die ersehnte Abkühlung.

Eine geprägte Wendung stellt die Verbindung מְקוֹר חַיִּים „Lebensquell" dar. Diese fundamental positive Bewertung wird angewendet auf die Rede des Gerech-

---

11 Albertz und Westermann, "*rūaḥ*", 734 f., 738.
12 Vgl. S. 35.
13 R. E. Clements und H.-J. Fabry, "מַיִם *majim*", ThWAT IV (1984): 857–860.
14 Johann Christoph Harenberg, "De Nive in messe Palæstinos recreante ad Prov. XXV. vs. 13. observationis", in *Museum Historico-Philologico-Theologicum*, hrsg. Theodor Hase und Nicolaus Nonnen (Bremae, 1728), 39 f. Gustaf Dalman, *Arbeit und Sitte in Palästina*, Bd. III: Von der Ernte zum Mehl, Beiträge zur Förderung christlicher Theologie (Gütersloh, 1933), 4–6; 12 f. Meinhold, *Sprüche*, 112.
15 R. B. Y. Scott, "Meteorological Phenomena and Terminology in the Old Testament", *ZAW* 64 (1952): 17.

ten (10,11, siehe oben), auf weisheitliche Lehre (13,14), auf Gottesfurcht (14,27), und den Verstand eines Menschen (16,22). Das alles sind weisheitliche Werte und insofern ist es schlüssig, wenn die LXX die „Quelle der Weisheit" (מְקוֹר חָכְמָה) in 18,4 (siehe oben) mit πηγὴ ζωῆς wiedergibt.

2.6.9 Frucht/Essen (Trinken)

Bedeutungsbereiche:
Erfolge/Konsequenzen für den Handelnden 12,14 (פְּרִי, שבע *qal*); 13,2 (פְּרִי, אכל *qal*);
    18,20a (פְּרִי, שבע *qal*); 18,20b (תְּבוּאָה, שבע *qal*); [18,21? (פְּרִי, אכל *qal*)]
Wirkungen nach außen 10,31 (נוב *qal*); 19,28 (בלע *pi*)
Genuss am Reden und Hören (und folgende Reue) 18,8//26,22 (מִתְלַהֲמִים); 19,28
    (בלע *pi*); 23,8 (אכל *qal*, קיא *hif*); 26,6 (שתה *qal*)

Ohne Bezug zum Reden
Essen gilt in den Sprüchen als fundamentales Bedürfnis des Menschen. Hier zeigt sich die funktionierende Ordnung der Welt: צַדִּיק אֹכֵל לְשֹׂבַע נַפְשׁוֹ וּבֶטֶן רְשָׁעִים תֶּחְסָר׃ „Ein Gerechter isst bis er satt wird, aber der Bauch der Frevler hat Mangel. (13,25)"

Die Landwirtschaft führt diese Logik sehr klar vor Augen: Wer sich um seine Pflanzung kümmert, kann auch ihre Früchte genießen. Diese Einsicht dient dann dazu, auch auf anderen Ebenen deutlich zu machen, dass der Mensch mit Konsequenzen seines Handelns rechnen soll. Die Frucht wird zum Ergebnis menschlichen Handelns, von dem er selbst profitieren kann: נֹצֵר תְּאֵנָה יֹאכַל פִּרְיָהּ וְשֹׁמֵר אֲדֹנָיו יְכֻבָּד׃ „Wer seinen Feigenbaum bewacht wird seine Frucht essen. Wer seinen Herrn behütet, wird geehrt werden. (27,18)"

Dass man an Speise auch zu viel zu sich nehmen kann, wird am Beispiel des Honigs deutlich gemacht: אָכֹל דְּבַשׁ הַרְבּוֹת לֹא־טוֹב „Es ist nicht gut, viel Honig zu essen. (25,27)"

2.6.10 Glätte, Weichheit

Bedeutungsbereiche:
lügen, schmeicheln [26,23];[16] 26,28b; 28,23; 29,5 (חלק *hif*, חָלָק)

---

[16] Unter Voraussetzung von שפתים חלקים „glatte Lippen" statt שפתים דלקים „brennende Lippen" in M nach der LXX (χείλη λεῖα „weiche Lippen", vgl. Aq./Sym./Theod. zu 26,28b). So schon Johann Gottlob Jaeger, *Observationes in proverbiorum Salomonis versionem Alexandrinam* (Meldorpi, 1788), 191 f. jetzt auch Fox, *Eclectic edition*, 348 f.

Sanftheit, Annehmlichkeit 15,1a; 25,15b (רַךְ); 27,9 (שֶׁמֶן)

Glätten/schmeicheln im biblischen Hebräisch Auch wenn die Wurzel חלק 1 die Grundbedeutung „glatt sein" aufweist, ist doch auffällig, dass ein großer Teil der Verwendungen dem Bedeutungsbereich „schmeicheln, lügen" zuzuordnen ist, der sich mit dem Bereich des Redens teilweise überschneidet.

Es ist daher fraglich, inwieweit das Bildelement „glatt sein" bei den Verwendungen überhaupt aktiv ist. So kann מַחֲלִיק לָשׁוֹן (Spr 28,23) die gleiche Bedeutung haben wie מַחֲלִיק עַל פּ' (vgl. auch die Phrase אֲמָרֶיהָ הֶחֱלִיקָה in Spr 2,16; 7,5). Ein Teil der Formulierungen legt Assoziationen nahe, die die glatte (weil feuchte) Oberfläche der Sprechwerkzeuge zum Ausgangspunkt haben. Bei einem anderen Teil ist Glätte vor allem ein Teilaspekt der Bildszenerie des Weges. Einige Belege lassen sich mit Assoziationen in beiden Richtungen deuten.

Bedeutungsaspekte der Weichheit Nach der obigen Zusammenstellung erscheinen Weichheit und Glätte als zwei Bildelemente, die für sehr unterschiedliche, ja gegensätzliche Bedeutungsbereiche verwendet werden. Denn Weichheit ist im Gegensatz zu Glätte immer positiv bewertet und beschreibt ein deeskalierendes, vermittelndes, rücksichtsvolles Reden (15,1a).

Während die Verwendung der Lexeme חלק und רַךְ also deutlich unterscheidbar ist, wird שֶׁמֶן „Öl" in beiden Kontexten verwendet: In 27,9 im Assoziationsbereich von Annehmlichkeiten, in 5,3 (also außerhalb des Untersuchungskorpus) illustriert Öl die Glattheit der Kehle einer Verführerin.

2.6.11 Reinheit, Schönheit, Süßes, Heilung

Bedeutungsbereiche:
Freundlichkeit 15,4 (מַרְפֵּא); 15,26 (טָהוֹר); 16,24 (נֹעַם, מָתוֹק, מַרְפֵּא, נֹעַם); 27,9 (מֶתֶק)
gute Nachricht 15,30 (דשׁן *pi*)
Wortwahl/Eloquenz? 22,11 (חֵן // טָהוֹר); 16,21b (מֶתֶק)
Weisheit 12,18b (מַרְפֵּא)
Zuverlässigkeit 13,17 (מַרְפֵּא)

Diskussion des Wortfeldes Die Zusammenstellung ist insbesondere durch die Bedeutungsbreite von מַרְפֵּא motiviert, das ggf. in zwei getrennte Lexeme zu differenzieren ist (siehe S. 96). Deutlich wird an dem gesamten Wortfeld die Verbindung von Körpererfahrungen und sozialen Beziehungen. Essen, Schönheit und Heilung sind Erfahrungsbereiche, in denen physisches und intersubjektives Erleben zusammenkommen. Diese Offenheit des Wortfeldes spiegelt besonders die

Wurzel n`m wieder, die „Annehmlichkeit" benennt und dabei sowohl Speisen, Luxus, zwischenmenschlichen Umgang und sprachliches Handeln referenzieren kann.

2.6.12 Tiefe

Bedeutungsbereiche:
Unzugänglichkeit 18,4; 20,5
Bedrohung 22,14
Fundort von Wertvollem 18,4; 20,5

Diskussion des Wortfeldes Tiefe ist konnotiert als schwer zugänglich, schwer einzusehen, schwer zu verstehen.[17] Die Weisheit ist verborgen wie Erz;[18] Gottes Gedanken sind tief (Ps 92,6) – und so unbegreiflich, wie seine Taten unfassbar groß sind –; auch wenn eine Sprache unverständlich ist, wird ein Adjektiv verwendet, das von der Wurzel עמק abgeleitet ist (עמקי שפה, Jes 33,19; Ez 3,5 f.). Wie stark es mit dem Konzept LEIB ALS SPEICHER korrespondiert, lässt sich mit Ps 64,6 f. belegen.

יְחַזְּקוּ־לָמוֹ ׀ דָּבָר רָע יְסַפְּרוּ לִטְמוֹן מוֹקְשִׁים אָמְרוּ מִי יִרְאֶה־לָּמוֹ: יַחְפְּשׂוּ־עוֹלֹת תַּמְנוּ חֵפֶשׂ מְחֻפָּשׂ וְקֶרֶב אִישׁ וְלֵב עָמֹק:

> „Sie stärken sich in böser Sache; sie reden davon, Fallstricke zu verbergen; sie sagen: „Wer wird sie sehen?"
> Sie denken Schlechtigkeiten aus: „Wir sind fertig. Der Plan ist ausgedacht. Und das Innere eines jeden und sein Herz ist unergründlich."[19]

2.6.13 Edelmetalle/Schätze

Bedeutungsbereiche:
Wert, Wichtigkeit, Schönheit 10,20a (כְּלִי יָקָר, פְּנִינִים ,זָהָב); 20,15 (כֶּסֶף נִבְחָר)
Schönheit, Angemessenheit 25,11 (כֶּסֶף ,זָהָב)
äußerer Schein 26,23 (כֶּסֶף סִיגִים)
Reinigung, Prüfung 27,21 (זָהָב, כֶּסֶף ,מַצְרֵף)

---

17 Siehe hierzu ausfuehrlich Thon, "Oberfläche".
18 Hiob 28. Vgl. den akkadischen Begriff für Weisheit *nēmēqu*.
19 Elberfelder Übersetzung.

Ohne Bezug zum Reden

Gold und Silber werden in Spr 10–29 verwendet um im Vergleich mit ihnen immaterielle Sachverhalte höher zu bewerten. Einerseits Weisheit (16,16):

קְנֹה־חָכְמָה מַה־טּוֹב מֵחָרוּץ וּקְנוֹת בִּינָה נִבְחָר מִכָּסֶף׃

> „Weisheit erwerben, wie gut ist es – mehr als Gold. Einsicht erwerben ist auserwählter als Silber."

Andererseits wird es auf den Ruf/Namen eines Menschen angewendet (22,1):

נִבְחָר שֵׁם מֵעֹשֶׁר רָב מִכֶּסֶף וּמִזָּהָב חֵן טוֹב׃

> „Auserwählter ist der Ruf als Reichtum, als Silber und Gold schöne Anmut."

Wert steht also hier für Bedeutung oder Relevanz eines Sachverhalts. Die Benannten Dinge stehen durchaus auch mit Kommunikationsvorgängen im Zusammenhang, jedoch nicht explizit genug, sodass sie nicht als Belege in die Datensammlung aufgenommen wurden.

Das Verb בחר *ni* „ausgewählt sein" als Synonym zu טוב *ṭwb* „gut" verdeutlicht die Funktion der Bewertung. Es geht um die Entscheidung für die richtige Handlungsoption (vgl. auch 21,3).

Auch Angemessenheit ist eine Problematik, die mit der Verwendung von Edelmetall verdeutlicht wird (11,22):

נֶזֶם זָהָב בְּאַף חֲזִיר אִשָּׁה יָפָה וְסָרַת טָעַם׃

> „Ein Goldring in der Nase eines Schweins – eine schöne Frau ohne Geschmack/Feingefühl."

Die Arbeitsschritte der Läuterung, die zur Herstellung von Edelmetallen führen, werden bildhaft angewendet zur Illustration von Prüfen wie auch von Verbessern (17,3 [vgl. 25,4–5]):

מַצְרֵף לַכֶּסֶף וְכוּר לַזָּהָב וּבֹחֵן לִבּוֹת יְהוָה׃

> „Ein Schmelztiegel für das Silber und ein Ofen für das Gold – aber ein Prüfer von Herzen ist der Herr."

2.6.14 Waffen, Gewalt, Fallen

Bedeutungsbereiche:
negative Konsequenzen für den Handelnden [?, 10,14 (מְחִתָּה)]; [? 12,13 (מוֹקֵשׁ)]; 13,3b; 18,7a (מְחִתָּה־לוֹ); 13,17; 17,20 (נפל בְּרָע/רָעָה); 18,7 (מוֹקֵשׁ נַפְשׁוֹ); 20,25 (מוֹקֵשׁ אָדָם)

Fremdschädigung [?10,14 (מְחִתָּה)]; [?12,13 (מוֹקֵשׁ)]; 12,6 (אֶרֶב־דָּם); 12,18 (מַדְקְרוֹת)
(אִכְזְרִיּוּת); 27,4 (חֵץ, חֶרֶב, מֵפִיץ); 25,18 (זִקִּים, חֵץ, qal ירה .f 17,18 ;(חֶרֶב)

Diskussion Diese Belege sind zueinander geordnet worden, weil die hier verwendeten Bilder mehr oder weniger deutlich mit Anwendung von Gewalt, Einsatz von
Waffen und Jagdgeräten verbunden sind. Die Themenbereiche dieser Bildszenerien sind Kampf, Wache und Jagd.
Z. T. ist die Rekonstruktion dieser Bilder schwierig, weil unklar bleibt, um welche Gerätschaft es dabei genau geht. Denn wenn מוֹקֵשׁ einerseits als „Wurfholz"/„Bummerang"[20] andererseits aber als „Stellholz", „Klappnetz" oder „Fallstrick" gedeutet wird,[21] dann müsste das ja auch Auswirkungen auf die Verwendung als sprachliches Bild haben. Die Verwendungen bleiben letzlich so allgemein, dass eine überraschende Gefahr deutlich wird, die zu Fall bringt und Verderben nach sich zieht. מוֹקֵשׁ wird hier „Falle" gedeutet oder als „Schlagholz",[22]
dem zentralen Teil davon.
Die Bedeutung des *hapax legomenon* מַדְקְרוֹת in 12,18 lässt sich von der Wurzel דקר „stechen, durchbohren" in der Genitiv-Verbindung mit חֶרֶב als „Stiche"
deuten. Doch darüber hinaus lässt sich aus dem Zusammenhang des Nominalsät-
zes weiter nichts über die hier verwendete Bildszenerie erheben. Die Verwendung
des Bildes ist lediglich plausibel, weil unbesonnenes Reden (בוטה) öfter als schädigend beschrieben wird.

2.6.15 Wache

Bedeutungsbereiche:
Selbstbeherrschung 13,3a (נֹצֵר פִּיו); 21,23 (שֹׁמֵר פִּיו)
Vereitelung von destruktiver Rede 22,12 (נצר)
Schutz der Weisen 14,3 (שמר)

Ohne Bezug zum Reden findet sich die Bildszenerie noch häufiger im Zusammenhang des Themas der *Selbstbeherrschung* (13,3; 16,17, 22,18), als auch als
Ausdruck der Beachtung weisheitlicher Lehre (10,17; 13,18; 15,5; 19,8; 19,16; 22,18;

---

20 So Karl Marti, *Das Dodekapropheton*, KHC XIII (Tübingen, 1904), 174 und G. R. Driver, "Linguistic and textual Problems: Minor Prophets. II", *JThS* 39 (1938): 262.
21 Helmer Ringgren, "יָקַשׁ *yāqāš*", *ThWAT* III (1982): 866.
22 So Hartmut N. Rösel, "Kleine Studien zur Auslegung des Amosbuches", *JBL* 39 (1938): 11 f.
G. R. Driver, "Hebr. *môqēš*, ‚Striker'", *JBL* 73 (1954): 131.

28,4.7; 29,18), bzw. als Schutz (und Kontrolle) durch dieselbe (13,6; 20,28) oder durch Gott (22,12; 23,26; 24,12).

3 Metaphorische Konzepte

3.1 Vorgehensweise

Ausgehend von den vorangegangenen Beobachtungen der in den einschlägigen Sprüchen verwendeten Bildbereiche (Kap. 2.6) werden im folgenden (Kap. 3) hypothetische metaphorische Konzepte skizziert, die bei der Besprechung der Einzelbelege im anschließenden Teil (Kap. 4) jeweils angewendet, gegebenenfalls angepasst werden. Daraus ergab sich die Möglichkeit, diese im Einzelfall verifizierten metaphorischen Anwendungen zu Clustern zusammenzuführen und dadurch die Skizzen zu den metaphorischen Konzepten im aktuellen Kapitel (Kap. 3) zu überprüfen.

Um diesen Arbeitsschritt nachvollziehbar zu machen, finden sich bei den Einzelbelegen hypothetische Formulierungen zur Benennung des metaphorischen Konzeptes, die auch bei der Clusterbildung wieder aufgeführt werden, nun aber unter einer weiter gefassten Benennung zusammengestellt werden. Hierfür wird dann jeweils auch ein Mapping ausgeführt.

Während sich das vorangegangene Kapitel sehr stark an semantischen Bereichen einzelner Lexeme orientierte, entstehen die postulierten metaphorischen Konzepte aus der Deutung (und der Auslegungsgeschichte) des Gesamtverses sowie aus dem Versuch, Cluster metaphorischer Formulierungen zu bilden. Es ergeben sich dadurch im Vergleich zum vorangegangenen Arbeitsschritt z. T. auffallend andere Zuordnungen von Belegen.

George Lakoff warnt bei der von ihm entwickelten Methode vor einem verbreiteten Missverständnis. Mit metaphorischen Konzepten sind nicht die konkreten sprachlichen Realisierungen gemeint, die gewöhnlich als Metapher bezeichnet werden. Die kognitive Metaphern-Theorie fragt dagegen nach den gedanklichen Konzepten, die hinter diesen konkreten sprachlichen Ausdrücken stehen. Sie lassen sich durch *mappings* beschreiben, d. h. Gegenüberstellungen der korrespondierenden Teilelemente von *source domain* und *target domain*. Durch dieses Mapping lässt sich das metaphorische Konzept annähernd abbilden. Als mnemotische Technik wird dann eine zusammenfassende Benennung dieses Mappings gebildet, das in Kapitälchen geschrieben wird: TARGET DOMAIN IS SOURCE DOMAIN. Hier liegt nun die Quelle des Missverständnisses: Diese Benennungen stellen eine sprachliche Form dar, die einer Metapher gleicht. Mit dem metaphorischen Konzept ist jedoch das Mapping gemeint, das dahinter steht.[1]

---

1 Lakoff, "Theory", 207.

https://doi.org/10.1515/9783110765663-003

Der entscheidende Erkenntnisgewinn in der beschriebenen, teilweise zirkulär ablaufenden Methode liegt in der Korrelation der Hypothesen zu den metaphorischen Konzepten mit der Übersetzungs- und Auslegungsgeschichte der Sprüche, sowie die Beoachtung der Clusterbildung, durch die die zentral wirkenden metaphorischen Konzepte herausgearbeitet werden können.

Von einem Cluster wird hier gesprochen, wenn sich wenigstens 3 Belege gefunden haben, von denen auf ein gemeinsames metaphorisches Konzept geschlossen werden konnte. Für alle anderen metaphorischen Elemente muss die Andeutung unter dem obigen Kapitel 2.6 genügen. Mit der Anzahl drei kann keine statistische Signifikanz behauptet werden. Dafür ist das Textkorpus zu schmal und die Interpretation an vielen Stellen zu unsicher. Mit drei Belegen ergibt sich einfach eine Methode zur Hypothesenbildung. Beim Vergleich zweier Belegen können vergleichbare konzeptuelle Strukturen identifiziert, erst mit einem dritten Beleg kann eine solche Hypothese getestet werden.

3.2 Metonymien und synthetischer Sprachgebrauch

> Saadia Gaon, Emunot we-Deot, Kap. 6, 20
> Es ist nämlich Sprachgebrauch, daß wenn eine Handlung dreien, vier oder fünf Dingen zugeschrieben wird, die Sprache unter diesen auswählt, um sie diesem oder jenem Dinge zuzuschreiben. So z. B. wissen wir von fünf Sprachwerkzeugen, die Schrift wählt aber immer nur Ein Sprachwerkzeug aus (z. B. Zunge: Ps. 35, 25; Lippe das. 63, 4; Mund: 71, 14; Gaumen: Hos. 8, 1; Kehle: Jes. 58, 1), und man hat die übrigen vier sich dazu zu denken. Dasselbe ist hier bei unserem Gegenstande (sc. der Seele – jth) der Fall. Die Schrift erwähnt bald blos die Seele allein, bald nur den Körper, bald nur die Gebeine oder die Haut, als zu dem gesamten Menschen gehörig, aber sie will damit alle zusammen erwähnt wissen; und darum ist es auch erklärlich, warum die Schrift bei irgend einer Handlung, deren sie gedenkt, nur Ein Glied heraushebt (vgl. z. B. Fuß: Spr. 7, 11; Hand: ib. 31, 13; Auge: Job. 17, 2; Gaumen: ib. 6, 30 u. m.).[2]

Diese von Saadia im Zusammenhang anthropologischer Grundfragen gemachten sprachlichen Beobachtungen wurden und werden immer wieder von Auslegern genannt – in der Regel jedoch, um die Spezifik der hebräischen Ausdrucksweise hervorzuheben.

Zur Benennung sprachlicher Vorgänge durch Nomina werden eher selten Ableitungen von Verben des Sprechens verwendet wie אֹמֶר, אֵמֶר, אִמְרָה, דִּבֵּר oder

---

[2] Saadia Ben Josef Al-Fayyoûmî, *Emunot we-Dëot oder Glaubenslehre und Philosophie*, übersetzt *von Julius Fürst*, Die jüdischen Religionsphilosophen des Mittelalters 1 (Hildesheim – New York, 1970), 361 f. Originaltext: Saadia Ben Josef Al-Fayyoûmî, ספר הנבחר באמונת ודעות / *sefær han-nibḥār bᵊæmûnôt wde*, hrsg. Josef Kafah (Jerusalem, 1992/93), 208 f.

דְּבָרָה. Nur דָּבָר kommt häufig vor. Sie bezeichnen meist jedoch nicht die sprachliche Handlung selbst, sondern das dabei geäußerte Wort oder den Gegenstand, über den gesprochen wurde.

Sprachliches Handeln wird hauptsächlich mit Partien des Mundbereiches in Zusammenhang gebracht: „Zunge" לָשׁוֹן, „Lippe" שָׂפָה, „Mund" פֶּה, „Kehle" גָּרוֹן, „Gaumen" חֵךְ.[3] Vor allem die Begriffe לָשׁוֹן und שָׂפָה können in vielen Fällen ganz allgemein mit „Sprache" oder „Rede" übersetzt werden.

Die Sprache der Bibel hat dieses Phänomen mit den anderen semitischen Sprachen gemein.[4] Und auch in vielen nichtsemitischen – einschließlich moderner – Sprachen sind vergleichbare Phänomene bei der Begrifflichkeit von Sprache zu beobachten,[5] wobei das zum Teil offenbar auf die Wirkung von Bibelübersetzungen zurückgeht.[6]

Während die Wörterbücher diesen funktional erweiterten Gebrauch der Lexeme für Sprechwerkzeuge als übertragenen oder metonymischen Gebrauch bezeichnen, lässt sich das Phänomen im Kontext biblischer Exegese auch mit dem

---

3 Edouard Dhorme, *L'emploi métaphorique des noms de parties du corps en hébreu et en akkadien* (Paris, 1963), 83–85;Bühlmann, *Reden*, 12 f. Hans Walter Wolff, *Anthropologie des Alten Testaments*, 6. Aufl., Kaiser-Taschenbücher 91 (Gütersloh, 1994), 121 f. Silvia Schroer und Thomas Staubli, *Die Körpersymbolik der Bibel* (Darmstadt, 1998), 154 f. Luchsinger, *Poetik*, 243–258; Yael Avrahami, *The Senses of Scripture. Sensory Perception in the Hebrew Bible* (New York, 2012), 120–124. Bezogen auf den Sprachgebrauch bei Ben Sira vgl. John Ifeanyichukwu Okoye, *Speech in Ben Sira with special reference to 5,9–6,1*, European university studies (Frankfurt am Main, 1995), 57–61.
4 Vgl. zu Mesopotamien bei Steinert, *Aspekte*, 18, 133 f. Ulrike Steinert, "Synthetische Körperauffassungen in akkadischen Keilschrifttexten und mesopotamische Götterkonzepte", in Müller und Wagner, *Synthetische Körperauffassung im Hebräischen und den Sprachen der Nachbarkulturen*, 85–88; Bruce J. Malina, "The Idea of Man and Concept of the '"Body"' in the Ancient Near East", in Berlejung, Dietrich und Quack, *Menschenbilder und Körperkonzepte im Alten Israel, in Ägypten und im Alten Orient*, 57. Vgl. auch B. Kedar-Kopfstein, "לָשׁוֹן *lāšôn*", ThWAT IV (1984): 598 f. Christoph Uehlinger, *Weltreich und „eine Rede". Eine neue Deutung der sogenannten Turmbauerzählung*, OBO 101 (Freiburg Schweiz – Göttingen, 1990), 346.
5 Vgl. hierzu die Arbeiten in den Sammelbänden Goossens u. a., *By Word of Mouth. Metaphor, Metonymy and Linguistic Action in a Cognitive Perspective* und Müller und Wagner, *Synthetische Körperauffassung im Hebräischen und den Sprachen der Nachbarkulturen*. Siehe auch Katrin Müller, "Synthetische Körperauffassung – keine Besonderheit des hebräischen Denkens", in Wagner und Van Oorschot, *Individualität und Selbstreflexion in den Literaturen des Alten Testaments*, 67–77, speziell zum vorklassischen Griechenland bei Ruth Padel, *In and out of the mind. Greek images of the tragic self: Greek images of the tragic self* (Princeton, NJ, 1992), 36–40; Jan Stenger, "Körper, Kognition, Kultur. Körperteilbezeichnungen im Griechischen", in Müller und Wagner, *Synthetische Körperauffassung im Hebräischen und den Sprachen der Nachbarkulturen*, 176 f.
6 Goossens, "Rise".

Begriff des synthetischen Sprachgebrauchs fassen.[7] Er ist oft begleitet von Hypothesen über ein spezifisches biblisches oder altorientalisches Weltverständnis. Die Besonderheit des Denksystems[8] bestehe etwa darin, keine begrifflichen Differenzierungen zu verwenden, sondern statt dessen einen Begriff mit größerer semantischer Breite zu benutzen.[9] Das Modell ist einleuchtend und hilfreich, erfährt aber auch immer wieder berechtigte Kritik[10] bzw. wird differenziert und relativiert[11].

Die angenommene Spezifik des Denksystems muss angesichts von Arbeiten zur metapragmatischen Metaphorik moderner Sprachen relativiert werden. Durch sie ist deutlich geworden, dass ganz ähnliche Phänomene auch hier zu beobachten sind, bei denen es oft zu einem (oft poetisch ausgenutzten) Nebenoder Ineinander von Metapher und Metonymie kommt.[12] Wie Luchsinger gezeigt hat, ist diese Terminologie sachgemäß auf die Poetik der Spruchweisheit übertragbar.[13] Metaphorische Ausdrucksweise impliziert immer solche assoziative Offenheit.[14]

Ein klassisches Metaphern-Verständnis (im Sinne einer *Bedeutungsübertragung*) suggeriert zunächst einen historischen Ansatz, der einen konstruierten Ursprung eines Lexems als seine Grundbedeutung postuliert. Die davon abweichende Verwendung wäre dann als „uneigentlicher" Gebrauch anzusehen. Dagegen ist zurecht eingewendet worden, dass die Grundbedeutung vielmehr den gewöhnlichen Gebrauch eines Wortes darstellt, während Übertragungen lediglich mit Abweichungen von diesem üblichen Gebrauch zusammenhängen.

---

7 Wolff, *Anthropologie*, 23; Schroer und Staubli, *Die Körpersymbolik der Bibel*, 16–20.

8 Forschungsüberblick und kritische Besprechung dieser vieldiskutierten These bei Dietrich, "Denken".

9 Fahlgren, *ṣedāḳā*, 50–56; Schroer und Staubli, *Die Körpersymbolik der Bibel*, 18.

10 James Barr, *Bibelexegese und moderne Semantik. Theologische und linguistische Methode in der Bibelwissenschaft* (München, 1965), 15–27; Anselm C. Hagedorn, *Between Moses and Plato. Individual and Society in Deuteronomy and Ancient Greek Law*, FRLANT 204 (Göttingen, 2004), 14–37; Müller, "Körperauffassung".

11 Avrahami, *Senses*, 22–26.

12 Katrin Müller und Andreas Wagner, "Das Konzept der synthetischen Körperauffassung in der Diskussion", in *Synthetische Körperauffassung im Hebräischen und den Sprachen der Nachbarkulturen*, 135–138.

13 Luchsinger, *Poetik*, 256–258.

14 Pierre Van Hecke, Hrsg., *Metaphor in the Hebrew Bible*, BEThL 187 (Leuven-Louvain – Paris – Dudley, MA, 2005), 3; Giercke, "Eine Zunge voller Jubel – sprachliche Bilder als Emotionsträger in Ps 126", 377–379; Claudia C. Bergmann, *Childbirth as a Metaphor for Crisis. Evidence from the Ancient Near East, the Hebrew Bible, and 1QH XI, 1–18*, BZAW 382 (Berlin – New York, 2008), 2 f.

Hans Walter Wolff ging etwa für נֶפֶשׁ mit einem historisierenden Ansatz von einer Grundbedeutung „Kehle" für dieses Wort aus. Demnach handelte es sich auch bei diesem Lexem um die Bezeichnung für einer Teil des Sprechapparats. Wenn es in Ps 104,1 heißt בָּרֲכִי נַפְשִׁי אֶת־יְהֹוֶה, könne das so übersetzt werden: „Meine Kehle, lobe den Herrn."[15] Der Begriff נֶפֶשׁ ist aber offenbar mit anderen semantischen Aspekten verbunden als גָּרוֹן, „Kehle". Die Assoziation als Sprechwerkzeug legt sich für נֶפֶשׁ nicht nahe. Die ursprüngliche Bedeutung des Wortes spielt also allenfalls eine nebensächliche Rolle.

Wenn es aber vor allem auf den primären Gebrauch eines Wortes, und nicht auf seine Etymologie ankommt, gibt es dann überhaupt einen Unterschied zwischen einem Verbalabstraktum und dem Gebrauch von לָשׁוֹן im gleichen Sinn als „Rede", also zwischen אִמְרֵי שֶׁקֶר und לָשׁוֹן שֶׁקֶר? Die Begriffe לָשׁוֹן und שָׂפָה können oft anscheinend ganz unabhängig von ihrer körperlichen Bedeutung als Abstraktbegriffe gebraucht werden.

Man könnte in diesen Fällen im historischen Sinn von einer „toten" oder „lexikalisierten Metapher" sprechen, bei der der eigentliche Bedeutungsaspekt des Wortes nicht mehr assoziiert wird. Jedoch ist festgestellt worden, dass auch solche vermeintlich „toten" Metaphern insbesondere im Kontext figurativer Rede leicht wieder als Bilder revitalisiert werden können.[16] Die Begriffe tragen also eine semantische Potenz mit sich, die im alltäglichen Gebrauch verschwindet, in poetischen Kontexten jedoch aktiviert werden kann.

Mit dem hier verwendeten Ansatz der kognitiven Metapherntheorie wird das historische Moment z. T. (wenn auch in modifizierter Form) wieder aufgenommen: Begriffe basieren auf motivierenden Erfahrungen, die immer wieder als Prototyp die Verwendung eines Begriffes mitbestimmen.

Gleiche oder ähnliche Beobachtungen können jedoch auch zu entgegengesetzten Schlüssen führen. Im Zusammenhang der Frage, inwieweit in alttestamentlichen Texten ein Personbegriff vorliegt, wird wiederholt festgestellt, dass die Benennung einzelner Teilaspekte durch Körperteile eine Zergliederung der Person voraussetze, die einen Mangel an individueller Identität bezeuge.[17] Die Annahme „synthetischer Körperauffassung" setzt demgegenüber voraus, dass

---

15 Wolff, *Anthropologie*, 47 f.

16 Andrea L. Weiss, *Figurative Language in Biblical Prose Narrative.Metaphor in the Book of Samuel*, VT. S 107 (Leiden – Boston, 2006), 215; Müller, *Metaphors dead and alive, sleeping and waking. A dynamic view*, 180–197. Vgl. in bezug auf Sprache Werner Weinberg, "Language Consciousness in the OT", *ZAW* 92 (1980): 186.

17 Robert A. di Vito, "Alttestamentliche Anthropologie und die Konstruktion personaler Identität", in *Der Mensch im alten Israel. Neue Forschungen zur alttestamentlichen Anthropologie: neue Forschungen zur alttestamentlichen Anthropologie*, hrsg. Bernd Janowski, Kathrin Liess und Niko

die auf der Textoberfläche als aktiv erscheinenden Körperteile *pars pro toto* für den ganzen Menschen stehen können.[18] Beides kann als Gegensatz wahrgenommen werden,[19] Erscheint jedoch auch scheinbar harmonisch nebeneinander.[20] Man kann von einer „komplexen Einheit" sprechen, die durch das Zentralorgan „Herz" koordiniert[21] wird.

Einen bemerkenswerten Neuansatz bietet Yael Avrahami mit ihrer These, die Sprechorgane sollten in einem biblischen Gesamtsystem von „Sinnesorganen" verstanden werden, die sich nicht allein durch Informations-Empfang definierten (wie in unserem westlichen Verständnis von Sinneswahrnehmungen), sondern es gehe um körperliche Erfahrungen, die mit der Fähigkeit des Menschen zu agieren assoziiert sind. Insofern reihe sich das Sprechen des Menschen ein neben Sehen, Hören, Riechen und Essen. Die Sprechorgane stünden deshalb häufig in Parallelität zu Augen und Ohren, und diese Sinne zeigten eben auch starke aktive Aspekte.[22] Auch wenn man sich fragen kann, inwieweit die Kategorie „Sinnesorgan" dafür überhaupt angemessen zu verwenden ist, wird die genannte Parallelität (insbesondere die Assoziation des Mundes mit Sehen *und* Essen) für die Untersuchungen eine Rolle spielen.

3.2.0.1 Beispiele für metonymische Verwendung von Lexemen der Sprechwerkzeuge mit einer Offenheit für bildhafte Assoziationen

DER MUND ALS FALLE ODER WAFFE

בְּפֶשַׁע שְׂפָתַיִם מוֹקֵשׁ רָע וַיֵּצֵא מִצָּרָה צַדִּיק 12,13

פִּי־כְסִיל מְחִתָּה־לוֹ וּשְׂפָתָיו מוֹקֵשׁ נַפְשׁוֹ 18,7

Zaft, Herders biblische Studien 59 (Freiburg im Breisgau [u.a.], 2009), 213–241; Bernd Janowski, "Konstellative Anthropologie. Zum Begriff der Person im Alten Testament", in *Biblische Anthropologie. Neue Einsichten aus dem Alten Testament*, hrsg. Christian Frevel, QD 237 (Freiburg im Breisgau [u.a.], 2010), 64 f. Zur Kritik daran siehe Bernd Janowski, "Das Herz – ein Beziehungsorgan. Zum Personverständnis des Alten Testaments", in *Dimensionen der Leiblichkeit. Theologische Zugänge*, hrsg. Bernd Janowski und Christoph Schwöbel (Neu"-kirchen-Vluyn, 2015), 2–4; Christian Frevel, "Von der Selbstbeobachtung zu inneren Tiefen. Überlegungen zur Konstitution von Individualität im Alten Testament", in Wagner und Van Oorschot, *Individualität und Selbstreflexion in den Literaturen des Alten Testaments*, 13–43.

18 Wolff, *Anthropologie*, 22.

19 di Vito, "Anthropologie", 214 f.

20 Maria Häusl, "Auf den Leib geschrieben. Körperbilder und -konzepte im Alten Testament", in Frevel, *Biblische Anthropologie. Neue Einsichten aus dem Alten Testament*, 138–142.

21 Jan Assmann, "Konstellative Anthropologie. Zum Bild des Menschen im Alten Ägypten.", in Janowski, Liess und Zaft, *Der Mensch im alten Israel. Neue Forschungen zur alttestamentlichen Anthropologie*, 105.

22 Avrahami, *Senses*, 183–188.

AGGRESSIVES ODER LEICHTSINNIGES REDEN ALS MAUL-AUFREISSEN

13,3 נֹצֵר פִּיו שֹׁמֵר נַפְשׁוֹ פֹּשֵׂק שְׂפָתָיו מְחִתָּה־לוֹ

20,19 גּוֹלֶה־סּוֹד הוֹלֵךְ רָכִיל וּלְפֹתֶה שְׂפָתָיו לֹא תִתְעָרָב

24,28 (LXX) μὴ ἴσθι ψευδὴς μάρτυς ἐπὶ σὸν πολίτην μηδὲ πλατύνου σοῖς χείλεσιν·

SPRECHEN IST KÜSSEN

24,26 שְׂפָתַיִם יִשָּׁק מֵשִׁיב דְּבָרִים נְכֹחִים

GESCHWÄTZ IST REINE LIPPENBEWEGUNG

14,23 בְּכָל־עֶצֶב יִהְיֶה מוֹתָר וּדְבַר־שְׂפָתַיִם אַךְ־לְמַחְסוֹר

LÜGE/BETRUG IST VERDREHTHEIT DER LIPPEN/ZUNGE

15,4 מַרְפֵּא לָשׁוֹן עֵץ חַיִּים וְסֶלֶף בָּהּ שֶׁבֶר בְּרוּחַ

17,20 עִקֶּשׁ־לֵב לֹא יִמְצָא־טוֹב וְנֶהְפָּךְ בִּלְשׁוֹנוֹ יִפּוֹל בְּרָעָה

19,1 טוֹב־רָשׁ הוֹלֵךְ בְּתֻמּוֹ מֵעִקֵּשׁ שְׂפָתָיו וְהוּא כְסִיל

WEICHE ZUNGE IST SANFTE REDE

15,4 מַרְפֵּא לָשׁוֹן עֵץ חַיִּים וְסֶלֶף בָּהּ שֶׁבֶר בְּרוּחַ

25,15 בְּאֹרֶךְ אַפַּיִם יְפֻתֶּה קָצִין וְלָשׁוֹן רַכָּה תִּשְׁבָּר־גָּרֶם

3.3 Basale metaphorische Konzepte

Die im folgenden ausgeführte Analyse der Bildsprache unterscheidet zwei verschiedenen Ebenen, auf denen Metaphern beobachtet werden können. Grundlegende menschliche Erfahrungen motivieren metaphorische Konzepte auf einer *basalen* Ebene, während *spezifischere* metaphorische Konzepte sich in entfalteten Strukturen beschreiben lassen, die auf basalen Konzepten aufbauen.[23] Auf der erstgenannten Ebene berühren sich die Termini *primary metaphor* und *primary scene*,[24] bzw. *basic-level metaphors*[25] die von basalen menschlichen Erfahrungen ausgehen, mit den Begriffen *image-schema metaphor*[26] (im Sinne elementarer Bildstrukturen) sowie *generic-level metaphor*[27] (als Ausdruck des Verallgemeinerungsgrades). Auch wenn die verschiedenen Termini nicht deckungsgleich verwendet werden. Es fällt auf, dass hier basale Körpererfahrungen und abstrakte Konzepte miteinander korreliert zu sein scheinen.[28]

---

23 Im Anschluss an Zoltán Kövecses, *Metaphor. A Practical Introduction* (Oxford u. a., 2002), 38 f.
24 Grady, "Foundations";
25 Lakoff und Kövecses, "The cognitive model of anger inherent in American English", 218.
26 Lakoff und Turner, *Reason*, 97–99.
27 Lakoff und Turner, 80–82; Kövecses, *Metaphor*, 38 f.
28 Diskussion des Problems bei Grady, "Foundations", 134–155.

Listen primärer Metaphern sind oft so stark an basalen Erfahrungen orientiert, dass sie sich auch in der althebräischen Literatur verifizieren lassen. Bei genauerem Hinsehen lassen sich jedoch auch deutliche Unterschiede ausmachen. Je komplexer Metaphern strukturiert sind, um so stärker sind sie auch kulturell geprägt.

Basale Erfahrungen des Menschen – insbesondere die Wahrnehmung seines Körpers und dessen Wechselbeziehung zur Umgebung – bilden Grundbausteine des Verstehens. Er bildet „Begriffe" aus, Konzepte mit denen er einmal gemachte Erfahrungen wiedererkennt und so seine Welt ordnet. Jede neue Erfahrung versucht er, mit den schon bekannten Konzepten zu erfassen. Unterscheidet sich der Gegenstand, wird das Konzept erweitert. Im Extremfall hat er die Möglichkeit von einem Vergleich (oder, falls er dieses Konzept kennt, von einer Übertragung) zu sprechen. Wichtig ist, dass zwischen Körpererfahrung und der Ausbildung eines Konzeptsystems Wechselwirkungen bestehen.[29] Denn die Konzepte sind Voraussetzung dafür, dass und wie körperliche Erfahrungen wahrgenommen werden. Ein diffuser unangenehmer Zustand kann viel deutlicher als Durst eingeordnet und verarbeitet werden, wenn man erfahren hat, wie unmittelbar ein Schluck kühlen Wassers hilft. Wird ein Schmerz mit einem bestimmten Körperorgan in Verbindung gebracht, lokalisiert man ihn in der Wahrnehmung genau da, wo man die Position dieses inneren Organes annimmt. Ein Drücken im Magen oder auf der Brust oder ein Gefühl der Lähmung kann besser verarbeitet werden und bekommt klarere Formen, wenn man sagen kann, dass einen eine Nachricht „getroffen" hat. Die Grenzen zwischen „eigentlicher" und „uneigentlicher" Rede sind hier zwangsläufig fließend.[30]

3.3.1 Raumerfahrungen

Helga Weippert hat die räumliche Wahrnehmung, die in alttestamentlichen Texten zum Ausdruck kommt, als durch eine relativ kleinräumige Welt, in der den Menschen nur geringe technische Hilfsmittel zur Verfügung standen, geprägt

---

29 Vgl. Mark S. Smith, "Herz und Innereien in israelitischen Gefühlsäußerungen. Notizen aus der Anthropologie und Psychobiologie", in *Anthropologische Aufbrüche. Alttestamentliche und interdisziplinäre Zugänge zur historischen Anthropologie*, hrsg. Andreas Wagner, FRLANT 232 (Göttingen, 2009), 179–181.

30 Vgl. Fabian Overlach, *Sprache des Schmerzes – Sprechen über Schmerzen: eine grammatisch-semantische und gesprächsanalytische Untersuchung von Schmerzausdrücken im Deutschen*, Linguistik – Impulse und Tendenzen 30 (Berlin [u.a.], 2008), bes. 40–43, der sich jedoch aus eher pragmatischen Erwägungen entscheidet, „metaphorischen" Gebrauch aus seiner Analyse auszuklammern.

beschrieben.[31] Sie spricht davon, dass beim Vermessen dieser Umwelträume der menschliche Körper gleichsam verlängert gedacht wird.[32] Sehr häufig werden Landschaftsformen in Analogie zum menschlichen Körper benannt.[33] Ein zentrales Element zur Strukturierung der Raumerfahrung ist das Haus, dessen Funktionen eng mit dem sozialen Element der Familie verbunden ist und sich durch die Unterscheidung von Innen und Außen manifestiert.[34]

Dieses Gegensatzpaar Innen–Außen wird in Bezug auf die drei Ebenen (Naturraum, Haus, Person) analog zum Ausdruck gebracht. Der Ratschluss eines Menschen liegt in seinem Inneren verborgen wie die Weisheit in der Tiefe des Berges (Hiob 28). Was der Mensch im Inneren denkt, soll er behüten und nicht vorschnell preisgeben, wie er auch die Dinge nicht verbreiten soll, die er im Inneren eines Hauses gesehen hat. Dass es hier Differenzen zu modernen Vorstellungen von „Innerlichkeit" gibt, wird öfter stark betont. Das Gegenüber von Innen- und Außenseite des Menschen wird an so vielen Stellen ausgesagt oder vorausgesetzt, dass das metaphorische Konzept doch als grundlegend angesehen werden sollte. Dem entspricht auch, dass der Körper als Behältnis angesehen werden kann, das ähnlich wie in modernen europäischen Sprachen mit Emotionen als Flüssigkeiten angefüllt beschrieben werden kann.[35]

Metaphorisch auf nichtkörperliche Objekte bezogen wird das Konzept eines BEHÄLTERS mit sehr allgemeinen grammatischen Strukturen belegt, insbesondere mit dem Gebrauch der Präposition „in" („in der Diskussion sagte er manch unbedachtes Wort"). Tätigkeiten oder Zustände würden demnach als Gefäße aufgefasst.[36] Prinzipiell lässt sich mit der hebräischen Präposition b eine ähnliche Grundstruktur finden. Bedenkt man jedoch die Bedeutungsbreite der Präposition,[37] wäre die Annahme einer zugrundeliegenden Gefäßmetapher an vielen Stellen sehr problematisch.

---

31 Helga Weippert, "Altisraelitische Welterfahrung. Die Erfahrung von Raum und Zeit nach dem Alten Testament", in *Ebenbild Gottes – Herrscher über die Welt. Studien zu Würde und Auftrag des Menschen*, hrsg. Hans-Peter Mathys, Biblisch-Theologische Studien 33 (Neukirchen-Vluyn, 1998), 9–34. Vgl. auch Michaela Geiger, "Raum", 2012, http://www.bibelwissenschaft.de/stichwort/65517/; Jan Dietrich, "Welterfahrung (AT)", 2017, Abschn. 3, http://www.bibelwissenschaft.de/stichwort/34744/; Joode, *Landscapes*, 47–52.

32 Weippert, "Welterfahrung", 25–29.

33 Weippert, 23–25.

34 Geiger, "Raum", Abschn. 2.5.

35 So Paul A. Kruger, "Gefühle und Gefühlsäußerungen im Alten Testament. Einige einführende Bemerkungen", in Janowski, Liess und Zaft, *Der Mensch im alten Israel. Neue Forschungen zur alttestamentlichen Anthropologie*, 256–258. Siehe dagegen Wagner, *Emotionen*, 65–73.

36 Lakoff und Johnson, *Leben*, 42 f.

37 Ernst Jenni, *Die Präposition Beth*, Die hebräischen Präpositionen, Bd. 1 (Stuttgart, 1992), 25 f.

Lakoff und Johnson beschreiben metaphorische Konzepte, die sich vor allem aus idiomatischen Wendungen moderner, v. a. indoeuropäischer, Sprachen ableiten lassen. Im Rahmen der Phraseologieforschung wird diese Fragestellung auch auf entferntere Sprachkontexte und historische Textkorpora angewendet.[38] Dadurch wird deutlich, wie stark unser modernes Denken durch verobjektivierende Konzepte geprägt ist. Untersuchungsgegenstände (z. B. sprachliche Formen) werden als zerlegbare Gegenstände, bzw. als Gefäße konzeptualisiert. Von einem solchen Verständnis sprachlicher Phänomene ist schon die gesamte europäische Grammatiktradition geprägt.[39] Die Anwendung der Gefäßmetapher ermöglicht auch in der wissenschaftlichen Terminologie eine Gegenüberstellung von Inhalt und Form.

3.3.1.1 Innen und Außen

Vergleicht man damit die biblische (hier zunächst die weisheitliche) Bildsprache, fällt auf, dass z. T. andere Konzepte die Beschreibungen des Sprechens dominieren. Zwar werden vereinzelt auch Gefäße als Bildspender benutzt (etwa: Spr 20,15; 25,11; 26,23), dabei geht es aber nicht, oder höchstens ansatzweise, um ein Gegenüber von äußerer Form und Inhalt. Was moderne und biblische Texte allerdings durchaus verbindet, ist das Konzept des Körpers als Behälter.[40]

Mehrere entfaltete metaphorische Konzepte basieren auf der Unterscheidung und Gegenüberstellung von Innen und Aussen. Dabei steht oft die Körperlichkeit des Menschen als räumliche Selbstwahrnehmung im Hintergrund. Eine überzeugende Skizze der sich daraus ergebenden Aspekte von „Innerlichkeit" hat Christian Frevel anhand einschlägiger alttestamentlicher Belege gezeichnet, die Berührungen zum Bildbereich der Tiefe (siehe S. 110) aufweist und das Gegenüber von verborgenem Inneren und für Andere einsehbarem Äußeren beschreibt (siehe dazu S. 83).[41]

In bezug auf sprachliches Handeln ist hierbei besonders die Vorstellung bestimmend, dass Worte in den Körper aufgenommen, dort gespeichert und (möglichst kontrolliert) wieder herausgelassen werden. Hier ist auf die entfalteten metaphorischen Konzepte Der Leib als Behälter (Kap. 3.4.1.1), Zurückhalten und Herauslassen (Kap. 3.4.1.1 und Aufdecken ist Bekanntmachen (Kap. AufdeckenVerbergen) zu verweisen.

---

38 Dmitri Dobrovol'skij und Elisabeth Piirainen, *Zur Theorie der Phraseologie. Kognitive und kulturelle Aspekte* (Tübingen, 2009).

39 Lakoff und Johnson, *Leben*, 232.

40 Vgl. Vanparys, "Survey", 24–26; Pauwels und Simon-Vandenbergen, "Body Parts", 45–47.

41 Frevel, "Selbstbeobachtung", 36–40.

3.3.1.2 Nähe und Distanz

Der Mensch erfährt sich als körperliches Wesen in einem Raum. Deshalb werden soziale Beziehungen auch als Raumkonstellationen zur Sprache gebracht. Die Wahrung körperlicher Integrität und die Aufrechterhaltung angemessener Distanzen sind wichtige Anliegen, die sich phraseologisch festmachen lassen. Feindschaft kann dabei einerseits die Überschreitung dieser Grenzen bezeichnen, wie auch zu einer Vergrößerung der Distanz führen.[42]

Spr 16,28

אִישׁ תַּהְפֻּכוֹת יְשַׁלַּח מָדוֹן וְנִרְגָּן מַפְרִיד אַלּוּף׃

Ein Mann von Verkehrtheiten sendet Streit aus, und ein Verleumder entzweit einen Vertrauten.

Die Störungen zwischenmenschlicher Beziehungen durch destruktives Verhalten werden durch Verben gekennzeichnet, deren Grundbedeutung räumliche Distanzen beschreibt. Dabei handelt es sich allerdings um konventionalisierte Phraseologie. Streit zu erregen, wird durch שלח (Piel) „loslassen, schicken, werfen" ausgedrückt. Freunde zu entzweien betont die Vergrößerung einer Distanz. Menschen stehen in Beziehung zueinander und werden deshalb als mehr oder weniger weit entfernt Stehende vorgestellt. Nähe und Distanz müssen dabei in einem ausgewogenen Verhältnis stehen. Eine Aggression kann zunächst als Verletzung einer solchen Distanz verstanden werden, die im Effekt die Vergrößerung eines „Sicherheitsabstandes" zur Folge hat (GEGNERSCHAFT IST RÄUMLICHE DISTANZ).[43]

3.3.1.3 AUFDECKEN IST BEKANNTMACHEN

Übersicht über das Cluster:

HINTERHÄLTIGE AGGRESSION IST VERBERGEN

מְכַסֶּה שִׂנְאָה שִׂפְתֵי־שָׁקֶר וּמוֹצִא דִבָּה הוּא כְסִיל 10,18

מְקוֹר חַיִּים פִּי צַדִּיק וּפִי רְשָׁעִים יְכַסֶּה חָמָס 10,11

UNAUFRICHTIGKEIT IST VERBERGEN

רוּחַ צָפוֹן תְּחוֹלֵל גָּשֶׁם וּפָנִים נִזְעָמִים לְשׁוֹן סָתֶר 25,23

TRANSPARENZ IST AUFDECKEN

מְכַסֶּה־פֶּשַׁע מְבַקֵּשׁ אַהֲבָה וְשֹׁנֶה בְדָבָר מַפְרִיד אַלּוּף 17,9

---

42 Vgl. dazu Joode, "Body".
43 Vgl. Joode, 562–564.

Geheimnisse-Verraten ist Aufdecken

11,13 הוֹלֵךְ רָכִיל מְגַלֶּה־סּוֹד וְנֶאֱמַן־רוּחַ מְכַסֶּה דָבָר

20,19 גּוֹלֶה־סּוֹד הוֹלֵךְ רָכִיל וּלְפֹתֶה שְׂפָתָיו לֹא תִתְעָרָב

Zurückhaltung ist Verbergen

10,18 מְכַסֶּה שִׂנְאָה שִׂפְתֵי־שָׁקֶר וּמוֹצִא דִבָּה הוּא כְסִיל

10,14 חֲכָמִים יִצְפְּנוּ־דָעַת וּפִי־אֱוִיל מְחִתָּה קְרֹבָה׃

Vergeben ist Verbergen

10,12 שִׂנְאָה תְּעוֹרֵר מְדָנִים וְעַל כָּל־פְּשָׁעִים תְּכַסֶּה אַהֲבָה

Aufdecken ist Bekanntmachen

sichtbar machen	→	bekannt machen
		aufrichtig sein
verdecken	→	geheim halten
		hinterhältig sein
		vertraulich behandeln

Zunächst werden Belege für das allgemeinere Konzept Aufdecken und Verbergen[44] aufgeführt. Ein wichtiges Stichwortpaar sind darin die Wurzeln כסה und גלה. Diese erste Beleggruppe zeigt, dass die Vorstellung, Dinge zu verbergen oder aufzudecken, nicht zwangsläufig mit dem Körper des Menschen verbunden sein muss. Im Grunde wird keine konkrete Bildszenerie deutlich, sondern die genannten Lexeme weisen eine Bedeutungserweiterung auf. Bemerkenswert ist, dass mit dem Aufdecken/Verbergen verbundene Wertungen sehr unterschiedlich ausfallen können.

Spr 11,13

הוֹלֵךְ רָכִיל מְגַלֶּה־סּוֹד וְנֶאֱמַן־רוּחַ מְכַסֶּה דָבָר׃

Wer Verleumdung betreibt, deckt Geheimnisse auf, aber wer zuverlässigen Geistes ist, verbirgt die Sache.

Spr 17,9

מְכַסֶּה־פֶּשַׁע מְבַקֵּשׁ אַהֲבָה וְשֹׁנֶה בְדָבָר מַפְרִיד אַלּוּף׃

Wer ein Vergehen verdeckt, sucht Freundschaft, aber wer eine Sache wieder aufgreift, entfernt einen Vertrauten.

---

44 Vgl. dazu Vanparys, "Survey", 16 f.

Ein Wort wiederholen, eine Sache immer wieder ansprechen, verdeutlicht das Gegenteil dessen, was es heißt, etwas „aus Freundschaft" zu „verdecken". Es geht darum, Dinge anzusprechen, die einem Teil der Kommunikationsteilnehmer unangenehm sind, weil sie etwa auf ein Fehlverhalten hinweisen. Dieses aufdeckende sprachliche Handeln wird als einem freundschaftlichen Verhältnis der Gesprachspartner abträglich charakterisiert. Es geht nicht um moralische Bewertung, sondern um die Frage, welche Kommunikationsform der Situation angemessen ist, sodass sie gelingen kann.[45]

Spr 10,12

שִׂנְאָה תְּעוֹרֵר מְדָנִים וְעַל כָּל־פְּשָׁעִים תְּכַסֶּה אַהֲבָה:

Feindschaft weckt Streit, aber alle Vergehen verdeckt die Freundschaft.

Spr 12,16

אֱוִיל בַּיּוֹם יִוָּדַע כַּעְסוֹ וְכֹסֶה קָלוֹן עָרוּם:

Ein Narr: Am Tag wird erkannt sein Ärger,
aber es verbirgt die Schande der Kluge.

Wenn עָרוּם „klug" im Sprüchebuch eher positiv oder neutral verwendet wird, findet sich an andere biblischen Stellen die eher negativ konnotierte Bedeutung „listig" (vgl. etwa Gen 3,1). Im vorliegenden Spruch zeigt sich diese Klugheit vor allem in selbstbeherrschtem Verhalten, dass das eigene Ansehen schützt. Die beiden Vershälften lassen sich gut als Antithese verstehen: Der Ärger des Toren wurde offenbar provoziert, weshalb auch קָלוֹן im Sinne von „Beleidigung" verstanden wird, auf die der Kluge nicht ungehemmt reagiert.[46]

Explizit sprachlich Auch wenn anzunehmen ist, dass die genannten „Enthüllungen" als sprachliche Handlungen vorzustellen sind, werden erst jetzt Belege aufgeführt, deren explizite Formulierungen darauf schließen lassen:

Spr 10,18

מְכַסֶּה שִׂנְאָה שִׂפְתֵי־שָׁקֶר וּמוֹצִא דִבָּה הוּא כְסִיל:

Es bedeckt den Hass jemand mit Lügen-Lippen. Und wer Verleumdung
hervorbringt, ist ein Tor.

---

45 Vgl. Kap. 1.4.4.
46 Meinhold, *Sprüche*, 210.

Spr 20,19[47]

גּוֹלֶה־סּוֹד הוֹלֵךְ רָכִיל וּלְפֹתֶה שְׂפָתָיו לֹא תִתְעָרָב:

Wer ein Geheimnis aufdeckt, betreibt Verleumdung, und den, der seine
Lippen aufsperrt, weihe nicht ein.

Spr 10,11

מְקוֹר חַיִּים פִּי צַדִּיק וּפִי רְשָׁעִים יְכַסֶּה חָמָס:

Eine Quelle des Lebens ist der Mund eines Gerechten, aber der Mund der
Frevler verdeckt Gewalttat.

Spr 10,14

חֲכָמִים יִצְפְּנוּ־דָעַת וּפִי־אֱוִיל מְחִתָּה קְרֹבָה:

Weise verbergen das Wissen, aber der Mund des Toren ist nahes Verderben.

W. Bühlmann und andere betonen zu diesem Spruch, dass צפן hier nicht als „verbergen", sondern als „aufbewahren" zu verstehen sei.[48] Mit der oben konstruierten metaphorischen Struktur des LEIBES ALS EINES BEHÄLTERS FÜR WORTE wird
jedoch deutlich, wie beides konzeptuell zusammenhängt und keinen wirklichen
Gegensatz bildet (siehe unten Kap 3.4.1.2).

Vergleichstexte

Syrischer Achikar, Spruch 3 (CAL: 2.040:05–06)
bry kl dšmᶜ ᵓnt lᵓ tᵓmr wdḥzᵓ ᵓnt lᵓ tglᵓ[49]
Mein Sohn, sprich nicht über das, was du gehört hast.
Und was du gesehen hast, decke nicht auf.

Sir 8,17

עם פותה אל תסתייד כי לא יוכל לכסות סודך:
Mit dem Schwatzhaften besprich dich nicht,
denn er kann dein Geheimnis nicht verbergen.

---

47 Vgl. dazu S. 272.
48 Bühlmann, *Reden*, 194; Otto Plöger, *Sprüche Salomos. Proverbia*, BK. AT XVII (Neu"-kirchen-
Vluyn, 1984), 126; Meinhold, *Sprüche*, 174 f. Siehe S. 270.
49 Anīs Furaiḥa, *Aḥīqār ḥakīm min aš-šarq al-adnā al-qadīm*, Silsilat al-ᶜulūm aš-šarqīya 40 (Bairut, 1962), 32.

3.3.1.4 Stehen ist Da-Sein, Wirken, Gelten

Übersicht über das Cluster insgesamt:

Stehen ist Funktionstüchtigkeit

26,6 מְקַצֶּה רַגְלַיִם חָמָס שֹׁתֶה שֹׁלֵחַ דְּבָרִים בְּיַד־כְּסִיל

26,7 דַּלְיוּ שֹׁקַיִם מִפִּסֵּחַ וּמָשָׁל בְּפִי כְסִילִים

Destruktives Handeln ist Niederreissen

11,11 בְּבִרְכַּת יְשָׁרִים תָּרוּם קָרֶת וּבְפִי רְשָׁעִים תֵּהָרֵס

Stehen ist Gültigkeit/Dauerhaftigkeit

12,19 שְׂפַת־אֱמֶת תִּכּוֹן לָעַד וְעַד־אַרְגִּיעָה לְשׁוֹן שָׁקֶר

21,28 עֵד־כְּזָבִים יֹאבֵד וְאִישׁ שׁוֹמֵעַ לָנֶצַח יְדַבֵּר

Stehen ist Durchsetzungsvermögen

27,4 אַכְזְרִיּוּת חֵמָה וְשֶׁטֶף אָף וּמִי יַעֲמֹד לִפְנֵי קִנְאָה

Stehen ist Da-Sein, Wirken, Gelten		
Stehen	→	Präsenz
		Erfolg
Fallen	→	Scheitern
		Fehler machen
Zugrundegehen	→	Bedeutungslosigkeit

Als primäre Metapher formuliert Joseph E. Grady Functionality/Viability is erectedness.[50] Ein vergleichbares Konzept kann man für das Hebräische etwa aus dem Gebrauch der Wurzeln קום[51], כון[52] und עמד[53] ableiten. Allerdings würde es sich nicht auf „Funktionstüchtigkeit/Lebensfähigkeit" beziehen, sondern eher in einem allgemeineren Sinn auf „Vorhandensein" und „Gültigsein".

---

50 Grady, "Foundations", 47, 282.
51 Nach Ges[18], 1158 f., Bedeutungsbereich 2. a–g) im Qal, sowie zum Hifil Benjamin Ziemer, *Abram–Abraham. Kompositionsgeschichtliche Untersuchungen zu Genesis 14, 15 und 17*, BZAW 350 (Berlin – New York, 2005), 297 f.
52 Nach Ges[18], 532 f.
53 Nach Ges[18], 978–980, Bedeutungsbereich 3 im Qal und 4–5 im Hifil.

Spr 11,11

בְּבִרְכַּת יְשָׁרִים תָּרוּם קָרֶת וּבְפִי רְשָׁעִים תֵּהָרֵס׃

Durch Segen von Geradlinigen erhebt sich eine Stadt, aber durch den Mund von Frevlern wird sie niedergerissen.

Die gegensätzlichen Verben רום *qal* „sich erheben" und הרס *nif* „niedergerissen werden" werden in beiden Vershälften die Konzepte STEHEN IST FUNKTIONSTÜCHTIGKEIT und DESTRUKTIVES HANDELN IST NIEDERREISSEN als komplementär entfaltet. Und zwar geht es um das gelingende Zusammenleben in einer Gemeinschaft.[54]

Spr 12,19

שְׂפַת־אֱמֶת תִּכּוֹן לָעַד וְעַד־אַרְגִּיעָה לְשׁוֹן שָׁקֶר׃

Zuverlässige Rede besteht für immer, für einen Augenblick Lügenrede.

Dauerhaftigkeit wird vor allem von Gottes Wort ausgesagt (Ps 32,11 mit עמד; Jes 40,8 mit קום. So noch öfter in Bezug auf Gottes Wahrheit oder Gerechtigkeit), während im menschlichen Bereich eben auch Unbeständigkeit droht.

Spr 21,28

עֵד־כְּזָבִים יֹאבֵד וְאִישׁ שׁוֹמֵעַ לָנֶצַח יְדַבֵּר׃

Ein Lügenzeuge vergeht, aber ein Hörender redet auf Dauer.

Spr 21,28[55] zeigt, dass diese inhaltliche Aussage auch ohne das metaphorische Konzept STEHEN IST DAUERHAFTIGKEIT formuliert sein kann.

---

54 Schipper, *Sprüche, Bd. 1*, 658.
55 Siehe dazu S. 282.

3.3.2 Wahrnehmungen

3.3.2.1 ERREGUNG IST HITZE

Übersicht über das Cluster insgesamt:

ERREGUNG IST HITZE

15,18 אִישׁ חֵמָה יְגָרֶה מָדוֹן וְאֶרֶךְ אַפַּיִם יַשְׁקִיט רִיב

26,20 בְּאֶפֶס עֵצִים תִּכְבֶּה־אֵשׁ וּבְאֵין נִרְגָּן יִשְׁתֹּק מָדוֹן

26,21 פֶּחָם לְגֶחָלִים וְעֵצִים לְאֵשׁ וְאִישׁ מְדוֹנִים (מִדְיָנִים) לְחַרְחַר־רִיב

29,8 אַנְשֵׁי לָצוֹן יָפִיחוּ קִרְיָה וַחֲכָמִים יָשִׁיבוּ אָף

SELBSTBEHERRSCHUNG IST KÜHLHEIT DES GEISTES

17,27 חוֹשֵׂךְ אֲמָרָיו יוֹדֵעַ דָּעַת וְקַר (יְקַר־)רוּחַ אִישׁ תְּבוּנָה

ERREGUNG IST HITZE		
Hitze	→	Erregung
Feuer	→	Streit
Kohle und Glut	→	Streitsucht
heißer Atem	→	Zorn
Anfachen	→	Aufruhr
heiße Flüssigkeit	→	Ärger

Vgl. auch ERREGUNG IST BEWEGUNG (S. 94).

Als Ausgangspunkt für die Bildung von basaler metaphorischer Konzepte ist oft die Körpererfahrung des Menschen zu erkennen. So lässt sich etwa ein Konzept als ERREGUNG IST HITZE formulieren. Der Zusammenhang lässt sich leicht so beschreiben, dass Erregung als ansteigende innere Wärme wahrgenommen wird.[56] Es wird oft – besonders in Bezug auf den Hass – als Ansteigen einer heißen Flüssigkeit gedeutet.[57] Ob als beinhaltendes Gefäß damit immer der Körper angenommen wird, hat Andreas Wagner in zwei Fallstudien zu „Hass" und „Eifer" in Frage gestellt.[58] Die mit dem Lexem חמה „Zorn" verbundene Phraseologie lässt sich aber an einigen Stellen nur schwer in einer anderen Richtung deuten (in Verbindung mit מלא Est 3,5; 5,9 und עלה – 2 Sam 11,20; Ez 38,18).

Das metaphorische Basiskonzept ERREGUNG IST HITZE ist ein kulturübergreifend beobachtbares[59] Konzept, das sich im Hebräischen besonders an den Wen-

---

56 Lakoff und Kövecses, "The cognitive model of anger inherent in American English", 196.

57 Wagner, *Emotionen*, 62–65.

58 Wagner, 65–69, 86–99.

59 Lakoff und Kövecses, "The cognitive model of anger inherent in American English"; Müller, *Metaphors dead and alive, sleeping and waking. A dynamic view*, 63 f.

dungen אף חרה und חרה לו, „erzürnen", sowie an den Lexemen חמה, „Zorn/Glut", זוד „sieden" und anderen, nachweisen lässt.[60] Während אף, „Nase/Zorn" auf eine Vorstellung verweist, die mit der Atmung verbunden ist, werden חמה und זוד eher als Vorstellung einer inneren heißen Flüssigkeit gedeutet. In vergleichbaren ägyptischen Ausdrücken wird die Transparenz für den Bereich der Hitze durch die Verwendung entsprechender Determinative angezeigt (Feuerschale und Töpferofen).[61]

Die Verbindung mit אף, „Nase, Zorn" legt den Bildbereich des Windes nahe, der metonymisch die Atmung als wichtiges Lebenszeichen aufnimmt, das auch als transparent für die Gefühle des Menschen gedeutet wird.[62] Das verwendete Lexem רוח (vgl. griechisch πνεῦμα), Wind, Lebensgeist, ist dabei auch für nichtmenschliche Sinnbereiche offen.[63] Das liegt insbesondere deswegen nahe, weil das Atmen eine so elementare Bedingung des Lebens ist.

Die Verwendung des Lexems חמה wird eher auf die Vorstellung einer heißen Flüssigkeit geschlossen, die man auch trinken oder ausschütten kann.[64] Zudem hat B. Lang darauf aufmerksam gemacht, dass entgegen den modernen Vorstellungen Geist durchaus mit Wasser in enger Verbindung stehen kann, einerseits in Form des lebenspendenden Regens, andererseits in Bildern von Flusswasser.[65]

Ruth Padel beschreibt für die griechische Tragödie die Vorstellung von einem inneren Meer, das in Unruhe gerät, bzw. dass Gelassenheit mit der ruhigen See assoziiert wird.[66] Auch die Wirkungen menschlicher Rede auf seine Emotionen werden als nach innen dringende Flüssigkeiten beschrieben.[67] Flüssigkeit und Wind erscheinen oft ineinander vermischt, so wie der Wind das Meer in Unruhe versetzt.[68] Aristoteles skizziert etwa den körperlichen Aspekt des Zorns, den

---

60 Nili Shupak, *Where can Wisdom be found? The Sages's Language in the Bible and in Ancient Egyptian Literature*, OBO 130 (Freiburg Schweiz – Göttingen, 1993), 143 f. Vgl. auch Smith, "Herz", 176 f.

61 Shupak, *Widom*, 117 f., 123.

62 Vgl. die parallele Verwendung des ägyptischen *fnd* „Nase Zorn" (Shupak, 122).

63 Albertz und Westermann, "*rūaḥ*", 734 f., 738 f. s. u. Padel, *In and out*, 92–98, beschreibt das ambivalente Spiel zwischen Atmung und Wind in der griechischen Tragödie.

64 Kruger, "Gefühle", 256–258; Wagner, *Emotionen*, 86–99. Vgl. Padel, *In and out*, 24 f; Stefan Wälchli, "Zorn (AT)", Abschnitt 1, http://www.bibelwissenschaft.de/stichwort/35502/; Müller, *Metaphors dead and alive, sleeping and waking. A dynamic view*, 71.

65 B. Lang, "Wasser", *NBL* III (2001): 1064.

66 Padel, *In and out*, 86–88.

67 Padel, 82.

68 Padel, 88 f.

jemand beschreiben könnte, als „Sieden des Blutes, das um das Herz fließt und warm ist"[69].

Es ist wahrscheinlich, dass das moderne Konzept auch durch die starke Rezeption alttestamentlicher Texte (insbesondere der Psalmen) geprägt ist, was die Idiomatik in modernen europäischen Sprachen zumindest mitbestimmt haben wird.[70] Ein Blick in das Deutsche Wörterbuch zeigt unter anderem das Bildfeld Feuer („Zornbrand" u. a.). „Zornausbruch" (parallel zu „Blutwallungen") und „Zornwoge" scheinen eher die heiße Flüssigkeit zu belegen.[71] Die Belege sind oft biblische Weisheitssprüche, die den deutschen Sprachgebrauch prägten. Luthers Übersetzung des Hebräischen חמה השיב in Spr 15,1 mit „den Zorn stillen" evoziert vor allem eine brodelnde Flüssigkeit.

In der ägyptischen Weisheit wird von diesem Konzept her der Idealtypus des Weisen („der Schweiger") und sein Gegenteil („der Heiße") benannt. Der Zusammenhang besteht offenbar darin, dass die innere Erregung, die nicht im Zaum gehalten wird, zu unkontrolliertem Geschwätz führe.[72] Die biblischen Belege für איש חמות, Spr 15,18; 29,22, die diesem ägyptischen Begriff am nächsten zu kommen scheinen, werden freilich von Bernd Schipper als direkte Übersetzungsversuche interpretiert.[73] Insofern ist fraglich, inwieweit sie als Belege für ein hebräisches Konzept dienen können. Emma Brunner-Traut führt einschlägige Belege unter der Gruppe *Nicht im Affekt reden, sich beherrschen, besser: schweigen* auf. Die Fortführung dieser Tradition in den koptischen Apophthegmata erweist dabei die Anwendung des „Leidenschafts"-Konzeptes auf diese ägyptische Weisheitstradition.[74]

Der Zusammenhang von Reden und Schweigen mit dem Gefühl innerer Hitze, wird relativ ausführlich in einer Klage in Ps 39,4 beschrieben:

Ps 39,3–5

נֶאֱלַמְתִּי דוּמִיָּה הֶחֱשֵׁיתִי מִטּוֹב וּכְאֵבִי נֶעְכָּר׃
חַם־לִבִּי בְּקִרְבִּי בַּהֲגִיגִי תִבְעַר־אֵשׁ דִּבַּרְתִּי בִּלְשׁוֹנִי׃
הוֹדִיעֵנִי יְהוָה קִצִּי וּמִדַּת יָמַי מַה־הִיא אֵדְעָה מֶה־חָדֵל אָנִי׃

---

69 de anima I, 1 (403a, 30 – 403b, 1; Aristoteles, *Über die Seele. Griechisch – Deutsch*, hrsg. Horst Seidl, Wilhelm Biehl und Otto Apelt, Philosophische Bibliothek 476 (Hamburg, 1995), 10 f.
70 Jacob Grimm und Wilhelm Grimm, *Deutsches Wörterbuch*, Sonderaufl. ([Leipzig, 1984), Bd. 32, 99–103.
71 Grimm und Grimm, Bd. 32, 104–107.
72 Vgl. hierzu Bühlmann, *Reden*, 174 f.
73 Schipper, "Lehre", 63.
74 Brunner-Traut, "Weiterleben", 185 f., 203–205.

> Ich bin zu Stille verstummt, ich schwieg fern vom Guten und mein
> Schmerz ist aufgewühlt.
> Heiß ist mein Herz in meinem Inneren.
> Wenn ich seufze, brennt Feuer.
> Ich redete mit meiner Zunge:
> HERR mach mir mein Ende bekannt
> und was das Maß meiner Tage ist,
> sodass ich weiss, dass ich vergehe. ...

Der Beter beschreibt, wie er sich selbst die Klage verbietet. Was er als direkte Rede ausspricht (V. 5–?), ist eher formuliert als ein sich Fügen in das von Gott gegebene Los. Spätestens in V. 10 (נֶאֱלַמְתִּי לֹא אֶפְתַּח־פִּי) wird deutlich, dass der Großteil der Klage dieses Psalmes etwas ist, was im Angesicht des Gegners nicht laut ausgesprochen werden kann (V. 1). Dieser Gegner aber ist Gott selbst (V. 10). Doch auch wenn oder gerade weil er sich zurückhält: In seinem Inneren spürt er umso intensiver die Erregung. Das Herz ist heiß und auch wenn er sich verbietet zu sprechen, so ist schon sein Seufzen oder sein Nachsinnen am besten als brennendes Feuer zu beschreiben. Der Beter konzeptualisiert die innere Erregung als Hitze, die aus seinem Inneren, wo er sie zurückhält, auszubrechen droht.

Spr 29,8 ist ein aussagekräftiges Beispiel dafür, dass das Konzept auch außerhalb des Körpers eines einzelnen Menschen für Erregungen innerhalb einer Gemeinschaft angewendet werden kann. Durch das Bild des Feuer-Anfachens wird deutlich wie stark das Konzept ERREGUNG IST HITZE mit einem zweiten in Verbindung steht: ERREGUNG IST BEWEGUNG (siehe unten S. 94).

Zorn kann durch bestimmtes (auch sprachliches Verhalten) erregt werden,

durch Beleidigung: Spr 15,1

וּדְבַר־עֶצֶב יַעֲלֶה־אָף׃

... und ein beschwerendes Wort führt Zorn herauf

durch verborgene Rede (hinter dem Rücken?): Spr 25,23

רוּחַ צָפוֹן תְּחוֹלֵל גָּשֶׁם וּפָנִים נִזְעָמִים לְשׁוֹן סָתֶר׃

Nordwind erregt Regen und zornige Gesichter verborgene Rede.

durch Geschwätz[75] Sir 9,18[76]

ביטה נורא בעד איש לשון ומשא על פיהו ישונא

Geschwätz ist furchtbar bei einem zungenfertigen Mann, und der Ausspruch seines Mundes wird gehasst.[77]

Aber man kann Zorn auch vermeiden oder ihm entgegenwirken:

durch Zurückhaltung beim Reden: Spr 17,27

חוֹשֵׂךְ אֲמָרָיו יוֹדֵעַ דָּעַת וְקַר (יקר)־רוּחַ אִישׁ תְּבוּנָה:

Wer seine Worte zurückhält, ist ein Kenner.
und einer von kühlem Geist ist ein Mann von Einsicht.

durch Langmut: Spr 15,18

אִישׁ חֵמָה יְגָרֶה מָדוֹן וְאֶרֶךְ אַפַּיִם יַשְׁקִיט רִיב:

Ein Mann des Zorns erregt Streit, aber Langmut lässt Streit verstummen.

Die Zurückhaltung, die im vorhergehenden Beleg als innere Ruhe beschrieben ist, wird hier mit seiner Außenwirkung beschrieben: Wer sich nicht zu Erregungen hinreißen lässt, entzieht dem Streit die Basis.

durch sanfte Rede: Spr 15,1a

מַעֲנֶה־רַּךְ יָשִׁיב חֵמָה

Sanfte Rede beruhigt Zorn ...

Vergleichstext Ein Sprichwort einer sumerisch-akkadischen Bilingue zeigt erstaunliche Berührungen mit den oben genannten biblischen Belegen

Mit brennendem Gesicht zu erwidern,
sich selbst in Rage zu bringen,
das Gesicht zum Inneren zu machen,
ist nicht menschlich (d. h. entspricht nicht dem angemessenen Verhalten
eines wahren Menschen).[78]

---

76 Pancratius C. Beentjes, Hrsg., *The book of Ben Sira in Hebrew. A text edition of all extant Hebrew manuscripts and a synopsis of all parallel Hebrew Ben Sira texts: a text edition of all extant Hebrew manuscripts and a synopsis of all parallel Hebrew Ben Sira texts*, VT. S 68 (Leiden [u.a.], 1997), 34.
77 Georg Sauer, *Jesus Sirach (Ben Sira)*, JSHRZ, III, 5 (Gütersloh, 1981), 528.
78 Übersetzung des Akkadischen (mit Rekonstruktion der fehlenden Zeile nach Parallelen) nach Steinert, *Aspekte*, 117. Vgl. Wilfred G. Lambert, *Babylonian Wisdom Literature*, Reprinted (Winona Lake, Ind, 1996), 269.

Auch hier geht es um die Mahnung zur Selbstbeherrschung. Die sumerische Formulierung „brennender Mund" wird als Herausstellen von Gefühlen gedeutet, die man besser für sich behält, um den Mitmenschen nicht zu belasten und am Ende nicht selbst negative Folgen davonzutragen.[79]

Als Gegenbild zur Hitze ist die Kühle öfter Ausdruck für Beruhigung, sie steht in engem Zusammenhang mit den Wirkungen von kühlem Wasser.

3.3.2.2 ERREGUNG IST BEWEGUNG

Übersicht über das Cluster insgesamt:

ERREGUNG IST BEWEGUNG

15,18 אִישׁ חֵמָה יְגָרֶה מָדוֹן וְאֶרֶךְ אַפַּיִם יַשְׁקִיט רִיב

16,28 אִישׁ תַּהְפֻּכוֹת יְשַׁלַּח מָדוֹן וְנִרְגָּן מַפְרִיד אַלּוּף

25,23 רוּחַ צָפוֹן תְּחוֹלֵל גָּשֶׁם וּפָנִים נִזְעָמִים לְשׁוֹן סָתֶר

29,8 אַנְשֵׁי לָצוֹן יָפִיחוּ קִרְיָה וַחֲכָמִים יָשִׁיבוּ אָף

ERREGUNG IST (INNERE) BEWEGUNG

15,1 מַעֲנֶה־רַּךְ יָשִׁיב חֵמָה וּדְבַר־עֶצֶב יַעֲלֶה־אָף

27,4 אַכְזְרִיּוּת חֵמָה וְשֶׁטֶף אָף וּמִי יַעֲמֹד לִפְנֵי קִנְאָה

	ERREGUNG IST BEWEGUNG	
Bewegung	→	Erregung
Schicken Aufscheuchen Anfachen	→	Provozieren
Beben, Zittern	→	Beunruhigung, Angst
Hochkochen	→	Ärger
Überfließen	→	sich ausbreitender Streit
Zurückkehren Beruhigen	→	Streit beilegen
Stehenbleiben	→	Selbstsicherheit
Abstand	→	Abschwächung von Bindung

Dass Bilder, die Erregung thematisieren, mit Bewegungen assoziiert sind, fällt nicht so klar ins Auge, weil dabei unterschiedliche Verben oder auch Nomina ver-

---

[79] Steinert, *Aspekte*, 117 f.

wendet werden. Sehr deutlich ist wohl אף שטף „Zornesflut" in 27,4. Dabei können Assoziationen zu strömendem Wasser (שטף) und strömender Luft (אף – die Transparenz des Lexems zu diesem Bildbereich vorausgesetzt) zusammenfallen. Auch חיל 1 *polel* „gebären, hervorbringen" erscheint mit der Grundbedeutung „beben, zittern" evoziert sehr starke Dynamik. Auch שלח *pi* „senden, vertreiben, werfen" (16,28), und פוח „anfachen" (29,8) sind mit Bewegung assoziiert. Insbesondere das Gegensatzpaar יעלה אף „lässt Zorn aufsteigen" und ישקיט חמה „stillt Zorn" macht das postulierte Konzept ERREGUNG IST (INNERE) BEWEGUNG plausibel, die mit körperlicher Wahrnehmung erklärbar ist. Zu vergleichen sind hier besonders die Ausführungen von Ruth Padel zu den Konzeptualisierungen von Erregung als Bewegung der inneren Organe in der griechischen Tragödie.[80] Als wichtige Parallele ist auch die Phrase השיב נפש als „Beruhigung" in Spr 25,13 zu beachten: Bei Erregung geraten die Innereien des Menschen in Bewegung und streben an andere Orte. Beruhigung bedeutet, sie wieder an ihren angestammten Ort zu bringen.[81]

Wie oben schon zum Konzept ERREGUNG IST HITZE gezeigt, lässt sich an dem Beleg Spr 29,8 zeigen, das die Metaphorik der Erregung auch auf kollektive Erregungszustände angewendet werden kann. Die Unruhe eines Aufruhrs in einer Gemeinschaft wird illustriert mit der Gefahr eines Stadtbrandes, der durch Wind angefacht und auf das ganze Gemeinwesen verbreitet wird.

3.3.2.3 WEICHHEIT IST VERMITTLUNG/BESÄNFTIGUNG

Mit Weichheit (und im nächsten Kapitel Glätte) werden hier Bildelemente aufgezählt, die oben schon als durch die physischen Eigenschaften der Sprechwerkzeuge motiviert erklärt wurden.[82] Wenn in Spr 15,1 von „sanfter Erwiederung" (מענה רך) die Rede ist, scheinen solche physischen Assoziationen ganz zu fehlen. Es geht hier vor allem um beschwichtigenden Tonfall oder versöhnliches Entgegenkommen. Es kann ein Konzept postuliert werden WEICHHEIT IST BESCHWICHTIGUNG, VERSÖHNLICHKEIT, SCHMEICHELEI.

Spr 15,1[83]

מַעֲנֶה־רַּךְ יָשִׁיב חֵמָה וּדְבַר־עֶצֶב יַעֲלֶה־אָף׃

Eine sanfte Antwort beschwichtigt Zorn, aber ein kränkendes Wort lässt Zorn aufsteigen.

---

80 Padel, *In and out*, 65–68, 88–98.
81 Vgl. für Ägypten: Assmann, "Anthropologie", 103.
82 Vgl. S. 76.
83 Vgl. S. 145.

Spr 25,15

בְּאֹרֶךְ אַפַּיִם יְפֻתֶּה קָצִין וְלָשׁוֹן רַכָּה תִּשְׁבָּר־גָּרֶם

Durch Langmut wird ein Fürst überredet
und eine weiche Zunge zerbricht Knochen.

Allerdings stehen solche „weichen Worte" in Ps 55,22 parallel zu den öligen Leckerbissen im Mund. Das Öl, das eine Oberfläche weich erscheinen lassen kann,
ist gleichzeitig Geschmacksträger und erscheint deshalb häufig in Parallelität zur
Süße.[84] Anders als bei der sonst positiven Verwendung von WEICHHEIT und SÜSSE
steht hier GLÄTTE parallel. Beide Konzepte dienen in Ps 55,22 dem thematischen
Zusammenhang von Lüge und Hinterlist.

Eine neue Assoziation eröffnet der folgende Beleg, in dem das Lexem מרפא verwendet wird. Spr 15,4 zeigt, wie stark es sowohl für „Weichheit" als auch für „Heilung"
transparent ist:

Spr 15,4

מַרְפֵּא לָשׁוֹן עֵץ חַיִּים וְסֶלֶף בָּהּ שֶׁבֶר בְּרוּחַ:

Eine sanfte Zunge ist ein Baum des Lebens, aber Verdrehtheit auf ihr bedeutet Zerbruch des Geistes.

In den Zusammenhang positiv wertenden Gebrauchs des Bildbereichs von Weichheit gehört die Verwendung des Lexems מרפה/מרפא, das nicht in zwei voneinander
zu trennende metaphorische Konzepte aufgeteilt werden muss. Die Argumentation, dem Bedeutungsbereich „heilen" läge allein „stärken" zugrunde, während
"besänftigen" auf der Bedeutung „schwächen" beruhe, ist zu eng geführt. Die
Verwendung der Lexeme in Parallelität zum eben beschriebenen Konzept WEICH-
HEIT/ÖL unterstützt die Annahme, dass „Gelassenheit" und „Heilung" in denselben Zusammenhang gehören. Dass das Wort für beide Wurzeln (רפא und רפה)
transparent ist, stützt diese Zusammengehörigkeit, und die Frage, von welcher
Wurzel es historisch abzuleiten ist, hat für die aktuelle Verwendung wenig Relevanz.[85] Das Konzept steht auch in Parallelität zur angenehmen (oder auch verfüh-
rerischen) SÜSSE[86].

---

84 Vgl. Kap. 4.2.2.
85 Ges[1–17] sah „Gelassenheit" lediglich als Bedeutungserweiterung von „Heilung" an. Vgl. H. J.
Stoebe, "רפא *rp*ʾ heilen", *THAT* II[3] (1984): 805.
86 Siehe Kap. 4.2.2.

WEICHHEIT IST VERMITTLUNG/BESÄNFTIGUNG

Abdämpfung eines Zusammenpralls	→	Abschwächung einer Konfrontation
Sanfte Berührung	→	Bekundung von Sympathie

3.3.2.4 GLÄTTE IST TÄUSCHEN/SCHMEICHELN

Das Reden des Menschen wird häufig mit Lexemen charakterisiert, die eine physische (Oberflächen-)Beschaffenheit zu beschreiben scheinen. Am auffälligsten ist dafür die Verwendung verschiedener Formen und Ableitungen der Wurzel חלק 1.[87]

Spr 29,5[88]

גֶּבֶר מַחֲלִיק עַל־רֵעֵהוּ וֶשֶׁת פּוֹרֵשׂ עַל־פְּעָמָיו׃

> Ein Mann schmeichelt seinem Nächsten. Ein Netz breitet er aus für seine
> Tritte.

Dabei finden sich sowohl Verwendungen, die diesen physischen Aspekt sehr bildhaft evozieren, wie auch solche, in denen dieser semantische Bereich ganz hinter einen abstrakten Gebrauch zurückzutreten scheint. Dadurch entsteht der Eindruck, dass eine zugrundeliegende basale Metaphorik in zwei divergierenden entfalteten Szenerien ausgeführt wird: Die Glattheit kann sowohl auf den Weg wie auf die Zunge bezogen sein. Beide komplexen kognitiven Metaphern können jedoch miteinander verbunden sein.[89]

Spr 26,28

לְשׁוֹן־שֶׁקֶר יִשְׂנָא דַכָּיו וּפֶה חָלָק יַעֲשֶׂה מִדְחֶה

> Eine falsche Zunge hasst ihre Gedemütigten (??),
> und ein glatter Mund macht Verderben (?).

Spr 28,23

מוֹכִיחַ אָדָם אַחֲרַי חֵן יִמְצָא מִמַּחֲלִיק לָשׁוֹן

> Der Kritiker eines Menschen findet hinterher Gunst – mehr als ein Schmeichler (mit der Zunge).

---

87 Vgl. dazu schon Thon, "Oberfläche".
88 Siehe dazu auch S. 122, 229.
89 Siehe Kap. 3.4.5.1.

3.3.2.5 PASSENDE REDE IST SCHÖNHEIT

Übersicht über das Cluster:

GUT GESTALTETE REDE HAT ANMUT

22,11 אֹהֵב טְהוֹר (טְהָר־)לֵב חֵן שְׂפָתָיו רֵעֵהוּ מֶלֶךְ

ANGEMESSENHEIT IST PASSENDER SCHMUCK

25,11 f. תַּפּוּחֵי זָהָב בְּמַשְׂכִּיּוֹת כָּסֶף דָּבָר דָּבֻר עַל־אָפְנָיו

נֶזֶם זָהָב וַחֲלִי־כָתֶם מוֹכִיחַ חָכָם עַל־אֹזֶן שֹׁמָעַת

LIPPEN SIND KOSTBARE WERKZEUGE

20,15 יֵשׁ זָהָב וְרָב־פְּנִינִים וּכְלִי יְקָר שִׂפְתֵי־דָעַת

SPRECHWERKZEUGE SIND EDELMETALLE

10,20 כֶּסֶף נִבְחָר לְשׁוֹן צַדִּיק לֵב רְשָׁעִים כִּמְעָט

AUFRICHTIGKEIT/FREUNDLICHKEIT IST REINHEIT

15,26 תּוֹעֲבַת יְהוָה מַחְשְׁבוֹת רָע וּטְהֹרִים אִמְרֵי־נֹעַם

		PASSENDE REDE IST SCHÖNHEIT
Schönheit	→	**Angemessenheit** **Wortwahl/Stil** **passender Zeitpunkt**
Anmut	→	**Aufrichtigkeit** **positive Wirkung auf die Zuhörer** **Überzeugungskraft**
Zueinander-Passen	→	**Angemessenheit**
Reinheit	→	**Aufrichtigkeit/Freundlichkeit**

N. Shupak listet für das Ägyptische mehrere Ausdrücke auf, die die Schönheit der Rede bezeichnen, speziell nennt sie *n* („high level speech and eloquence"), *ṯs* („well constructed wisdom sayings"), *md/w/t nfr* (gute/schöne Worte).[90] Dem könnten hebräische Termini für wohlgestaltete Weisheitsrede entsprechen, wobei sowohl auf den Inhalt als auch auf die sprachliche Form bezug genommen sein kann.[91] Die Interpretationen sehen meist einen thematischen Zusammenhang zur Eloquenz.

Die „Schönheit" der Worte wird insbesondere in Ägypten in diesem Zusammenhang betont.[92] חן „Gunst/Anmut" erscheint parallel zu יפה „schön sein" bei

---

90 Shupak, *Widom*, 325–328.

91 Shupak, 331–334.

92 Assmann, "Reden", 196; Shupak, *Widom*, 286 f., 332–334.

der Beschreibung einer sprachlichen Handlung in Ps 45,3a: יָפְיָפִ֫יתָ מִבְּנֵ֪י אָדָם ה֬וּצַק חֵ֭ן בְּשִׂפְתוֹתֶ֑יךָ „Du (scil. oh König) bist schöner als (andere) Menschen, Anmut ist ausgegossen auf deinen Lippen." Die übermenschliche Schönheit des Königs entspricht einem herrschaftlichen Reden, das auch den Aspekt der Gnade assoziieren lässt.

Aussagen über Schönheit und Vergleiche damit stehen oft eng zusammen mit Bildbereichen von Schmuck und Edelmetallen.[93] Bezüglich des Redens finden sich in Spr 10–29 Aussagen mit dem Nomen חן.

Spr 22,1

נִבְחָ֣ר שֵׁ֭ם מֵעֹ֣שֶׁר רָ֑ב מִכֶּ֥סֶף וּ֝מִזָּהָ֗ב חֵ֣ן טֽוֹב׃

Erlesener ist der Ruf als viel Reichtum,
als Silber und als Gold schöne Anmut.

In beiden Vershälften von Spr 22,1 geht es um das Ansehen des Menschen. Sein Ruf konstituiert sich durch das sprachliche Handeln seiner Mitmenschen. Ob er gut angesehen ist, hängt entscheidend auch davon ab, wie er sich verhält. Weisheit oder Güte können sein Ansehen bei Gott und Menschen erhöhen.[94]

Berührungspunkte mit dem Konzept der Reinheit finden sich in Spr 22,11. Auch hier wird von „Anmut", nämlich von der der Lippen gesprochen (חן שפתיו), die von den Auslegern oft als Redegewandtheit gedeutet wird.[95]

Ein anderer Fokus wird in Sir 32,5 gesetzt, wo schöne Wörter als passend zum Trinkgelage gepriesen werden (נעים דברים יפים על משתה יין[96]). Auch hier werden im Kontext Edelmetalle und Schmuck aufgeführt. Der ganze Absatz Sir 32,4–6 mahnt jedoch davor, den Gesang beim Gelage durch zu vieles Reden (und sei es auch weise!) zu stören.

Reinheit Über Reinheit von Sprache wird – zumindest im Deutschen – heute meist so gesprochen, dass damit Wortwahl, Grammatik und rhetorische Gestaltung sprachlicher Handlungen bewertet werden. In der Hebräischen Bibel ist vor allem צחות in Jes 32,4 in diesem Sinne zu verstehen. Das Lexem ist deshalb auch durch Saadja in die hebräische Grammatiktradition eingeführt worden, um den arabischen Begriff der Reinheit im Sinne der klassischen Literatursprache *faṣīḥ*

---

93 Siehe dazu Kap. 3.4.8.
94 PsIbnEsra z. St. Vgl. Meinhold, *Sprüche*, 363.
95 Siehe dazu S. 249.
96 Beentjes, *Book*, 58.

zu übersetzen.[97] In der Spruchweisheit wird der Bildbereich der Reinheit stärker verwendet, um das Verhalten des Menschen moralisch zu bewerten.

Spr 15,26

תּוֹעֲבַת יְהוָה מַחְשְׁבוֹת רָע וּטְהֹרִים אִמְרֵי־נֹעַם׃

Ein Greuel des HERRN sind Gedanken von Bösem,
aber rein sind Worte von Annehmlichkeit.

טהר mit seiner starken kultischen Verwendung weist auch die Bedeutungsebenen Läuterung[98] und Schuldlosigkeit auf. Letztere spielt bei in Spr 20,9 eine Rolle. In Spr 10–29 erscheint es dann nur noch in 22,11, wo es eher um wohlüberlegte Ausdrucksweise geht.[99]

Von Reinheit der Rede wird noch in Hiob 11,4 und in Sir 40,41 gesprochen, dabei werden jedoch die Lexeme זַךְ bzw. בַר verwendet, wobei das erste eher eine helle oder glänzende Oberfläche assoziieren lässt, während das zweite den Mangel an Verfehlungen als Leere im Inneren des Menschen (בַר לֵבָב) konzeptualisiert. Beides wird jedoch parallel verwendet und mit Geradlinigkeit/Rechtschaffenheit zusammengebracht (Spr 16,2; 20,11; 21,8).

Die Parallelität von בַר und יָשָׁר findet sich auch in Ps 19,9 als Aussagen über die Gebote Gottes. Auffällig ist die spezifische Charakterisierung der אִמְרָה bzw. אִמְרוֹת Gottes, die durch טהר und/oder צרף mit der Bildszenerie der Läuterung von Metallen illustriert werden.[100] Als Gegenbegriff zu טהר scheint טְמֵא שְׂפָתַיִם in Jes 6,5 dagegen den kultischen Bedeutungsbereich anzusprechen: Angesichts des himmlischen Gottesdienstes drückt Jesaja seine mangelnde Eignung gerade als Unfähigkeit aus, in dieser Situation zu kommunizieren. Begründet ist diese Unreinheit mit der Schuld des ganzen Volkes.

---

97 Rina Drory, "‚Words beautifully put'. Hebrew versus Arabic in tenth-century Jewish Literature", in *Genizah research after ninety years, the case of Judaeo-Arabic. Papers read at the Third Congress of the Society for Judaeo-Arabic Studies*, University of Cambridge oriental publications 47 (Cambridge, 1992), 53–66.
98 Siehe dazu Kap. 3.4.8.
99 Siehe dazu S. 249.
100 Siehe dazu Kap. 3.4.8.

3.4 Entfaltete metaphorische Konzepte

3.4.1 Innen und Außen am Menschen

3.4.1.1 DER LEIB IST EIN BEHÄLTER FÜR WORTE

Überblick über das Cluster:

SPRECHEN IST HERAUSLASSEN

19,28[101]   עֵד בְּלִיַּעַל יָלִיץ מִשְׁפָּט וּפִי רְשָׁעִים יְבַלַּע־אָוֶן

15,28   לֵב צַדִּיק יֶהְגֶּה לַעֲנוֹת וּפִי רְשָׁעִים יַבִּיעַ רָעוֹת

SELBSTBEHERRSCHUNG IST WORTE-ZURÜCKHALTEN

17,14   פּוֹטֵר מַיִם רֵאשִׁית מָדוֹן וְלִפְנֵי הִתְגַּלַּע הָרִיב נְטוֹשׁ

17,27   חוֹשֵׂךְ אֲמָרָיו יוֹדֵעַ דָּעַת וקר (יְקַר־)רוּחַ אִישׁ תְּבוּנָה

HÖREN IST WORTE-ESSEN

Spr 18,8 // 26,22:   דִּבְרֵי נִרְגָּן כְּמִתְלַהֲמִים וְהֵם יָרְדוּ חַדְרֵי־בָטֶן

DER LEIB ALS SPEICHER DER WORTE

Spr 22,17 f.   הַט אָזְנְךָ וּשְׁמַע דִּבְרֵי חֲכָמִים וְלִבְּךָ תָּשִׁית לְדַעְתִּי

כִּי־נָעִים כִּי־תִשְׁמְרֵם בְּבִטְנֶךָ יִכֹּנוּ יַחְדָּו עַל־שְׂפָתֶיךָ

DER LEIB IST EIN BEHÄLTER FÜR WORTE		
Außen	→	sichtbar, bekannt
Innen	→	unsichtbar, unbekannt
Speisen	→	Worte
Essen	→	Hören
Pusten, Spucken	→	Sprechen
Herz	→	Denken, Absichten
Mund	→	Aussprechen, sprachlich Handeln, Selbstkontrolle

Der aussagekräftigste Beleg für dieses Konzept ist Spr 22,17 f. Als Einleitung zu dem von der Lehre des Amenemope abhängigen Abschnittes ist es allerdings deutlich als ägyptisches Konzept aufzufassen, das hier ins Hebräische umgesetzt ist. In der Zusammenschau mit den weiteren Belegen des Clusters ist die Zusammenstellung jedoch plausibel.[102]

Eine Person nimmt Worte in sich auf, speichert sie im Bauch und gibt sie wieder von sich. Es ist wichtig, den Fluss von Worten unter Kontrolle zu behalten.

---

101 Zu dieser Deutung siehe S. 280.
102 Siehe dazu weiter unten S. 107.

Mehrere Formen lassen darauf schließen, dass die Worte hier wie eine Flüssigkeit konzeptualisiert werden, vor allem das explizite Bild vom Staudamm in 17,14, sowie die Verwendung der Wurzel נבע „sprudeln, aussprechen".

Das oben beschriebene Basiskonzept AUFDECKEN UND VERBERGEN zeigt sich oft eng verbunden mit der Vorstellung von Innen und Außen des menschlichen Körpers: Hier verbirgt er Absichten und Geheimnisse. Wenn er sich nicht beherrscht, dann lässt er sie nach außen dringen. Das Gegenüber von Außen- und Innenseite des Menschen wird dabei durchaus als Einheit betrachtet.[103] Zum Vergleich sei hier auf die Beispiele hingewiesen, die J. Vanparys für das moderne Englische zusammengestellt hat. Auch dort findet sich dieses Konzept.[104]

Johan de Joode zitiert Hiob 32,18–20 als ausdrucksstarkes Beispiel für dieses metaphorische Konzept.[105] Elihu ist angefüllt mit Worten (מלים מליתי), die nach außen drängen. Er kann sich nur Erleichterung verschaffen, indem er sie ausspricht. Dieses Drängen wird jedoch mit dem Begriff רוח beschrieben.

Die Vorstellung vom Leib als Speicher für Gedanken und Worte weicht von unserem modernen Konzeptsystem relativ stark ab. Zwar finden sich Phraseologien wie etwa *aus jemandem Informationen herausholen* oder *in jemanden dringen*. Aber wir verorten das Denken heute in der Regel im Kopf, im Hirn als dessen Organ, und evtl. verbunden mit dem Sehen als zentraler Wahrnehmung.

Die altorientalische Anthropologie lokalisierte bekanntermaßen auch das Denken mit den anderen zentralen Lebensfunktionen in den inneren Organen, insbesondere im Herzen.[106] Jan Dietrich schließt aus diesem Konzept auf das Vorhandensein einer „Innerlichkeit" auch in der alttestamentlichen Anthropologie – allerdings tendenziell negativ bewertet.[107] Hinzu kommt die moderne Dominanz der sogenannten *conduit metaphor* (ein z. T. überstrapaziertes Modell,[108] in seiner Grundeinsicht jedoch richtig): dass Worte als Transportbehälter für Gedanken

---

103 Steinert, *Aspekte*, 231–233.

104 Vanparys, "Survey", 24–26.

105 Joode, "Body", 557.

106 Hermann Grapow, *Vergleiche und andere bildliche Ausdrücke im Ägyptischen*, Der Alte Orient, 21, 1/2 (Leipzig, 1920), 10 f; Dhorme, *Emploi*, 123–126; Andreas Wagner, "Wider die Reduktion des Lebendigen. Über das Verhältnis der sog. anthropologischen Grundbegriffe und die Unmöglichkeit, mit ihnen die alttestamentliche Menschenvorstellung zu fassen", in *Anthropologische Aufbrüche. Alttestamentliche und interdisziplinäre Zugänge zur historischen Anthropologie*, 192; Luchsinger, *Poetik*, 263. Relativierend: Jan Dietrich, "Individualität im Alten Testament, Alten Ägypten und Alten Orient", in Berlejung, Dietrich und Quack, *Menschenbilder und Körperkonzepte im Alten Israel, in Ägypten und im Alten Orient*, 83.

107 Dietrich, 83–87 (in Reaktion auf di Vito, "Anthropologie", 232 f).

108 Vanparys, "Survey", 2–4.

begriffen werden, durch die man mit seinem Gesprächspartner kommuniziert.[109] Diese Unterscheidung von Worten und Gedanken sind den hier besprochenen Texten fremd. Sie unterscheiden vielmehr zwischen im Inneren verborgenen (empfangenen und/oder potenziell sprechbaren) und laut mit dem Mund ausgesprochenen Worten – ein Konzept, das sich auch in modernen Sprachen nachweisen lässt.[110]

Entfaltet findet sich das metaphorische Konzept auch in Spr 26,24-26.

Spr 26,24–26

בִּשְׂפָתוֹ (בִּשְׂפָתָיו) יִנָּכֵר שׂוֹנֵא וּבְקִרְבּוֹ יָשִׁית מִרְמָה:
כִּי־יְחַנֵּן קוֹלוֹ אַל־תַּאֲמֶן־בּוֹ כִּי שֶׁבַע תּוֹעֵבוֹת בְּלִבּוֹ:
תִּכַּסֶּה שִׂנְאָה בְּמַשָּׁאוֹן תִּגָּלֶה רָעָתוֹ בְקָהָל:

Mit seinen Lippen verstellt sich der Feind und in seinem Innern plant er Betrug.
Wenn er sich auch mit seiner Stimme verstellt, glaube ihm nicht, denn sieben Greuel sind in seinem Herzen.
Verdeckt sich sein Hass durch Betrug – seine Bosheit wird offenbar in der Gemeinde.

Regelmäßig zeigt sich dieses Konzept in Aussagen, in denen innere Organe, besonders das Herz, den Sprechwerkzeugen gegenübergestellt werden. Es bildet den Ort an dem der Mensch in der Regel Erfahrungen, Geheimnisse, Pläne und Gedanken aufbewahrt. Herz und Zunge bilden daher oft ein Gegensatzpaar als zwei Organe, die für das Verbergen bzw. Aufdecken sorgen.[111] Allerdings vermögen sowohl das Herz, als auch die Zunge beide Aktionen: verbergen und Aufdecken.[112]

---

109 Michael J. Reddy, "The conduit metaphor: A case of frame conflict in our language about language", in Ortony, *Metaphor and Thought*, 164–201.
110 Vanparys, "Survey", 24–26. Vgl. hierzu auch die Kritik von Avrahami, *Senses*, 26, 36 an der Unterscheidung vom *sens* und *mind*.
111 Vgl. Susanne Gillmayr-Bucher, ",Meine Zunge – ein Griffel eines geschickten Schreibers.' Der kommunikative Aspekt der Körpermetaphern in den Psalmen", in Hecke, *Metaphor in the Hebrew Bible*, 202; Thomas Krüger, "Das ,Herz' in der alttestamentlichen Anthropologie", in Wagner, *Anthropologische Aufbrüche. Alttestamentliche und interdisziplinäre Zugänge zur historischen Anthropologie*, 106; Shupak, *Widom*, 284 f. Vgl. zum Gegenüber von Außen und Innen des Menschen im Akkadischen Steinert, *Aspekte*, 231–233.
112 Mourlon Beernaert, *Cœur*, 11.

In diesem Zusammenhang werden dann auch sehr eindrückliche Bilder formuliert, die die Selbstbeherrschung als Bezwingung dieser Organe, insbesondere der Zunge, beschreiben.[113]

Vergleichstexte

Amenemope XI, 8–11
8 Wenn du Gutes oder Böses hörst,
9 lasse es draußen / es wurde nicht gehört.
10 Gib guten Bericht auf deine Zunge,
11 indem das Böse in deinem Leibe verborgen ist.[114]

Bemerkenswerte Varianten stellt Bernd Schipper beim Vergleich der Lehren von Ani und Amenemope dar: Während Amenem 11,11 davon spricht, das Schlechte im Leib zu verbergen (*ḥ3p*), fordert die parallele ältere Stelle Ani B 20,10b dazu auf, es dort gefangen zu halten (*ḏdḥ*).[115] Zurecht stellt Schipper fest, dass hier keine direkte literarische Abhängigkeit festgestellt werden kann, vielmehr handele es sich um Variationen eines Themas.[116] Auch hier kann man beide Aussagen als Nuancierungen des gleichen metaphorischen Konzeptes erkennen: der Leib als Speicher der Worte.

Amenemope XXII, 11–16
11 Leere nicht dein Inneres aus unter den Menschen,
12 und schädige nicht dein Ansehen:
13 Laß nicht deine Rede herumgehen bei den Leuten,
14 und verbrüdere dich nicht mit dem Unbeherrschten.
15 Besser ist der Mann, dessen Bericht in seinem Leibe ist,
16 als der, der ihn ausspricht, um zu schädigen.[117]

Bei der Gegenüberstellung von Innen und Außen in Belegen aus der Umwelt Israels geht es oft auch um Transparenz gegenüber dem Gesprächspartner, um Lüge und Wahrheit. Die folgenden Beispiele formulieren das Ideal, dass Herz und Zunge (Außen und Innen) einander entsprechen sollten.

---

113 Siehe dazu Kap. 4.3. Die positive Wertung des Verbergens ist längst nicht so selten, wie es bei Dietrich, "Individualität", 86 f, anklingt.

114 Irene Shirun-Grumach, "Die Lehre des Amenemope", *TUAT* III,2 (2005): 234.

115 Schipper, "Lehre", 237; Bernd Ulrich Schipper, *Hermeneutik der Tora: Studien zur Traditionsgeschichte von Prov 2 und zur Komposition von Prov 1-9*, Beihefte zur Zeitschrift für die alttestamentliche Wissenschaft 432 (Berlin [u.a.], 2012), 28.

116 Schipper, "Lehre", 240–243.

117 Shirun-Grumach, "Die Lehre des Amenemope", 245.

Papyrus Insinger 26,22
22 Was im Herzen des Weisen ist, findet man auf seiner Zunge.[118]

Ptahotep 528 f.
Sein Herz und seine Zunge werden sich entsprechen (?),
und seine Lippen sind aufrichtig, wenn er spricht.[119]

Denkt man hier zurück an die Mahnung zur Zurückhaltung, zum Zurückhalten der Worte im Leib, dann kann so ein Ausspruch schon verwundern: Aber es geht hier nicht um die Forderung, alles zu sagen, was man denkt, sondern darum den Idealzustand zu beschreiben: Herz und Mund stehen in Harmonie zueinander.

3.4.1.2 Spezialfall: EINE PERSON IST EIN GEBÄUDE
Das eben beschriebene metaphorische Konzept DER LEIB ALS BEHÄLTER fasst den Körper des Menschen als Ort auf, an dem Worte und Gedanken aufbewahrt werden. Bei dem im folgenden beschriebenen Spezialfall ist dieses Konzept aber ausgeführt als ein Speicher*gebäude* mit inneren Kammern, das besonders in ägyptischen Texten entfaltet wird.[120] Es lässt sich jedoch, wie die zunächst aufgeführten Belege zeigen sollen, auch in weiteren Kontexten finden.

Nicht nur das Denken und Planen eines Menschen wird in seinem Inneren aufbewahrt und soll nur mit Bedacht geäußert werden, auch sprachliche Rezeptionsprozesse werden hiermit konzeptualisiert. Den Anschluss bildet noch einmal

Spr 18,8 // 26,22

דִּבְרֵי נִרְגָּן כְּמִתְלַהֲמִים וְהֵם יָרְדוּ חַדְרֵי־בָטֶן:

Worte eines Verleumders sind wie Leckerbissen. Sie steigen hinab in die Kammern des Leibes.

Luchsingers Annahme eines Konzeptes DER MAGEN IST EINE KAMMER[121] umschreibt eher das konkrete im Text vorliegende *rich image* und nicht das zugrundeliegende metaphorische Konzept. Viel treffender ist hier die Zuordnung der

---

118 Heinz J. Thissen, "Die Lehre des Anchscheschonqi, P. Lovre 2414, P. Insinger", *TUAT* III, 2 (2005): 310.
119 Günter Burkard, "Die Lehre des Ptahotep", *TUAT* III, 2 (2005): 217.
120 Shupak, *Widom*, 292.
121 Luchsinger, *Poetik*, 284 f.

Wortverbindung חדרי בטן als Ausdruck eines persönlichen („privaten") Bereichs des Menschen, der eben in seinem Körperinneren konzeptualisiert wird.[122]

Zur Bildung eines eigenen Clusters fehlen genügende Belege. Versuchsweise kann noch folgender Spruch dazu gestellt werden, um ein metaphorisches Konzept EINE PERSON IST EIN GEBÄUDE zu konstruieren:

Spr 18,19

אָח נִפְשָׁע מִקִּרְיַת־עֹז וּמְדוֹנִים (וּמִדְיָנִים) כִּבְרִיחַ אַרְמוֹן׃

Ein verletzter Bruder ist mehr (verschlossener?) als eine Stadt von Stärke und Streite sind wie der Riegel eines Palastes.

Allerdings findet sich hier kein Hinweis auf die Vorstellung eines Speichers.

	EINE PERSON IST EIN GEBÄUDE	
Mauern	→	Unnahbarkeit
Tür	→	Zugang
Riegel	→	Kontaktverweigerung

Allerdings zeigen sich keine Stichwortverbindungen und es ergibt sich nur wegen der Doppelung von Spr 18,8 // 26,22 noch kein eigenes Cluster. Die zentrale Eigenschaft, auf der das Konzept EINE PERSON IST EIN GEBÄUDE beruhen würde, wäre die physische Abgrenzung des Körpers.

In der rabbinischen Literatur findet sich das Bild von Spr 18,8 in einer Variation, die das Wissen und Akzeptieren mehrerer einander widersprechender Lehrmeinungen veranschaulicht. Hier sind mehrere „Kammern des Herzens" für die verschiedenen Positionen vorgesehen.[123]

Die Wortverbindung חדרי בטן findet sich auch noch in Spr 20,27, bei dem es nicht um sprachliches Handeln geht.

Spr 20,27

נֵר יְהוָה נִשְׁמַת אָדָם חֹפֵשׂ כָּל־חַדְרֵי־בָטֶן׃

---

122 Frevel, "Selbstbeobachtung", 39 f.

123 tSot 7.12. Vgl. dazu Albert I. Baumgarten, "Metaphors of Memory", in *»Der Odem des Menschen ist eine Leuchte des Herrn.« Aharon Agus zum Gedenken*, hrsg. Ronen Reichmann, Schriften der Hochschule für Jüdische Studien Heidelberg 9 (Heidelberg, 2006), 85 f.

Eine Leuchte des HERRN ist der Atem des Menschen.
Er durchforscht alle Kammern des Leibes.

Die ägyptischen Bezüge Im Zusammenhang der ägyptischen Bezugstexte erhält das metaphorische Konzept eine Konkretisierung, die formuliert werden kann: DER LEIB ALS SPEICHERGEBÄUDE. Dazu nehme ich noch einmal Spr 22,17 f. auf, das schon im vorhergehenden Unterabschnitt (Kap. 3.4.1.2) herangezogen wurde.

Spr 22,17 f.

הַט אָזְנְךָ וּשְׁמַע דִּבְרֵי חֲכָמִים וְלִבְּךָ תָּשִׁית לְדַעְתִּי׃
כִּי־נָעִים כִּי־תִשְׁמְרֵם בְּבִטְנֶךָ יִכֹּנוּ יַחְדָּו עַל־שְׂפָתֶיךָ׃

Neige dein Ohr und höre die Worte der Weisen und richte dein Herz darauf, mich zu verstehen.
Ja, angenehm ist es, wenn du sie in deinem Bauch bewahrst. Sie stehen bereit auf deinen Lippen.

Die Formulierung dieser Stelle im Hebräischen lässt sich allein lediglich als Beleg für das oben aufgeführte komplexe metaphorische Konzept DER LEIB ALS BEHÄLTER FÜR WORTE deuten. Erst im anzunehmenden ägyptischen Bezugstext in der Weisheitslehre des Amenemope findet sich eine Wortwahl, die ein Gebäude assoziieren lässt. Wie genau das Verhältnis zwischen Spr und Amenemope zu beschreiben ist, ist freilich umstritten.[124] Bernd Schipper hat 2005 ein plausibles Erklärungsmodell vorgestellt, das nicht von literarischen Abhängigkeiten ausgeht, sondern die prägende Kraft weisheitlicher Schultexte konstatiert und die älteren Teile des Sprüchebuches in diesem Traditionszusammenhang sieht: Die ägyptischen Texte sind auch in Juda rezipiert worden und haben so Sprache und metaphorische Konzepte geprägt.[125] Demgegenüber beschreibt Michael V. Fox den technischen Vorgang der Nutzung einer Schriftrolle durch den Sprücheautor – allerdings bezogen auf eine aramäische Zwischenstufe.[126]

Amenemope III, 9–16
10 gib dein Herz, es zu verstehen.
11 Es ist nützlich, es in dein Herz zu geben,
12 (aber) wehe dem, der es nicht beachtet.
13 Gib, daß es im Kasten deines Leibes ruhe,
14 dann wird es eine Schwelle in deinem Herzen sein.

---

124 Diethard Römheld, *Lehren der Weisheit. Die Lehre Amenemopes und Proverbien 22,17–24,22*, BZAW 184 (Berlin – New York, 1989), 7–11; Schipper, "Lehre"; Michael V. Fox, "From Amenemope to Proverbs. Editorial Art in Proverbs 22,17–23,11", *ZAW* 126 (2014): 76–91.
125 Schipper, "Lehre", 243–247.
126 Fox, "Amenemope", bes. 89 f.

15 Schnell entsteht ein Sturm der Worte,
16 dann wird es ein Landepflock für deine Zunge sein.[127]

Im zweiten Teil ist der Bildbereich des Vertauens von Schiffen verwendet,[128] der für den israelitischen Autor nicht aussagekräftig genug war, sodass er die Idee der Kontrolle über die Rede allgemeiner umsetzte.[129]

Zu betrachten ist hier jetzt die Formulierung in Amenem III,13, die Irene Shirun-Grumach oben als „Kasten des Leibes" übersetzt hat: *hnw n ẖ.t=k* / der Kasten deines Leibes – mit dem Ideogrammen für „Kasten/Sarg" und „Gebäude" geschrieben. E. Drioton hat die Schreibweise mit dem Ideogramm „Gebäude" in Amenomope 3,13 als Beleg für semitischen Einfluss auf Amenemope angeführt und die Phrase als dem ägyptischen sonst unbekannte Metapher bezeichnet.[130] R. J. Williams hat jedoch vergleichbare Belege aus anderen ägyptischen Texten aufgeführt.[131] Die genannten Ideogramme führen in jedem Fall die Nähe zu hebräisch חדרי בטן sehr deutlich vor Augen.

Irene Shirun-Grumach erklärt den Ausdruck unter Verweis auf Amenemope 1,9 als Umschreibung für die Leibeshöhlung, in der das Herz lokalisiert werde. Dort werde dieser innere Raum metaphorisch als „Schrein" bezeichnet.[132] Am stärksten entfaltet ist das Bild evtl. in Ani B 20,7–11, zunächst nach HS B:

Enthülle dein Herz nicht dem fremden Mann,
um ihm deinen überhasteten Ausspruch kundzutun.
In der schlechten Rede, die aus deinem Mund gekommen ist.
Er wird es wiederholen und du wirst als Rebell gelten.
Ein Mann kann wegen seiner Zunge vernichtet werden.
Hüte dich davor, daß du Schaden leidest.

Der Leib eines Menschen, er ist geräumiger als ein Staatsspeicher
und mit jeglicher Aussage angefüllt.
Du sollst auswählen, was zu sagen gut ist,
während das Schlechte in deinem Leib eingesperrt ist.[133]

127 Shirun-Grumach, "Die Lehre des Amenemope", 227.
128 Vincent Pierre-Michel Laisney, *L'enseignement d'Aménémopé*, Studia Pohl 19 (Roma, 2007), 50.
129 Fox, "Amenemope", 81.
130 Etienne Drioton, "Sur la sagesse d'Aménémopé", in *Mélanges bibliques, FS André Robert*, Travaux de l'Institut catholique de Paris 4 ([Paris], 1955), 261.
131 Ronald J. Williams, "The Alledged Semitic Original of the *Wisdom of Amenemope*", JEA 47 (1961): 103.
132 Shirun-Grumach, "Die Lehre des Amenemope", 225. 227.
133 Quack, *Die Lehren des Ani. Ein neuägyptischer Weisheitstext in seinem kulturellen Umfeld*, 107.

Es findet sich hier ebenso das Gegenüber von Herz und Zunge, die Aufforderung, zwischen guter und schlechter Rede zu wählen und letztere im Leib einzusperren, denn von ihr geht eine tödliche Gefahr für den Sprecher aus. Explizit wird der Leib als ein Speicher für Worte benannt. Quack nennt letzteres in seinem Kommentar ein „relativ ungewöhnliches Bild".[134] Wie die hier zusammengetragenen Belege zeigen, ist es wohl nirgendwo so breit entfaltet wie hier, findet sich aber auch im Sprüchebuch und basiert auf dem Grundkonzept von Innen- und Außenseite des Menschen, durch das er verbergen und aufdecken kann.

Bemerkenswert ist die abweichende Formulierung in HS D:

> Der Leib, er ist geräumiger als ein Staatsspeicher
> Er ist tiefer als ein Brunnen.
> Tief ist das Feld eines Mannes, man kann es nicht umkreisen.
> Das Herz ist sein Torwächter.
> Alles Erwählte sollst du herausnehmen.
> Sperre das Böse ein bis zu deinem Tod.
> Die Worte sind viel, das Leben ist kurz.
> Sprich das Angenehme, damit du geliebt wirst.[135]

Zwar ist das Bild hier nicht mehr so breit entfaltet. Es fehlt z. B. die Aussage, dass der Leib mit Worten angefüllt ist. Dafür sind aber zwei weitere Bilder dem Speicher an die Seite gestellt, die die metaphorische Aussage verstärken und variieren: Es geht um die Tiefe und Unzugänglichkeit, illustriert durch die Vergleiche mit einem Brunnen und einem Feld.[136]

Fazit Das Verhältnis von Innen und Außen des Menschen kann auch im Bildbereich eines Hauses aufgefasst sein. Wenn sich eine Person verschließt, ist schwer in sie einzudringen. Ein enger gefasstes Konzept DER LEIB ALS SPEICHERGEBÄUDE ist allerdings eher in ägyptischen Texten gut belegt und lässt sich daher in den Sprüchen Salomos am besten als Einfluss solcher weisheitlicher Texttraditionen deuten.

---

134 Quack, 174.
135 Quack, 135.
136 Vgl. Göran Eidevall, "Spatial Metaphors in Lamentations 3,1–9", in Hecke, *Metaphor in the Hebrew Bible*, 133 f. Thon, "Oberfläche", 342.

3.4.1.3 Rede ist ein Abgrund

Das Basiskonzept *Aufdecken und Verbergen* findet eine weitere Realisierung im komplexen metaphorischen Konzept Rede ist ein Abgrund. Christian Frevel hat bei der Beschreibung der auf Innerlichkeit des Menschen hinweisenden Textbelege dabei auch den Zusammenhang mit der Tiefe als Ausdruck der Unzugänglichkeit und Verborgenheit herausgearbeitet.[137]

Spr 22,14

שׁוּחָה עֲמֻקָּה פִּי זָרוֹת זְעוּם יְהוָה יפול (יִפָּל־)שָׁם׃

Eine tiefe Grube ist der Mund der Fremden,
wem der Herr zürnt, der fällt dort hinein.

Die tiefe Grube verdeutlicht hier vor allem einen bedrohlichen Aspekt. Mit dem Wort שוחה eröffnen sich dabei Assoziationen zu Vorstellungen von Tod, Grab und Unterwelt. Der zweite Halbvers entfaltet jedoch eher den Bildbereich einer Falle.[138]

Mit dem Mund der Fremden (פי זרות) ist einerseits metonymisch auf sprachliches Handeln (nämlich ihr verführerisches Reden) verwiesen und wird gleichzeitig mit der an die Grube erinnernden Form des Mundes gespielt, andererseits weckt diese Formulierung in diesem Kontext auch Assoziationen zum Kuss und zu sexuellem Verkehr – was am Ende auch die tötlichen Konsequenzen mit sich bringt.[139]

Spr 20,5

מַיִם עֲמֻקִּים עֵצָה בְלֶב־אִישׁ וְאִישׁ תְּבוּנָה יִדְלֶנָּה׃

Tiefes Wasser ist der Rat im Herzen eines Mannes.
Aber ein Mann von Einsicht schöpft ihn heraus.

Auch wenn dieses Bild insgesamt positiver klingt als das vorherige, steht Tiefe hier vor allem für die Unzugänglichkeit von Plänen, die ein Mensch für sich behält.[140] Das Bild vom Wasserschöpfen in der zweiten Vershälfte verweist jedoch auch auf die Vorstellung von im Verborgenen lagernden Schätzen.[141]

---

137 Frevel, "Selbstbeobachtung", 36–38.
138 Siehe dazu Kap. 3.4.7.
139 Vgl. dazu im Zusammenhang der ägyptischen Parallelen des Motivs Quack, *Die Lehren des Ani. Ein neuägyptischer Weisheitstext in seinem kulturellen Umfeld*, 156 f.
140 Siehe Kap. 3.4.1.1.
141 Vgl. Thon, "Oberfläche", 348 f.

Spr 18,4

מַיִם עֲמֻקִּים דִּבְרֵי פִי־אִישׁ נַחַל נֹבֵעַ מְקוֹר חָכְמָה:

Tiefes Wasser sind Worte des Mundes eines Mannes,
ein sprudelnder Bach, eine Quelle von Weisheit.

Erneut ist das Bild vom tiefen Wasser verwendet, das positiv oder negativ sein kann. Und da alle vier Viertel des Verses asyndetisch aneinander gereiht sind, bleibt offen, ob sie sich gegenseitig erklären, oder ein Gegensatz aufgemacht wird (menschliche Worte gegenüber der Weisheit).[142] Tiefe kann für Bedrohung und Unzugänglichkeit stehen,[143] hat aber auch das Potenzial, Wertvolles zu enthalten. Auch Wasser kann Gefahren bringen, ist aber vor allem Bild für Erfrischung und Leben.[144]

REDE IST EIN ABGRUND		
Innen	→	Verborgenes
Oberfläche	→	Erkennbares
		schwer zugänglich
Tiefe	→	Gefahren
		verborgene Schätze
Erde	→	Person des Redenden
		Wertvolles
Wasser	→	Worte
		Bedrohliches

3.4.2 REDE IST WASSER

Anknüpfend an das eben beschriebene Konzept, wird jetzt ein metaphorisches Konzept konstruiert, das Worte mit frischem Wasser oder Ähnlichem vergleicht:

REDEN IST FRISCHES WASSER

10,11 מְקוֹר חַיִּים פִּי צַדִּיק וּפִי רְשָׁעִים יְכַסֶּה חָמָס

18,4 מַיִם עֲמֻקִּים דִּבְרֵי פִי־אִישׁ נַחַל נֹבֵעַ מְקוֹר חָכְמָה

---

142 Vgl. hierzu ausführlicher Thon, 347–350.
143 So Hausmann, *Studien*, 190, zu dieser Stelle.
144 Siehe dazu Kap. 3.4.2.

BEFRIEDIGUNG EINER ERWARTUNG IST ERFRISCHUNG

25,13 f. כְּצִנַּת־שֶׁלֶג בְּיוֹם קָצִיר צִיר נֶאֱמָן לְשֹׁלְחָיו וְנֶפֶשׁ אֲדֹנָיו יָשִׁיב

נְשִׂיאִים וְרוּחַ וְגֶשֶׁם אָיִן אִישׁ מִתְהַלֵּל בְּמַתַּת־שָׁקֶר

25,25 מַיִם קָרִים עַל־נֶפֶשׁ עֲיֵפָה וּשְׁמוּעָה טוֹבָה מֵאֶרֶץ מֶרְחָק

REDE IST KRÄFTIG FLIESSENDES WASSER

17,14 פּוֹטֵר מַיִם רֵאשִׁית מָדוֹן וְלִפְנֵי הִתְגַּלַּע הָרִיב נְטוֹשׁ

REDE IST WASSER		
Wasser	→	Worte
Kühle	→	Beruhigung
		Befriedigung
Tiefe	→	Unbekanntes
		Wertvolles?
Quelle	→	Bekanntmachen
Fließen	→	Kraft/Dynamik

Die ambivalenten Eigenschaften, mit denen Wasser assoziiert wird, füren in dieser Metapher zu einer Komplexität, weil sie Lebensmittel, Erfrischung, Verbergen und Aufdecken, sowie Fließkraft teilweise miteinander verbindet und dadurch sehr markante Bilder schafft. Das Wohltuende und Belebende[145] wie auch das Gemeinschaftsbildende[146] werden von den Kommentaren zu Spr 10,11 als Vergleichspunkte zwischen Rede und Wasserquelle angeführt. McKane rechnet auch mit weitergehenden theologischen Implikationen, wenn er in מקור חיים eine Referenz auf die Peradiesströme sieht.[147] Das Erfrischende, lebenserneuernde am Wasser dient im Ausdruck von der „Quelle des Lebens" als sehr markantes sprachliches Bild: Von dem so Bezeichneten kommt Lebenskraft her. Dabei scheint der natürliche Anknüpfungspunkt für den Begriff „Leben" das fließende Wasser (מים חיים) zu sein.[148] Alte wie moderne Ausleger zeigen, dass das Bild offen ist für weitergehende Assoziationen, die mit Rede, Kommunikation oder Weisheitslehre verbunden sein können.

---

145 McKane, *Proverbs*, 418.
146 Plöger, *Sprüche*, 125.
147 McKane, *Proverbs*, 418.
148 Vgl. Meinhold, *Sprüche*, 171.

3.4.3 WORTE SIND SPEISEN

Überblick über das Cluster:

VERLEUMDUNGEN SIND LECKERBISSEN

18,8//26,22 דִּבְרֵי נִרְגָּן כְּמִתְלַהֲמִים וְהֵם יָרְדוּ חַדְרֵי־בָטֶן

FREUNDLICHE REDE IST SÜSSE

16,24 צוּף־דְּבַשׁ אִמְרֵי־נֹעַם מָתוֹק לַנֶּפֶשׁ וּמַרְפֵּא לָעָצֶם

ÜBERZEUGUNGSKRAFT IST SÜSSE

16,21 לַחֲכַם־לֵב יִקָּרֵא נָבוֹן וּמֶתֶק שְׂפָתַיִם יֹסִיף לֶקַח

Variante 1: WORTE SIND SPEISEN

Bauch	→	Rezipieren und Erinnern
Kosten	→	Prüfen
Mund	→	Rezipieren

Variante 2: EIN GESPRÄCH IST EINE GEMEINSAME MAHLZEIT

Speisen	→	Worte
Anbieten	→	Sprechen
Nehmen	→	Hören
Kosten und Schmecken	→	Gesagtes wirken lassen
Gemeinschaft	→	Gemeinschaft

3.4.3.1 Hören ist Essen

Einzelne Basiskonzepte sind mit Essen und Trinken verbunden: ACCEPTING IS SWALLOWING,[149] oder APPEALING IS TASTY.[150]

Hiob 34,3

כִּי־אֹזֶן מִלִּין תִּבְחָן וְחֵךְ יִטְעַם לֶאֱכֹל:

Denn das Ohr prüft Worte
und der Gaumen kostet Speise.

---

149 Grady, "Foundations", 86.
150 Grady, 87f.

Der Geschmackssinn ist eine basale menschliche Erfahrung, mit der Beurteilung konzeptualisiert wird.[151]

Spr 18,8 // 26,22

דִּבְרֵי נִרְגָּן כְּמִתְלַהֲמִים וְהֵם יָרְדוּ חַדְרֵי־בָטֶן:

Die Worte des Verleumders sind wie Leckerbissen.
Sie steigen hinab in die Kammern des Leibes.[152]

Das hier vergleichbare moderne Konzept IDEAS ARE FOOD[153] ist von Joseph E. Grady als Komplex einer Reihe sehr unterschiedlich orientierter primärer Metaphern charakterisiert worden, darunter ACCEPTING IS SWALLOWING,[154] das dem hier angeführten Spruch evtl. relativ nahe liegt, oder APPEALING IS TASTY,[155] das man in Hiob 12,11; 34,3 belegt finden kann.[156]

3.4.3.2 Süße
Spr 16,24

צוּף־דְּבַשׁ אִמְרֵי־נֹעַם מָתוֹק לַנֶּפֶשׁ וּמַרְפֵּא לָעָצֶם:

Eine Honigwabe sind freundliche Worte: Süßes für die Lebenskraft und
Heilung[157] für's Gebein.

In diesem Beleg wird eher von psychosomatischen Zusammenhängen gesprochen (Siehe dazu S. 163).

Spr 16,21

לַחֲכַם־לֵב יִקָּרֵא נָבוֹן וּמֶתֶק שְׂפָתַיִם יֹסִיף לֶקַח:

Ein Weiser des Herzens wird Verständiger genannt, aber Süße von Lippen
vermehrt die Lehre.

Hier geht es eher um gelungene Gestaltung von Rede (Siehe dazu S. 248).

---

151 Grady, "Foundations", 87; Avrahami, *Senses*, 97–100.
152 Vgl. dazu auch Kap. 3.4.1.2.
153 Lakoff und Johnson, *Leben*, 59 f.
154 Grady, "Foundations", 86.
155 Grady, 87f.
156 Siehe Kap. 3.4.3.
157 Zu מרפא siehe Kap. 3.3.2.3.

3.4.3.3 Sprechen ist Essen?

Einer speziellen Erörterung bedürfen Belege, in denen Sprechen mit Essen zu korrespondieren scheint. Irritieren kann hier, dass Worte, die gewöhnlich als AUS DEM MUND HERAUSGEHEND aufgefasst, im Bildbereich offenbar *mit dem Mund aufgenommen* werden.

Spr 19,28

עֵד בְּלִיַּעַל יָלִיץ מִשְׁפָּט וּפִי רְשָׁעִים יְבַלַּע־אָוֶן:

Ein nichtswürdiger Zeuge[158] verspottet das Gericht
und der Mund der Frevler verschlingt Bosheit.

Möglich ist auch, an den durch Falschaussage erworbenen unrechtmäßigen Gewinn (vgl. Spr 4,17), der verschlungen würde, zu denken oder an die Gier der Frevler nach Sünde (im Sinne von Spr 13,2).[159] Die Bildszenerie scheint nach dieser Interpretation hier paradox angewendet zu sein: Obwohl ja die Worte aus dem Mund herausgehen, werden sie mit dem Essen konzeptualisiert, das vom Mund aufgenommen wird (SPRECHEN IST ESSEN): Im Fokus stünde dann vor allem der Genuss der Speisen, der mit dem Genuss am Reden – vielleicht assoziiert durch die Lippenbewegung – in Zusammenhang gebracht würde.

Dass Essen nicht nur für rezeptives Verhalten steht, sondern auch als nach außen gerichtete Aggression verstanden werden kann, zeigt sich im Sprachgebrauch darin, dass die zerstörerischen Aktivitäten von Feuer oder von Schwertern gewöhnlich mit dem Verb אכל „essen, fressen" ausgedrückt werden. Dieser aggressive Aspekt würde durchaus auf Spr 19,28 zutreffen. Nach dem oben benannten Ansatz[160] von Yael Avrahami lassen sich diese Beobachtungen besser einordnen,[161] weil sie das biblische „Sensorium" nicht auf rein rezeptives Verhalten beschränkt sieht, sondern unter diesem Begriff Körpererfahrungen erfasst, die immer auch aktives Agieren des Menschen darstellen.[162]

Dass boshaftes sprachliches Handeln seinem Verursacher „gut schmeckt," findet sich auch in Hiob 20,12: אִם־תַּמְתִּיק בְּפִיו רָעָה יַכְחִידֶנָּה תַּחַת לְשׁוֹנוֹ: „Wenn das Böse ihm gut schmeckt, verbirgt er es unter seiner Zunge." Während hier das Schema AUFDECKEN UND VERBERGEN aktiv zu sein scheint, wird die Phrase תחת לשון bzw. תחת

---

158 Siehe hierzu Kap. 4.4.5.
159 Meinhold, *Sprüche*, 327; Plöger, *Sprüche*, 227.
160 Siehe S. 78.
161 Avrahami, *Senses*, 144–147.
162 Avrahami, 184.

שפה + Suff. noch in Ps 10,7 und 140,4 gebraucht, um (potenziell) aggressives Verhalten zu benennen, wobei an der zweiten Stelle das Bild einer giftigen Schlange im Hintergrund steht. Positiv konnotiert ist die Phrase dagegen in Hhld 4,11, wo Lippen und Zunge der Braut von Milch und Honig triefen. Thema sind hier freilich Küssen sowie sexuelle Attraktivität und nicht sprachliches Handeln.[163]

Auch Spr 20,17 muss an dieser Stelle aufgeführt werden, auch wenn לחם שקר nicht als sprachliche Handlung, sondern als unrechter Gewinn verstanden wird.

Spr 20,17

עָרֵב לָאִישׁ לֶחֶם שָׁקֶר וְאַחַר יִמָּלֵא־פִיהוּ חָצָץ׃

Süß ist einem Menschen Lügenbrot.
Aber danach füllt sich sein Mund mit Kies.

Arndt Meinhold hat neben den Deutungen des unrechten Gewinns und der Freude über das verübte Unrecht auch die Möglichkeit im Blick, dass im Sinne von Spr 18,8//26,22 Lügenworte von den Hörern gern „geschluckt" werden.[164]

Geht es in Spr 20,17 um unrechten Gewinn, dann gehört es eher in den Zusammenhang des im folgenden beschriebenen metaphorischen Konzepts.

3.4.4 KONSEQUENZEN-TRAGEN IST FRÜCHTE-ESSEN

Das Cluster im Überblick:

KONSEQUENZEN-TRAGEN IST FRÜCHTE-ESSEN

12,14 לֹו: (יָשִׁיב) מִפְּרִי פִי־אִישׁ יִשְׂבַּע־טוֹב וּגְמוּל יְדֵי־אָדָם ישוב

13,2 מִפְּרִי פִי־אִישׁ יֹאכַל טוֹב וְנֶפֶשׁ בֹּגְדִים חָמָס

18,20 f. מִפְּרִי פִי־אִישׁ תִּשְׂבַּע בִּטְנוֹ תְּבוּאַת שְׂפָתָיו יִשְׂבָּע

מָוֶת וְחַיִּים בְּיַד־לָשׁוֹן וְאֹהֲבֶיהָ יֹאכַל פִּרְיָהּ

EIN SPRECHWERKZEUG IST EINE FRUCHTTRAGENDE PFLANZE

10,31 פִּי־צַדִּיק יָנוּב חָכְמָה וּלְשׁוֹן תַּהְפֻּכוֹת תִּכָּרֵת

---

163 Eine Verbindung zeigt sich freilich durch Spr 5,3, wo vor der Verführungskunst der fremden Frau gewarnt wird. Vgl. auch S. 110.
164 Meinhold, *Sprüche*, 340.

KONSEQUENZEN-TRAGEN IST FRÜCHTE-ESSEN		
Bauer	→	Redender
Äcker und Pflanzungen bestellen	→	Handeln
Früchte	→	Ergebnisse
Essen	→	Nutznießen

Pflanzenwuchs Das oben beschriebene Konzept LEIB ALS BEHÄLTER könnte mit der Vorstellung verbunden sein, dass man Worte wie Speise in sich aufnimmt und herunterschluckt: Dass man Worte essen kann, gehört aber vor allem zu einem Konzept, das den Nutzen einer Handlung als essbare Frucht beschreibt. In landwirtschaftlichen Kontexten hat das einen naheliegenden Ausgangspunkt:

Spr 27,18

נֹצֵר תְּאֵנָה יֹאכַל פִּרְיָהּ וְשֹׁמֵר אֲדֹנָיו יְכֻבָּד:

Wer die Feige bewacht, wird ihre Frucht essen.
Wer über seinen Herrn wacht, wird geehrt.

Spr 12,11

עֹבֵד אַדְמָתוֹ יִשְׂבַּע־לָחֶם וּמְרַדֵּף רֵיקִים חֲסַר־לֵב:

Wer seinen Acker bearbeitet, wird satt von Brot.
Wer Leerem nachjagt, hat keinen Verstand.

Spr 28,19

עֹבֵד אַדְמָתוֹ יִשְׂבַּע־לָחֶם וּמְרַדֵּף רֵקִים יִשְׂבַּע־רִישׁ:

Wer seinen Acker bearbeitet, wird satt von Brot.
Wer Leerem nachjagt, wird satt von Armut.

Landwirtschaftliche Arbeit erzeugt Früchte, die gegessen werden können. Damit sind andere Beschäftigungen vergleichbar, die entsprechend positive und negative Folgen haben können.

Im Sinne des Tun-Ergehen-Zusammenhangs[165] kann dann behauptet werden, dass jeder entsprechend seinen Taten Lebensunterhalt finde:

---

165 Vgl. dazu Freuling, „*Wer eine Grube gräbt ….*" *Der Tun-Ergehen-Zusammenhang und sein Wandel in der alttestamentlichen Weisheitsliteratur*, 50–57.

Spr 13,25

צַדִּיק אֹכֵל לְשֹׂבַע נַפְשׁוֹ וּבֶטֶן רְשָׁעִים תֶּחְסָר׃

Der Gerechte isst, bis er satt ist, aber dem Bauch des Frevlers mangelt's.

Der Grund dafür kann freilich auch die Genügsamkeit des Gerechten sein: Wenn er so viel zu essen hat, dass er satt werden kann, genügt ihm das, während der Frevler nicht genug bekommen kann.[166]

So kann פרי in Genitiv-Verbindungen auftreten und ganz allgemein Wirkungen, Ergebnisse oder Lohn (und Strafe) bezeichnen:

Ein Beispiel aus den Sprüchen
Spr 11,30

פְּרִי־צַדִּיק עֵץ חַיִּים וְלֹקֵחַ נְפָשׁוֹת חָכָם׃

Die Frucht des Gerechten ist ein Lebensbaum, und Leute überzeugen kann ein Weiser.

Besonders in der Prophetie erscheinen Formulierungen wie פרי מעללות oder פרי מחשבות als Ausdruck der Ergebnisse von Handlungen, denen entsprechend Gott die Täter bestraft (לתת כפרי, Jer 6,19; 17,10; 21,14; 32,19; Mi 7,13).
Die Bildebene ist da stärker entfaltet, wo die Täter direkt die Früchte ihrer Handlungen genießen (אכל, שבע). Dabei findet sich – auch außerhalb der Prophetie – פרי in Genitiv-Verbindungen mit מעללים (Jes 3,10), מעשים (Ps 104), דרך (Spr 1,3, vgl Kap. 3.4.5) und יד (Spr 31,31).
Vor diesem Hintergrund sind nun Sprüche zu verstehen, die von den *Früchten des Mundes* reden (פרי פי איש). Sprechen ist Handeln und trägt Früchte, von denen der Sprecher wieder profitiert:

Spr 12,14

מִפְּרִי פִי־אִישׁ יִשְׂבַּע־טוֹב וּגְמוּל יְדֵי־אָדָם יָשׁוּב (ישיב) לוֹ׃

Von der Frucht des Mundes eines Mannes sättigt er sich an Gutem, und die Tat der Hände eines Menschen kehrt zu ihm zurück.[167]

Spr 13,2

מִפְּרִי פִי־אִישׁ יֹאכַל טוֹב וְנֶפֶשׁ בֹּגְדִים חָמָס׃

---

166 Vgl. Metzudat David zur Stelle; Plöger, *Sprüche*, 164.
167 Vgl. dazu Kap. 4.2.3.6.

Von der Frucht des Mundes eines Mannes isst er (man) Gutes, aber das
Begehren der Treulosen ist Gewalttat.

Für die Wendung איש פי פרי hat Nili Shupak auf einen Zusammenhang zu der ägyptischen Phrase *pri n/m r3* „was aus dem Mund hervorgeht" hingewiesen und hervorgehoben, dass in dieser ägyptischen Verwendung der Bildbereich einer Frucht
nicht zum Tragen komme.[168] Das hat Kedar-Kopfstein mit der Verbindung פי מוצא
aus Dtn 8,3 zusammengestellt, jedoch dagegen eingewendet, dass auch hier an
Sättigung gedacht ist.[169] Nach Nili Shupak ist bei dem Übertragungsvorgang vom
Ägyptischen ins Hebräische die Semantik dadurch verschoben worden, dass das
ähnlich klingende ägyptische *pri* mit פרי wiedergegeben wurde. Dadurch ist es mit
dem Bildbereich der „Frucht" verbunden worden, deren metaphorische Verwendung sonst dem Bereich des Handelns zuzuordnen ist (Spr 1,31; Jes 3,10; Jer 10,17;
Mi 7,15; Hos 10,13; Jes 10,12). Eine spezielle Bedeutungsentwicklung zeigen Belege
für „Früchte von Mund/Lippen/Zunge" in Belegen in Qumran, wo die Verbindung
speziell für die Ausführung von Gebeten, auch als Ersatz für Opfergaben verwendet wird.[170] Hier scheint der Bildbereich der Frucht (als etwas, das man opfern
kann) neu belebt und gefüllt worden zu sein. Auch Gebete lassen sich als als spezielle Formen von sprachlichem Handeln ansehen.

William P. Brown hat eine Generalmetapher vor allem für die salomonische
Sammlung postuliert, die Weisheitssprüche als Speisen konzeptualisiere.[171] Er
sieht dabei einen engeren Zusammenhang zwischen allen Belegen, die im vorangegangenen Kapitel 3.4.3 zusammengestellt sind. Ich stimme ihm insofern
zu, dass diese sich überlappende Bildsprache Assoziationen zwischen den verschiedenen Bereichen ermöglicht und weckt. Aber ich sehe zwei deutlich unterscheidbare metaphorische Motivierungen: Das Bild vom Früchte-Essen impliziert
deutlich die Vorstellung von Konsequenzen des Handelns, das dem Handelnden
selbst als Lebensgrundlage dient. Dagegen sind Sprüche, die den wohltuenden
Genuss von Speisen als Bild für weisheitliche Rede oder freundliche zwischenmenschliche Worte verwenden, vor allem von der angenehmen körperlichen
Wirkung der Anrede motiviert. Natürlich – darin ist Brown in der Konsequenz

---

168 Nili Shupak, "Ägyptische Redewendungen und Belege in biblischer Weisheit (hebr.)", *Tar-bitz* 54 (1984/85): 481–483.
169 B. Kedar-Kopfstein, "פָּרָה *pārāh*", *ThWAT* VI (1989): 748.
170 Kedar-Kopfstein, 742; Tobias Weyler, "פְּרִי *perî*", *ThWQ* III (2016): 333. Einen ähnlichen Ge-brauch kann man in Jes 57,19 finden und (je nach Lesung) in Hos 14,3.
171 Brown, "Power", 138–146.

wieder zuzustimmen – erntet jemand die Früchte seines „sanften" Redens, wenn sich auch die Gesprächspartner ihm gegenüber dementsprechend verhalten.

3.4.5 HANDELN IST GEHEN – die Wegmetapher

Überblick über das Cluster:

ZU TATEN ÜBERREDEN IST FÜHREN

אִישׁ חָמָס יְפַתֶּה רֵעֵהוּ וְהוֹלִיכוֹ בְּדֶרֶךְ לֹא־טוֹב 16,29

SCHMEICHELEI IST EIN RUTSCHIGER WEG/EINE FALLE

גֶּבֶר מַחֲלִיק עַל־רֵעֵהוּ רֶשֶׁת פּוֹרֵשׂ עַל־פְּעָמָיו 29,5

FEHLER-MACHEN IST STRAUCHELN

חָזִיתָ אִישׁ אָץ בִּדְבָרָיו תִּקְוָה לִכְסִיל מִמֶּנּוּ 29,20

TÖRICHTES HANDELN IST VERDREHTHEIT (DER WEGE)

טוֹב־רָשׁ הוֹלֵךְ בְּתֻמּוֹ מֵעִקֵּשׁ שְׂפָתָיו וְהוּא כְסִיל 19,1

HANDELN IST GEHEN

Weg	→	Richtungsentscheidung absehbarer Verlauf
Geradheit	→	Aufrichtigkeit
Verdrehtheit	→	Bosheit, Betrug
Falle	→	Gefahren, Anfeindungen
Glätte	→	Trug, Unsicherheit

Joseph E. Grady beschreibt das moderne im Englischen belegte Konzept LIVE IS A JOURNEY als einen Komplex einer Reihe primärer Metaphern wie PURPOSES ARE DESTINATIONS und CIRCUMSTANCES ARE SURROUNDINGS, aber auch ALTERNATIVES ARE DIFFERENT AVAILABLE PATHS.[172] Auf die mögliche Prägung dieses Komplexes durch biblische Texte geht er dabei nicht ein. Und auch wenn hier eine starke Kontinuität zwischen den phraseologischen Verwendungen anzunehmen ist, sind semantische Verschiebungen sehr wahrscheinlich. Insbesondere ist die biblische Wegmetapher eng mit einer anderen von Grady postulierten primären Metapher zusammenzusehen: ACTION IS BODILY MOTION.[173] Die biblische Verwendung der Wegmetapher ist vor allem geprägt durch die Elemente Tun und Ergehen.

---

172 Grady, "Foundations", 112–115.
173 Grady, 103 f. Vgl. Müller, *Metaphors dead and alive, sleeping and waking. A dynamic view*, 71 f.

Dieser Zusammenhang findet in den biblischen Texten seinen prägnanten Ausdruck im überaus häufigen Gebrauch der Wegmetapher.[174] Auf ihr wird das Tun und Ergehen des Menschen als Weg beschrieben, an dessen Seite der Abgrund droht.[175] Da das Reden als Handeln konzipiert ist, verwundert es nicht, dass auch die menschliche Kommunikation unter Anwendung dieses Bildes beschrieben wird. Bemerkenswert ist, dass die Wegmetapher auch in modernen westlichen Konzeptualisierungen von Sprache eine zentrale Rolle spielt,[176] dass dann jedoch viel stärker Sprache und Kommunikation als Objekte wahrgenommen werden und die Wegmetapher daher viel weniger als Modell für sprachliches Verhalten gebraucht wird.[177]

Eine besonders starke Ausprägung hat dieses Konzept in den alttestamentlichen Schriften erfahren, sodass hier von einer in sehr vielen semantischen Bereichen wirksamen Wegmetapher gesprochen werden kann, die einzelne Unternehmungen, den ganzen Lebensweg, ethische Ansprüche und das Ergehen des Menschen beschreibt.[178] Markus Philipp Zehnder, der 60 Untergruppen [!] semantischer Nuancierungen postuliert,[179] betrachtet sie auch als Ausdrucksform für die Kategorien „Ethik" und „Geschichte".[180] Dabei erweist sich das Potential dieser Metapher besonders darin, dass sie Lebenswandel und Ergehen des Menschen in einem Konzept integriert und so zu einer idealen Ausdrucksform des Tun-Ergehen-Zusammenhangs werden kann.[181]

Zunächst wird hier ein Beleg aufgeführt, der keinen Bezug zu einer sprachlichen Handlung aufweist. Er kann jedoch als typisch für die Bildkonstellation an-

---

174 Basson, "Path" beschreibt das *path image schema* als annähernd universales Konzept und führt es am Beispiel von Ps 25 aus.
175 Vgl. Markus Philipp Zehnder, *Wegmetaphorik im Alten Testament. Eine semantische Untersuchung der alttestamentlichen und altorientalischen Weg-Lexeme mit besonderer Brücksichtigung ihrer metaphorischen Verwendung*, BZAW 268 (Berlin – New York, 1999), 588–591; Eidevall, "Spatial Metaphors", 133 f.
176 Lakoff und Johnson, *Leben*, 106–108.
177 Siehe hierzu Thon, "Oberfläche", 344.
178 J. Bergman, A. Haldar-Ringgren und K. Koch, "דֶּרֶךְ *dæræḵ*", ThWAT II (1977): 290; James K. Aitken, "דֶּרֶךְ", in *Semantics of ancient Hebrew*, hrsg. Takamitsu Muraoka, ABR-Nahrain. Supplement Series 6 (Louvain, 1998), 33; Zehnder, *Wegmetaphorik*, 373–378 u. ö. Freuling, *„Wer eine Grube gräbt ...." Der Tun-Ergehen-Zusammenhang und sein Wandel in der alttestamentlichen Weisheitsliteratur*, 37–39; Luchsinger, *Poetik*, 266–271. Eine Belegsammlung zu ägypten findet sich bei Günter Vittmann, *Altägyptische Wegmetaphorik*, VIAä 33 (Wien, 1999).
179 Zehnder, *Wegmetaphorik*, 296 – eine Fülle an kontext- und interpretationsbedingten Differenzierungen, die auch durch die häufigen Querverweise zwischen den verschiedenen Untergruppen im Buch selbst in Frage gestellt erscheint.
180 Zehnder, 483–528.
181 Bergman, Haldar-Ringgren und Koch, "*dæræḵ*", 290; Zehnder, *Wegmetaphorik*, 480 f.

gesehen werden: Der gerade Weg, auf dem der Gerechte läuft, steht dem Ergehen des Frevlers gegenüber, der durch seine Bosheit selbst zu Fall kommt.

Spr 11,5

צִדְקַת תָּמִים תְּיַשֵּׁר דַּרְכּוֹ וּבְרִשְׁעָתוֹ יִפֹּל רָשָׁע׃

Die Gerechtigkeit des Rechtschaffenen macht gerade seinen Weg.
Aber durch seine Bosheit fällt der Frevler.

Das Fallen des Frevlers im zweiten Versteil zeigt eine deutliche Überschneidung mit dem Konzept FALLE, auch wenn kein entsprechender Terminus genannt ist.[182] Als wichtiges Beispiel kann auch der Spruch 12,13 angesehen werden.[183]

In Bezug auf einen Vorgang, der wahrscheinlich auch mit sprachlichen Handlungen verbunden ist (פתה „verführen, überreden"), findet sich die Wegmetapher in folgendem Beleg.

Spr 16,29

אִישׁ חָמָס יְפַתֶּה רֵעֵהוּ וְהוֹלִיכוֹ בְּדֶרֶךְ לֹא־טוֹב׃

Ein Gewaltmensch überredet seinen Nächsten
– und führt ihn auf einem nicht guten Weg.

Allerdings können die beiden Vershälften auch als zeitlich nacheinander geordnet verstanden werden: Die sprachliche Handlung führt zu einem problematischen Verhalten.

3.4.5.1 Glatte Wege, Ausrutschen, Fehlgehen
Auch in Spr 29,5 führt die sprachliche Handlung zu Konsequenzen, die in einer negativen Aussage unter Anwendung der Wegmetapher zum Ausdruck gebracht werden.

Spr 29,5

גֶּבֶר מַחֲלִיק עַל־רֵעֵהוּ רֶשֶׁת פּוֹרֵשׂ עַל־פְּעָמָיו׃

Ein Mann schmeichelt seinem Nächsten. Ein Netz breitet er aus für seine Tritte.

---

182 Siehe dazu Kap. 3.4.7.
183 Siehe S. 176.

In diesem Fall kann die Wegmetapher in beiden Vershälften als wirksam angesehen werden: Im zweiten Halbvers wird sie explizit gemacht und evoziert dadurch im Nachhinein entsprechende metaphorische Potentiale, die mit חלק 1 verbunden sind.[184] Damit liegt im zweiten Halbvers eine Explikation vor, wie sie Cornelia Müller als Indikator für Aktivierung „schlafender" Metaphern bezeichnet hat.[185]

Das Konzept GLATTER WEG lässt sich mit folgenden Stellen illustrieren – noch ohne Bezug zur Sprache.

Jer 23,12a

לָכֵן יִהְיֶה דַרְכָּם לָהֶם כַּחֲלַקְלַקּוֹת בָּאֲפֵלָה יִדַּחוּ וְנָפְלוּ בָה

Deshalb soll ihnen ihr Weg wie schlüpfriger Boden werden,
in der Dunkelheit werden sie gestürzt und fallen auf ihm.

Ps 35,6

יְהִי־דַרְכָּם חֹשֶׁךְ וַחֲלַקְלַקּוֹת וּמַלְאַךְ יְהוָה רֹדְפָם:

Ihr Weg werde Finsternis und schlüpfriger Boden,
und der Botes des HERRN verfolge sie.

Ps 78,13

אַךְ בַּחֲלָקוֹת תָּשִׁית לָמוֹ הִפַּלְתָּם לְמַשּׁוּאוֹת:

Ja, du stelltest sie auf's Schlüpfrige,
du ließest sie stürzen zu Trümmern (?).

Wo der Weg glatt ist, besteht die Gefahr auszugleiten. In allen drei Belegen ist der Weg metaphorisch verstanden im Sinne von „Ergehen auf dem Lebensweg".[186] Ps 35,6; Jer 23,12 illustrieren durch eine gefährliche Kombination aus Dunkelheit und Glätte die bestehende Gefahr: Im Dunkeln kann man die schlüpfrigen Stellen auf dem Weg nicht sehen. Dadurch besteht die Gefahr zu fallen – was bei der genannten metaphorischen Bedeutung natürlich viel gravierender erscheint. Das metaphorische Konzept bezeichnet also eine Unsicherheit, die die Handlungen des Menschen mit möglichen negativen Konsequenzen für ihn selbst bedroht.

---

184 Siehe dazu S. 229.
185 Müller, *Metaphors dead and alive, sleeping and waking. A dynamic view*, 190–192.
186 Vgl. Kap. 3.4.5.

Ausgleiten Die zwei folgenden Belege legen eine Weiterführung dieses Konzeptes nahe, die sprachliches Fehlverhalten mit AUSGLEITEN konzeptualisieren und sich die Frage aufdrängt, inwieweit an einen *lapsus linguae* gedacht ist.

Spr 17,20

עִקֶּשׁ־לֵב לֹא יִמְצָא־טוֹב וְנֶהְפָּךְ בִּלְשׁוֹנוֹ יִפּוֹל בְּרָעָה׃

Wer verkehrt ist im Herzen, findet nicht Gutes,
und wer wendig ist mit seiner Zunge, fällt ins Unglück.

Spr 29,20

חָזִיתָ אִישׁ אָץ בִּדְבָרָיו תִּקְוָה לִכְסִיל מִמֶּנּוּ׃

Du siehst einen Mann, der mit seinen Worten eilt – Hoffnung hat (sogar),
wer dümmer ist als er.

Vergleichstexte Besser belegt findet man dieses Konzept bei Sirach, dem syrischen Achikar und in arabischen Sprüchen. Hier zeigt sich das Motiv der Hast mit dem Bild vom Stolpern oder Ausgleiten verbunden,[187] wobei vom Stolpern (arab. ʿtr) oder Ausgleiten (arab. zll) der Zunge gesprochen wird – eine Terminologie, die in moderner Sprachwissenschaft für physisch und psychisch bedingte sprachliche Fehlleistungen verwendet wird.[188] In den biblischen Spruchsammlungen deutet allerdings noch nichts auf Probleme bei der Artikulation hin. Die oben angegebenen Beispiele thematisieren eher das unbedachte Reden.[189]

B. C. Gregory hat aber überzeugend herausgearbeitet, dass dieses neue Bildelement seit Ben Sira durchaus in inhaltlicher Kontinuität zur salomonischen Spruchweisheit steht. Es wird davor gewarnt, unbeherrscht und unüberlegt zu sprechen, weil ein Fehlverhalten ungewollte Konsequenzen nach sich zieht.[190] Der Bildbereich des Strauchelns auf dem Weg finde sich dabei im Sprüchebuch durchaus – jedoch angewendet auf menschliches Verhalten allgemein. Die Anwendung auf das Sprechen, und insbesondere das Motiv des Ausgleitens, könnte in Ben Sira auch erst auf den griechischen Übersetzer zurückgehen, der dabei offenbar ein im hellenistischen Bereich geläufiges Sprichwort aufnimmt. Ben Sira

---

187 Siehe dazu S. 203.
188 Joseph Paul Stemberger, "Spontaneous and Evoked Slips of the Tongue", in *Linguistic disorders and pathologies. An international handbook*, hrsg. Gerhard Blanken, Handbücher zur Sprach- und Kommunikationswissenschaft 8 (Berlin [u.a.], 1993), 53–57.
189 Kassis, *The Book of Proverbs and Arabic Proverbial Works*, 122 f.
190 Bradley C. Gregory, "Slips of the Tongue in the Speech Ethics of Ben Sira", *Bib.* 93 (2012): 333–335.

betont dabei, dass solche sprachlichen Fehlleistungen allen Menschen geschehen.[191]

In diesen Zusammenhängen finden sich dann auch Aussageabsichten, die
über eine rein pragmatisch orientierte Ebene hinausgehen und die Mahnung zur
Vorsicht theologisieren bzw. spiritualisieren:

> Syrischer Achikar (Sachau) 59
> Mein Sohn. Besser ist das Entgleiten eines Menschen mit seinem Fusse als das Entgleiten
> seiner Zunge; denn, wenn er infolge des Fussentgleitens stirbt, wird er frei von den Pfeilen
> der Prüfung, während, wenn er mit seiner Zunge entgleitet, er den Prüfungen anheimfällt.[192]

3.4.5.2 Verdrehtheit der Wege
Das Konzept der VERDREHTHEIT kann auch unabhängig vom Konzept des Weges
erscheinen:

INTRIGIEREN IST VERDREHEN

אִישׁ תַּהְפֻּכוֹת יְשַׁלַּח מָדוֹן וְנִרְגָּן מַפְרִיד אַלּוּף 16,28

LÜGE/BETRUG IST VERDREHTHEIT DER LIPPEN

מַרְפֵּא לָשׁוֹן עֵץ חַיִּים וְסֶלֶף בָּהּ שֶׁבֶר בְּרוּחַ 15,4
עִקֵּשׁ־לֵב לֹא יִמְצָא־טוֹב וְנֶהְפָּךְ בִּלְשׁוֹנוֹ יִפּוֹל בְּרָעָה 17,20

Das metaphorische Konzept des Weges impliziert Wertungen, deren Begrifflichkeit die gleiche Bildszenerie verwendet: Richtiges bzw. aufrichtiges Handeln
ist ישר „gerade" (neben tm „vollkommen"), das Gegenteil davon wird als עקש
„krumm/verkehrt" oder als נהפך „wendig" bezeichnet.[193] Diese Begriffe sind aber
nicht gebunden an die Wegmetapher. Sie können leicht auf die Zunge (mit ihrer
länglichen Form!), aber auch auf das Herz übertragen werden – und letztlich das
Verhalten meinen.[194]

Spr 19,1

טוֹב־רָשׁ הוֹלֵךְ בְּתֻמּוֹ מֵעִקֵּשׁ שְׂפָתָיו וְהוּא כְסִיל׃

Besser ein Armer, der in seiner Einfalt wandelt,
als einer, der an seinen Lippen verkehrt ist: das ist ein Tor.

---

191 Gregory, 326–330. Vgl. Antonino Minissale, "The metaphor of ‚falling': hermeneutic key to
the book of Sirach", in *The Wisdom of Ben Sira. Studies on Tradition, Redaction, and Theology*,
hrsg. Angelo Passaro und Giuseppe Bellia, DCLS 1 (Berlin [u.a.], 2008), 255 f.
192 Grünberg, "Die weisen Sprüche des Achikar nach der syrischen Hs Cod. Sachau Nr. 336 der
Kgl. Bibliothek in Berlin", 47.
193 Vgl. L. Alonso Schökel, "יָשַׁר *jāšār* III", *ThWAT* III (1982): 162 f.
194 Vgl. Bühlmann, *Reden*, 20 f.

Spr 17,20

עִקֶּשׁ־לֵב לֹא יִמְצָא־טוֹב וְנֶהְפָּךְ בִּלְשׁוֹנוֹ יִפּוֹל בְּרָעָה׃

Wer verkehrt ist im Herzen, findet nicht Gutes,
und wer wendig ist mit seiner Zunge, fällt ins Unglück.

Besonders der zweite Halbvers des letzten Beleges evoziert erneut die Bildszenerie des Weges: Wer sich bei seinem sprachlichen Handeln zu sehr windet, stolpert und fällt – eine Motivverbindung, die oben im Zusammenhang mit mit dem Ausgleiten mit der Zunge wieder auftaucht.[195]

3.4.6 Wache, Jagd und Kampf

3.4.6.1 AGGRESSIVITÄT IST JAGD/KAMPF

Überblick über das Cluster:

KOMMUNIKATION IST KAMPF
תַּחֲנוּנִים יְדַבֶּר־רָשׁ וְעָשִׁיר יַעֲנֶה עַזּוֹת 18,23

AGGRESSION IST GENUSS
עֵד בְּלִיַּעַל יָלִיץ מִשְׁפָּט וּפִי רְשָׁעִים יְבַלַּע־אָוֶן 19,28[196]

AGGRESSIVES REDEN IST BEDROHEN/VERLETZEN/SCHMERZEN ZUFÜGEN
בְּפֶה חָנֵף יַשְׁחִת רֵעֵהוּ וּבְדַעַת צַדִּיקִים יֵחָלֵצוּ 11,9
יֵשׁ בּוֹטֶה כְּמַדְקְרוֹת חָרֶב וּלְשׁוֹן חֲכָמִים מַרְפֵּא 12,18
אִישׁ בְּלִיַּעַל כֹּרֶה רָעָה וְעַל־שְׂפָתָיו (שְׂפָתוֹ) כְּאֵשׁ צָרָבֶת 16,27
מֵפִיץ וְחֶרֶב וְחֵץ שָׁנוּן אִישׁ עֹנֶה בְרֵעֵהוּ עֵד שָׁקֶר 25,18
בִּדְבָרִים לֹא־יִוָּסֶר עָבֶד כִּי־יָבִין וְאֵין מַעֲנֶה 29,19

BEDRÜCKTHEIT/VERZWEIFLUNG IST EINE VERLETZUNG
מַרְפֵּא לָשׁוֹן עֵץ חַיִּים וְסֶלֶף בָּהּ שֶׁבֶר בְּרוּחַ 15,4

UNANGENEHME KONSEQUENZEN SIND VERLETZUNGEN
חוֹחַ עָלָה בְיַד־שִׁכּוֹר וּמָשָׁל בְּפִי כְסִילִים 26,9

UNANGENEHME KONSEQUENZEN SIND PRÜGEL
בְּפִי־אֱוִיל חֹטֶר גַּאֲוָה וְשִׂפְתֵי חֲכָמִים תִּשְׁמוּרֵם 14,3

---

195 Siehe dazu S. 124.
196 Zur Deutung von blʿ siehe S. 280.

AGGRESSIVITÄT IST JAGD/KAMPF		
Gewalt	→	Aggressivität
Waffen	→	Worte, Sprechwerkzeuge
Bewaffneter	→	Gewalttäter
Verletzter	→	Opfer von Aggression oder Verleumdung

Von den Klageliedern des Einzelnen her ist bekannt, dass die Bildbereiche Krieg, Tiere und Jagd, die alle – jeweils unterschiedliche – Formen von Gewaltanwendung implizieren, einander leicht abwechseln können und erlittene Aggressionen durch Feinde veranschaulichen.[197] Das spezielle Problem, dass solche Feindschilderungen unvermittelt mit Krankheitsbeschreibungen wechseln können, hat Bernd Janowski damit erklärt, dass Krankheit regelmäßig mit sozialer Desintegration verbunden ist, bei der Freunde sich abwenden, sodass die erfahrene Not in die Nähe von Anfeindungen rückt.[198] Johan de Joode hat zu den im Hiobbuch beschriebenen Leiden formuliert ENMITY IS BREAKING A BOUNDARY.[199] Auch hier geht es also um den Leib des Menschen, der in seiner Integrität bedroht wird.

Aggressives Sprechen wird öfter (v. a. Jes; Jer; Ps) durch bildhafte Formulierungen zum Ausdruck gebracht, die die Sprechwerkzeuge oder die Worte mit Pfeil und Bogen sowie mit einem Schwert gleichsetzen. Auffällig ist, dass die Bildelemente variieren und scheinbar widersprechende Details nebeneinander stehen können.

Vergleichstexte

Sir 19,12
Wie ein Pfeil im Schenkel sitzt, so steckt das Wort im Leib des Toren.

Merikare-P32-M-III-1
Der Bizeps (= die Kraft) des Königs sei seine Zunge, das Wort (*md.t*) ist stärker als jeder Kampf.[200]

---

197 Othmar Keel, *Feinde und Gottesleugner. Studien zum Image der Widersacher in den Individualpsalmen*, Stuttgarter Biblische Monographien 7 (Stuttgart, 1969), 190–206; Peter Riede, *Im Netz des Jägers. Studien zur Feindmetaphorik der Individualpsalmen*, Wissenschaftliche Monographien zum Alten und Neuen Testament 85 (Neukirchen, 2000), 16 f. Bernd Janowski, *Konfliktgespräche mit Gott. Eine Anthropologie der Psalmen* (Neu"-kirchen-Vluyn, 2003), 121 f.
198 Janowski, 179 f. 187–193. Siehe dazu Kap. 4.2.2.
199 Joode, "Body", 558–562.
200 Ricardo Tavares, *Eine königliche Weisheitslehre? Exegetische Analyse von Spr 28–29 und Vergleich mit den ägyptischen Lehres Merikaras und Amenemhats*, OBO 234 (Fribourg – Göttingen, 2007), 190.

Zum Schwert
    Achikar 6,84

רכיך ממלל מלך שדק ועזיז הו מן סכין פמי]ן[

Sanft ist die Rede eines Königs, schneidender und stärker ist sie als ein zweisch[neidiges] Messer.[201]

Papyrus Insinger 4,5
Die böse Zunge des törichten Mannes ist sein Schwert, mit dem er Leben abschneidet.[202]

3.4.6.2 Selbstbeherrschung ist eine Wache

Überblick über das Cluster:

Selbstkontrolle ist Wachestehen

13,3 נֹצֵר פִּיו שֹׁמֵר נַפְשׁוֹ פֹּשֵׂק שְׂפָתָיו מְחִתָּה־לוֹ
14,3 בְּפִי־אֱוִיל חֹטֶר גַּאֲוָה וְשִׂפְתֵי חֲכָמִים תִּשְׁמוּרֵם
21,23 שֹׁמֵר פִּיו וּלְשׁוֹנוֹ שֹׁמֵר מִצָּרוֹת נַפְשׁוֹ

Selbstbeherrschung ist eine Wache

Wache	→	Kontrolle
Sprechwerkzeug	→	sprachliches Handeln
		oder: Kontrollinstanz
		oder: Gefahrenherd

Auch wenn es in den Belegen nicht erscheint, ist es leicht vorstellbar, dass dieses metaphorische Konzept mit einem anderen korrespondiert: Der Leib ist Behälter für Worte. Diese sind im Inneren des Menschen aufgehoben und stehen bereit, um nach außen gelassen zu werden. Hier ist dann an oder durch die Sprechwerkzeuge starke Kontrolle nötig

Vergleichstexte: Das Bild der Wache für die Sprechwerkzeuge findet sich auch in der Umwelt Israels breit belegt. Dabei liegt es natürlich auch an der jeweiligen Übersetzung, ob diese Bildebene zum Tragen kommt:

---

201 Herbert Niehr, *Aramäischer Aḥiqar: Werner Georg*, JSHRZ. NF, 2, 2 (Gütersloh, 2007), 43.
202 Übersetzung von P. A. A. Boeser, "Transkription und Übersetzung des Papyrus Insinger", *OMRM* N. R. III (1922): VI.

Ratschläge und Warnungen für rechtes und falsches Tun und Reden: Z. 26:
lu-ú sa.niq pi-i-ka lu-ú na-ṣir at-mu-ka
Lambert: Let your mouth be controlled and your speech guarded:[203]
Lämmerhirt: Überwacht sei dein Mund, deine Rede behütet.[204]
von Soden: Überprüft sei Deine Rede, diszipliniert dein Sprechen.[205]

Ptahotep 618–620
Beherrsche dein Herz und halte deinen Mund im Zaum, damit deine Angelegenheiten im
Kreise der Großen Platz finden.[206]

Sir 22,27
Τίς δώσει ἐπὶ στόμα μου φυλακὴν καὶ ἐπὶ τῶν χειλέων μου σφραγῖδα πανοῦργον, ἵνα μὴ πέσω ἀπ᾽
αὐτῆς καὶ ἡ γλῶσσά μου ἀπολέσῃ με;
Wer wird mir an meinem Mund eine Wache legen, und an meine Lippen ein kunstfertiges
Siegel, damit ich nicht zu Fall komme durch sie, und meine Zunge mich nicht zugrunde
richte.[207]

J. I. Okoye betont, dass es für Ben Sira hierbei vor allem darum gehe, vor dem
Sprechen genau zu überlegen, was man sagen will.[208]

3.4.7 Bedrohungen sind Fallen

Übersicht über das Cluster:

Schädigendes Reden ist Fallen-Stellen
11,9 LXX ἐν στόματι ἀσεβῶν παγὶς πολίταις, αἴσθησις δὲ δικαίων εὔοδος.
12,6 דִּבְרֵי רְשָׁעִים אֱרָב־דָּם וּפִי יְשָׁרִים יַצִּילֵם
16,27 אִישׁ בְּלִיַּעַל כֹּרֶה רָעָה וְעַל־שְׂפָתָיו (שְׂפָתוֹ) כְּאֵשׁ צָרָבֶת
Verführung ist ein bedrohlicher Abgrund
22,14 שׁוּחָה עֲמֻקָּה פִּי זָרוֹת זְעוּם יְהוָה יִפּוֹל (יִפָּל־) שָׁם

203 Lambert, *Wisdom Literature*, 100.
204 Kai Lämmerhirt, *Wahrheit und Trug. Untersuchungen zur altorientalischen Begriffsgeschichte:
Untersuchungen zur altorientalischen Begriffsgeschichte*, AOAT 348 (Münster, Westf., 2010), 143.
205 Wolfram von Soden, „‚Weisheitstexte' in akkadischer Sprache", *TUAT* III, 1 (2005): 164.
206 Burkard, "Lehre", 220.
207 Sauer, *Sirach*, 560.
208 Okoye, *Speech*, 102–108.

NEGATIVE KONSEQUENZEN SIND FALLEN

12,13 בְּפֶשַׁע שְׂפָתַיִם מוֹקֵשׁ רָע וַיֵּצֵא מִצָּרָה צַדִּיק

18,7 פִּי־כְסִיל מְחִתָּה־לוֹ וּשְׂפָתָיו מוֹקֵשׁ נַפְשׁוֹ

20,25 מוֹקֵשׁ אָדָם יָלַע קֹדֶשׁ וְאַחַר נְדָרִים לְבַקֵּר

21,6 LXX ὁ ἐνεργῶν θησαυρίσματα γλώσσῃ ψευδεῖ μάταια διώκει ἐπὶ παγίδας θανάτου.

SCHMEICHELEI IST EIN RUTSCHIGER WEG/EINE FALLE

29,5 גֶּבֶר מַחֲלִיק עַל־רֵעֵהוּ רֶשֶׁת פּוֹרֵשׂ עַל־פְּעָמָיו

GEFAHREN SIND FALLEN

17,20 עִקֶּשׁ־לֵב לֹא יִמְצָא־טוֹב וְנֶהְפָּךְ בִּלְשׁוֹנוֹ יִפּוֹל בְּרָעָה

22,14 שׁוּחָה עֲמֻקָּה פִּי זָרוֹת זְעוּם יְהוָה יִפּוֹל (יִפָּל־) שָׁם

BEDROHUNGEN SIND FALLEN

Weg	→	gerichtetes Handeln
Glätte	→	Verführung trügerische Sicherheit Schmeichelei
Verdecktheit	→	Selbstgefährdung durch Achtlosigkeit geheime Anfeindung verborgene Gefahren
Gewalt	→	Aggressivität

Sehr deutlich treten mehrere metaphorische Konzepte hier zusammen. Die Wegmetapher HANDELN IST GEHEN, die primäre Metapher AUFDECKEN IST BEKANNTMACHEN und das Konzept AGGRESSIVITÄT IST JAGD/KAMPF.

Bilder von Fallen und Hinterhalten betonen die Gefahr, die von Kommunikationsvorgängen ausgelöst werden kann. Hier wird durch die Frevler eindeutig jemand anders bedroht. Im folgenden Beispiel ist dagegen unklar, ob die Bedrohung den Sprecher selbst oder jemand anderen trifft. In Spr 18,7 ist eindeutig der Sprecher selbst der Geschädigte. In allen Beispielen vom Bild der Falle lassen sich auch Assoziationen zur Wegmetapher wachgerufen finden: Fallen werden da aufgestellt, wo das Opfer vorbeigehen wird – allerdings kann auch Vogelfang im Blick sein. Bei den zwei folgenden Sprüchen liefert die Form und Motorik des Mundes Assoziationsmöglichkeiten zum Klappnetz.

Spr 12,13

בְּפֶשַׁע שְׂפָתַיִם מוֹקֵשׁ רָע וַיֵּצֵא מִצָּרָה צַדִּיק:

Durch das Vergehen der Lippen gibt es ein böses Fangnetz, aber der Gerechte geht heraus aus der Bedrängnis.

Spr 18,7

פִּי־כְסִיל מְחִתָּה־לוֹ וּשְׂפָתָיו מוֹקֵשׁ נַפְשׁוֹ:

Der Mund des Toren ist ihm ein Verderben und seine Lippen ein Klappnetz für ihn selbst.

Inwieweit kann aus der Verwendung von מוקש, „Falle"/„Klappnetz"/„Stellholz"/ „Wurfholz" auf eine bestimmte Bildkonstellation geschlossen werden, die auf ein metaphorisches Konzept schließen ließe, mit dem das (sprachliche) Handeln des Menschen hier erfasst wird? Die gerade angegebenen Übersetzungsvarianten evozieren einerseits das Bild des Weges, auf dem Fallen als Gefahren gestellt sind. Das entspräche dem metaphorischen Konzept *Handeln ist Gehen*. Zieht man freilich die Bedeutung „Wurfholz" in Betracht, dann muss eine ganz andere Jagdszene vorgestellt werden, bei der Vögel mit einer Art Bummerang gejagt werden. In diesem Fall müsste man eher Stellen zum Vergleich heranziehen, in denen Worte wie Pfeile abgeschossen werden.[209] Zu Bedenken ist vor allem auch, dass bildhafte Assoziationen lediglich an dem einen Wort haften. Daher ist auch damit zu rechnen, dass sich die übertragene Bedeutung soweit verselbständigt hat,[210] dass gar kein konkretes Bild vorzustellen wäre (etwa „Verderben/Gefahr").

מוקש wird von der Wurzel יקש, einer Nebenform von נקש abgeleitet. Letztere hat im späteren Hebräisch, im Aramäischen, Syrischen und Arabischen die Bedeutung „schlagen, klopfen". Daran schließt sich häufig die Vermutung an, als Grundbedeutung von נקש sei „Vögel mit dem Wurfholz jagen" anzunehmen. Das könnte eine Bestätigung in Am 3,5 finden, das daher unten besprochen wird. Als weitere Herleitung ist ein Zusammenhang mit dem arabischen *wtq*, „fesseln", vorgeschlagen worden.[211]

---

209 Siehe S. 285.
210 Vgl. S. 77.
211 L. Kopf, "Arabische Etymologien und Parallelen zum Bibelwörterbuch", *VT* 8 (1958): 179 f.

Der sonstige Gebrauch der Wurzeln[212] und des Lexems מוקש deuten dagegen – soweit Hinweise auf ein konkretes Verständnis zu finden sind – alle auf die Vogeljagd durch Fallenstellen hin. Zum einen erscheint das Wort häufig parallel zu anderen Fallen (was noch keinen zwingenden Beweis darstellt, weil bei Parallelismen ja gerade auch die semantische Variation zum Einsatz kommt[213]). Zum anderen werden die Verben im Sinne von „Fallen stellen" nicht zusammen mit מוקש, sondern etwa auch mit פח verwendet.[214]

Fragt man nach naheliegenden kulturgeschichtlichen Belegen für die Methoden der Vogeljagd, dann werden sowohl altägyptische Abbildungen sowie ethnologische Beobachtungen unter palästinischen Arabern herangezogen. In beiden Bereichen finden sich Beispiele für Gruben- und Klappfallen sowie Netzen, als auch für Wurf- bzw. Schlaghölzer.[215]

An dieser Stelle muss Am 3,5 besprochen werden:

Am 3,5

הֲתִפֹּל צִפּוֹר עַל־פַּח הָאָרֶץ וּמוֹקֵשׁ אֵין לָהּ הֲיַעֲלֶה־פַּח מִן־הָאֲדָמָה וְלָכוֹד לֹא יִלְכּוֹד׃

> Fällt denn ein Vogel zum Klappnetz auf der Erde nieder, wenn an ihr kein Stellholz (mit Köder) wäre?
> Springt denn das Klappnetz nach oben vom Boden und hätte nichts gefangen?

Oft wird nach der LXX das Wort פח im ersten Halbvers gestrichen, so dass sich hier ein Beleg finden würde, der das oben als hypothetische Grundbedeutung aufgeführte „Vögel mit einem Wurfholz fangen" bestätigen könnte: „Fällt nicht ein Vogel auf die Erde, wenn kein Wurfholz da ist?"[216]

Behält man den masoretischen Text bei, so muss מוקש als Teil des פח gedeutet und das Verb נפל in diesem Zusammenhang als „herunterstoßen" verstanden werden: „Fällt ein Vogel in das Klappnetz am Boden, ohne daß ihm ein Stellholz gestellt ist? Schnellt das Klappnetz von der Erde empor, wenn es gar nichts gefan-

---

212 נקש – Qal: als Vogelfänger fangen, Nifal: verstrickt werden, Piel: Fallen legen, Hitp: nachstellen,

יקש – Qal: Stellholz o. ä. aufstellen, Nifal: Verstrickt werden, Pual: gefangen werden.
213 G. R. Driver, "Reflections on recent articles", JBL 73 (1954): 131 f.
214 Henry S. Gehman, "Notes on מוקש", JBL 58 (1939): 277–281.
215 Marti, Das Dodekapropheton, 174; Gustaf H. Dalman, Arbeit und Sitte in Palästina, Bd. VI (Gütersloh, 1939), 321–325, 338 f. Henry, "Vogelfang"; Bernd Janowski u. a., Hrsg., Gefährten und Feinde des Menschen. Das Tier in der Lebenswelt des alten Israel: das Tier in der Lebenswelt des alten Israel (Neukirchen-Vluyn, 1993), 152.
216 Marti, Das Dodekapropheton, 173 f; Janowski u. a., Gefährten, 152.

gen hat?"[217] Sinngemäß kommen die anderen alten Versionen auf ein ähnliches Verständnis, wenn sie מוקש als Partizip von einem (hypothetischen) Hifil von יקש deuten: „wenn kein Jäger da ist?"

Das Niederstoßen des Vogels in Am 3,5 würde sich noch besser einfügen, wenn מוקש hier den Köder bezeichnete, der am Stellholz befestigt wird. Auch in 1 Sam 18,21; Ps 69,23 könnte ein derartiges Verständnis sinnvoll sein.[218] Die weitere Bedeutungsentwicklung des Wortes erklärt sich am besten, wenn es auch *pars pro toto* für die Falle als Ganze verwendet wurde.[219]

Die griechischen Übersetzungen des Wortes entsprechen in etwa der Bedeutungsbreite: σκάνδαλον oder παγὶς, „Falle, Fallstrick". Auch wenn מוקש im Proverbienbuch mit παγὶς übersetzt ist,[220] ist die Bedeutungsentwicklung von σκανδάλητρον, „Stellholz mit Lockspeise" zu σκάνδαλον, „Falle", als Parallele zur angenommenen Entwicklung bei מוקש bemerkenswert.[221]

Die LXX verwendet σκάνδαλον als griechisches Äquivalent sowohl für מוקש, „Falle", als auch für מכשול, „Stolperstein", womit deutlich wird, dass beides in einem ähnlichen übertragenen Sinn verstanden wurde: „Ursache des Verderbens", beide hebräischen Lexeme wurden also einem ähnlichen Bildbereich zugeordnet: Sie bezeichneten für den Übersetzer ein Hindernis auf dem Weg. מוקש ist in der LXX auch (und besonders im Sprüchebuch) mit παγὶς „Falle" wiedergegeben worden, wodurch der bildhafte Charakter des Wortes stärker hervortritt.[222]

Die Übersetzung „Wurfholz" für מוקש ist demnach eher unwahrscheinlich, denn sie basiert auf der Verwendung der Wurzel im späteren Hebräisch und anderen semitischen Sprachen und auf der Deutung von Am 3,5, das allerdings auch andere Deutungen zulässt und zudem nach der LXX korrigiert werden müsste. Die übrigen Verwendungen von נקש, יקש und מוקש legen nahe, dass letzteres zunächst einen Teil des Klappnetzes zum Vogelfang (etwa das Stellholz mit dem Köder) bezeichnet hat, das dann *pars pro toto* als Synonym für das Gerät als ganzes verwendet werden konnte. Die Wortwahl der LXX bei der Übersetzung macht deutlich, dass das Wort in seiner übertragenen Bedeutung erkannt und wiedergegeben wurde, allerdings mit Lexemen, die den Bildbereich der Fallenjagd – insbesondere im

---

217 So etwa die Elberfelder.
218 E. Vogt, "‚Ihr Tisch werde zur Falle' (Ps 69,23)", *Bib.* 43 (1962): 79–82. Vgl. auch Wilhelm Rudolph, *Joel – Amos – Obadja – Jona*, Lizenzausg., 1. Aufl, KAT (Berlin, 1974), 151 u. a.
219 Driver, "Reflections", 134 f.
220 Gustav Stählin, *Skandalon. Untersuchungen zur Geschichte eines biblischen Begriffsgeschichte*, BFChTh, II, 24 (Gütersloh, 1930), 32.
221 Stählin, 11–21.
222 Gustav Stählin, "σκάνδαλον, σκανδαλίζω", *ThWNT* VII (1964): 340 f.

Sprüchebuch – deutlich wachrufen. Auch hier ist das zugrundeliegende metaphorische Konzept HANDELN IST GEHEN.

3.4.8 WEISHEITSREDE UND GUTER RUF SIND SCHMUCK UND EDELMETALLE

Spr 10,20

כֶּסֶף נִבְחָר לְשׁוֹן צַדִּיק לֵב רְשָׁעִים כִּמְעָט׃

Erlesenes Silber ist die Zunge eines Gerechten,
das Herz von Frevlern nur wenig.

Spr 20,15

יֵשׁ זָהָב וְרָב־פְּנִינִים וּכְלִי יְקָר שִׂפְתֵי־דָעַת׃

Es gibt Gold und viele Edelsteine und/aber ein kostbares Gerät sind Lippen von Erkenntnis.

Spr 25,11 f.[223]

תַּפּוּחֵי זָהָב בְּמַשְׂכִּיּוֹת כֶּסֶף דָּבָר דָּבֻר עַל־אָפְנָיו׃
נֶזֶם זָהָב וַחֲלִי־כָתֶם מוֹכִיחַ חָכָם עַל־אֹזֶן שֹׁמָעַת׃

Goldäpfel in Silberfassungen: Ein Wort geredet entsprechend seiner Art (?).
Gold-Ring und Feingold-Schmuck: ein ermahnender Weiser für ein hörendes Ohr.

WEISHEITSREDE UND GUTER RUF SIND SCHMUCK UND EDELMETALLE		
		guter Ruf
Schmuck und Edelmetall	→	Wortwahl, Wert
		Lernwilligkeit
Läuterung	→	Selbstkontrolle und Wortwahl
Zueinander-Passen	→	Angemessenheit

---

223 Siehe zu Spr 25,11 S. 254.

Die Läuterung von Metallen ist eine besonders eindrückliche Bildszenerie, die durch das Element Feuer sehr ambivalente Assoziationen hervorrufen kann (So etwa bei der Deutung des Strafgerichts in Mal 3,3). Gelegentlich setzen die Texte detailliertes Wissen der technischen Abläufe voraus.[224]

Der Vorgang der Läuterung wird exlizit in Spr 27,1 auf einen Redevorgang, nämlich den Ruf eines Menschen bezogen. Wie man über ihn spricht, erweist sich erst als die Feuerprobe für sein Handeln.

Spr 27,1

מַצְרֵף לַכֶּסֶף וְכוּר לַזָּהָב וְאִישׁ לְפִי מַהֲלָלוֹ׃

Ein Schmelztiegel für das Silber und ein Ofen für das Gold,
und ein Mann entsprechend seinem Ruf.

Das Partizip passiv von צרף als Attribut einer Terminus für Rede findet sich in der Bibel nur dem Wort Gottes zugeordnet: Ps 12,7; 2 Sam 22,31 // Ps 18,31; Spr 30,5; Ps 119,114, bei denen die ähnlichen Formulierungen zum Teil deutliche literarische Bezugnahmen aufeinander nahelegen.

3.5 Schwer identifizierbare Konzepte mit außerbiblischen Vergleichstexten

3.5.1 Rede als Gebäude – ein ägyptisches Konzept

Hier muss noch ein Konzept besprochen werden, das in indoeuropäischen Sprachen breit belegt ist, in der Hebräischen Bibel aber nicht zu finden ist: *Reden ist Bauen.*

Allerdings erscheinen Bilder vom Stadt- und Hausbau durchaus auch gelegentlich in Aussagen über das Sprechen. Diese Bildelemente repräsentieren Verschlossenheit, Standfestigkeit, Prosperität, Erfolg (Spr 11,10 f.; 14,1; 18,10 f.; 18,19; 25,28; 29,8).[225]

---

224 Vgl. dazu Arndt Meinhold, *Maleachi*, BK. AT, XII, 8 (Neu"-kirchen-Vluyn, 2006), 269 f. Thon, "Oberfläche", 345–347.
225 Vgl. Thon, "Interesse", 105; Michael Weigl, *Die aramäischen Achikar-Sprüche aus Elephantine und die alttestamentliche Weisheitsliteratur*, BZAW 399 (Berlin – New York, 2010), 629. Vgl. auch Euan Fry, "Cities, Towns and Villages in the Old Testament", *The Bible Translator* 30 (1979): 434–438; Niels-Erik Andreasen, "Town and Country in the Old Testament", *Encounter* 42 (1981): 259–275; Gerlinde Baumann, "»Er hat mir den Weg mit Quadersteinen vermauert« (Thr 3,9). Ein

Schon bei Homer findet sich neben anderen Bildbereichen die Metaphorik des Bauens angewendet auf bewusste Redegestaltung, sowohl in Bezug auf Poesie als auch mit kritischem Akzent zur Beschreibung von täuschender Beredtheit.[226] Es ist kein Wunder, dass der Bildbereich sich auch in der lingustischen Terminologie niedergeschlagen hat – insbesondere im Bereich Syntax (*constructio*) und Formenbildung (בנין). In der hebräischen Bibel findet sich zwar durchaus ein übertragener Gebrauch der Wurzel בנה. Abgesehen von dem besonderen Fall von Gen 11,1–9 findet sich jedoch kein Text, der Reden und Bauen in einen vergleichbaren Zusammenhang stellt.[227]

Deshalb ist es bemerkenswert, dass sich diese Metaphorik in Ägypten durchaus findet. Jemand, der die Kunst beherrscht, geschickt, wirkungsvoll und angemessen zu reden, wird besonders in biographischen Texten als „Baumeister der Worte" bezeichnet.[228]

Dieses Konzept von Worten als Gebäuden ermöglicht es, sich hineinzubegeben:

Ani 15,4:
Geh in die Worte hinein ...[229]

Ani 20,4:
Geh in die Schriften hinein, gib sie in dein Herz[230]

N. Shupak beschreibt das als Durchdringen der Bedeutung.[231] Es findet also ein gegenseitiges Hineingehen statt: Der Weise verinnerlicht die Texte dadurch, dass er sich in sie hinein begibt.

Vorschlag zur Auslegung einer ungewöhnlichen Metapher", in Hecke, *Metaphor in the Hebrew Bible*, 139–145.

226 Jesper Svenbro, *La parole et le marbre. Aux origines de la poétique grecque: aux origines de la poétique grecque* (Lund, 1976), 195–204.

227 Siehe dazu Thon, "Interesse", 109–111.

228 Karl Jansen-Winkeln, *Ägyptische Biographien der 22. und 23. Dynastie*, ÄAT 8 (Wiesbaden, 1985), I, 290, II, 363. Vgl. Shupak, *Widom*, 318–321.

229 Nach Quack, *Die Lehren des Ani. Ein neuägyptischer Weisheitstext in seinem kulturellen Umfeld*, 86 f., 150, 281 (mit weiteren Belegen).

230 Nach Quack, 106 f., 172, 305.

231 Shupak, *Widom*, 62.

3.5.2 FLIEGEN IST FLÜCHTIGKEIT

FLIEGEN ist ein Konzept, das mehrmals in der Bibel als Ausdruck für Flüchtigkeit belegt ist (עוּף Qal: Hi 20,8; Ps 90,10; Hitpol.: Hos 9,11). Der deutsche Begriff „Flüchtigkeit" macht erneut deutlich, dass auch dieses Konzept kulturübergreifend beobachtet werden kann.

Das Fliegen (von Vögeln) wird in alttestamentlichen Texten als Bild für sehr verschiedene Themean angewendet. Der Vogelflug wird (als geheimnisvoll) bestaunt. Das (kraftvolle) Aufsteigen kann betont werden, das Zurücklegen weiter Strecken. Das Bild kann Freude, Schutz, Bedrohtheit oder Bedrohung ausdrücken. Das schnelle Auffliegen von Vögeln dient als Ausdruck von Flüchtigkeit – was sowohl auf Vergänglichkeit abzielen kann, als auch darauf, dass dieses Flüchtige schwer zu greifen ist.[232]

Dass auf der Bildhälfte der Vogel sich dem menschlichen Zugriff entzieht, wird besonders in Spr 6,1–5 illustriert. Dabei kommt sowohl der Aspekt der Bedrohtheit des Lebens zum Ausdruck, als auch die Möglichkeit, sich dem menschlichen Zugriff zu entziehen.

Spr 6,5

הִנָּצֵל כִּצְבִי מִיָּד וּכְצִפּוֹר מִיַּד יָקוּשׁ:

Rette dich wie eine Gazelle aus der Hand (des Jägers), wie ein Vogel aus
der Hand des Fallenstellers.

Auch hier geht es um einen sprachlichen Vorgang, der allerdings nicht durch den Vogel, sondern durch die Falle verdeutlicht wird: Wenn man eine Bürgschaft für jemanden ausgesprochen hat, sind die eigenen Worte zur Falle geworden, aus der man sich nun retten muss.

Die Schnelligkeit illustriert nicht nur den mangelnden Zugriff, sondern auch, wie leicht eine Sache verschwinden kann: Menschen werden wie Vögel verscheucht,[233] Träume „verfliegen" (Hiob 20,8[234]) und Reichtum verschwindet (Spr 23,4–5; vgl. Amenemope IX, 16 – X, 5).

---

232 Vgl. A. Stiglmair, "עוּף", *ThWAT* V (1986): 1178; Tova L. Forti, *Animal imagery in the book of Proverbs*, Supplements to the Vetus Testamentum 118 (Leiden [u.a.], 2008), 31, 52–54, 68 f.
233 Forti, 52–54.
234 Vgl. auch hier das Nebeneinander von עוּף und נדד.

Das metaphorische Konzept FLIEGEN IST FLÜCHTIGKEIT[235] bildet ein zentrales Element in Bildszenerien mit Vögeln.

Spr 26,2

כַּצִּפּוֹר לָנוּד כַּדְּרוֹר לָעוּף כֵּן קִלְלַת חִנָּם לֹא (לוֹ) תָבֹא:

> Wie ein Vogel, wenn er flattert, wie ein Sperling, wenn er auffliegt, so ist
> ein grundloser Fluch: er trifft nicht ein.

Im Zusammenhang mit sprachlichem Handeln liegt damit nur ein Beleg vor und genügt nicht, um ein Cluster zusammenzustellen.

Mangelnder Zugriff Dass der Vergleich zwischen Worten und Vögeln eine eher pragmatische Aussage darstellen kann, lässt sich aus Achikar 6,82 ableiten:

Achikar 6,82

מן כל מנטרה טר פמך ועל זי ש[מעת / אל] הוקר לבב כי צנפר הי מלה ומשלחה גבר לא
[לב]ב

> 82 Mehr als alle Wachsamkeit bewache deinen Mund und in Bezug auf das, was du h[örst],
> mach hart das Herz. Denn ein Vogel ist ein Wort und wer es ausschickt, ein Mann ohne
> Verst[and].[236]

Ein Wort, das einmal ausgesprochen wurde, ist dem Zugriff des Sprechers entzogen.[237] Das Bild steht hier parallel zu dem oben besprochenen und häufig anklingenden Thema, das zu Selbstbeherrschung auffordert: Alles, was ausgesprochen wird, soll vorher wohl abgewogen werden. Das Bild des Bewachens ist in beiden Aussagen aktiv.

Flüchtigkeit beinhaltet nach Spr 23,4 f. den Aspekt, schwer greifbar zu sein. Es ist also in der zitierten Achikarstelle die Unverfügbarkeit des einmal Gesprochenen, die durch den Vergleich mit einem Vogel zum Ausdruck kommt, der nicht mehr zu fassen ist, sobald er entwischt ist.

---

235 Siehe oben S. 137.
236 Niehr, *Aḥiqar*, 42 f.
237 Siehe oben S. 209.

3.5.3 SPRECHEN IST WORTE IN BEWEGUNG SETZEN

Überblick über das Cluster

SPRECHEN IST WORTE IN BEWEGUNG SETZEN

מֵשִׁיב דָּבָר בְּטֶרֶם יִשְׁמָע אִוֶּלֶת הִיא־לוֹ וּכְלִמָּה 18,13

שְׂפָתַיִם יִשָּׁק מֵשִׁיב דְּבָרִים נְכֹחִים 24,26

מְקַצֶּה רַגְלַיִם חָמָס שֹׁתֶה שֹׁלֵחַ דְּבָרִים בְּיַד־כְּסִיל 26,6

Die beiden ersten Belegen weisen die Phraseologie השיב דבר als „antworten" auf, in der das Konzept lexikalisiert ist. Hier bleibt fraglich wie transparent es im konkreten Sprachgebrauch ist. Wahrscheinlich ist das da, wo die Wendung im Zusammenhang eines Botenauftrags angewendet wird (wie etwa in Gen 37,14).

Der dritte Beleg verwendet eine Formulierung mit שלח *qal* „senden" und ist deutlicher mit dem Überbringen einer Botschaft verbunden. Die Bildszenerie das Worte (durch einen Boten) zu einem Adressaten gebracht werden, tritt also viel deutlicher vor Augen.

Vergleichstexte

Der Transfer von Worten, der in diesem Konzept auch impliziert ist, findet sich durchaus in biblischen und altorientalischen Texten. So ist דבר oder אמרה mehrmals direktes Objekt des Verbs שלח. In Ps 107,20; 147,15 und Jes 9,7 ist allerdings Gott der Sender. In Spr 26,6 wird explizit vom Senden einer Botschaft durch einen Boten ausgegangen. Zu beachten ist der Bildbereich des Pfeile-Verschießens, der auf sprachliche Handlungen angewendet wird.[238]

Ein außerbiblischer Beleg dafür kann in der aramäischen Inschrift Sfire III gesehen werden. Sie ist Teil eines Bündnisvertrages und verpflichtet zur Übermittlung von illoyalen Äußerungen.

> Sfire III, Zeilen 1–3
> (Und *jeder, der* zu dir kommt) oder zu deinem Sohn <oder zu deinem Enkel> oder zu deiner Nachkommenschaft oder zu einem der Könige von Arpad und [ge]gen mich re[d]et oder gegen meinen Sohn oder gegen meinen Enkel oder gegen meine Nachkommenschaft, ebenso jedermann, der *Asyl erbittet* und böse Worte *über [meine] Ta[ten (?)]* sagt, und du nimmst die Worte aus seiner Hand — ausliefern sollst du sie mir, und dein Sohn soll (sie) meinem Sohn ausliefern
> [... – jth]
> Was mir gutdünkt, werde ich ihnen tun.[239]

Leider ist der Text nicht eindeutig zu entziffern und die Deutung der Formulierungen ruft zusätzliche Fragen auf. Das entscheidende Verb סכר wird in der Regel von שכר 2 Pi mit Verweis auf סגר

---

238 Vgl. unten Kap. 3.4.6.
239 H. Donner und W. Röllig, *Kanaanäische und aramäische Inschriften (KAI), Bd. I–III* (Wiesbaden, 1962–1964), II, 264.

als überliefern gedeutet.[240] Möglich ist jedoch auch die Deutung, dass nicht die Worte, sondern die Personen ausgeliefert werden.[241]

3.6 Ertrag: Häufige metaphorische Konzepte in der Spruchweisheit

Zusammenfassend werden hier noch einmal die häufigeren metaphorischen Konzepte in der Spruchweisheit benannt, die sich auch nicht in der Anwendung auf das sprachliche Handeln beschränken, und die auch im weiteren Textkorpus des biblischen Hebräisch gut belegt sind.

Zunächst sind zwei Bildbereiche zu benennen, die besonders gut dazu geeignet sind, die Überzeugungen zum Tun-Ergehen-Zusammenhang vor Augen zu führen: Der Weg und die Frucht. Früchte sind thematisch über die landwirtschaftliche Arbeit und die Verbindung von Fleiß und Reichtum bzw. Faulheit und Armut mit dieser Vorstellung verknüpft. Der Mensch erntet die Früchte seiner Taten und muss von diesem Ertrag leben.

Auch der Bildbereich des Weges beinhaltet eine ähnliche Struktur der Rückwirkung. Denn ein Weg ist einerseits vorgegeben und ergibt sich andererseits gerade dadurch, dass die Person ihn geht. Auf dem Weg, den man geht, erwarten einen Hindernisse, Gefahren und Ziele, die dem Wanderer zustoßen. Der Weg ist Ausdruck des Ergehens. Und gleichzeitig zeigt sich im „Wandel" eines Menschen ja gerade, welchen Weg er wählt und wie er ihn geht.

Hier ordnet sich ein spezielles Begriffspaar zu, das Lebenseinstellung oder Handlungsweise eines Menschen vor dem Hintergrund des Bildbereiches „Weg" verdeutlichen: Ein Gerechter wandelt geradeaus und rechtschaffen (תם, ישר), ein Frevler dagegen geht auf „verkehrten" oder krummen Wegen (עקש, נהפך, סלף). Solche Verkehrtheit bzw. Geradheit kann auch in Bezug auf die Sprechorgane benannt sein, denn auch mit ihnen handelt der Mensch.

Weitere wichtige metaphorische Konzepte sind sehr stark durch basale Körpererfahrungen des Menschen motiviert – und sind gerade deshalb auch sehr gut anschlussfähig an metaphorische Konzepte, die in modernen Sprachen zu beobachten sind. Hier ist das aufrechte Stehen zu nennen, das Dauerhaftigkeit, Funktionstüchtigkeit bzw. Gültigkeit ausdrückt. Die bei Erregung körperlich spürbare

---

240 E. R. Rowlands, "The Targum and the Peshiṭta Version of the Book of Isaiah", *VT* 9 (1959): 189 f; Donner und Röllig, *KAI*, II, 266 f.

241 So z. B. Otto Rössler, "Die Verträge des Königs Bar-Gaʾyah von Ktk mit König Matiˁ-Il von Arpad (Stelen von Sefire)", *TUAT* I, 2 (2005): 186.

innere Wärme motiviert Phraseologien, die Erregung, Eifer und Zorn mit aufsteigender Hitze konzipieren. In vielen Belegen zeigen sich Hinweise auf Konzeptualisierungen durch heiße Flüssigkeiten, oft ist das Bild von Hitze und Brennen aber auch mit Lexemen verbunden, die eher mit Atmung und Wind verbunden sind.

Ein interessanter Bildkomplex ergibt sich auch durch ein spannungsvolles Nebeneinander von Glätte (meist negativ) und Weichheit (meist positiv konnotiert). Während Weichheit besonders Versöhnlichkeit, Beschwichtigung oder Vermeidung von Aggressionen vor allem im kommunikativen zwischenmenschlichen Umgang zum Ausdruck bringt, evoziert Glätte die Vorstellung einer trügerischen Oberfläche, die also Betrug, Hinterlist oder auch Schmeichelei verdeutlicht.

Die Unterscheidung von Innen- und Außenseite des menschlichen Körpers korrespondiert mit dieser Fragestellung nach Verhältnis von der Außen- bzw. Oberfläche und dem, was sie verbirgt. Dabei ist eine Ambivalenz auffällig, die im Gegenüber der Begriffe für Herz/Inneres und der Sprechorgane beobachtet werden kann. Denn einerseits ist der Mensch aufgerufen, sich selbst zu beherrschen und nicht gleich alles nach außen dringen zu lassen, was er im Herzen trägt, also denkt und plant. Aber andererseits steht die Übereinstimmung von Innen und Außen, Herz und Mund für Ehrlichkeit, Rechtschaffenheit, Verlässlichkeit des Gerechten. Der Frevler „trägt" Böses in seinem Inneren, stellt sich aber nach außen „glatt" und freundlich.

Mit dieser Vorstellung von Innen und Außen korrespondiert auch das Begriffspaar AUFDECKEN UND VERBERGEN. Die entsprechenden Lexeme werden dabei nicht unbedingt im Zusammenhang mit dem Bildbereich des Körpers verwendet, sondern drücken ganz allgemein aus, ob eine Sache einsehbar ist oder verborgen. Insofern zeigt sich hier ein basaleres und abstrakteres Konzept als bei der Rede von Innen und Außen des Körpers.

Zuletzt soll ein Blick auf den Bildbereich der Androhung bzw. Anwendung von Gewalt geworfen werden mit den Bereichen Wache sowie Jagd und Kampf. Dabei ist auffällig, dass die Wache vor allem als Ausdruck der Selbstbeherrschung verwendet wird. Selbstkontrolle ist Wachsamkeit gegen unüberlegtes, vorschnelles Handeln. Es ist nach dem oben gesagten kein Wunder, dass diese Wache besonders auf die Sprechorgane achtgeben muss, damit das im Menschen Verborgene nicht unüberlegt nach außen dringt.

Gewaltanwendungen im Zusammenhang mit Jagd und Kampf dienen dagegen vorrangig zur Verdeutlichung von Gefahren (auch selbst verursachten) und Anfeindungen. Aggressivität im zwischenmenschlichen Umgang wird als Fallen-Stellen, Pfeile-Schießen oder Mit-dem-Schwert-Stechen verdeutlicht. Auch die Fehler, die man durch mangelnde Selbstbeherrschung macht, können zu solchen Fallen werden.

4 Behandlung ausgewählter Einzelsprüche

4.1 Metapragmatik

Der Begriff der Metapragmatik, der hier im Anschluss an Silverstein, Goossens u. a.,[1] verwendet wird, ist ein Spezialbereich der meta-linguistischen Aussagen, also sprachlicher Äußerungen, die selbst das Reden thematisieren. Diese Begrifflichkeit wird besonders auf mehr oder weniger alltägliche Sprachreflexionen angewendet. In der Spruchweisheit haben wir es dabei vor allem mit Mahnungen zum rechten sprachlichen Handeln zu tun. Damit ist vor allem die pragmatische Ebene der Sprache im Blick. Nicht der Wortlaut oder der informative Inhalt stehen im Fokus, sondern vor allem die Frage, wie man mit seinen Mitmenschen umgeht, speziell im Umgang mit Sprache.

Die Einzelbelege, die nun in diesem Kapitel detailliert besprochen werden, sind nach meta-pragmatischen Themen geordnet. Jedem Abschnitt geht eine allgemeine Skizze dieses Themas voraus. Danach folgen die Einzelbelege. Neben der Erörterung der verwendeten metaphorischen Konzepte erscheint jeweils auch ein Abschnitt „Meta-Pragmatik", in dem der thematische Aussagegehalt des Spruches zum sprachlichen Handeln benannt wird. Im jeweiligen Abschnitt „Metaphorische Konzepte" wird jeweils für den Einzelspruch eine metaphorische Struktur formuliert. Diese ist dann im Kapitel 3 aufgenommen worden um aus den Einzelbelegen Cluster zu bilden. Dadurch ergaben sich noch einmal neue Formulierungen der metaphorischen Struktur für das Cluster insgesamt.

Von den Belegen, die in die Datenbank aufgenommen wurden, sind hier nur etwa ein Drittel ausgewählt, nämlich vorrangig solche, die Aufschluss versprachen zu metaphorischen Konzepten. So ergeben sich einerseits die methodisch getrennten Fragestellungen zu Meta-Pragmatik und metaphorischen Konzepten. Und andererseits kann die Wechselwirkung zwischen beiden Ebenen in den metapragmatischen Metaphern analysiert werden.

Als generelles Kriterium dafür, was nach weisheitlichen Maßstäben gutes Reden ist, kann die Frage nach Angemessenheit benannt werden. Ob sprachliches Handeln konstruktiv oder destruktiv wirkt, ob es gelingt oder scheitert, hängt vor allem davon ab, ob es unter verschiedenen Gesichtspunkten angemessenes Verhalten ist. Gesichtspunkte, die thematisiert werden, lassen sich etwa folgendermaßen skizzieren:

---

1 Siehe oben S. 37.

https://doi.org/10.1515/9783110765663-004

Zusammenhänge Emotionen, Kommunikation und soziale Interaktion, psychoso-
matische Zusammenhänge, Reden als Handeln, Glücken und Scheitern, Un-
verfügbarkeit des einmal Gesprochenen,
Handlungsempfehlungen Selbstbeherrschung, Verlässlichkeit und Lüge; Falscher
Zeitpunkt und Hast
Situationen und soziale Stellung: Weise und Toren; Arm und Reich; Alt und Jung;
Umgang mit Frauen; Verwandte und Freunde; Umgang mit dem Herrscher;
Gericht und Zeugenschaft; Botschaften und Boten; Weisheitlicher Diskurs;
Segen und Fluch

4.2 Zusammenhänge

Das menschliche Handeln (und also auch sein Sprechen) geschieht nicht im luft-
leeren Raum. Es findet in bestimmten Situationen statt, in denen Zeit, Ort und vor
allem die Beteiligten, ihre hierarchische Stellung und die Emotionen, die sie be-
wegen,[2] wichtige Faktoren sind, die es geraten erscheinen lassen, bestimmte Dinge zu tun oder zu unterlassen. Die Aufgabe besteht jeweils darin, den richtigen
Zeitpunkt zu treffen und die passende Form zu finden und vor allem nicht zu viel
(aber auch nicht zu wenig) zu sagen. Wenn das gelingt, kann auch die Rede ihr
Ziel erreichen. Hat man es aber an Aufmerksamkeit für die Umstände (und Umstehenden!) und an entsprechender Selbstbeherrschung mangeln lassen, dann
nützt die schönste wohlgeformte Rede nichts.

Jürgen van Oorschot hat unter Verweis auf Jan Assmann betont, dass der weisheitliche Maßstab dafür, was als angemessen betrachtet wird, der „Erhalt von So-
zialgemeinschaft und Staat" ist.[3] Es geht um den konstruktiven Einfluss auf das
soziale Miteinander, das vor allem die Rücksicht auf gesellschaftliche Hierarchien
voraussetzt.[4]

---

2 Susanne Gillmayr-Bucher, "Emotion und Kommunikation", in Frevel, *Biblische Anthropologie. Neue Einsichten aus dem Alten Testament*, 281.
3 van Oorschot, "Beredte Sprachlosigkeit im Ijob. Körpererfahrung an den Grenzen von Weisheit und Wissen", 241, mit Bezug auf Assmann, "Reden", 196.
4 van Oorschot, "Beredte Sprachlosigkeit im Ijob. Körpererfahrung an den Grenzen von Weisheit und Wissen", 241.

4.2.1 Emotionen, Kommunikation, soziale Interaktion

Thematisch breit belegt ist in den Sprüchen der Zusammenhang von Kommunikation und Emotionen im Zusammenhang mit Streitigkeiten. Hier wird ganz handfest deutlich, wie starke Wirkungen menschliche Rede in der sozialen Interaktion hat. Durch Reden werden Emotionen hervorgerufen bzw. beschwichtigt. Mit Worten wird Streit provoziert, ausgefochten und möglicherweise beendet. Das kann in individueller Kommunikation beobachtet werden (Spr 15,1.18), wie es auch innerhalb der Gemeinschaft eines Ortes konstatiert wird (29,28). Emotionen werden dabei regelmäßig mit dem Bildbereich der Hitze konzeptualisiert.

Erving Goffman beschreibt eine Gesprächssituation als ein kleines soziales System, das nur für die Dauer der Interaktion besteht.[5] Dabei wirken bestimmte Konventionen und Rituale, die in einer Gesellschaft üblich sind, in der Form, wie sie von den Interagierenden angewendet werden. Durch ihren Eintritt in das Gespräch erkennen die Interaktionspartner einander als legitime Teilnehmende an und halten für die Dauer der Interaktion die Illusion einer relativen inhaltlichen Übereinstimmung aufrecht.[6] Vor allem sind alle Interagierenden darauf bedacht, dass die seit Beginn vorgestellten Images aufrechterhalten und gegenseitig anerkannt bleiben. Die während der Interaktion immer wieder auftretenden Verunsicherungen werden durch Ausgleichshandlungen beseitigt.[7] Eine Regelverletzung in diesem labilen, aber sich selbst regulierenden System verursacht Gefühle von Unbehagen und negative soziale Sanktionen.[8] Dieses immer wieder aktivierte soziale Regelsystem in aktuellen Gesprächssituationen führt dazu, dass ein unablässiger Fluss zeremonieller Loyalitätsbezeigungen die Gesellschaft durchzieht.[9]

Im folgenden werden zunächst Belege besprochen, die die Wirkungen bestimmter Modi sprachlicher Äußerungen thematisieren. Dabei zeigt sich in mehreren Belegen eine Reziprozität zwischen Modus und Effekt: Sanfte Rede und Geduld beruhigt einen Zornigen, aber Erregtheit, Beleidigungen oder Verleumdungen führen zu Streit (15,1; 15,18; 26,20). Zwei weitere Sprüche zeigen vergleichbare Aussagen, benennen dabei jedoch konkrete Handlungen wie Lüge, Verleumdung oder mangelnde Diskretion (16,28; 17,9). Andere Belege beschreiben dagegen eher eine gegenteilige Wirkung: Aggressivität im Auftreten führt zu Zurückhaltung bzw. Unterordnung des Kommunikationspartners. Das kann in einem negativen Sinn thematisiert (27,3 f.) oder auch positiv (28,23) bewertet wer-

---

5 Goffman, *Interaktionsrituale*, 124 f.
6 Goffman, 41.
7 Goffman, 25 f.
8 Goffman, 55.
9 Goffman, 100.

den. Drei Sprüche führen diese Zusammenhänge mit Blick auf ein soziales Gefüge aus, nämlich eine Stadt. Dabei wird die Stabilität von Gebäuden zur Metapher für gemeinschaftsstärkendes Verhalten (11,10 f.; 29,8).

4.2.1.1 Spr 15,1

Der Vers formuliert einen grundsätzlichen Wirkzusammenhang zwischen Kommunikation und emotionalen Zuständen, die sich körperlich manifestieren. Und zwar zeigt sich dabei eine Reziprozität von Wirkung und Effekt (ähnlich in 15,18 und 26,21): Sanfte Rede beschwichtigt, Aggressivität dagegen ruft eine entsprechende Gegenreaktion wach. Insofern kann man hier von einer Beoachtung zum Tun-Ergehen-Zusammenhang sprechen.

Spr 15,1

מַעֲנֶה־רַּךְ יָשִׁיב חֵמָה וּדְבַר־עֶצֶב יַעֲלֶה־אָף׃

Eine sanfte Antwort beschwichtigt Zorn, aber ein kränkendes Wort lässt Zorn aufsteigen.

Alte Übersetzungen Während die Septuaginta die Bedeutungsbreite von עצב „Kränkung" mit dem Wort λυπηρός, „betrübend, schmerzlich, lästig, schwer, hart", gut abdeckt, ist auffällig, wie Peschitta und Targum um ein äquivalent für דבר עצב ringen: Peschitta *mlt qšyt*,[10] „ein hartes, starkes, gefährliches, schwieriges Wort", Targum (Lagarde): מילא דעזיזא,[11] „ein starkes, kräftiges Wort", Targum (Zamora): מילא רעיעתא,[12] „ein böses Wort".

Kommentatoren Für PsIbnEsra kommt im sprachlichen Ausdruck „den Zorn heraufführen" der Zusammenhang mit der körperlichen Reaktion zum Ausdruck: ואמר יעלה כי מדת הכעס בעת הזעף תעלה ותראה באפי אדם „und es heißt *heraufführen*, weil das Maß des Ärgers zur Zeit des Zorns ansteigt, sodass es im Gesicht (אפים) des Menschen zu sehen ist."

PsIbnEsra zieht den vorangehenden Vers (14,34) zur Deutung mit hinzu und kann so das Verhalten eines Knechtes gegenüber dem König zur Illustration heranziehen. Ein verständiger Knecht wendet durch sanfte Worte den Zorn des Königs ab. Einer, der Schande macht, erregt dagegen Zorn. Saadia entfaltet die zugrundeliegende Situation mit Verweis auf 1 Kön 12,11.16: Rehabeams Drohung, die Steuerlast zu erhöhen, führt zum Abfall der 10 Stämme.

---

10 Alexander A. di Lella, Hrsg., *Proverbs*, OTSy, 5,2 (Leiden, 1979), 24.
11 Healey, *Targum*, 36.
12 Luis Diez Merino, Hrsg., *Targum de proverbios. Edición Príncipe del Ms. Villa-Amil n.o 5 de Alfonso de Zamora* (Madrid, 1984), 185.

William McKane beschreibt die negative Wirkung solchen sprachlichen Handelns so:

> Words which are wounding and hurtful, and which are deliberately coined and uttered to have this effect, are bound to be inflammatory, and will exacerbate whatever differences already exist.[13]

Hans Ferdinand Fuhs führt zur Verdeutlichung sehr konkrete moderne Beispiele an:

> Menschliche Beziehungen bauen auf sprachlicher Kommunikation auf. Der rechte Umgang mit Sprache stiftet Gemeinschaft und löst Konflikte. Ein unzufriedener Kunde, ein erboster Bittsteller, ein abgewiesener Liebhaber, ein aufgeregter Patient, die sich ihren Frust von der Seele reden wollen, fühlen sich durch ein verständnisvolles Wort in ihrem Anliegen ernst genommen, so daß (meist) ein vernünftiges Darüberreden möglich ist, während ein arrogantes und abweisendes Wort Öl ins Feuer gießt oder wie die Lunte am Pulverfaß wirkt.[14]

Otto Plöger verbindet in der Auslegung von Spr 15,1 diese pragmatischen Effekte ausdrücklich mit dem Begriff der „Macht des Wortes":

> Der Eingangsvers handelt von der Macht des Wortes, das in einer von Zorn geladenen Situation beschwichtigend wirken kann, wie es nach 16,14 dem weisen Mann gegenüber dem Zorn des Königs möglich ist, während ein kränkendes Wort Zorn hervorruft und Streit entfacht.[15]

Meta-Pragmatik Sprechen ist mit Emotionen verbunden.[16] Man kann damit Aggressionen anheizen oder dämpfen. Wortwahl und Ton sind entscheidende Gestaltungselemente. Sie müssen so verwendet werden, dass fragile, momentan bestehende, soziale System unter den Kommunikationspartnern mit seinen Konventionen und Ritualen aufrechterhalten wird.[17] Hier stehen sich „sanfte Rede" und „harte Worte" gegenüber.

Metaphorische Konzepte „Sanft/weich" kann (auch synonym zu „glatt") mit den Sprechwerkzeugen verbunden sein (siehe Kap. 3.2). Es ist hier das metaphorische Konzept WEICHHEIT IST VERMITTLUNG/BESÄNFTIGUNG (siehe S. 95) aktiv.

Demgegenüber umfasst das Nomen עצב die Bedeutungsbereiche „Schmerz", „Mühe", „Kränkung". In Korrespondenz zum Assoziationsbereich „Weichheit" im ersten Halbvers erweist sich der Begriff der Kränkung als transparent zum Bildbe-

---

13 McKane, *Proverbs*, 477.

14 Hans Ferdinand Fuhs, *Das Buch der Sprichwörter. Ein Kommentar*, FzB 95 (Würzburg, 1991), 240.

15 Plöger, *Sprüche*, 179.

16 Vgl. dazu insgesamt Gillmayr-Bucher, "Emotion und Kommunikation".

17 Goffman, *Interaktionsrituale*, 40–48.

reich von Schmerzen verursachender Gewalteinwirkung (AGGRESSIVES REDEN IST VERLETZEN/SCHMERZEN ZUFÜGEN).[18]

Der Zorn wird in lexikalisierten Phrasen „heraufgeholt" bzw. „zurückgeführt". Hier zeigt sich das metaphorische Konzept ERREGUNG IST (INNERE) BEWEGUNG (siehe S. 94).

4.2.1.2 Spr 15,18

Streit wird nicht als guter Weg zur Lösung von Interessenkonflikten angesehen. Seine Ursache wird vielmehr im Charakter oder Gemütszustand der Konfliktpartner gesehen. Ähnlich wie bei Spr 15,1 wird hier eine Reziprozität zwischen dem Modus des Handelns und dem bewirkten Effekt beschrieben.

Spr 15,18

אִישׁ חֵמָה יְגָרֶה מָדוֹן וְאֶרֶךְ אַפַּיִם יַשְׁקִיט רִיב:

Ein Zorniger erregt Streit, aber ein Langmütiger beschwichtigt Streit.[19]

Alte Übersetzungen Die komplizierte Textgeschichte des Verses hat ihren Grund vor allem in der Doppelübersetzung[20] (bzw. der assoziativen Integration eines griechischen Sprichwortes)[21] des zweiten Halbverses in der Septuaginta. Dadurch ergeben sich eine ganze Reihe von Varianten in den Versionen, die emotional aufgeladenen Situationen zu umschreiben:

– אִישׁ חֵמָה יְגָרֶה מָדוֹן

LXX: ἀνὴρ θυμώδης παρασκευάζει μάχας, „ein jähzorniger Mann ruft Streit hervor" (LXX. D)

Peschitta: gbrʾ ḥmtnʾ mgrg ḥrtʾ „ein zorniger Mann erregt Streit"

Targum: גברא חמתא מגרי תגרי „ein zorniger Mann (Mann von Zorn) erregt Aufregung"

– וְאֶרֶךְ אַפַּיִם יַשְׁקִיט רִיב:

LXX: μακρόθυμος δὲ [...] καταπραΰνει. „Ein Langmütiger besänftigt" (LXX. D; Syrohex: מניח „beruhigt"[22])

μακρόθυμος ἀνὴρ παρασκευάζει μάχας „Ein langmütiger Mann wird Rechtsstreitkei-

---

18 Vgl. Josef Scharbert, *Der Schmerz im Alten Testament*, Bonner biblische Beiträge 8 (Bonn, 1955), 27–29.

19 Vgl. auch Spr 29,22.

20 di Lella, *Proverbs*, 6*.

21 Fox, "Amenemope", 236 f.

22 Antonio Maria Ceriani, Hrsg., *Codex Syro-Hexaplaris Ambrosianus photolithographice editus*, MSP VII (Mailand, 1874), 50r.

ten (im Keim) ersticken" (LXX. D; Syrohex: מדעך דינא "löscht Rechtsstreit"[23])
Peschitta: *md‹k.u lh* „löscht (tilgt?) für sich"
Targum: מדעך חרתא „löscht den Streit" (חדתא in Zamora ist wahrscheinlich ein
Schreibfehler[24]). Bei aller Varianz in der Wortwahl bleibt der Sinn jedoch in allen
Fällen mehr oder weniger gleich.

Kommentatoren Saadia versteht den איש חמה wie die modernen Kommentatoren
(die teils auf den „Heißen" in der ägyptischen Weisheitsliteratur verweisen)[25] als
den Hitzigen, und nimmt dabei ein arabisches Wort mit gleichlautender Wurzel
auf (חמיה „Eifer, Begeisterung, Hitze"). Zur Wiedergabe des „Langmuts" ('rk.u
'pym) wird der Aspekt zeitlicher Dauer herangezogen. Wer nicht sofort auf eine
Provokation reagiert, nimmt dem Streit Aggressivität.

Saadia übersetzt die Phrase ישקיט ריב mit יקרר חצומה „einen Streit beruhi-
gen", und nimmt damit wahrscheinlich die Nebenbedeutung „kühl sein" der arabischen Wurzel auf. Damit ist in der arabischen Übersetzung das metaphorische
Konzept ERREGUNG IST HITZE auch im zweiten Versteil wachgerufen.

Meta-Pragmatik Der Spruch thematisiert die Einsicht, dass die Erregtheit eines
Kommunikationspartners Streit hervorrufen, bzw. anheizen kann, während man
mit Geduld und Zurückhaltung einer Auseinandersetzung die Vehemenz nehmen
kann.

Metaphorische Konzepte Es ist auffallend, dass die assoziierten Bildbereiche in
den alten Übersetzungen und den mittelalterlichen und modernen Kommentaren relativ nah beieinander liegen. Es erscheint im Gegenteil eher schwierig, den
Sachverhalt ohne solche Bildaspekte in Worte zu fassen. Denn „Streit entfachen
bzw. erregen" sind auch im modernen Deutsch die gebräuchlichsten Ausdrücke,
die die zwischenmenschlichen Emotionen mit Hitze und mit Bewegung in Verbindung bringen. Zugrunde liegen immer wieder die basalen metaphorischen Konzepte ERREGUNG IST HITZE[26] und ERREGUNG IST BEWEGUNG.[27]

4.2.1.3 Spr 26,20 f.

In diesem doppelten Vergleichsspruch wird das metaphorische Konzept ERRE-
GUNG IST HITZE entfaltet. Mit dem Themenkomplex Streit wird dieses Konzept in
beiden Sprüchen auf soziale Interaktion angewendet. Auch diese beiden Sprüche

---

23 Ceriani, *Codex*, 50r.
24 Healey, *Targum*, 36.
25 McKane, *Proverbs*, 482; Plöger, *Sprüche*, 183; Meinhold, *Sprüche*, 255.
26 Siehe S. 89.
27 Siehe S. 94.

thematisieren (wie die vorhergehenden) die Reziprozität zwischen dem Modus
der Interaktion und dem dabei bewirkten Effekt.

Spr 26,20 f.

בְּאֶפֶס עֵצִים תִּכְבֶּה־אֵשׁ וּבְאֵין נִרְגָּן יִשְׁתֹּק מָדוֹן׃
פֶּחָם לְגֶחָלִים וְעֵצִים לְאֵשׁ וְאִישׁ מִדְיָנִים לְחַרְחַר־רִיב׃

Ohne Holz erlischt das Feuer, und ohne Verleumder verstummt Streit.
Kohle ist für die Kohlenglut und Holz für das Feuer und ein Streitsüchtiger
um Streit zu entfachen.

Alte Übersetzungen Die LXX variiert in beiden Versen bei der Übersetzung des
Bildes vom Feuer. In Vers 20 bildet sie eine Antithese, indem sie das Fehlen des
Holzes (M) in ἐν πολλοῖς ξύλοις „mit viel Holz"[28]umwandelt und anstelle des Verlö-
schen ein „Aufblühen" des Feuers (θάλλει πῦρ) setzt.

In V. 21 expliziert die LXX das Hinzufügen von Holzkohle zur Glut in umge-
kehrter Reihenfolge: ἐσχάρα ἄνθραξιν „ein Herd für die Kohle"[29] Erst die Aufnahme
der LXX-Version durch die Peschitta und Tragum mit dem Lexem טרטקל / ṭrṭql (von
lat. craticula „Bratrost") führt etwas weiter weg von diesem Bild.[30]

Kommentatoren Trotz der Variationen der alten Übersetzungen bezüglich der verwendeten Bilder ist auffällig, dass der grundsätzliche Zusammenhang des Bildbereiches Feuer bzw. Hitze mit dem Thema Streit nirgendwo in Frage gestellt ist,
sondern eher als konzeptuelle Grundlage immer vorausgesetzt war. Fraglich ist
nur die konkrete lebensweltliche Ausführung des Bildes mithilfe von Lexemen
der Zielsprachen. Die inhaltliche Aussage wird nicht berührt.[31] Plöger nimmt den
Vergleich auf und zieht eine Parallele zwischen dem Streitsüchtigen und einem
Pyromanen.[32] McKane erklärt die destruktive Wirkung von Verleumdung für das

---

28 Antoine Jean Baumgartner, *Étude critique sur l'état du texte du Livre des Proverbes d'après
les principales traductions anciennes* (Leipzig, 1890), 226 f. vermutet eine Lesung von ספף 3 her.
Emanuel Tov und Frank Polak, "The Revised CATSS Hebrew/Greek Parallel Text", Department
of Religious Studies, University of Pennsylvania, 2011 gehen von einer Doppellesung von ‛.swm
und עצים aus.
29 So McKane, *Proverbs*, 603. Die Annahme einer Änderung zu מַפּוּחַ in der Vorlage, übersetzt
mit „Blasebalg" (G. Wildeboer, *Die Sprüche* (Freiburg i. B. – Leipzig – Tübingen, 1897), 77; Berend
Gemser, *Sprüche Salomos*, 2. Aufl., HAT, I, 16 (Tübingen, 1963), 74; Mitchell Dahood, "Hebrew-
Ugaritic Lexicography VIII", *Bib.* 51 (1970): 396; BHS) ist nicht nötig, weil mit „Herd" eben der Ort
der Glühkohle benannt ist.
30 Fox, *Eclectic edition*, 348.
31 McKane, *Proverbs*, 603.
32 Plöger, *Sprüche*, 341.

soziale Miteinander. Dadurch wird das gegenseitige Vertrauen als Basis des Miteinander diskreditiert. Streit und Misstrauen werden dadurch „angefacht".[33]
Meta-Pragmatik Diese Sprüche machen darauf aufmerksam, dass es für eine Streitsituation auf die Personenkonstellation ankommt. Fehlt ein Streitsüchtiger, ist eine wichtige Bedingung nicht gegeben. Man kann darin die Mahnung sehen, Umgang mit Streitsüchtigen zu meiden, aber selbstbeherrscht zu vermeiden, Streit zu provozieren.
Metaphorische Konzepte Aus gutem Grund sind die beiden Sprüche nebeneinandergestellt: Streit wird illustriert durch das Nähren des Feuers durch Holz. Vers 21 erscheint jetzt als eine Art Kommentar oder Entfaltung zu Vers 20. Dabei ist die negative Aussage positiv gekehrt: Der Verleumder nährt das Feuer. Im Vergleich mit deutschen Redewendungen *facht er* nicht so sehr *den Streit an*, als dass er selbst das *Öl* ist, das *in's Feuer gegossen wird*. Die einzelnen Bildelemente passen nicht eins zu eins aufeinander, obwohl die Formulierungen offenbar ähnliche Aussageabsichten haben. Für das postulierte Konzept ERREGUNG IST HITZE[34] ist jedenfalls hier zu beachten, dass nicht der Streitsüchtige/Verleumder die Hitze mit sich bringt, sondern durch seine Anwesenheit, das Feuer nährt, das den Streit verstärkt. Das Bildelement Hitze ist hier also nicht direkt mit der körperlichen Wahrnehmung innerer Wärme gebunden, sondern kann als Konzept für Heftigkeit zwischenmenschlicher Auseinandersetzung dienen.

4.2.1.4 Spr 16,27
Die Charakterisierung eines schlechten oder „nichtsnutzigen" Menschen in Spr 16,27 beschreibt seinen destruktiven Einfluss. Die verwendeten erklärungsbedürftigen Formulierungen benennen seine Aktivität auf verbaler und nonverbaler Ebene und verwenden die Bildsprachen von Jagd und Gewaltanwendung.

Besonders in Spr 16,28 kann ähnlich wie bei den vorher behandelten Sprüchen von einer Reziprozität zwischen Handlung und Effekt gesprochen werden. Hier wird allerdings nicht mehr der Modus des Handelns benannt, sondern ein bestimmter Typ von Personen bzw. Handlungen.

Spr 16,27

אִישׁ בְּלִיַּעַל כֹּרֶה רָעָה וְעַל־שְׂפָתָיו (שְׂפָתוֹ) כְּאֵשׁ צָרָבֶת:

Ein schlechter Mensch gräbt Unheil und auf seiner Lippe ist es wie brennendes Feuer.

33 McKane, *Proverbs*, 603.
34 Siehe Kap. 3.3.2.1.

Alte Übersetzungen LXX, Vulgata und Targum stützen das Ketiv, indem sie den Dual von Sph mit Plural wiedergeben. Das Qere verweist wahrscheinlich auf eine ältere defektive Schreibweise.[35] Die Peschitta spricht hier statt dessen von *pmyh* „sein Mund".

Die seltene Form צרבת „brennend" wird je verschieden übersetzt. Die LXX setzt eine Metathese zu einer Wurzel צבר „sammeln" voraus.[36] Die Peschitta spricht einfach von „brennendem Feuer" (*nwrɔ yqdɔ*), während er Targum das Lexem mit „funkensprühend" übersetzt.

Die Phrase כרה רעה wird von der LXX adäquat als „Böses graben" übersetzt, sie setzt jedoch ein „sich selbst" hinzu, um den Spruch im Sinne des Tun-Ergehen-Zusammenhangs zu deuten. Die Peschitta weicht dagegen von einer wörtlichen Übersetzung ab und deutet diese Bildebene mit *ḥšl* „schmieden, planen". Die Targumvariante Z wählt das Verb חצד „schneiden, ernten", während L sich mit חפר „graben" um eine wörtliche Wiedergabe bemüht.

Kommentatoren Raschi umschreibt die Phrase כרה רעה als „graben" bzw. „still sein in seinem Herzen" (בלבו חורש), und versucht damit eine sprachliche Brücke von Bodenbearbeitung zum Planen zu schlagen.

Plöger und Meinhold paraphrasieren den Zusammenhang der beiden Bildbereiche folgendermaßen:

> Es heißt, er grabe Böses aus [...] Er holt also Dinge hervor, über die bereits Gras gewachsen ist, und hält so das Feuer des Zerwürfnisses am Brennen [...][37]

Dann fügt Meinhold jedoch eine zweite Deutung für das Feuer im Gesicht an: Die Schamröte, die das Gesicht entstellt.[38]

Meta-Pragmatik Auch wenn die genauen Bedeutungen der Phrasen offen bleiben müssen, bieten der Satzzusammenhang und die verwendeten metaphorischen Konzepte genug Anhalt um grob zu rekonstruieren. Entgegen weisheitlichen Maßstäben agieren Übeltäter mit bösen Plänen gegen Mitmenschen. Ihr sprachliches Handeln ist durch Aggressivität geprägt.

Metaphorische Konzepte Auffällig ist zunächst die Phrase כרה רעה „gräbt nach Unheil". Sie muß dem metaphorischen Konzept SCHÄDIGENDES REDEN IST FALLEN-STELLEN zugeordnet weren, weil das Verb כרה 1 *qal* im Biblischen Hebräisch öfter im Zusammenhang mit Fallen-Stellen verwendet wird, aber mit verallgemeinernder Bedeutung von Nachstellungen (Jer 18,20.22; Ps 7,16; 57,7; 119,85; Spr 26,7).

---

35 So Fox, *Eclectic edition*, 252.
36 So schon Jaeger, *Observationes*, 121.
37 Meinhold, *Sprüche*, 277. Vgl. Plöger, *Sprüche*, 196.
38 Meinhold, *Sprüche*, 277.

Als zweites ist das brennende Feuer auf der Lippe zu beachten, das weniger Ausdruck von Erregung als vielmehr von aggressivem Verhalten ist (AGGRESSIVES REDEN IST VERLETZEN/SCHMERZEN ZUFÜGEN, siehe S. 126).

4.2.1.5 Spr 16,28

In diesem Spruch werden Störungen des sozialen Gefüges durch Verleumdung und Streit zur Sprache gebracht. Dabei werden die zwischenmenschlichen Beziehungen in räumlichen Konstellationen beschrieben.

Spr 16,28

אִישׁ תַּהְפֻּכוֹת יְשַׁלַּח מָדוֹן וְנִרְגָּן מַפְרִיד אַלּוּף׃

> Ein Mann von Verkehrtheiten sendet Streit aus, und ein Verleumder entzweit einen Vertrauten.

Alte Übersetzungen Sowohl das Konzept der VERDREHTHEIT (σκολιός) als auch das der DISTANZ (διαχωρίζει) werden von der LXX übernommen und durch entsprechende Lexeme umgesetzt. Anstelle von ונרגן erscheint jedoch ein Einschub, der sich – wie genau lässt sich nicht rekonstruieren – vom Beginn des Wortes (נר) erklären lässt und zusätzlich das Konzept der HITZE aufgreift.

Auch Peschitta und Targum spiegeln das Konzept der DISTANZ am Ende des Spruches mit der *rdp* (peal) bzw. ערק (pael), beides „verjagen", wieder. VERDREHTHEIT erscheint im Targum mit גברא מהפכא, während die Peschitta mit *gbrˀ ˁwlˀ* einen allgemeineren Ausdruck verwendet.

Kommentatoren Während Raschi das Wort אלוף „Vertrauter" auf Gott bezieht, thematisiert PsIbnEsra die zwischenmenschliche Wirkung einer Gewalttat. Sie bewegt auch den Nächsten zu einer ähnlichen Tat. Plöger sieht die destruktive Wirkung nicht in Bezug auf einen Vertrauten des „Verkehrten", sondern so, dass dieser die Freundschaft anderer zerstört.[39] Meinhold erwägt beide Möglichkeiten. Er paraphrasiert das Konzept VERKEHRTHEIT folgendermaßen: „Er wendet mit seinen Äußerungen die Dinge nach unten, entstellt sie zum Schlechteren."[40]

Meta-Pragmatik Der Spruch warnt vor negativen Folgen von Verleumdung und Streit. Er macht deutlich, dass destruktives Handeln weitreichende Auswirkungen hat, die die sozialen Beziehungen stören. Offen bleibt, ob der Handelnde selbst als der gesehen wird, der unter diesen Störungen zu leiden haben wird.

Metaphorische Konzepte Drei metaphorische Elemente können in dem Spruch identifiziert werden. Die Charakterisierung איש תהפכות basiert auf dem Konzept

---

39 Plöger, *Sprüche*, 196.
40 Meinhold, *Sprüche*, 277 f.

INTRIGIEREN IST VERDREHEN. Allerdings könnte der Ausdruck hier lexikalisiert verwendet worden sein. Es zeigt sich kein weiterer Transparenzmarker.

Deutlich werden Distanzen durch den Text konstruiert. Einerseits „wirft" der Akteur Streit unter seine Mitmenschen und dadurch sorgt er andererseits dafür, dass Menschen zueinander auf Abstand gehen (GEGNERSCHAFT IST RÄUMLICHE DISTANZ).

Man kann auch von einem Zusammenhang mit dem Konzept ERREGUNG IST BEWEGUNG (siehe S. 94) ausgehen, weil insbesondere die Wortverbindung ישלח מדון „Streit werfen" eine starke Dynamik evoziert, die Erregung auslöst, bzw. von ihr ausgelöst wird.

4.2.1.6 Spr 17,9

Die zunächst überraschend positive Bewertung eines Verhaltens in Spr 17,9, das man auch als „Vertuschung" bezeichnen könnte, lässt sich als eine realistische Einschätzung erschließen. Soziale Beziehungen setzen auch voraus, dass Fehlverhalten in einem gewissen Maß toleriert werden kann. Nach Erving Goffman ist es sogar eine basale Voraussetzung für gelingende Kommunikation, dass alle Gesprächsteilnehmer in der Lage sind, alles ungesagt zu lassen, was das *image* eines Kommunikationsteilnehmers verletzen könnte.[41]

Spr 17,9

מְכַסֶּה־פֶּשַׁע מְבַקֵּשׁ אַהֲבָה וְשֹׁנֶה בְדָבָר מַפְרִיד אַלּוּף׃

Wer ein Vergehen verdeckt, sucht Freundschaft, aber wer eine Sache wieder aufgreift, entfernt einen Vertrauten.

Alte Übersetzungen Die Septuaginta und ihr folgend die Peschitta und ein Teil der Targumüberlieferung übersetzen שנה בדבר mit ὃς δὲ μισεῖ κρύπτειν „wer das Verdecken hasst". Dabei muss שנה als שֹׂנֵה „hassen" gelesen und בדבר im Sinne von „in dieser Sache" als Rückbezug auf den im ersten Halbvers genannten Tatbestand (nämlich das Verdecken) verstanden worden sein. Symmachus und Theodotion bezeugen die masoretische Lesung (שנה als „wiederholen, insistieren auf" verstanden) durch δευτερῶν λόγον/ἐν λόγῳ „ein Wort wiederholen, auf es zurückkommen".

Kommentatoren Die Kommentatoren stimmen mehrheitlich darin überein, die beiden Vershälften als einander erklärende Antithese zu verstehen: Ein Vergehen „bedecken" beschreibt die Großmut, nicht nachtragend zu sein, weil letzteres die

---

41 Goffman, *Interaktionsrituale*, 50–52.

Freundschaft gefährdet. Nur PsIbnEsra deuten bdbr Snh als Wiederholung der (vegebenen) Tat, was dann zum Bruch des Vetrauensverhältnisses führt.

Abweichende Deutungen ergeben sich vor allem bei der Erklärung des Ausdruckes מפריד אלוף, was sich auf eine dritte Partei beziehen könnte (McKane[42], Raschi[43]) oder eben den Freund selbst meinen könnte (Plöger[44], Meinhold[45], Saadia).

Die positive Bewertung des „Bedeckens" von Schuld lässt sich leichter unter der Annahme zwischenmenschlicher Vergehen und nicht gesamtgesellschaftlich relevanter Übertretungen erklären.[46]

Meta-Pragmatik Freundschaft impliziert gegenseitige Loyalität, die nicht zuerst an Bedingungen geknüpft ist. Gerade die unbedingte Akzeptanz der Person mit ihren Fehlern und Schwächen begründet, warum Freundschaft eine so starke emotionale Resource ist. Wer sich so etwas bewahren will, muss Großzügigkeit zeigen und darf nicht nachtragend sein.

Metaphorische Konzepte In der ersten Spruchhälfte liegt der häufig erscheinende Gegensatz der Bildelemente Aufdecken/Verbergen vor. Kontextbedingt ist das Verbergen positiv bewertet. Das Konzept TRANSPARENZ IST AUFDECKEN (s. S. 83) macht aber deutlich, dass es sich hier um einen Sonderfall handelt: Normalerweise ist das Offenlegen von Verfehlungen Voraussetzung dafür, dass Gerechtigkeit hergestellt werden kann. Im hier thematisierten Fall ist es jedoch eher kontraproduktiv bewertet, sich als Richter aufzuspielen.

Die zweite Spruchhälfte führt dann mit einer ganz anderen Sprache vor Augen, worin solches destruktives Offenlegen bestehen kann: Darin, dass man immer wieder an das Fehlverhalten erinnert.

4.2.1.7 Spr 27,3 f.

Störungen der sozialen Beziehungen werden in diesem Spruch mit dem Konzept der BELASTUNG konzeptualisiert. Der „Tor" wird als solcher schon als jemand angesehen, der gegenseitige Verantwortung nicht achtet. Geht Aggressivität von ihm aus, dann wird das zu einer gesamtgesellschaftlichen Belastungsprobe.

Bei dem folgenden Vers Spr 27,4 kommt dann deutlicher zur Sprache, dass es auch eine umgekehrte Reziprozität zwischen Handlungsmodus und Effekt (anders als oben bei Spr 15,1 beschrieben) geben kann: Die Anwendung von Aggres-

---

42 McKane, *Proverbs*, 508.
43 Hier ist der אלוף Gott.
44 Plöger, *Sprüche*, 202 f.
45 Meinhold, *Sprüche*, 287.
46 Meinhold, 287.

sivität kann eben auch den Effekt haben, dass die Gesprächspartner zurückwei-
chen, statt die Herausforderung aufzunehmen.

27,3

כֹּבֶד־אֶבֶן וְנֵטֶל הַחוֹל וְכַעַס אֱוִיל כָּבֵד מִשְּׁנֵיהֶם

Gewicht von Stein und Schwere von Sand – und/aber Zorn eines Toren ist
schwerer als beide.

Die alten Übersetzungen variieren kaum bei der Übertragung des Verses, sondern
bleiben relativ nah an der hebräischen Vorlage. Einen leichten Hinweis zu einer
Deutung bietet das δυσβάστακτον „schwer zu (er)tragen" der LXX, das allerdings
deutlich die Grundbedeutung der Wurzel נטל „aufheben" aufnimmt.
Kommentatoren Die physischen Anstrengungen und Einschränkungen, die mit
dem Lastentragen verbunden sind, beschreibt McKane folgendermaßen:

„The bearing of such weights is associated aching and strained muscles, inhibition of free
movement, and general physical depression and exhaustion."[47]

Die Genitiv-Verbindung כעס אויל lässt Raum für Interpretationen als *genitivus
subiectivus* bzw. *obiectivus*. Ist es (für andere) unerträglich/untragbar, wenn ein
Tor zürnt, oder ist der Zorn über ihn so schwerwiegend und folgenreich? Letzteres
schlägt Raschi vor:

„Zorn eines Toren" – weil ein Tor Gott erzürnt und dadurch Zorn über die Welt bringt.

Erstere Deutung ist naheliegender und wird von Arndt Meinhold folgendermaßen
expliziert, der אויל als „Selbstklugen" konkretisiert:

„[...] gegenüber der seelischen Belastung, die der Unmut eines Selbstklugen darstellt (s. zu
12,16), seien jedoch die körperlichen Lasten leichter.[48]

Meinhold vermittelt dann aber zwischen beiden Positionen:

„Es läuft auf eins hinaus, ob der eigene Unmut eines Selbstklugen (s. zu 1,7) oder der von
ihm bei anderen ausgelöste gemeint ist, denn ein von sich überzeugter, konfuser und unbe-
herrschter Mensch stellt in jedem Fall eine unerträgliche Belastung für seine Mitmenschen
dar."[49]

---

47 McKane, *Proverbs*, 609.
48 Meinhold, *Sprüche*, 451.
49 Meinhold, 451.

Meta-Pragmatik Sprachliches Handeln kann in diesem Spruch, der den Zorn thematisiert, nur implizit angenommen werden. Deutlich wird durch die Interpretationen, dass das Handeln eines Toren in seinem sozialen Kontext Probleme bereitet. Die in einer Gemeinschaft gebotene gegenseitige Akzeptanz, Solidarität und wirtschaftliche Absicherung werden durch jemanden auf eine harte Probe gestellt, der selbst diese Voraussetzungen des Zusammenlebens nicht achtet. Sein Verhalten wird als Belastung wahrgenommen.

Metaphorische Konzepte Durch die Verwendung des Wortes „Belastung" wird deutlich, dass die Interpretation auf der impliziten Annahme beruht, dass ein vergleichbares Konzept PROBLEME SIND LASTEN im Deutschen wie im Hebräischen vorliegt. Die Probleme bzw. Herausforderungen werden sowohl auf der Ebene eines inneren Konfliktes eines Leidtragenden gesehen, als auch als Beeinträchtigung zwischenmenschlicher Beziehungen. Es finden sich im Untersuchungskorpus jedoch nicht genug Belege, um ein Cluster zu bilden.

Die Übersetzungsvarianten „untragbar/unerträglich" machen deutlich, dass das metaphorische Konzept in unterschiedlichen semantischen Bereichen Anwendung finden kann. Auch wenn Fragen zur Ausdifferenzierung der Deutung offen bleiben, ist die Grundannahme jedoch plausibel.

27,4

אַכְזְרִיּוּת חֵמָה וְשֶׁטֶף אָף וּמִי יַעֲמֹד לִפְנֵי קִנְאָה

> Grausamkeit von Wut und Überflutung durch Zorn – und/aber wer besteht vor Neid/Eifersucht?

Alte Übersetzungen LXX, Peschitta und Targum lassen sich von einer mit M übereinstimmenden Vorlage ableiten. LXX formuliert die rhetorische Frage in der zweiten Vershälfte als Aussage: „Aber die Eifersucht erträgt niemanden" (LXX. D) – und verlagert dadurch den Schwerpunkt: Hier geht es nicht so sehr darum, wer sich in einer Auseinandersetzung behaupten kann, sondern dass ein Eifersüchtiger wegen seiner Unduldsamkeit nur bedingt gemeinschaftsfähig ist.

Die Peschitta folgt hier dem masoretischen Text, der Targum verwendet z. T. aramäische Synonyme, die sich näher an die hebräische Vorlage anlehnen (ṭnnʾ/ קניתא).

Zur Deutung der metaphorischen Konzepte liefern die Übersetzungen verschiedene Interpretationen:

M/T: נכזריתא/אכזריות „Grausamkeit";

LXX: ἀνελεήμων „Unbarmherzigkeit";

S: mrḥwtʾ „Mut/Forschheit";

M: שטף „Flut";

LXX: ὀξεῖα „schnell, scharf";
S/T: ḥᵊpᵊ/חיפא „Stärke".

Kommentatoren McKane betont zu recht, dass der Vers nicht einfach als Gegenüberstellung von Zorn und Eifersucht zu sehen ist, von denen letztere destruktiver bzw. andauernder[50] sei. Der Zorn illustriere gleichzeitig die heftigen Emotionen der Eifersucht, sodass man eher von einer Steigerung reden müsse.[51]

Destruktive Effekte des Zorns und der Eifersucht sind hier eher nach außen gerichtet, während Eifersucht – im Zusammenhang psychosomatischer Einsicht[52] – in 14,30 eher nach innen destruktiv wirkt. Die Nuanceverschiebung der LXX berührt auch diesen Aspekt.

Meta-Pragmatik Obwohl sprachliches Handeln hier nicht explizit benannt wird, ist es mit hoher Wahrscheinlichkeit Teil des Themenkomplexes „Zorn und Eifersucht". Die damit verbundenen Formen des Handelns werden hier weniger auf Destruktivität hin fokussiert, sondern auf starke Durchsetzungskraft. Zorniges Auftreten ist mit einer Aggressivität verbunden, die oft auch als Drohung mit Gewalttätigkeit wahrgenommen wird. Die Kommunikationspartner begeben sich daher tendenziell in die Defensive (wenn sie nicht eine entsprechende aggressive Gegenhaltung aufbauen).

Metaphorische Konzepte Während „Gewalttätigkeit", sofern das überhaupt metaphorisch (im Sinne von Aggressivität, die noch nicht körperlich ausgetragen wird) gemeint ist, und „Zornüberflutung" die emotionalen Vorgänge bei einem Kommunikationspartner beschreibt, die der Handlungssituation vorausgehen (ERREGUNG IST (INNERE) BEWEGUNG, siehe S. 94), beschreibt die Frage „wer kann bestehen vor …?" das Verhältnis der Kommunikationspartner in der Auseinandersetzung. Das Konzept STEHEN IST GÜLTIGKEIT lässt sich hier variieren zu STEHEN IST DURCHSETZUNGSVERMÖGEN (siehe S. 87).

4.2.1.8 Spr 28,23
Dieser Spruch beschreibt eine paradoxe Struktur zwischenmenschlicher Beziehungen. Harte, zurechtweisende Rede muss nicht zwangsläufig zu einer entsprechenden Abwehr führen. Insbesondere im Nachhinein kann sich zeigen, dass eine Kritik hilfreich war. Außerdem zeigt der Kritiker Selbstbewusstsein und Autorität, was dazu führen kann, dass sein Ansehen steigt.

---

50 Vgl. Meinhold, *Sprüche*, 451.
51 McKane, *Proverbs*, 611. ähnlich auch Saadia und PslbnEsra.
52 Plöger, *Sprüche*, 175.

Auch hier kann man (ähnlich wie oben bei Spr 27,4) von einer umgekehrten Reziprozität zwischen Handlungsmodus und Effekt sprechen. Hier ist diese Beobachtung allerdings positiv bewertet.

Spr 28,23

מוֹכִיחַ אָדָם אַחֲרַי חֵן יִמְצָא מִמַּחֲלִיק לָשׁוֹן

Der Kritiker eines Menschen findet hinterher Gunst – mehr als ein Schmeichler (mit der Zunge).

Alte Übersetzungen Die Form אַחֲרַי „nach mir" (?) stellt eine Schwierigkeit dar, mit der die Übersetzungen – jeweils selbständig – unterschiedlich umgehen. Die Peschitta lässt ein Äquivalent dafür aus, der Targum wendet es ins wörtliche Gegenteil קדמוי „vor ihm" – wohl eher räumlich als zeitlich gemeint. Die LXX setzt offenbar eine Metathese voraus (ארח „Weg" statt אחר „nach").

Die Peschitta übersetzt חן „Gunst" mit *rḥm* › „Freunde", was mit der Deutung von מחליק לשון als „mit der Zunge entzweien" (*mplg blšnh*, abgeleitet von חלק II „teilen") am Versende korrespondiert.[53]

Das griechische Äquivalent für „schmeicheln" in der LXX, γλωσσοχαριτέω ist ein *hapax legomenon*, das ebenfalls nicht den Bildbereich von „glatt machen" evoziert, sondern statt dessen die Korrespondenz zu χάρις „Gnade" im ersten Halbvers sucht.

Kommentatoren PsIbnEsra versucht, die Form אחרי in wörtlicher Bedeutung zu integrieren, indem er Salomo als den Gesetzgeber hier in der ersten Person sprechen sieht, der das „nach mir" als „nach meinem Gesetz" versteht.

Meinhold betont die Bedeutung der durch אחרי (wie auch immer erklärt) angezeigten zeitlichen Verzögerung. Er macht außerdem darauf aufmerksam, dass sich die Bedeutung „heucheln" (חלק I, *hif*) vor allem aus dem Gegenüber zum Spruchanfang ergibt, von anderen Belegstellen der Wurzel dagegen eher von „heuchlerische[m] und betrügerische[m] Übervorteilen des Nächsten" spräche.[54]

Meta-Pragmatik Der Spruch hat die unterschiedliche Wirkung von Kritik und (geheucheltem?) Lob im Blick. Während Zurechtweisung im ersten Moment unangenehm erscheint, kann sie doch konstruktiv wirken. Der Kritik-Übende erweist sich dadurch als aufrichtig, sodass sein Urteil eher geschätzt wird als ein Lob, von dem man nicht weiß, wie ernst es gemeint ist. Freilich braucht man für so eine Festigung des Vertrauens oft einen zeitlichen Abstand.

Metaphorische Konzepte Der Spruch ist ein Beleg für das metaphorische Konzept GLÄTTE IST TÄUSCHEN/ SCHMEICHELN (siehe S. 97). Durch die ausdrückliche Er-

---

53 Vgl. Fox, *Eclectic edition*, 369. Anders Healey, *Targum*, 58.
54 Meinhold, *Sprüche*, 478.

wähnung des Sprechwerkzeugs „Zunge" (לשׁוֹן) ergeben sich Assoziationen zur glatten Oberfläche dieses Körperteils. Allerdings ist dieses Lexem auch abstrakt deutbar, wie der Phrase החליק אמרים belegt (Spr 7,5).

4.2.1.9 Spr 11,10 f.

Die Verse 10 und 11 bilden in ihrer jetzigen Zusammenstellung ein Spruchpaar mit inhaltlich und formal sehr parallelen Aussagen. Allerdings scheint die Zusammenstellung aufgrund der Ähnlichkeit erst im Zuge der Sammlungs- und Kompositionsprozesse vollzogen worden zu sein. Was beide Sprüche (und auch den unten folgenden Beleg Spr 29,8) miteinander verbindet, ist der Themen- bzw. Bildbereich einer Stadt. In allen drei Sprüchen ergibt sich dadurch eine Metaphorik für die gesamtgesellschaftlichen Auswirkungen von Kommunikation. Im Vergleich mit Spr 15,1.18 kann wohl auch hier von einer Reziprozität zwischen Modus und Effekt gesprochen werden, die aber in einem größeren Zusammenhang gesehen werden.

Spr 11,10 f.

בְּטוּב צַדִּיקִים תַּעֲלֹץ קִרְיָה וּבַאֲבֹד רְשָׁעִים רִנָּה:
בְּבִרְכַּת יְשָׁרִים תָּרוּם קָרֶת וּבְפִי רְשָׁעִים תֵּהָרֵס:

Über das Wohl von Gerechten frohlockt eine Stadt, und beim Untergang von Frevlern ist Freude.
Durch Segen von Geradlinigen erhebt sich eine Stadt, aber durch den Mund von Frevlern wird sie niedergerissen.

Alte Übersetzungen Die Septuaginta geht soweit, beide Verse zu einem zusammenzufassen, indem 10a und 11b miteinander verbunden sind. Denn 10a und 11a weisen sehr ähnliche Formulierungen auf. 10b in M hat dann jedoch keine Entsprechung in der LXX. Peschitta und Targum folgen dem masoretischen Text. Die LXX gibt deshalb auch V. 10 mit dem Bildbereich AUFRICHTEN (κατώρθωσεν), wieder. Die Peschitta nimmt diese Bildsprache mit „stark sein" (t‹šn) auf. Das ist jedoch auch für die Bedeutung „sich freuen" des masoretischen Textes offen (so der Targum mit תדוץ).

Kommentatoren Vers 11 scheint ursprünglich selbständig gewesen zu sein. Denn בברכת ישרים „durch die Segnung der Geradlinigen" muss in Parallelität zu בפי רשעים „durch den Mund der Frevler" als aktives sprachliches Handeln verstanden werden.[55] Das formal ebenfalls parallele בטוב צדיקים „über das Glück der Gerech-

---

55 Meinhold, 191. Vgl. die ähnliche Konstruktion zu Beginn von V. 9.

ten" wird dagegen im Sinne von passiv erfahrenem Glück verstanden.[56] Schipper betont, dass in Spr 11,11 die destruktive „Macht der Rede" im Mittelpunkt steht, die er als „gemeinschaftsschädigende, unsolidarische Rede" paraphrasiert.[57]
Meta-Pragmatik Vor allem bei V 11 ist deutlich, dass es um sprachliches Handeln von Gerechten und Frevlern geht und dass deren Wirkungen im Blick sind: Segnen (durch Rechtschaffene) stabilisiert eine Gemeinschaft, das Reden der Frevler dagegen wird dem als destruktiv gegenübergestellt. Es zerstört soziale Beziehungen.
Metaphorische Konzepte Kann man in V. 11 das metaphorische Konzept REDEN IST BAUEN aktiv sehen? Es wird die pragmatische Einsicht von Destruktivität des Redens am Beispiel einer städtischen Gemeinschaft illustriert. Das bauliche Erscheinungsbild einer Stadt wird als Ausdruck von Prosperität und funktionierendem Zusammenleben vorausgesetzt. Wenn die Stadt „durch den Mund von Frevlern eingerissen" wird, dann sind damit zunächst die auch am Stadtbild zu beobachtenden Wirkungen benannt. Bei mangelnder innergesellschaftlicher Solidarität und zurückgehendem Wohlstand verfallen Gebäude, Mauern und Tore. So wird deutlich, wie die Erfahrung von verfallenden Häusern ein Konzept des Hausbau motiviert hat, das durchaus offen ist für Metaphorisierung. Als Konzept wird also hier formuliert: DESTRUKTIVES HANDELN IST NIEDERREISSEN, das als Gegensatz dem Konzept STEHEN IST FUNKTIONSTÜCHTIGKEIT (siehe S. 87) zuzuordnen ist.

4.2.1.10 Spr 29,8
Das Wirken destruktiver Kräfte in einem Sozialsystem wird in Spr 29,8 am Beispiel von Aufruhr in einer Stadt vorgestellt. Die verwendeten Verben evozieren dabei das Bild eines Stadtbrandes als Ausdruck öffentlicher Erregung.

Spr 29,8

אַנְשֵׁי לָצוֹן יָפִיחוּ קִרְיָה וַחֲכָמִים יָשִׁיבוּ אָף׃

Leute von Spott erregen eine Stadt.
Aber Weise stillen[58] Zorn.

Alte Übersetzungen Auffällig ist in der LXX vor allem das Lexem λοιμός, „Pest(kranker)" als Entsprechung von לצון „Spötter". Sie variiert das Bildelement damit auf

---

56 PsIbnEsra: כאשר יטיב להם השם „wenn der Herr es ihnen gut gehen lässt". Vgl. Plöger, *Sprüche*, 137 f. der jedoch V. 11a in Analogie zu V. 10 interpretiert.
57 Schipper, *Sprüche, Bd. 1*, 674 f.
58 Vgl. dazu Kap. 3.3.2.1.

die schnelle Ausbreitung einer Krankheit (im Anschluss an das schnelle Sich-Ausbreiten des Feuers).

Wenn die Standardannahme korrekt ist, dass der Targum vom Text der Peschitta übernommen und abgeleitet wurde,[59] dann hat sich gerade im Targum (außer Z) ein Schreibfehler tradiert, der gegen den masoretischen Text steht: Aus krkɔ „Stadt" wurde כדבא „Lüge" und hat dann ein ganz anderes Verb nach sich gezogen ממללין „reden".[60] Der erste Halbvers sagt jetzt also „Spötter reden Lügen" – was natürlich auch eine Auslegung dazu darstellt, was es heißt, eine Stadt zu „entfachen". Der Schreibfehler hat im Targum also eine neue Funktion bekommen.

Kommentatoren Während Raschi die Bildszenerie als Anfachen eines Feuers durch Wind beschreibt, leitet PsIbnEsra die Form יפיחו von פח „Falle" ab und beschreibt, wie Gott die Stadt der Spötter belagert.

Wie durch Spötter das öffentliche Klima vergiftet werden kann, beschreibt Meinhold:

> Sie [die Hochmütigen] versetzen die Stadt in Aufruhr, so wie man ein Feuer anfacht. Die Spannungen innerhalb der Bevölkerung werden nicht gelöst, sondern geschürt und zum eigenen Vorteil ausgenutzt, Verdrehungen und Entstellungen nicht zurechtgerückt, Bevorzugung und Vetternwirtschaft blühen, die Flammen der Zwietracht und der Empörung schlagen hoch.[61]

Für Spr 29,8 werden die Handelnden etwa als „dünkelhafte Politiker",[62] aufrührerische „ehemalige Gebieter",[63] rhetorisch begabte Aufrührer[64] bzw. hochmütige Unruhestifter[65] umschrieben. Verbunden sind alle diese Deutungen mit der Annahme von politisch-sozialen Unruhen, hervorgerufen durch öffentlichkeitswirksames sprachliches Handeln. Ob dieses destruktive Verhalten eher Unzufriedenheit artikuliert,[66] verleumdet und bestehende Konflikte schürt[67] oder zum Ungehorsam aufruft,[68] bleibt mit dem Begriff לצון letztlich offen.

Meta-Pragmatik Daher stellt sich speziell die Frage nach der Bedeutung von לצון „Spott, Scherz, Schwatzen, Prahlen". Die Bedeutungsbreite dieses Lexems[69] führt

59 Vgl. Dathe, "De Ratione", 121; Pinkuss, "Übersetzung", 111.
60 Healey, *Targum*, 58 f.
61 Meinhold, *Sprüche*, 484.
62 Plöger, *Sprüche*, 341, 344.
63 Meinhold, *Sprüche*, 484.
64 Mordechay Zer-Kavod und Yehudah Qil, ספר משלי / *sefær mišlê* (Jerusalem, 1983), 240.
65 McKane, *Proverbs*, 635.
66 Plöger, *Sprüche*, 344.
67 McKane, *Proverbs*, 635; Meinhold, *Sprüche*, 484.
68 Zer-Kavod und Qil, ספר משלי / *sefær mišlê*, 240.
69 H. Neil Richardson, "Some Notes on ליץ and its Derivates", *VT* 5 (1955): 163–179.

zu unterschiedlichen Szenerien, die zur Deutung des Spruches konstruiert werden.

Die Verwendung der Wortverbindung אנשי לצון auch in Jes 28,14 dient dabei oft als Ausgangspunkt, weil es auch dort um Unruhen in einem Gemeinwesen geht mit Anführern, die sich laut dem Propheten auf falsche Sicherheiten verlassen. Parallel zum genannten Ausdruck steht dort die Verbindung משלי העם הזה, des entweder als „Herrscher" oder als „Spruch-Dichter" gedeutet werden kann, bzw. ein Spiel zwischen beiden Bedeutungen impliziert.

Der Spruch entfaltet die Aussagen über provokatives bzw. beschwichtigendes sprachliches Verhalten, wie es etwa in 15,1 gegenübergestellt ist. Hier wird vor allem auf die Auswirkung im sozialen Gefüge einer Ortsgemeinschaft hingewiesen. **Metaphorische Konzepte** Der erste Halbvers ist gezielt doppeldeutig: Durch Leichtsinnige (im Umgang mit Feuer) kann eine Stadt leicht in Brand geraten. Und ebenso fachen Spötter durch ihr sprachliches Handeln die Aufregung in einer Gemeinde an. Der zweite Halbvers macht dann deutlich, dass der Vers auf die zweitgenannte Deutung abzielt (Weise stillen den Zorn).

Der Spruch illustriert die Gefahr von Unruhestiftern für ein Gemeinwesen durch das Bild eines Stadtbrandes, der durch Leichtsinnigkeit entstanden ist (in der LXX: das schnelle Sich-Ausbreiten der Pest in einer Stadt). Bild- und Sachhälfte werden durch die Bedeutungsbreite des Verbes פוח „entfachen" im Kontext einer Stadt evoziert. Dabei ist einerseits das metaphorische Konzept ERREGUNG IST HITZE und andererseits ERREGUNG IST BEWEGUNG aktiv, die in der Semantik dieses Verbs zusammentreffen. Der zweite Halbvers nimmt mit השיב אף das letztgenannte Konzept auf: Der in Bewegung geratene Zorn wird zur Ruhestellung zurückgebracht.

Die metaphorischen Konzepte ERREGUNG IST HITZE[70] und ERREGUNG IST BEWEGUNG[71] werden in diesem Spruch sehr anschaulich entfaltet in dem Bild vom Anfachen eines Feuers. Man muss in das Feuer blasen, um es zum Brennen zu bringen. Das machen die אנשי לצון. Das Verb פוח (hif.), das hier verwendet wird, kann sich – gerade in den Sprüchen – auch auf sprachliches Handeln beziehen (Spr 6,19; 12,17; 14,5.25; 19,5.9: „Lügen verbreiten").

4.2.2 Psychosomatische Zusammenhänge

Der im vorangegangenen Abschnitt beschriebene Zusammenhang von Emotionen und sozialer Interaktion schließt oft eine Bildsprache mit ein, die diese Emotio-

---

70 Siehe S. 89.
71 Siehe S. 94.

nen als physischen Schmerz bzw. körperliches Wohlbefinden wiedergeben. An einigen Stellen legt es sich nahe, diesen Zusammenhang zunächst nicht als metaphorisches Konzept zu erklären, sondern die Erfahrung psychosomatischer Zusammenhänge vorauszusetzen.

Die positive Wirkung, die angenehme Rede hat, wird z. B. in Spr 16,24 mit dem körperlichen Wohlbefinden verglichen, den der Genuss von Honig hat. Es ist anzunehmen, dass die positiven Emotionen, die durch das sprachliche Handeln ausgelöst werden, körperlich wahrgenommen[72] werden, wie es vergleichbar in Spr 15,30 beschrieben ist: מְאוֹר־עֵינַיִם יְשַׂמַּח־לֵב שְׁמוּעָה טוֹבָה תְּדַשֶּׁן־עָצֶם: „Ein Leuchten der Augen erfreut das Herz und eine gute Nachricht macht das Gebein fett." Und mit negativer Variante im zweiten Versteil: Spr 17,22 לֵב שָׂמֵחַ יֵיטִב גֵּהָה וְרוּחַ נְכֵאָה תְּיַבֶּשׁ־גָּרֶם: „Ein fröhliches Herz verbessert die Heilung, aber ein niedergeschlagenes Gemüt trocknet das Gebein aus." Und in Spr 27,9 wird die wichtige Rolle von Freundschaft mit der Wirkung von Räucherwerk verglichen: שֶׁמֶן וּקְטֹרֶת יְשַׂמַּח־לֵב וּמֶתֶק רֵעֵהוּ מֵעֲצַת־נָפֶשׁ: „Öl und Räucherwerk erfreuen das Herz und die Süße seines Freundes mehr[73] als der eigene Rat." Die körperlich erfahrbaren Gerüche können dazu beitragen, die Stimmung zu heben. Auch Freundschaft kann sowohl als körperliche als auch als seelische Stärkung wahrgenommen werden.

Wenn hier der Begriff „psychosomatisch" verwendet wird, soll damit die Einsicht beschrieben werden, dass psychische und physische Erfahrungen systemisch eng miteinander zusammenhängen und dementsprechend erfahren und konzeptualisiert werden. Die Begrifflichkeit soll darauf hinweisen, dass die Trennung der Konzepte von Körper und Geist eine neuzeitliche Konstruktion ist, die modernen Menschen das Verständnis ganzheitlicher Wirkzusammenhänge erschwert.[74]

Allerdings finden sich gerade deshalb Belege für ein ganzheitliches Person-Verständnis,[75] weil in einigen Belegen Lexeme erscheinen, die verschiedene Aspekte dieser Einheit zu benennen scheinen. Dann würden diese Sprüche aber doch einen Gegensatz benennen, der erst durch ihre Aussage überbrückt würde. So wurde das Begriffspaar נפש und עצם in Spr 16,24 im Sinne einer Gegenüberstellung von Körper und Seele angesehen, die beide durch freundliche Worte „geheilt"

---

72 Plöger, *Sprüche*, 185; Hausmann, *Studien*, 196, sprechen treffend von der Beschreibung psychosomatischer Wirkzusammenhänge.
73 Für die Lesung eines Komparativs votieren z. B. Raschi, Plöger, *Sprüche*, 322 f. als Begründung übersetzt es Meinhold, *Sprüche*, 450, 454. Zur Diskussion der Probleme des 2. Halbverses siehe McKane, *Proverbs*, 612 f.
74 Avrahami, *Senses*, 26, 164. Vgl. dazu auch Scharbert, *Schmerz*, 74 f., 95 f.
75 Siehe das Plädoyer für ein ganzheitliches Person-Verständnis im AT bei Janowski, "Herz", 38–40.

würden.[76] Anders fallen die Deutungen aus, wenn נפש hier mit „Kehle" übersetzt würde, die als zunächst rein physische Erfahrung den Honig „schmeckt".[77] Meinhold integriert zurecht die verschiedenen Bedeutungsebenen des Wortes und macht gerade dadurch ein ganzheitliches Verständnis plausibel.[78]

Auch zu Spr 15,30 sehen die Ausleger mit dem Begriffspaar לב und עצם ausdrücklich die körperlichen und seelischen Auswirkungen eines freundlichen Blicks zur Sprache gebracht, weshalb das Attribut „psychosomatisch" verwendet werden kann.[79] Meinhold sieht hier dagegen eher das innere Hörorgan dem äußeren gegenübergestellt. Das Knochengerüst repräsentiere dagegen den ganzen Menschen.[80] Als stereometrische Ausdruckweise lässt die poetische Form der Sprüche die Nebeneinanderstellung von Begriffen zu, die verschiedene Bereiche der Person benennen und diese verschiedenen Ebenen gleichzeitig miteinander verschränken.[81]

Wenn in den Belegen Begriffe für Heilung verwendet werden (מרפא und גהה, berührt das ein ganzheitliches Verständnis von Krankheit und Heilung:[82] Krankheit bedeutet allgemein eine Schwächung der Lebenskraft, die mit so verschiedenen Elementarbegriffen der menschlichen Person wie עצם „Knochen", בשר „Fleisch", לב „Herz" und רוח „Geist/Gemüt" in Verbindung stehen kann.

Die psychosomatische Medizin hat mit Somatisierungsstörungen (somatoforme Störungen) insbesondere eine Fehlfunktion dieses Zusammenhangs im Blick, nämlich die Wahrnehmung körperlicher Symptome durch den Patienten, dem

---

76 Vgl. McKane, *Proverbs*, 493. Vgl. die Übersetzungen bei Helmer Ringgren, "Sprüche. Übersetzt und erklärt", in *Sprüche, Prediger, Das Hohe Lied, Klagelieder, Das Buch Esther*, hrsg. Helmer Ringgren u. a. (Berlin, 1967), 67; Crowford H. Toy, *A Critical and Exegetical Commentary to the Book of Proverbs*, 3. Aufl., ICC (Edinburgh, 1914), 328.

77 So McKane, *Proverbs*, 493; Plöger, *Sprüche*, 194 f.

78 Meinhold, *Sprüche*, 276.

79 McKane, *Proverbs*, 481; Plöger, *Sprüche*, 185.

80 Meinhold, *Sprüche*, 261.

81 Vgl. Janowski, *Konfliktgespräche*, 16 f. Avrahami, *Senses*, 163 f.

82 Larry P. Hogan, *Healing in the Second Temple Period* (Freiburg – Göttingen, 1992), 3; Eckart Otto, "Magie – Dämonen – göttliche Kräfte. Krankheit und Heilung im Alten Orient und Alten Testament", in *Heilung – Energie – Geist. Heilung zwischen Wissenschaft, Religion und Geschäft: Heilung zwischen Wissenschaft, Religion und Geschäft*, hrsg. Werner H. Ritter und Bernhard Wolf, Biblisch-theologische Schwerpunkte 26 (Göttingen, 2005), 210; Henrike Frey-Anthes, "Krankheit und Heilung (AT)", 2007, http://www.bibelwissenschaft.de/stichwort/24036/; Simon Paganini, "„Krankheit" als Element der alttestamentlichen Anthropologie. Beobachtungen zu der Wurzel חלה und zu Krankheits-Konstruktionen im Alten Testament", in Frevel, *Biblische Anthropologie. Neue Einsichten aus dem Alten Testament*, 292, 294.

der emotionale Wirkzusammenhang jedoch verschlossen bleibt.[83] Es konkurrieren verschiedene Erklärungsmodelle.[84] Das Gespräch mit einem Arzt im Zusammenhang mit einem guten Vertrauensverhältnis zwischen Arzt und Patient bildet einen wichtigen Anteil bei vielen Heilungsprozessen. Fredrik Svenaeus erklärt das überzeugend mit einem hermeneutischen Modell, dass das Arzt-Patienten-Gespräch als einen Prozess beschreibt, der dem Hilfesuchenden zu einem Selbstverständnis führt, das ihm hilft sich in seiner Lebenswelt „zu hause zu fühlen".[85] Er zeichnet dabei geistesgeschichtliche Linien, die die Überzeugung von der Heilkraft des Wortes schon im Alten Griechenland wiederfinden.[86]

Auffällig ist, dass die hier einschlägigen Belege aus Spr 12–29 Krankheit nicht auf das Wirken von Geistern und Dämonen bzw. auf das Einwirken Gottes zurückgeführt oder als durch Fehlverhalten selbstverschuldetes Unglück erklärt werden – die geläufigen Erklärungsmodelle für Krankheit.[87] Vielmehr konzentriert sich die Spruchweisheit auf Beobachtungen zu zwischenmenschlichen Beziehungen und Kommunikation als deren Ausdruck.[88]

Die engen Wechselwirkungen zwischen Krankheiten, gesellschaftlicher Integration und dem körperlich-psychischen Befinden wird immer wieder deutlich hervorgehoben[89] und insbesondere an den Klagepsalmen des Einzelnen entfaltet.[90] Zudem ist es naheliegend, wenn Bilder von körperlicher Verletzung im Kampf mit dem Bedürfnis nach Heilung verbunden werden (z. B. Spr 12,18) und beides Konflikte und Lösungen im zwischenmenschlichen Umgang und in der Kommunikation illustrieren soll. Es liegt nahe, hier auf das von Johnson und Lakoff postulierte metaphorische Konzept ARGUMENTATION IST KRIEG zu verweisen, das allerdings nur in eine Richtung zielt.[91] Im hier besprochenen Zusammenhang zeigen sich eher die Verknüpfungen verscheidener lebensweltlicher Erfahrungen

---

83 Kurt Fritzsche, Michael Wirsching und Axel Schweickhardt, Hrsg., *Psychosomatische Medizin und Psychotherapie: mit 16 Tabellen ; [neue Approbationsordnung]*, Springer-Lehrbuch (Heidelberg, 2006), 118 f.
84 Fritzsche, Wirsching und Schweickhardt, 7.
85 Frederik Svenaeus, *The Hermeneutics im Midicine and the Phenomenology of Health. Steps toward a Philosophy of Medical Practice* (Doordrecht – Boston – London, 2000), 162 f.
86 Svenaeus, 15.
87 Vgl. Frey-Anthes, "Krankheit und Heilung (AT)"; Otto, "Magie", 211; Paganini, "Krankheit", 298. Vgl. Stol, "Suffering", der meistens eine Kombination von Schadenszauber und Götterzorn als Krankheitsursache annimmt.
88 Spr 12,18; 13,12 17,22, 18,14. Vgl. Hogan, *Healing*, 17.
89 Otto, "Magie", 222 f. Kruger, "Gefühle", 250–255.
90 Janowski, *Konfliktgespräche*, 174–180.
91 Lakoff und Johnson, *Leben*, 11–14, 93–100.

(körperliche Gewalt, Krankheit, gesellschaftliche Ausgrenzung, Kommunikation), die das genannte Konzept erst motiviert haben.[92]

Dadurch ergibt sich die kritische Rückfrage, ob wir es dann bei anscheinend bildhaften Formulierungen nicht doch eher mit prägnanten Ausdrucksweisen für die körperlich spürbaren Wirkungen von sprachlichem Handeln zu tun haben. Wenn etwa „Worte stechen", bräuchte das nicht als Metapher gedeutet zu werden. Anders ist es aber, wenn Worte Pfeile oder Schwerter sind. Dann tritt die metaphorische Ebene deutlich zu Tage. Allerdings ist für die kognitive Metaphern-Theorie die Motivierung vieler Konzepte durch körperliche Empfindungen eine wichtige Grundlage der Ausbildung von Konzepten. Insofern ist der Themenzusammenhang der Psychosomatik ein wichtiger Fall zum Thema, weil hier gerade dieser Übergang greifbar wird.

4.2.2.1 Spr 12,18

Das unbedachte – evtl. sogar absichtlich getane – Verbreiten von Vertraulichem oder von Verleumdungen kann verheerende Wirkungen für die soziale Integration des Opfers haben. Es führt zu Emotionen, die vergleichbar sind mit körperlich zugefügten Schmerzen. Im Fall von 12,18a liegt ein expliziter Vergleich vor (כְּ). Im zweiten Halbvers wird die Rede der Weisen mit Heilung identifiziert.

Spr 12,18

יֵשׁ בּוֹטֶה כְּמַדְקְרוֹת חָרֶב וּלְשׁוֹן חֲכָמִים מַרְפֵּא׃

Es gibt einen Schwätzer, der Schwertstichen gleicht,
aber die Zunge der Weisen ist Heilung.

Alte Übersetzungen Septuaginta, Peschitta und Targum bezeugen das Verständnis des *hapax legomenon* מדקרות als „Schwertstiche" durch die Übersetzungen τιτρώσκουσιν μαχαίρᾳ „sie [Sprechende] durchbohren mit dem Schwert" bzw. ספסרא דגשא „ein bohrendes Schwert". Die Targumvariante ספסיא דגשמא „Schwerter des Leibes" kann als zweistufiger Prozess erklärt werden: Durch die Variante spsy' steht „Schwert" im Plural und war daher nicht mehr mit דגשא kongruent. Die Neuinterpretation belegt dennoch das gleiche Verständnis des im hebräischen Text verwendeten Bildes. Symmachus und Theodotion greifen mit κέντημα „Stachel, Spitze" sogar ein griechisches Lexem auf, das in Verbindung mit der Zunge übertragen gebraucht werden kann.[93]

---

92 Siehe hierzu S. 128.
93 κέντημα γλώσσης.

Der Vergleich im masoretischen Text („Es gibt einen Sprechenden – wie Schwertstiche eines Schwerts, aber die Zunge der Weisen heilt.") ist in der griechischen Übersetzung durch einen Nebensatz aufgelöst. Die Spannung zwischen Singular und Plural im ersten Halbvers ist in der LXX angeglichen (eine ähnliche Harmonisierung findet sich im zweiten Versteil: „Zungen der Weisen"). Der Übersetzer hat das Nomen מדקרות wohl als Partizip Plural und entsprechend mit einer finiten Verbform übersetzt: „Es gibt Sprechende, die mit einem Schwert verletzen, aber die Zungen der Weisen heilen."

Der Targum weicht von der Peschitta nur geringfügig ab und übernimmt von ihr den Plural im ersten Halbvers und die Formulierung „stechendes Schwert". Die Textvarianten zeigen jedoch, dass die nur syrisch belegte[94] Verbform *dgš* „stechen" zu Umdeutungsversuchen führte: Aus *spsyr' dgš'* wie in L wird in Z ספסי דגשמא, „Schwerter des Leibes", in W ist das ד zu ר geändert: „das spürbare Schwert". Dabei ist kein Einfluss des masoretischen Textes zu beobachten.

Kommentatoren PsIbnEsra schlägt zwei Situationen vor, vor deren Hintergrund der Vers zu verstehen sein könnte: Lügenzeugnis oder unbedachter Eid. Die gewalttätigen Bilder, die die Konsequenzen der Rede drastisch vor Augen führen, machen es ihm offenbar unwahrscheinlich, von einfachem „Schwatzen" auszugehen. Es müsste demnach vielmehr eine streng reglementierte Redesituation vorliegen, bei der Regelverstöße ernste Konsequenzen nach sich ziehen. Auch Saadia nimmt spezielle Situationen an – etwa im religiösen Bereich. In weltlichen Dingen zählt er Kaufverhandlungen auf und speziell ein zu weit gehendes Schuldbekenntnis.

Demgegenüber gehen moderne Kommentatoren bei der Deutung des Spruches eher von einer alltäglichen Redesituation aus, und zwar vor allem wegen der Wurzel בטה, die als „Schwatzen" oder „gedankenloses Gerede" aufgefasst eher ein unbeabsichtigt[95] destruktives sprachliches Handeln intendiert.[96] Ist in der ersten Vershälfte gemeint, dass verletzendes Reden die zwischenmenschlichen Beziehungen, das gegenseitige Vertrauen und damit das soziale Gefüge zerstört, dann kann מרפא „Heilung" im zweiten Versteil auf der gleichen metaphorischen Ebene gedeutet werden wie die „Schwertstiche" im ersten: Die versöhnliche, ausgleichende, auf Gemeinschaft bedachte Rede von Weisen kann solche durch unbeherrschtes Gerede verursachten sozialen Störungen wenigstens ansatzweise beheben.[97]

---

94 Healey, *Targum*, 33.
95 Anders Plöger, *Sprüche*, 152, „die ... verletzen wollen".
96 Meinhold, *Sprüche*, 211.
97 Vgl. McKane, *Proverbs*, 446; Meinhold, *Sprüche*, 211.

Meta-Pragmatik Die Deutungen von Saadia und PsIbnEsra, die einen eher streng reglementierten Kontext voraussetzen, sind wahrscheinlich durch die nachbiblische Verwendung von בטה *pi* „(ein Gelübde) unbesonnen aussprechen" beeinflusst, die offenbar mit dem Beleg in Lev 5,4 im Zusammenhang steht. Das allgemeine Verständnis des Qal als „unbedacht reden/schwatzen" ist im Kontext der Spruchweisheit aber plausibler, weil hier *mangelnde Selbstbeherrschung* als Auslöser unerwünschter Konsequenzen immer wieder zum Thema gemacht wird.

Metaphorische Konzepte Es ist plausibel, die Stichworte „Schwertstiche" und „Heilung" in den beiden Spruchhälften als einander interpretierende Elemente zu verstehen (AGGRESSIVES REDEN IST VERLETZEN/SCHMERZEN ZUFÜGEN, siehe S. 126). Vermittelndes, ausgleichendes, besänftigendes Reden kann die als Verletzungen konzeptualisierten Wirkungen destruktiven sprachlichen Handelns auf einen Mitmenschen abschwächen. Zugewandte Rede kann auch direkt körperlich als Schmerzlinderung oder Stärkung empfunden werden. Das kann auch, wie die oben genannten Autoren es verstehen, in weiteren gesellschaftlichen Zusammenhängen wirken. Dann kann man in stärkerem Maße von einer „metaphorischen" Konzeptualisierung sprechen. Zwischenmenschliche Vertrauensverhältnisse werden reaktiviert (STÄRKENDES REDEN IST HEILEN).

4.2.2.2 Spr 15,4
Der antithetisch aufgebaute Spruch 15,4 stellt physische Deformationen (Verdrehung, Bruch) einer sanften Behandlung bzw. (in einem benachbarten Sinnzusammenhang) einer Heilung gegenüber. Insbesondere die „Bedrücktheit" macht auf den psychosomatischen Zusammenhang aufmerksam, der hier angesprochen ist.

Spr 15,4

מַרְפֵּא לָשׁוֹן עֵץ חַיִּים וְסֶלֶף בָּהּ שֶׁבֶר בְּרוּחַ׃

Eine sanfte Zunge ist ein Baum des Lebens, aber Verdrehtheit auf ihr bedeutet Zerbruch des Geistes.

Alte Übersetzungen Während die erste Vershälfte in den Versionen annähernd gleich wiedergegeben wird, weichen die LXX einerseits und Peschitta/Targum andererseits in der zweiten Vershälfte deutlich ab, wobei die Korrekturnotiz im Codex Sinaiticus mit der syrisch/aramäischen Variante übereinzustimmen scheint. Die Varianten werden vor allem auf eine Metathese (סלף „Verdrehtheit" → פלס „bewachen") und eine Konsonantenverschreibung (שבר „Zerbruch" → שבע „satt werden") zurückgeführt.[98]

---

[98] Jaeger, *Observationes*, 111; Fox, *Eclectic edition*, 230 f.

Kommentatoren Die beiden Deutungen des Wortes מרפא „Weichheit" oder „Heilung" sind sowohl bei den alten Übersetzungen als auch bei modernen Auslegern belegt. Septuaginta (ἴασις), Targum und Peschitta (אסיותא), die Lutherübersetzung („heilsame Zunge") sowie etwa McKane[99] und Meinhold[100] favorisieren die Übersetzung „Heilung", während Aquila (προσηνὴς γλῶσσα „freundliche Zunge"), Einheitsübersetzung, Zürcher („sanfte Zunge") und Elberfelder („Gelassenheit"), KAHAL, Gen[18] sowie Plöger[101] und andere[102] das Wort von רפה her verstehen. Das Gegenüber zu שבר „Bruch" in diesem Vers legt die Deutung „Heilung" nahe, denn im Sinn von „einen Bruch heilen" begegnen beide Lexeme auch in Ps 60,4; Jer 6,14; 8,11; Klgl 2,13. Die Übersetzung „sanfte Zunge" ist freilich inhaltlich durchaus angemessen, weil versöhnliche Rede oder warmherziger Tonfall eben eine aufmunternde, stärkende und therapeutische[103] Funktion haben kann. Letzteres wird vor allem durch das Gegenüber zu שבר ברוח „Zerbruch am Geist" plausibel (vgl. שבר רוח in Jes 65,14) – ein Ausdruck, der explizit somatische und psychische Aspekte des Leidens in Zusammenhang bringt, die als „Minderung der Lebenskraft"[104] umschrieben wird, die durch Niedergeschlagenheit (PsIbnEsra: רוח נכאה, vgl. Jes 66,2) bedingt ist. Sie ist in Spr 15,4 die Folge sprachlichen Handelns, dass als „Verdrehung (an der Zunge)" (וסלף בה) bezeichnet wird. Damit ist eine Redeweise aufgenommen, die dieses Handeln einerseits der Geradheit im Bildbereich des Weges[105] gegenüberstellt und andererseits für Assoziationen zur physischen Form der Sprechwerkzeuge offen ist.[106]

Die von Bühlmann im Anschluss an Bubers Übersetzung angenommene resultative Bedeutung „heile Zunge" erklärt er aus dem Gegensatz zur verdrehten Zunge.[107] Sie lässt sich jedoch sonst nicht als Semantik von מרפא belegen und ist nicht durch eine Auslegungstradition gestützt. Sie findet sich auch bei Zer-Kavod, der sie jedoch mit den obigen beiden Deutungen zusammenführt: „Eine gesunde, sanfte und ruhige Zunge/Rede ist wie ein Lebensbaum – der Kranke heilt."[108]

Meta-Pragmatik Wie genau die beschwichtigende oder tröstende Rede hier inhaltlich gefüllt werden muss, lässt sich vor allem aus dem Gegenbild im zweiten Halb-

---

99 McKane, *Proverbs*, 482 f.

100 Meinhold, *Sprüche*, 248 f.

101 Plöger, *Sprüche*, 177 f.

102 Literatur bei Bühlmann, *Reden*, 280.

103 So etwa McKane, *Proverbs*, 483.

104 Ges[18], 1320.

105 Siehe dazu S. 125.

106 Siehe dazu S. 125.

107 Bühlmann, *Reden*, 279–283.

108 Zer-Kavod und Qil, ספר משלי / *sefær mišlê*, 90.

vers schließen: „Verdrehtheit" steht für Unaufrichtigkeit oder Intriganz, die eine seelische Verletztheit, Bedrücktheit oder Mutlosigkeit zur Folge hat.

Metaphorische Konzepte Die Ableitungen von מרפא von den Wurzeln רפא oder רפה konstituieren keine entgegengesetzten Konzepte. Vielmehr überschneiden sich die semantischen Bereiche „Heilung" und „Sanftheit", sodass die Wurzeln für beide Bedeutungen transparent sein können. Mit dem Ausdruck מרפא לשון wird die physische Beschaffenheit der Zunge metonymisch aufgenommen: WEICHE ZUNGE IST SANFTE REDE. Damit gehört der Beleg zu dem metaphorischen Konzept WEICHHEIT IST VERMITTLUNG/BESÄNFTIGUNG (siehe S. 95).

Neben dem mythologisch vorgegebenen Bildmotiv vom Lebensbaum[109] lassen sich in diesem Spruch die metaphorischen Konzepte LÜGE/BETRUG IST VERDREHTHEIT DER LIPPEN und BEDRÜCKTHEIT/VERZWEIFLUNG IST EINE VERLETZUNG (siehe S. 126) identifizieren.

4.2.2.3 Spr 16,24
Die positive Wirkung freundlicher Rede wird in Spr 16,24 mit den angenehmen Emotionen verbunden, die der Genuss von Honig hervorrufen kann. Die stärkende Wirkung von Süßem wird für die Lebenskraft ausgesagt und zwar körperlich spürbar („Gebein").

Spr 16,24

צוּף־דְּבַשׁ אִמְרֵי־נֹעַם מָתוֹק לַנֶּפֶשׁ וּמַרְפֵּא לָעָצֶם:

Eine Honigwabe sind freundliche Worte: Süßes für die Lebenskraft und Heilung[110] für's Gebein.

Alte Übersetzungen Die LXX weicht vor allem im zweiten Versteil vom masoretischen Text ab, wobei das eher auf den Übersetzer zurückzuführen ist. Aus den zwei parallelen Aussagen zu „Seele/Lebenskraft" und „Gebein" wird eine Aussage die Seele betreffend: „Ihre [der Worte] Süßheit ist Heilung für die Seele".

Dieser Abschwächung der körperlich-sinnlichen Aspekte entspricht auch die Wiedergabe von אמרי נעם mit λόγοι καλοί „gute Worte". Die Peschitta verstärkt diese Deutung mit mʾmrh dḥkymʾ „Wort eines Weisen".[111]

Kommentatoren Angenehme Worte (אמרי נעם) werden mit Honig verglichen, wobei keine Vergleichspartikel verwendet ist.[112] Vergleichbar ist beides in der Wir-

---

109 Vgl. Meinhold, *Sprüche*, 81.
110 Zu מרפא siehe Kap. 3.3.2.3.
111 Fox, *Eclectic edition*, 251.
112 Vgl. PsIbnEsra.

kung für das Wohlbefinden des Menschen. So wie dem Honig neben seinem süßen Geschmack – und den damit verbundenen Glücksgefühlen – auch heilende Wirkung zugeschrieben wird,[113] so geht auch die Wirkung von angenehmen Worten darüber hinaus, dass sie gern aufgenommen werden. Auch sie können das Wohlbefinden des Gesprächspartners fördern und soziale Beziehungen stärken.[114]

Meinhold und McKane heben hervor, dass נפש hier geradezu auch die „Kehle" bezeichnen könnte, mit der eine Süßspeise gierig verschlungen werde. Deshalb sehen sie in den Lexemen נפש und עצם keine Gegenüberstellung von körperlichen und seelischen Aspekten. Es gehe vielmehr um das Wohlbefinden des Menschen insgesamt.[115]

Meta-Pragmatik Dennoch, oder gerade deshalb passt hier der Begriff „psychosomatisch" sehr gut, um die Wirkungsaspekte angenehmer Worte zu beschreiben: Es ist ein ganzheitliches Wohlbefinden im Blick. Die Befriedigung narzistischer Bedürfnisse etwa durch Lob oder Zustimmung ist mit körperlich wahrnehmbaren Glücksgefühlen verbunden und stärkt das Selbstbewusstsein eines Menschen und/oder den sozialen Zusammenhalt in der Gruppe.

Metaphorische Konzepte Das metaphorische Konzept, das in diesem Spruch entfaltet wird, ist WORTE SIND SPEISE (siehe S. 113), und zwar konkreter FREUNDLICHE REDE IST SÜSSE (siehe S. 163). Obwohl das Hören durch die Ohren geschieht, wird es als Aufnahme in den Körper konzeptualisiert und deshalb mit dem Essen (durch den Mund) beschrieben. Die Aspekte von Geschmack und körperlicher Stärkung können beide in dem metaphorischen Konzept aktiv sein. Ob eine Speise angenehm oder unangenehm schmeckt, bietet ein passendes Modell zur Urteilsbildung.

Ebenso wie das aus dem Genuss resultierende Wohlbefinden ist auch die Heilung ein Element, das Bild- und Sachhälfte miteinander verbindet. Angenehme Worte können zur Heilung beitragen.

Auch der Ausdruck דברי נעם, „angenehme Worte", der die Sachebene beschreibt, zeigt lexikalische Nähe zu dem genannten Konzept. Denn נעם „Annehmlichkeit" kann auch mit Speise in Verbindung stehen. Wodurch die Worte angenehm sind (sprachliche Gestaltung, Zustimmung/Lob oder Weisheit-Lehre), muss offen bleiben.

---

113 Vgl. dazu Meinhold, *Sprüche*, 427.
114 McKane, *Proverbs*, 493.
115 McKane, 493; Meinhold, *Sprüche*, 276.

4.2.2.4 Spr 25,25
Erfrischung und Belebung sind Emotionen, die mit lang ersehnten Nachrichten
verbunden sein können. Die sind in Spr 25,25 durch einen impliziten Vergleich
mit frischem Wasser illustriert. Die Emotionen, die jeweils ausgelöst werden, sind
einander sehr ähnlich.

Spr 25,25

מַיִם קָרִים עַל־נֶפֶשׁ עֲיֵפָה וּשְׁמוּעָה טוֹבָה מֵאֶרֶץ מֶרְחָק׃

Kühles Wasser auf eine erschöpfte Seele und eine gute Nachricht aus einem fernen Land.

Alte Übersetzungen Auch wenn die Übersetzungen dem vorliegenden masoretischen Text relativ wörtlich entsprechen,[116] ist auffällig, dass in diesem Fall Septuaginta, Peschitta und Targum wenig Anzeichen für Abhängigkeiten voneinander zeigen. Gerade die beiden letzteren sind anscheinend jeweils eigenständig formuliert. Als Äquivalente des Wortes נפש איפה „müde/matte/durstige Seele" werden gewählt: LXX ψυχῇ διψώσῃ „durstige Seele", Peschitta: *npš᾽ šhyt᾽* "vertrockne-
te Seele", Targum נפשא משלהתא "verdorrte Seele", Saadia נפש לגבה "matte Seele".
Kommentatoren Einerseits stellt dieser Vers wie der unten zu besprechende 25,13
für Saadia einen Vergleich dar, der die psychischen Wirkungen guter Nachrichten, umschreibt. Andererseits liefert ihm der Vers eine willkommene Gelegenheit,
seine Vorstellung vom Wirken der Seelenkräfte vor dem Hintergrund platonisch-
aristotelischer Psychologie[117] und in Absetzung von einzelnen Positionen[118] deutlich zu machen. Für ihn ist die Seele eine Substanz aus feiner Materie,[119] die nur
in Verbindung mit dem Körper wirken kann. Auch sie ist deshalb den Elementen
Hitze, Kälte, Trockenheit und Feuchtigkeit unterworfen. Die Affekte werden als
Seelenbewegungen verstanden, deren Extremformen zu vermeiden sind, die aber
in ausgeglichener Form zur Ruhe der Seele im Herzen des Menschen als seinem
Mittelpunkt führen.[120]

Die Deutung des Ausdruckes נפש איפה bietet für die modernen Ausleger verschiedene Ansätze zur Deutung, weil נפש als „Seele" oder „Person", oder auch als

---

116 Die Septuaginta fügt Vergleichspartikeln ein und ein προσηνές „angenehm" am Ende des ersten Halbverses.
117 Karl Erich Grözinger, *Jüdisches Denken. Theologie – Philosophie – Mystik*, Bd. I. Vom Gott
Abrahams zum Gott des Aristoteles (Frankfurt u. a., 2004), 397.
118 Gegen die platonische Position werden die drei Seelenkräfte Erkenntnis, Zorn und Begierde
nicht an drei unterschiedlichen Orten im Körper angesiedelt (Jacob Guttmann, *Die Religionsphilosophie des Saadia* (Hildesheim [u.a.], 1981), 201).
119 Grözinger, *Denken*, 389.
120 Grözinger, 397.

Kehle gedeutet werden kann. McKane, der einen Überblick über die Kommentare
bietet, plädiert dafür, die Semantik der englischen Phrase *tired throat* („überan-
strengte Stimme") als Zugang ernst zu nehmen, weil

> Thurst and dust make the throat tired and it becomes the centre where fatigue is most acutely
> experienced, so that the relief produced by a drink of cold water is not just local, but amounts
> to a total revitalization.[121]

Es geht um die ganzheitliche Erfahrung von Erfrischung, die mit der Wirkung einer guten, langersehnten Nachricht verglichen wird.

Meta-Pragmatik Wie im Kapitel zum Boten ausgeführt (Siehe Kap. 4.4.7) sind
die Erwartungen an gelingende und verlässliche Übermittlungen von Botschaften mit hoher Bedeutung assoziiert. Die Konsequenzen können existenziell sein.
Fällt dann die übermittelte Nachricht auch noch positiv aus, kann die ängstli-
che Unruhe, die die Zeit des Wartens bestimmt, aufhören und einer freudigen,
gelösten Stimmung weichen.

Metaphorische Konzepte Die Varianten der Übersetzung entsprechen der in den
Lexika angegebenen Bedeutungsbreite des Wortes. Die Wurzel heißt meist, „er-
matten/kraftlos werden", in Ri 4,21 im Kontext von Einschlafen (und Tod!), was
das deutsche äquivalent „müde" nahelegt. Öfter wird das Bedürfnis zu essen und
zu trinken zum Ausdruck gebracht (Gen 25,29 f.; 2 Sam 17,29). In einigen Belegen
(bes. Jes 29,8) erscheint es deutlich als Entsprechung für „Durst". Auch im vorliegenden Vers legt sich aufgrund des verwendeten Bildes dieser Zusammenhang
nahe. Eine weiter gefasste Semantik bleibt für Bild- und Sachhälfte transparent:
Auch sich mit kaltem Wasser zu waschen, bringt Erfrischung. Parallel zu נפש דאבה
kann נפש איפה auch den Aspekt des „Betrübt-Seins" implizieren (Jer 31,25). Auch
dann könnte ein Schluck kaltes Wasser – von einem freundlichen Menschen gereicht – helfen.

Insgesamt kann also auch hier das metaphorische Konzept ERREGUNG IST HIT-
ZE (siehe S. 89) als zugrundeliegend postuliert werden. Positiv wird hier eine Meta-
phorik ausgeführt, die demgegenüber das Konzept BEFRIEDIGUNG EINER ERWAR-
TUNG IST ERFRISCHUNG aktiviert.

4.2.3 Reden als Handeln

Vom Wirken der Sprache kann vor allem deshalb gesprochen werden, weil das
Reden des Menschen als Handeln angesehen wird. Dieses Handeln findet in einer

---

121 McKane, *Proverbs*, 590.

konkreten Redesituation statt, die eingebettet ist in einen sozialen Kontext. Daher haben sprachliche Handlungen Auswirkungen auf die zwischenmenschlichen Beziehungen. Sie erregen Gefühle, besänftigen sie, entsprechen den Erwartungen der Gesprächspartner oder stoßen diese vor den Kopf. Dieser Zusammenhang ist oben ausgeführt worden (Kap. 1.4.3).

Im folgenden werden die Belege besprochen, in denen Wirkungen der Rede besonders deutlich zum Ausdruck gebracht werden. Zuerst werden mit Spr 16,28 und 11,19 zwei Belege besprochen, bei denen die syntaktische Konstruktion diese Deutung nahelegt (Sprechwerkzeug als Subjekt einer Handlung bzw. instrumentaler Gebrauch der Präposition ב). Dann folgen Belege mit je einem zentralen metaphorischen Bildbereiche: WEG/FALLE (Spr 12,13; 18,7; 19,1) sowie FRÜCHTE (Spr 12,4; 18,20; 18,21).

4.2.3.1 Spr 26,28

Das Verständnis beider Spruchhälften von Spr 26,28 ist die Verwendung jeweils einer kryptischen Form bedingt. Dadurch lassen sich die Aussagen nur bedingt auswerten. Aussagekräftig sind jedoch schon die beiden Verwendungen eines Sprechwerkzeug-Lexems in einer *constructus*-Verbindung bzw. mit einem Attribut.

Spr 26,28

לְשׁוֹן־שֶׁקֶר יִשְׂנָא דַכָּיו וּפֶה חָלָק יַעֲשֶׂה מִדְחֶה

Eine falsche Zunge hasst ihre Gedemütigten (??),
und ein glatter Mund macht Verderben (?).

Alte Übersetzungen Bei der Schwierigkeit, die Form דכיו zu verstehen, folgen Peschitta und Tragum mehr oder weniger deutlich der LXX mit der Bedeutung „Wahrheit" (LXX: ἀλήθεια, Pesch.: *qwšṭʾ*, Targ.: אורחתא דקושתא). Auch der Ausdruck פה חלק „glatter Mund" wird von den Übersetzungen offenbar als erklärungs- oder ersetzungsbedürftig angesehen. Jede Version macht das jedoch auf ihre Weise. Die LXX geht offenbar von einer Assoziation von „glatt" zu „unbedeckt" aus (ἄστεγος), was von den Auslegern etwa im Sinn von „unkontrolliert" gedeutet wird. Die Peschitta kommt mit *trknʾ* („verleumderisch") einer heute üblichen Deutung relativ nahe. Der Targum leitet die Form dagegen von der Wurzel חלק II „teilen" ab.

Kommentatoren Die Vorschläge zur Deutung von דכיו gehen entweder von Textverderbnis aus, leiten die Form von aramäisch דכא „rein sein" ab oder sehen hier die Opfer von Lüge weiterer Anfeindung ausgesetzt (abgeleitet von hebr. דכא „be-

drücken", so z. B. Meinhold).[122] פה חלק wird in der Regel als „verführerische" oder „trügerische" Rede gedeutet.[123]
Meta-Pragmatik Die textlichen Unklarheiten des Spruches lassen zu viele Fragen offen. Deutlich ist jedoch, dass es in ihm um destruktive Rede geht, die für andere und evtl. auch für den Sprecher selbst negative Konsequenzen hat.
Metaphorische Konzepte Dabei wird mit פה חלק das metaphorische Konzept GLÄT-TE IST TÄUSCHEN/SCHMEICHELN (siehe S. 97) verwendet.

4.2.3.2 Spr 11,9
In diesem antithetischen Spruch stehen sich Rede (der Ruchlosen) und Erkenntnis der Gerechten gegenüber. Der Mund wird mit der Präposition ב als Instrument von schädigendem Handeln benannt. Weisheit und gemeinschaftsbezogenes Handeln sind stabilisierende Faktoren des Zusammenlebens. Demgegenüber ist die destruktive Rede des Ruchlosen eine Gefahr für seinen Mitmenschen.
    Spr 11,9

בְּפֶה חָנֵף יַשְׁחִת רֵעֵהוּ וּבְדַעַת צַדִּיקִים יֵחָלֵצוּ׃

Mit dem Munde richtet der Ruchlose seinen Nächsten zugrunde.
Aber durch Erkenntnis werden die Gerechten gerettet.

Alte Übersetzungen Die Septuaginta hat offenbar das Nomen שחת „Grube, Falle" oder ישׂ שחת gelesen.[124] Durch Wegfall des finiten Verbes würde auch die instrumentale Funktion des ב zurücktreten und eine Assoziation zwischen Mund und Falle würde wie in anderen Sprüchen näherliegen.[125] Die Peschitta und der Targum stehen dem masoretischen Text nahe (der Targum-Text bei Lagarde mit der Form ארעיה sogar ohne einen sinnvollen Text zu bilden)[126].
Kommentare Schädigendes sprachliches Handeln kann mit unterschiedlichen Situationen expliziert sein: Seinen Nächsten verführen (Raschi), falsches Zeugnis oder Verleumdung (PsIbn-Esra). Die Formulierung lässt verschiedene Deutungen zu[127] oder kann allgemein mit „verlogen und heuchlerisch"[128] wiedergegeben werden. Schipper leitet von dem Lexem חנף ab, dass es nicht um ein rein profanes

---

122 Plöger, *Sprüche*, 316; Meinhold, *Sprüche*, 448.
123 Meinhold, 448.
124 So Baumgartner, *Étude critique sur l'état du texte du Livre des Proverbes d'après les principales traductions anciennes*, 111, der weitere Lösungsvorschläge referiert.
125 Siehe dazu S. 177.
126 Healey, *Targum*, 31; Fox, *Eclectic edition*, 187.
127 Meinhold, *Sprüche*, 190.
128 Plöger, *Sprüche*, 137.

Handeln geht, sondern das Verhältnis zu Gott berührt, nämlich „gemeinschafts-
schädigendes Verhalten".[129]

Meta-Pragmatik Ob der Ruchlose seinen Mitmenschen zu Handlungen verführt,
die für diesen negative Konsequenzen haben werden, oder ob er ihm etwa durch
Verleumdung direkt schadet, bleibt in der Schwebe und kann auch durch den
zweiten Halbvers nicht geklärt werden. Dem Fremd-Schädigen durch den Mund
steht hier das Sich-Selbst-Retten durch Erkenntnis gegenüber.

Metaphorische Konzepte Die LXX wendet durch ihre Lesart das Konzept Schädigendes Reden ist Fallen-Stellen auf den Vers an. Im masoretischen Text ist
der Bildgehalt mit dem Konzept Aggressives Reden ist Bedrohen/Verletzen/
Schmerzen zufügen beschreibbar (siehe S. 126).

4.2.3.3 Spr 12,13

Sprachliches Handeln wird im ersten Halbvers von Spr 12,13 mit der nomina-
len Verbindung פשע שפתים ausgedrückt. Ein kausaler Zusammenhang zwischen
Handlung und Konsequenzen wird durch den instrumentalen Gebrauch der Präposition ב explizit gemacht. Die negativen Konsequenzen werden mit dem Bild der
Falle illustriert, das ein Teil der Ausleger auch im zweiten Versteil aufgenommen
sieht. Zusammen mit den im folgenden behandelten Belegen Spr 18,7 und 19,1
wird hier der Bildbereich des Weges evoziert, zu dem als mögliches Teilelement
der Szenerie die Falle gehört.

Spr 12,13

בְּפֶשַׁע שְׂפָתַיִם מוֹקֵשׁ רָע וַיֵּצֵא מִצָּרָה צַדִּיק׃

Durch das Vergehen der Lippen gibt es ein böses Fangnetz, aber der Gerechte geht heraus aus der Bedängnis.

Alte Übersetzungen Die offenen Fragen, wer im ersten Halbvers geschädigt wird,
und in welchem Verhältnis das zu dem Gerechten im zweiten Halbvers steht, ist
von den alten Übersetzungen dadurch beantwortet worden, dass מוקש רע nicht als
„böses Fangnetz", sondern als „Fangnetz eines Bösen" gedeutet wurde: Peschitta
mtthd byš „wird gefangen der Böse", Targum מתקיל בישא „strauchelt/wird gefangen der Böse", LXX ἐμπίπτει εἰς παγίδας ἁμαρτωλός „fällt in die Falle der Sünder".
Dem folgen auch einige moderne Übersetzungen.

Kommentatoren PsIbnEsra führt diese Deutung des Targums fort, indem er den
ersten Halbvers mit einem Verbalsatz paraphrasiert, in dem ein איש רע das Subjekt

---

129 Schipper, *Sprüche, Bd. 1*, 672.

ist und eine PK-Form von נקש auf מוקש verweist: בַעֲבוּר פֶּשַׁע שְׂפָתַיִם יַנְקַשׁ שְׂפָתִים יִנְקַשׁ אִישׁ רָע.
„Wegen der Sünde seiner Lippen verstrickt sich ein böser Mensch."

Ob die beiden Halbverse inhaltlich die gleiche Situation im Blick haben[130] oder zwei verschiedene einander gegenüber gestellt werden,[131] ist umstritten. Und unklar ist auch, ob die negative Folge des Sprechens im ersten Halbvers unbeabsichtigt den Sprecher trifft[132] oder, eher beabsichtigt, jemand anderen[133].

Meta-Pragmatik Die Formulierungen dieses Spruches lassen offen, ob das „Vergehen der Lippen" eine absichtliche jemand anderen schädigende Handlung im Blick hat oder lediglich von unbedachtem Reden spricht,[134] das insbesondere für den Sprecher selbst negative Konsequenzen hätte. Auch im Fall einer bewussten Fremd-Schädigung kann die Rückwirkung auf den Sprecher im Blick sein. Nicht die Absicht steht hier im Vordergrund sondern die destruktive Wirkung.[135] Wie beabsichtigt etwa eine Verleumdung[136] zustande kommt, kann sehr unterschiedlich bewertet werden. Ob die Bedrängung, von der der zweite Halbvers spricht, das Ergebnis des ersten Halbverses bezeichnet oder von einer davon unabhängigen Situation spricht, bleibt ebenfalls offen.

Metaphorische Konzepte Auffällig an diesem Spruch ist vor allem die In-Bezug-Setzung des Bildbereiches einer Falle/eines Fallstrickes zu den Lippen als Sprechwerkzeug. Damit kann die Assoziation verbunden sein, dass der sich öffnende und schliessende Mund an eine zuschnappende Falle erinnert. Der Anschluss des zweiten Halbverses mit dem Verb יצא „herausgehen" nimmt das Bedeutungsfeld des Weges auf, mit dem auch die Falle/der Fallstrick verbunden ist: NEGATIVE KONSEQUENZEN SIND FALLEN (siehe S. 129).

4.2.3.4 Spr 18,7

Zwei Nominalsätze machen in Spr 18,7 Aussagen über des sprachliche Handeln des Toren. Es wird in beiden Halbversen mit einem Sprechwerkzeug-Lexem benannt. Die negativen Konsequenzen werden vor allem im zweiten Halbvers durch das Bildmotiv des Fallenstellens evoziert.

Spr 18,7

פִּי־כְסִיל מְחִתָּה־לֹו וּשְׂפָתָיו מֹוקֵשׁ נַפְשֹׁו׃

---

130 Plöger, *Sprüche*, 151.

131 Toy, *Proverbs*, 250 f.

132 Bühlmann, *Reden*, 195; Plöger, *Sprüche*, 151.

133 Meinhold, *Sprüche*, 209. Beide Möglichkeiten sieht Roland E. Murphy, *Proverbs*, WBC 22 (Nashville, 1998), 90.

134 So Plöger, *Sprüche*, 151.

135 Meinhold, *Sprüche*, 209.

136 So die modernhebräische Bedeutung der Verbindung שפתים פשע.

Der Mund des Toren ist ihm ein Verderben und seine Lippen ein Klappnetz für ihn selbst.

Alte Übersetzungen Die alten Übersetzungen belegen eine deutliche semantische
Unterscheidung der beiden parallelen Wörter מחתה und מוקש. Während das erste mit allgemeiner gefassten Entsprechungen übersetzt wird (LXX συντριβὴ „Auf-
reiben“, Aq./Sym./Theod.: πτῆξις „Schrecken“, Peschitta *tbr*ʾ „Zerbruch“, Targum
שׁיצא „Vertilgung“), wird das zweite deutlich mit Jagd bzw. Fallenstellen in Verbindung gebracht (LXX παγὶς „Falle“, Aq./Sym./Theod.: σκῶλον „Spitzpfahl, Stolperstein“, Targum פחא „Falle“), wobei die Peschitta den zweiten Halbvers umbaut
und den Toren zum Subjekt macht: *wbspwth ṣʾd npš* „und mit seinen Lippen
fängt er sich selbst.“

Kommentatoren McKane beschreibt die destruktive Tendenz des sprachlichen
Handelns eines Toren mit den Reaktionen seiner Umwelt für ihn selbst:

> The fool's words have a socially destructive intent, and he thereby draws on himself the
> disapproval and retaliation of the community and condemns himself to isolation, ineffecti-
> veness, loss of vitality and ultimately death.[137]

Meta-Pragmatik Im Vergleich mit 12,6 lässt die Fomulierung im zweiten Halbvers
weniger Deutungs”-mög”-lichkeiten offen. Der Tor als sprachlich Handelnder ist
selbst derjenige, der die negativen Konsequenzen seines Handelns zu spüren bekommt.

Metaphorische Konzepte Die alten Übersetzungen belegen die Transparenz der
Jagdmotivik durch die Wiedergabe von מוקש mit entsprechenden Instrumenten.
In der Peschitta ist das noch deutlicher greifbar durch die Verwendung des Verbes *ṣwd* als eines zweiten Transparenzmarkers. Auch ohne das ist deutlich das
metaphorische Konzept NEGATIVE KONSEQUENZEN SIND FALLEN zu konstatieren.

4.2.3.5 Spr 19,1

Der Spruch 19,1 entfaltet die Wegmetapher besonders im ersten Halbvers. Durch
die enge Parallele mit Spr 28,6 wird jedoch deutlich, dass dieses Bildelement auch
dem zweiten Halbvers zugrunde liegt. Das daher motivierte Motiv der VERDREHT-
HEIT ist hier – wie phraseologisch breiter belegt – mit dem metonymischen Gebrauch der Sprechwerkzeuge verbunden.

---

137 McKane, *Proverbs*, 515.

Spr 19,1

טֹוב־רָשׁ הֹולֵךְ בְּתֻמֹּו מֵעִקֵּשׁ שְׂפָתָיו וְהוּא כְסִיל׃

Besser ist ein Armer, der in seiner Einfalt wandelt, als ein Lippenverdreher, der ist ein Tor.

Alte Übersetzungen Die Varianten der alten Übersetzungen (außer LXX, die diesen Vers samt Kontext übergeht) sind von der Parallele in Spr 28,6 geprägt, die insgesamt geschlossener wirkt (siehe unten). Peschitta und Targum gleichen 19,1 an 28,6 an, indem sie auch in 19,1b von verkehrten Wegen sprechen.[138] Auffällig ist, dass die Peschitta in einer Variante mit einzelnen Vulgata-Zeugen übereinstimmt, indem sie wie in 28,6 „Reicher" (ʿtyrʾ, lat. *dives*) statt „Tor" (sklʾ) übersetzt. In der Vulgata findet sich am Versende jedoch auch eine Entsprechung für כסיל.[139] Peschitta und Vulgata lassen sich nicht als unabhängige Zeugen einer alten Variante heranziehen. Beide setzen (jeweils unterschiedlich) die Parallele in 28,6 und eine hebräische Textvorlage voraus.[140]

Kommentatoren Während Toy die Variante mit dem „Reichen" vorzieht,[141] betonen McKane, Plöger und Meinhold die Schlüssigkeit von 19,1[142] – insbesondere wenn man den Spruch als inhaltliche Variation zu 28,6 versteht, die nun auch sprachliches Handeln in den Blick nimmt.

Meta-Pragmatik In beiden Halbversen wird dem Lebenswandel des Einfältigen (positiv bewertet) das sprachliche Verhalten des Toren (negativ bewertet) entgegengesetzt wird.

Metaphorische Konzepte Das Handeln wird hier in dem Grundkonzept des „Wandelns" ausgedrückt. Das Verhalten des Menschen wird als zielgerichtetes und gefährdetes Vorwärtskommen gedacht,[143] das im ersten Halbvers durch das Verb הלך evoziert ist. Auch die Form עקש im zweiten Halbvers verweist auf dieses Konzept. Das wird besonders im Vergleich mit Spr 28,6 deutlich, wo von עקש דרכים die Rede ist. TÖRICHTES HANDELN IST VERDREHTHEIT (DER WEGE).

Das Adjektiv wird jedoch öfter im Zusammenhang mit sprachlichem Handeln gebraucht. Besonders in Verbindung mit לשון, „Zunge", scheint dabei die Asso-

---

138 Baumgartner, *Étude critique sur l'état du texte du Livre des Proverbes d'après les principales traductions anciennes*, 173. In den Targum-Zeugen entsteht z. T. durch Metathese die Variante מעמקין „vertiefende" statt מעקמין „verdrehende" (Paul de Lagarde, Hrsg., *Hagiographa Chaldaice* (Lipsiae, 1873), z. St).

139 Vgl. Baumgartner, *Étude critique sur l'état du texte du Livre des Proverbes d'après les principales traductions anciennes*, 173.

140 Gegen Fox, *Eclectic edition*, 271 f.

141 Toy, *Proverbs*, 368.

142 McKane, *Proverbs*, 533; Plöger, *Sprüche*, 220; Meinhold, *Sprüche*, 311.

143 Vgl. dazu Kap. 3.4.5.

ziation anzuklingen, dass auch dieses Sprechwerkzeug im physischen Sinn als in sich verdreht gedacht sein kann.[144] Bei den Lippen ist diese physische Vorstellung vielleicht weniger naheliegend. LÜGE/BETRUG IST VERDREHTHEIT DER LIPPEN.

4.2.3.6 Spr 12,14

Spr 12,14 entfaltet das metaphorische Konzept KONSEQUENZEN-TRAGEN IST FRÜCHTE-ESSEN und bietet eine klassische Formulierung des Tun-Ergehen-Zusammenhangs, wobei die Deutung dieses Wirkzusammenhangs sich schon in der Differenz von Ketiv und Qere in ganzer Breite auftut.[145]

Auch die im Anschluss besprochenen Belege Spr 18,20 und 18,21 weisen dieses Bildelement auf.

Spr 12,14

מִפְּרִי פִי־אִישׁ יִשְׂבַּע־טוֹב וּגְמוּל יְדֵי־אָדָם יָשׁוּב (יָשִׁיב) לוֹ׃

> Von der Frucht des Mundes eines Mannes sättigt er sich an Gutem, und
> die Tat der Hände eines Menschen kehrt zu ihm zurück.

Alte Übersetzungen Während der masoretische Text mit den beiden Vershälften das sprachliche Handeln mit der Tätigkeit der Hände parallel setzt, verwandelt die LXX auch die zweite Spruchhälfte in eine Aussage über das sprachliche Handeln, indem sie „Hände" mit „Lippen" übersetzt. Möglicherweise geht dieses χειλέων auf χειρῶν zurück. Die Belege für letztere Variante[146] werden jedoch als hexaplarisch und daher als sekundäre Angleichung an den masoretischen Text angesehen.[147] Die LXX fügt in der ersten Vershälfte noch ein ψυχὴ hinzu um das Sättigen zu ergänzen.

Peschitta und Targum nehmen diese Varianten der LXX nicht auf. Die Deutungsvarianten von Ketiv und Qere (siehe unten) werden bei allen drei Versionen durch eine passive Formulierung offen gelassen.

Kommentatoren Dabei stellt die Differenz von Ketiv und Qere einen wichtigen Unterschied in der Funktion des Tun-Ergehen-Zusammenhangs her: Das Ketiv liest Qal: Das Tun (als Subjekt) kommt auf den Täter zurück. Das Qere liest jedoch Hifil: Ein ungenanntes Subjekt (Gott? – PsIbnEsra: ישיב לו השם „vergilt ihm der Herr") lässt das Tun zum Täter zurückkehren.[148]

---

144 Vgl. Kap. 3.2, 3.4.5.2.
145 Zur Diskussion der zu vergleichenden ägyptischen Belege vgl. S. 119.
146 Lagarde, *Anmerkungen*, 41.
147 Fox, *Eclectic edition*, 201.
148 Vgl. McKane, *Proverbs*, 448 f. Plöger, *Sprüche*, 151; Meinhold, *Sprüche*, 210.

Meta-Pragmatik Die beiden beinahe wörtlich parallelen ersten Halbverse von
12,14 und 13,2 (מִפְּרִי פִי־אִישׁ יֹאכַל טוֹב וְנֶפֶשׁ בֹּגְדִים חָמָס) scheinen angesichts der jeweiligen Fortführung unterschiedlich zu verstehen zu sein: Während 12,14 darauf
abzielt, dass das Ergebnis einer Tat auf den Akteur selbst zurückkommt, beschreibt 13,2 Auswirkungen, die (auch) für andere relevant werden. Auch wenn
es zunächst näher liegt, אִישׁ als Subjekt des Verbes (ישׂבע bzw. יאכל) zu verstehen,
scheint 13,2 auch die Möglichkeit einer unpersönlichen Aussage zu implizieren.

Sprechen und Handeln führen gleichermaßen zu Ergebnissen, von denen ein
Mensch Nutzen hat. Berücksichtigt er die Bedürfnisse der Gemeinschaft, dann
wird sich das auch für ihn selbst positiv auswirken. Je nachdem, welchen Tonfall
er anschlägt, wird ihm so auch entgegnet werden.[149]

Metaphorische Konzepte Der Bildbereich der Frucht bietet die Möglichkeit, zwei
metaphorische Elemente miteinander zu verbinden: WIRKUNGEN SIND FRÜCHTE
und RESOURCEN SIND LEBENSMITTEL, beides ist eng verbundem zu dem Konzept
KONSEQUENZEN-TRAGEN IST FRÜCHTE-ESSEN.[150]

4.2.3.7 Spr 18,20

Zwei synonyme Aussagen werden in Spr 18,20 in Verbalsätzen konstruiert, in
denen „Frucht" bzw. „Ertrag" jeweils als *nomen regens* zum Sprechwerkzeug
stehen. Dass das metaphorische Konzept KONSEQUENZEN-TRAGEN IST FRÜCHTE-
ESSEN Auswirkungen des sprachlichen Handelns für den ganzen Menschen hat,
wird mit der Sättigung des Bauches im ersten Halbvers als körperlicher Stärkung
betont.

Spr 18,20

מִפְּרִי פִי־אִישׁ תִּשְׂבַּע בִּטְנוֹ תְּבוּאַת שְׂפָתָיו יִשְׂבָּע:

Von der Frucht des Mundes eines Mannes wird sein Bauch satt, am Ertrag
seiner Lippen wird er satt.

Alte Übersetzungen LXX, Peschitta und Targum fügen übereinstimmend im zweiten Halbvers eine Entsprechung einer Präposition מן oder ב ein, die dem gewöhnlichen Gebrauch des Verbes שׂבע entspräche. Jedoch ist auch die Fassung von M
möglich, wenn תבואה als Akkusativ-Objekt aufgefasst wird (vgl. Spr 25,16).

Kommentatoren Bild- und Sachhälfte dieses Spruches bilden ein Oxymoron:[151]
Entgegen dem für Essensvorgänge normalen Zusammenhang, dass man Nahrung

---

149 Vgl. McKane, *Proverbs*, 448 f.
150 Zum Konzept des Früchte-Genießens siehe Kap. 3.4.4.
151 Gemser, *Sprüche*, 75.

mit dem Mund von Außen aufnimmt, wird hier festgestellt, dass das „was aus dem Mund herausgeht", wieder gegessen werden muss.[152]

Meta-Pragmatik Sprachliches Handeln hat Konsequenzen, die der Sprecher selbst in Kauf nehmen muss. Ob sie positiv oder negativ sind, wird auch für ihn relevant sein.

Metaphorische Konzepte Als „Frucht der Lippen" sind nicht die sprachlichen Äußerungen selbst gemeint, sondern es muss um positive Folgen sprachlichen Handels gehen.[153] Dabei wird auf das Grundkonzept des Pflanzens und Erntens bezug genommen: Wer Nutzpflanzen anbaut, kann zunächst sich und seine Familie von den Früchten ernähren und vom Erlös des Überschusses auch weitere Lebenssicherung erwerben.[154] KONSEQUENZEN-TRAGEN IST FRÜCHTE-ESSEN.

4.2.3.8 Spr 18,21

Der in seiner Aussage zu den Konsequenzen sprachlichen Handelns besonders verallgemeinernd erscheinende und deshalb oft zitierte Spruch 18,21 bekommt seine Prägnanz durch die Genitiv-Verbindung der zwei Körperteillexeme für „Hand" und „Zunge". Beide sind in unterschiedlichem Maß metonymisch zu deuten, erzeugen aber durch die körperlichen Assoziationen, die sie wecken, einen Rückverweis auf die Körperlichkeit des Menschen, die durch Tod bzw. Leben betroffen ist. Die schwierige syntaktische Konstruktion der zweiten Spruchhälfte bleibt deutbar, weil sie dem metaphorischen Konzept KONSEQUENZEN-TRAGEN IST FRÜCHTE-ESSEN zugeordnet werden kann.

Spr 18,21

מָ֣וֶת וְ֭חַיִּים בְּיַד־לָשׁ֑וֹן וְ֝אֹהֲבֶ֗יהָ יֹאכַ֥ל פִּרְיָֽהּ׃

Tod und Leben sind in der Hand der Zunge, und wer sie liebt – isst ihre Frucht.[155]

Alte Übersetzungen Im zweiten Halbvers besteht eine *crux* in der masoretischen Fassung dadurch, dass das Element, das als Subjekt fungieren könnte („die Liebenden") im Plural steht, die Verb"-form jedoch im Singular. Die oben gegebene Übersetzung des masoretischen Textes konstruiert deshalb (eher als hypothetische Option) andere syntaktische Bezüge (siehe dazu unten). Die alten Überset-

---

152 Wildeboer, *Sprüche*, 55.
153 Vgl. dazu die Diskussion auf S. 119.
154 Siehe Kap. 3.4.4.
155 Zum Versuch einer wörtlichen Übersetzung des masoretischen Textes s. u. unter „Meta-Pragmatik".

zungen sehen aber den genannten Zusammenhang und gleichen daher Subjekt und Verbform im *numerus* an: Die LXX verwendet eine Verbform im Plural, Peschitta und Targum geben die Verbform („essen") im Singular wieder.

Während letztere damit das auch in den modernen Übersetzungen meist angenommene Verständnis repräsentiert („wer die Zunge liebt, wird ihre Frucht essen"), umgeht die LXX die Unklarheit dieser Aussage, indem sie statt „lieben" κρατοῦντες „festhalten" oder „beherrschen" übersetzt. Das ist wahrscheinlich eher nicht als Verschreiber zu verstehen (אחזיה statt אהביה)[156], sondern als Versuch, das „Lieben" zu deuten: Er bewahrt die Zunge davor, etwas Unüberlegtes zu sagen.[157]

Kommentatoren Die meisten Ausleger sehen in diesem Spruch die positiven und negativen Konsequenzen guter bzw. schlechter Rede zum Ausdruck gebracht. Raschi konkretisiert die Aussage dahingehend, dass es hier um Lohn „in dieser Welt geht". Als Maßstab setzt er die Tora an. ähnlich PsIbnEsra: „Spricht er böse, bringt es ihm den Tod, aber für ein gutes Wort erreicht er Leben."

Bühlmann wendet sich gegen diese Deutungen.[158] Er verweist auf Otto, der für Ägypten in dem Begriffspaar „Tod und Leben" eine Formel identifiziert hat, die die Unbeschränktheit gott-königlicher Macht zum Ausdruck bringt.[159] Otto deutet die häufige Anwendung dieser Formel auf sprachliche Äußerungen von Gottheiten von der „schöpferische[n] und befehlende[n] Wirkung des göttlichen Ausspruches" her, „die ihm im mythischen Denken der Ägypter seit alters zukommt."[160] Auch Bühlmann betont daher die „ungeheure Macht" der Zunge.[161] Dennoch sind damit letztlich nur besonders weitgehende pragmatische Konsequenzen der Rede benannt, denn der zweite Halbvers macht deutlich, dass es um die Konsequenzen menschlichen Handelns geht.

Otto Plöger hat auf die wichtigen Vergleichstexte Dtn 30,15 und Jer 21,8 hingewiesen: An beiden Stellen legt Gott dem Volk Handlungsoptionen vor, die entweder zum Leben oder zum Tod führten.[162] Auch in diesem Spruch ist bemerkenswert, dass die Formel, die das Ausmaß göttlicher Macht vor Augen führt, hier auf das menschliche Handeln angewendet wird, um ihm das Ausmaß möglicher Konsequenzen deutlich zu machen. Man kann deswegen die Frage stellen, ob nicht auch hier ein belohnender bzw. strafender Gott implizit mitgedacht ist. Er ist aber eben nicht explizit genannt wie in den beiden Vergleichsstellen, und im Kontext

---

156 So schon Jaeger, *Observationes*, z. St.
157 Fox, *Eclectic edition*, 269.
158 Bühlmann, *Reden*, 319.
159 Eberhard Otto, "Geschichte einer religiösen Formel", *ZÄS* 87 (1962): 150–154.
160 Otto, 152.
161 Bühlmann, *Reden*, 319 f.
162 Plöger, *Sprüche*, 215.

der Weisheitsliteratur kann er insofern sachgemäß mitgedacht sein, als er der Wahrer einer gut geordneten Welt ist.[163]

Meta-Pragmatik Versucht man, die masoretische Fassung der zweiten Spruchhälfte wörtlich zu übersetzen, ohne syntaktische Inkongruenzen einräumen zu müssen, bleibt eigentlich nur folgende Möglichkeit: „... und die sie (die Zunge) lieben, frisst ihre (der Zunge) Frucht." פרי muss dann Subjekt von יאכל sein und אהביה muss sich auf לשון beziehen. Die אהבים der Zunge könnte man als „Schwätzer" deuten im Sinne von איש שפתים (Hiob 11,2) oder איש לשון (Sir 9,18), wie es ausgeführt wird in Ps 12,3–5.[164] Die Schwätzer werden durch die Frucht ihrer Zunge gefressen – sie würden die Konsequenzen ihrer leichtfertigen Rede selbst tragen müssen.[165] Diese Deutung würde gut zur ersten Vershälfte passen.

Dass damit nicht nur das masoretische Verständnis, sondern auch der ursprüngliche Sinn getroffen ist, kann dennoch bezweifelt werden, weil die Formulierung „die Früchte seiner Handlungen genießen" viel zu häufig in diesem Sinn belegt ist, den die Versionen und Ausleger in der Regel voraussetzen: Tod und Leben sind in der Gewalt der Zunge, die sie beherrschen, werden ihre Früchte essen.[166]

Denkbar sind also Redesituationen – etwa in Gegenwart des Königs oder vor Gericht –, die Tod und Leben als mögliche Konsequenzen ganz praktisch nahelegen.[167] Jedoch können in diesem Spruch mit Tod und Leben auch von lebensfördernden und -abträglichen Wirkungen verstanden werden, die in ihren Extremformen auch die Möglichkeit des physischen Todes mit einschließen.

Bezeichnend sind hier die in der Erzählung vom „Oasenmann" (bzw. dem „Beredten Bauern") verwendeten Vergleiche, die die große (und im erzählerischen Kontext ja missbrauchte) Macht der Beamten beschreiben, die als „Meister, die alles schaffen und voranbringen, die sogar einen abgeschnittenen Kopf wieder anbringen können"[168] beschrieben werden. Sie entscheiden selbst über Leben und Tod.

---

163 Gese, *Lehre*, 33–41.

164 Vgl. auch S. 273.

165 Vielen Dank an Benjamin Ziemer für den Hinweis auf diese Lesemöglichkeit.

166 Übersetzung der LXX. D.

167 Vgl. die Ankündigung der Todesart „wegen dem Ausspruch seines Mundes" in altorientalischen Omenserien (Angelika Berlejung, "Menschenbilder und Körperkonzepte in altorientalischen Gesellschaften im 2. und 1. Jt. v. Chr. Ein Beitrag zur antiken Körpergeschichte", in Berlejung, Dietrich und Quack, *Menschenbilder und Körperkonzepte im Alten Israel, in Ägypten und im Alten Orient*, 384).

168 Dieter Kurth, Hrsg., *Der Oasenmann. Eine altägyptische Erzählung*, 1. Aufl, Kulturgeschichte der Antiken Welt 103 (Mainz am Rhein, 2003), 91.

Sir 5,13 scheint Spr 18,21 aufzunehmen und deutet das Begriffspaar Tod und Leben mit כבוד und קלון, „Ehre" und „Schande" und schwächt es damit ab: כבוד וקלון ביד בטה ולשון אדם מפלתו. „Ehre und Schande sind in der Hand des Sprechenden, und die Zunge des Menschen ist sein Fall."

Spr 18,21 ist inhaltlich und formal fest mit dem vorhergehenden Vers verbunden.[169] Dort wird festgestellt, dass der Mensch von den Früchten seines Mundes und seiner Lippen gesättigt wird. Es geht um den Tun-Ergehen-Zusammenhang bei sprachlichem Handeln (siehe unten Kap. 1.4.3.2). Dieses Bild erscheint in 21b wieder. Auch in diesem Spruch geht es also um die Konsequenzen sprachlichen Handelns, die der Sprecher tragen muss.

Metaphorische Konzepte Auch wenn die syntaktische Inkongruenz im zweiten Halbvers einige Schwierigkeiten bietet, so ist der Sinn durch parallele Formulierungen relativ klar: Die *Frucht der Zunge* kann in Bezug gesetzt werden zur *Frucht des Mundes* in Spr 12,14; 13,2:[170] Die Konsequenzen sprachlichen Handelns werden durch den Sprecher bzw. andere betroffene Personen erfahren und als *Fruchtessen* konzeptualisiert:[171] KONSEQUENZEN-TRAGEN IST FRÜCHTE-ESSEN.

Die Septuaginta-Fassung entfaltet mit dem Partizip κρατοῦντες, „beherrschen", „festhalten", das Bildelement der KONTROLLE, das an dem Bildgehalt von ביד im ersten Halbvers anknüpft.[172] Allerdings ist dort die Zunge selbst Akteurin der Kontrolle, während sie hier im zweiten Halbvers kontrolliert wird.

4.2.4 Glücken, Scheitern, Handlungsmuster

Das Glücken oder Scheitern wird in den Weisheitssprüchen in der Minderheit der Fälle auf explizit performative sprachliche Handlungen bezogen (etwa in Spr 26,2). In der Regel wird das sprachliche Handeln in allgemeinerer Form thematisiert, vor allem als Bewertung menschlichen Verhaltens. Dieses Verhalten geschieht in bestimmten Kommunikationssituationen und das Gelingen des sprachlichen Handelns hängt entscheidend davon ab, ob der Akteur sich der Situation angemessen verhält (siehe dazu Kap. 4.3.6). In einigen Sprüchen wird dieses Gelingen in besonderer Weise explizit gemacht. Mit der Terminologie von Glücken und Scheitern impliziert die Betrachtung auch die Frage nach der Intention des Sprechers. In den biblischen Sprüchen steht oft etwas anderes im Fokus, etwa die Frage ob ein Handeln gewinnbringend bzw. der Gemeinschaft förder-

---

169 PsIbnEsra z. St.; Meinhold, *Sprüche*, 307.
170 Siehe dazu S. 118.
171 Siehe dazu Kap. 3.4.4.
172 Fox, *Eclectic edition*, 269.

lich ist. Insofern zeigt sich beim „Scheitern" eine thematische Nähe zu negativ beurteilten Handlungen wie etwa Lüge oder „Nichtigkeit" (siehe dazu Kap. 4.3.2).

In Spr 15,23, welcher Spruch im folgenden zuerst betrachtet wird, erscheint mit שמחה sogar ein Lexem, das dem modernen Terminus des „Glückens"[173] nahe zu stehen scheint. Dem schließt sich als zweites Spr 24,26 an, in dem das Gelingen, bzw. (auf)richtige Ausführen einer sprachlichen Handlung mit einem Kuss verglichen wird.

Dann folgen mit Spr 14,23 und 29,19 zwei Sprüche, die das Scheitern (bloßer) sprachlicher Handlungen thematisieren. Bemerkenswert ist die Gegenüberstellung solcher haltloser Aktionen mit Handgreiflichkeiten, Beschwernis oder Schmerzen. Spr 25,15 führt dagegen eindrücklich vor Augen, dass sprachliches Handeln wirksam ist, obwohl es ohne körperliche Gewaltanwendung auskommt.

Nach Effekten und Konsequenzen fragen auch die Belege 10,31 f. Das impliziert auch Strafen, die törichtes Reden nach sich ziehen können.

Zuletzt nehmen Spr 25,14 und 25,23 bezug auf das Erfahrungswissen zu Wetterphänomenen und beschreiben Erwartungen, die durch Reden geweckt wurden. Dadurch erscheint sprachliches Handeln als ein systemischer Zusammenhang.

4.2.4.1 Spr 15,23

Wie oben unter Kap. 1.4.4 findet sich mit 15,23 ein Beleg, der von positiven Emotionen beim Gelingen einer sprachlichen Handlung spricht. Wie der moderne Terminus des „Glückens" hat das hier beschriebene Gelingen die sprachliche Handlung in ihrem situativen Kontext im Blick. Wahrscheinlich liegt der Fokus dabei jedoch stärker auf den beteiligten Personen. Die sprachliche Äußerung ist lediglich Teil der interpersonalen Beziehung.

Spr 15,23

שִׂמְחָה לָאִישׁ בְּמַעֲנֵה־פִיו וְדָבָר בְּעִתּוֹ מַה־טּוֹב:

Freude hat ein Mann an der Antwort seines Mundes, und ein Wort zu seiner Zeit – wie gut ist es!

Alte Übersetzungen Von den alten Übersetzungen weicht vor allem die Septuaginta sehr stark vom masoretischen Text ab und verbindet ihn mit dem vorhergehenden Vers. Bei der Übersetzung von בעתו wählen die Peschitta mit *bzbnh* und der Targum mit בעידניה vergleichbare Konstruktionen eines Zeit-Nomen mit der Präposition ב. Septuaginta (καίριον) und Vulgata (*oportunus*) verwenden dagegen Adjektive, die „passend", „nützlich" oder „geeignet" bedeuten, dabei aber

---

173 Vgl. Austin, *Zur Theorie der Sprechakte (How to do things with words)*, 37 f.

den zeitlichen Aspekt („rechtzeitig") mit einschließen. Der „richtige Zeitpunkt" schließt treffend die weiteren Bedingungen einer passenden Situation mit ein.

Kommentatoren Während Raschi den Ausdruck dagegen sehr konkret auf Erörterung halachischer Fragen bezüglich aktueller religiöser Feste bezieht, sieht auch Saadia die verschiedene Bedingungen hier mit eingeschlossen, darunter (unter Bezug auf Spr 25,11 durch עַל־אָפְנָיו) auch die gelungene Formulierung.

Der erste Halbvers wäre für sich genommen vieldeutig. Wer hat an wessen Antwort Freude? Hat man selbst Freude daran, Antwort zu geben, oder geht es darum, bereitwillig Ermahnung anzunehmen? Das Suffix von פִּיו bezieht sich auf אִישׁ. Also scheint ersteres der Fall zu sein. Durch den zweiten Halbvers wird diese Deutung bestätigt. Denn hier geht es um den richtigen Zeitpunkt der Rede. Was beide Aussagen offenbar miteinander verbindet, ist der erfolgreiche Vollzug einer sprachlichen Handlung. Im ersten Fall durch die passende Antwort auf eine Frage oder eine passende Entgegnung, im zweiten Fall die zeitliche Stimmigkeit einer Rede.[174] Beides ist nach Arndt Meinhold durch die Situationsbezogenheit der Rede bedingt.[175] Der erfolgreiche Vollzug der sprachlichen Handlung wird als Glück wahrgenommen und benannt. Bühlmann umschreibt den Vorgang eindrücklich:

> Wenn einer richtig geantwortet hat, so empfindet er selber seine Befriedigung (שמחה). Es ist dies eine innere Freude, die ihn beglückt ...[176]

Meta-Pragmatik Zur Deutung ist die Klärung des Lexems מַעֲנֶה entscheidend. Die Form erscheint im Sprüchebuch viermal, und zwar nur in den Kapiteln 15 und 16. Dabei ist die auch sonst belegte Bedeutung „Antwort" drei mal naheliegend (15,1; 15,23; 16,1). In 16,4 wird dagegen in der Regel ein zweites Lexem von der Wurzel ענה III abgeleitet angenommen, das dann „Zweck" bedeute. Die Unterscheidung der in den Wörterbüchern angenommenen vier verschiedenen Wurzeln ist jedoch umstritten.[177] Viele Kommentatoren erklären von 15,1 her, woher die Freude in 15,23 herrührt: Denn wenn die sanfte Rede dort den Zorn abwendet, kann sie auch Ursache der Freude sein.[178] Inhaltlich scheint jedoch 16,1 näher zu liegen: Denn auch dort geht es darum, dass das Glücken einer Rede nicht selbstverständlich ist, sondern im Grunde nur dem gelingt, dem Gott es gelingen lässt (לְאָדָם מַעַרְכֵי־לֵב וּמֵיְהוָֹה מַעֲנֵה לָשׁוֹן׃).

---

174 Vgl. McKane, *Proverbs*, 477.
175 Meinhold, *Sprüche*, 257.
176 Bühlmann, *Reden*, 264.
177 Vgl. F. J. Stendebach, "עָנָה I ", *ThWAT* VI (1989): 233 f.
178 Vgl. Raschi, z. St.; Meinhold, *Sprüche*, 257.

Rabbi David Altschuler (18. Jh.) erklärt in seinem Kommentar Metzudat David zur Stelle:

"לאדם " -- ביד האדם לערוך הדברים בלבו בסדר נאות, אבל מה' בא העזר לסדר אמריו בלשון לבל יכשל בהם.
Herz seinem in Dinge/Worte die es, liegt Menschen des Hand der In – Menschen" den „Für auf Worte seine Hilfe, die kommt Herrn vom aber Ordnung, passenden einer in herzurichten strauchele. sie durch nicht er damit ordnen, zu Zunge der

Hier steht die Hilfe Gottes beim Ausführen von Plänen im Vordergrund (vgl. 16,9). Was die Aussage mit 15,23 verbindet, ist die Einsicht, wie schwer es ist, die treffende Wortwahl zu finden. Wem das gelingt, der habe daran Freude.

Betrachtet man 16,1 und 4 nebeneinander, erscheint fraglich, ob in 16,4 wirklich ein anderes Lexem verwendet wird. Denn in beiden Fällen bezeichnet es das von Gott bewirkte Ergebnis. Insofern sollte „Zweck" eher als semantische Erweiterung von „Antwort" im Sinne einer Grundbedeutung „reagieren, erwidern"[179] erklärt werden.[180] Das hat wiederum Rückwirkungen auf die Deutung der Form in allen vier Belegen: Es geht anscheinend jedes Mal um eine Entsprechung. Die Antwort entspricht einer Frage, die Rede bewirkt eine entsprechende Stimmung (15,1), sie ist Ausführung gedanklicher Planung (16,1) bzw. ein Ergehen, das von Gott einem Verhalten zugeordnet ist (16,4). Insofern sollte der Aspekt der Entsprechung auch in 15,23 mit berücksichtigt werden. מענה ist eine der Situation entsprechende Rede und erfreut deshalb ihren Urheber.

Metaphorische Konzepte Deutliche Bildelemente fehlen in diesem Spruch. Mit dem Ausdruck „Antwort des Mundes" wird das Sprechwerkzeug in seiner funktionalen Bedeutung verwendet.

4.2.4.2 Spr 24,26

Auch Spr 24,26 scheint eine enge Verbindung zwischen dem Gelingen einer sprachlichen Handlung und einer stark emotionsgeladenen Geste herzustellen. Die Auslegungen sehen hier Entsprechungen zu verschiedenen Elementen einer Gesprächssituation. Wird die Geste als Ausdruck des Verstummen-Lassens interpretiert, werden Aspekte der Gespächssituation verddeutlicht, die mit Hierarchie bzw. überzeugender Autorität zu tun haben.

---

179 Stendebach, """ 235.
180 Vgl. die verschiedenen Deutungsvorschläge von Spr 16,4a bei Meinhold, *Sprüche*, 263. Vgl. die mehrmalige Verwendung in Qumran im Sinne von „angemessene Antwort„ (Ryan P. Bonfiglio, "לשׁון lāšôn, לישׁן lišān", *ThWQ* II (2013): 540).

Spr 24,26

שְׂפָתַיִם יִשָּׁק מֵשִׁיב דְּבָרִים נְכֹחִים:

Lippen küsst, wer rechte Worte erwidert.

Alte Übersetzungen LXX, Peschitta und Targum stimmen darin überein, dass sie die Singular-Verbform mit einem Plural wiedergeben. Während LXX anstelle von נכוח „richtig" ein allgemeineres „gut" als Attribut verwendet, leitet die Peschitta das Wort offenbar von יכח hi., „zurechtweisen", ab und verkürzt dabei den zweiten Halbvers.[181] Der Targum deutet dagegen משיב nicht als „antworten", sondern als „verkehren" und wendet (zumindest in Z) den Sinn deshalb ins Gegenteil.[182]

Kommentatoren Die Offenheit des masoretischen Textes bezüglich der Zuordnung von Bild- und Sachhälfte führt zu Übersetzungen und Auslegungen, die sich in zwei Gruppen unterteilen lassen: A. Das Küssen steht für die sprachliche Handlung, deren angenehme Wirkung damit betont wird, auch wenn (etwa im Gerichtskontext der vorangegangenen Verse) sie zunächst unangenehm für den Hörer erscheint.[183] B. Das Bild des Küssens zeigt die dankbare Reaktion darauf durch den Hörenden.[184]

Arndt Meinhold verweist auf die Phraseologie von Gen 41,40 ועל פיך ישק כל עמי, in der das Küssen des Mundes soviel bedeute wie „es [das Volk] soll dein Wort unwidersprochen und ehrfurchtsvoll aufnehmen."[185] In Bezug auf Spr 24,26 deutet er jedoch im Sinne von A das rechte Antworten als eine solche Reaktion.[186]

Allerdings ergibt sich nach Jeffrey M. Cohen für die Wurzel נשק ein wichtiger Bedeutungsbereich, der sowohl für Gen 41,40 als auch für Spr 24,26 relevant wäre, aus dem Gebrauch des Verbes in jAZ 41d. Dort heißt es: יש דברים שמשיקים עליהם את הפה „Es gibt Dinge, über die man die Lippen verschließen soll" Auch beim Küssen – insbesondere bei der Kussgeste aus der Ferne – müssen die Lippen demonstrativ verschlossen werden.[187] Spr 24,26 reiht sich dann viel besser in den Kontext der Gerichtsthematik der umliegenden Verse ein. Cohen übersetzt: „He that gives forthright judgement will silence all hostile lips."[188]

---

181 Fox, *Eclectic edition*, 329.
182 Healey, *Targum*, 52.
183 So Saadia; PsIbnEsra; Plöger, *Sprüche*, 287.
184 So vor allem die alten Übersetzungen, die hier der Septuaginta folgen (vgl. dazu oben), sowie Raschi.
185 Meinhold, *Sprüche*, 411.
186 Meinhold, 411.
187 Jeffrey M. Cohen, "An unrecognized connotation of *nšq peh* with special reference to three Biblical occurences", *VT* 32 (1982): 416–424.
188 Cohen, 422.

Meta-Pragmatik Abhängig von diesen (und weiteren[189]) Lösungsvorschlägen ergeben sich aus diesem Vers unterschiedliche Aussagen zum sprachlichen Handeln. Setzt man die Bedeutung „Lippen verschließen" voraus, geht es darum, dass aufrichtige oder überzeugende Rede bzw. strenge Ermahnung die Dialogpartner verstummen lassen. Wird dieses Handeln jedoch mit einem Kuss verglichen,[190] würde damit Freude ausgedrückt oder aber das die Gemeinschaft stabilisierende Wirken der Rede.

Der Spruch thematisiert die Freude über ein gelingendes zwischenmenschliches Gespräch. Das impliziert die aufrichtige Teilnahme der Kommunizierenden, die Akzeptanz der Themen, die nicht angesprochen werden sollten und das Geschick, zum richtigen Zeitpunkt zu sprechen (vgl. Spr 15,23).

Metaphorische Konzepte In beiden Fällen wirkt hier die funktionale Bedeutungsbreite des Mundes. Ein Kuss wird mithilfe des Mundes gegeben oder angedeutet. Er ist Sprechwerkzeug, an dem sich sprachliche Aktivität wie auch Schweigen ablesen lassen. SPRECHEN IST KÜSSEN.

In der lexikalisierten Phrase משיב דברים „Worte zuückgeben/antworten" ließe sich ein Konzept SPRECHEN IST WORTE IN BEWEGUNG SETZEN postulieren. Es zeigt sich dafür jedoch kein weiterer Transparenzmarker.

4.2.4.3 Spr 14,23

Obwohl die Bedeutung einer so formal erscheinenden Formulierung wie das in Spr 14,23 verwendete „Lippenwort" (דבר שפתים) aus der Kombination der beiden Lexeme bei weitem nicht klar wäre, zeigt die Deutungsgeschichte eine erstaunliche Kontinuität darin, auf den semantischen Bereich „unbedachte Rede" zu referenzieren. Durch die Einbettung in den antithetischen Parallelismus mit dem Themenkomplex Armut–Reichtum/Faulheit–Fleiß ist dieses Verständnis offenbar am plausibelsten. Die Variantenbreite der Übersetzungen fußen dagegen vor allem auf unterschiedlichen Bewertungen von Armut und Reichtum.

Spr 14,23

בְּכָל־עֶצֶב יִהְיֶה מוֹתָר וּדְבַר־שְׂפָתַיִם אַךְ־לְמַחְסוֹר׃

> Durch jede Mühe entsteht Gewinn, aber ein Lippenwort (führt) nur zu
> Mangel.

Alte Übersetzungen Die Septuaginta greift im zweiten Versteil relativ stark ein. Statt von „Lippenworten" ist von einem „Fröhlichen" und einem „Sorglosen" die

---

189 K.-M. Beyse, "נָשַׁק nāšaq", *ThWAT* V (1986): 680.
190 Vgl. G. Krinetzki, "Kuß", *NBL* II (1995): 569.

Rede. Es scheint schwierig, das als Übersetzungen anzusehen, die die bekannte hebräische Vorlage wörtlich wiedergeben wollten.[191] Näher liegt eine interpretierende Umschreibung. In diesem Fall wären die Fröhlichen und Sorglosen diejenigen, die sich durch „Lippenworte" auszeichneten.[192] Gillis Gerleman hat demgegenüber eine positive Deutung des zweiten Halbverses vorgeschlagen, der damit stoische Weltentsagung propagiere.[153]

Ronald L. Giese hat jedoch zu recht darauf bestanden, dass es der LXX-Version darum geht, den hebräischen Text zu bestätigen oder zu erklären.[194] David-Marc d'Hamonville weist darauf hin, dass das Sich-Sorgen, hier mit μεριμνάω wiedergegeben, einen Begriff der klassisch-philosophischen Meditation aufgreife.[195]

Die Peschitta sowie der Targum greifen mit der Wurzel עצף bzw. yṣp den Klang des hebräischen עצב und die griechische Deutung mit „sorgen" auf. Beide beginnen hier auch mit der zweiten Person. Während sich der Targum ansonsten wörtlich an den hebräischen Text anschließt.

Jan Joosten hat plausibel dargestellt, dass die Fassung der Peschitta eine Doppelübersetzung darstellt, die zunächst die Septuaginta und dann eine hebräische Vorlage übersetzt. Beides lässt sich jeweils mit einer anzunehmenden abweichenden Lesung belegen. Das Armutsideal in der Peschitta („Bei allem, um das du sorgst, gibt es eine Sache, die Ertrag bringt, und wer arm wohnt/lebt, wird ruhig und glücklich. Und jeden Schmerz heilt der Herr. Und die Rede der Lippen der Toren schadet ihnen."[196]), das die Septuagintaversion beinahe in ihr Gegenteil verkehre, gehöre zu einer Tendenz, die bei dem (evtl. christlichen) Übersetzer der Proverbien der Peschitta öfter zu finden sei. Die Doppelübersetzung belege (wie andere) also die gleichzeitige Verwendung einer hebräischen und einer Septuagintafassung durch den Übersetzer der Peschitta.[197]

Die deutende Wiedergabe der „Lippenworte" durch „der Heitere und Unbekümmerte" (LXX. D) stellt eine pointierende Stellungnahme dar zum Thema Armut und eröffnete Möglichkeiten zur gedanklichen Vertiefung der Problematik. Zugrunde liegt in jedem Fall das Verständnis von „Lippenworten" als „unbedachte Rede".

---

191 Giese, "Wealth", 422.

192 So Giese, 422 f. und die Septuaginta Deutsch.

193 Gerleman, *Proverbs*, 56 f.

194 Giese, "Wealth", 422 f.

195 David-Marc d'Hamonville, *Les Proverbes*, La Bible d'Alexandrie 17 (Paris, 2000), 245.

196 Vgl. Baumgartner, *Étude critique sur l'état du texte du Livre des Proverbes d'après les principales traductions anciennes*, 140; Joosten, "Doublet Translations in Peshitta Proverbs", 67 f.

197 Joosten, 67 f.

Kommentatoren Da die Gegenüberstellung der „Lippenworte" zu schwerer Arbeit, die Nutzen bringt, sehr deutlich ist, gehen die Kommentare in ähnliche Richtungen. Es geht bei דבר שפתים etwa um „bloße" oder „leere" Worte, [198] um Geschwätzigkeit (*verbosity*)[199] oder um Nichtigkeiten (Raschi: דברי הבל).

Meta-Pragmatik Das hier erwähnte „Lippenwort" ist ein Beleg dafür, dass es auch ein Reden geben kann, das sich gerade durch fehlende Entsprechung im Handeln auszeichnet. Das ist ein wichtiger Beleg, der auch die Grenzen der obigen These aufzeigt, Sprache werde immer als Handeln wahrgenommen. Freilich bleibt die These insofern bestehen, als auch das Unterlassen als folgenreiches Handeln verstanden werden muss, wie der zweite Halbvers ja deutlich macht. Geschwätz statt Arbeit führt zu Mangel. Es sind bloß Worte.

Metaphorische Konzepte Als Bildbereich werden die Sprechwerkzeuge vor Augen gestellt. Mit den Lippen werden die Worte ausgesprochen. Doch, so muss man voraussetzen, sie sind der einzige Körperteil, der aktiviert wird. Die „Lippenworte" haben keine Entsprechung, weder im Herzen als ernsthafte Pläne, noch als Taten der Hände: GESCHWÄTZ IST REINE LIPPENBEWEGUNG.

4.2.4.4 Spr 29,19
In Spr 29,19 wird das Scheitern einer DIREKTIVEN sprachlichen Handlung damit erklärt, dass die an der Redesitution beteiligten Personen eine Kostellation ergeben, in der die sprachliche Handlung (דברים) nicht wirksam werden könne, sondern gleichsam als Verstär"-kung dieses Handelns durch die körperliche Züchtigung ersetzt werden müsste. Auch wenn in anderen Sprüchen die starke (auch körperliche) Wirkung von Worten hervorgehoben wird, kommt hier einmal deutlich zum Ausdruck, dass es Situationen geben kann, in denen – abhängig von den Beteiligten – diese Wirkung nicht eintreten kann.

Spr 29,19

בִּדְבָרִים לֹא־יִוָּסֶר עָבֶד כִּי־יָבִין וְאֵין מַעֲנֶה:

> Durch Worte wird ein Knecht nicht überzeugt. Er versteht zwar, aber es gibt keine Entsprechung.

Alte Übersetzungen Die Übersetzungen geben keine Hinweise auf Varianten in der hebräischen Vorlage. Die Septuaginta fügt dem Sklaven das Attribut σκληρός „starrsinnig" an – wohl um deutlich zu machen, dass nicht jeder Knecht so zu behandeln sei. Peschitta und Targum geben מענה durch Formen der Wurzel בלע

---

198 Plöger, *Sprüche*, 166, 173 f.
199 McKane, *Proverbs*.

wieder, die auch „geschlagen werden"[200] bedeutet. Nach BHQ ist damit die Form m'nh von der Wurzel ענה 2 „beugen, demütigen" abgeleitet,[201] im hier anzuneh-menden reflexiven Sinn müsste das Nomen dann jedoch eine Nifal-Form reprä-sentieren. Peschitta und Targum verstehen den zweiten Versteil also im Sinne von „aber er weiß, dass er nicht geschlagen wird."[202]

Kommentatoren Raschi und PsIbnEsra erklären den Spruch im Sinne körperlicher Züchtigung und explizieren das notwendige Strafmittel als מכות bzw. שבט ותוכחת. PsIbnEsra und Saadia schließen dabei verbale Rüge ausdrücklich mit ein, indem sie בלבד bzw. פקד „nur" einfügen.

Auch die modernen Kommentare umschreiben die Aussage des Spruches rela-tiv einheitlich folgendermaßen: Ein Knecht hat zwar die intellektuelle Kapazität, die Worte der Zurechtweisung seines Herren zu verstehen. Da er jedoch keine kör-perliche Züchtigung befürchtet, handelt er weiterhin nicht dem entsprechend.[203]

Das Verb יסר und das Nomen מוסר bezeichnen sowohl körperliches Strafen („züchtigen") als auch deutliche verbale Rüge bzw. Ermahnung („zurechtwei-sen"). Nicht immer lässt sich beides klar unterscheiden. Der Spruch scheint für den Umgang mit dem Knecht die zweite Möglichkeit ausschließen zu wollen, sodass in diesem Fall nur die körperliche Strafe als Mittel übrig bliebe. Hinter der negativen Aussage würde dann Körperstrafe als reguläres Sanktionsmittel im Umgang mit Sklaven festgestellt (Vgl. Papyrus Insinger 11,14; Sir 33,25–33).[204]

Meta-Pragmatik Damit stellt der Spruch eine klares Fallbeispiel für das Scheitern einer sprachlichen Handlung dar: Die (anzunehmende) Absicht des Herrn, seinen Knecht durch Strafrede zu einer Handlungsänderung zu bringen, erfüllt sich nicht. Die gesprochenen Worte zeigen keine Wirkung. Allerdings ist das nicht als eine ge-nerelle Aussage über die Wirksamkeit von Worten zu werten. Vielmehr wird auch hier die Situationsbezogenheit des Geschehens deutlich. Die (bedauerlich) pes-simistische Sicht auf das Verhältnis von Herren und Knechten macht für diesen sozialen Kontext eines hierarchischen Verhältnisses deutlich, dass Worte durch entsprechendes Handeln glaubhaft sein müssen, etwa in dem Sinn: Wer Strafen androht, muss sie auch anwenden, sonst verlieren seine Worte an Glaubwürdig-keit. Insofern geht es auch hier nicht darum, Worten generell ihre Wirksamkeit ab-zusprechen, sondern dieselbe gerade durch eine kontextangemessenen Anwen-dung zu begründen.

---

200 Dathe, "De Ratione", 121 f. Baumgartner, *Étude critique sur l'état du texte du Livre des Pro-verbes d'après les principales traductions anciennes*, 237 f. Vgl. Healey, *Targum*, 59.

201 di Lella, *Proverbs*, 54.

202 Fox, *Eclectic edition*, 376.

203 McKane, *Proverbs*, 634; Plöger, *Sprüche*, 347; Meinhold, *Sprüche*, 489 f.

204 Meinhold, 489 f.

Metaphorische Konzepte Der Spruch beschreibt einen markanten Beispielfall und verwendet mit dem Verb יסר „züchtigen, zurechtweisen" ein wichtiges Bildelement auf. Die Bedeutungsbereiche „ermahnen, zurechtweisen" einerseits und „körperlich züchtigen" andererseits, ermöglichen die Entwicklung eines kreativen Assoziation durch die Verbindung von יסר und בדברים. Das Verb lässt ein lebhaftes Bild vor Augen treten: Der Herr schlägt seinen Knecht. Durch den zweiten Ausdruck erhält das Bild eine Störung: Der Herr setzt zum Schlagen an, spricht jedoch nur. Er ermahnt den Knecht mit Worten, berührt ihn also nicht – und erreicht ihn somit auch mental nicht.

Was in diesem Fall scheitert, entspricht jedoch einem allgemein bestehenden Konzept: AGGRESSIVES REDEN IST VERLETZEN/ SCHMERZEN ZUFÜGEN.

4.2.4.5 Spr 25,15

Gesprächskonstellationen ergeben erwartbare Handlungsmuster, Reaktionen und Ergebnisse. Wer jedoch in der Lage ist, den Modus seiner Rede dieser Situation anzupassen, darf hoffen, diese sozialen oder hierarchischen Strukturen – wenigstens ansatzweise – aufzuweichen. WEICHHEIT in Spr 25,15 ist dabei ein wichtiges kognitives Konzept, um eine zurückhaltende, vermittelnde bzw. besänftigende Umgangsweise (etwa einen entsprechenden Tonfall) zu beschreiben.

Spr 25,15

בְּאֹרֶךְ אַפַּיִם יְפֻתֶּה קָצִין וְלָשׁוֹן רַכָּה תִּשְׁבָּר־גָּרֶם׃

Durch Langmut wird ein Fürst überredet
und eine weiche Zunge zerbricht Knochen.

Alte Übersetzungen Die Septuaginta (ἐν μακροθυμίᾳ εὐοδία βασιλεῦσιν) wird meist so übersetzt, dass Könige durch Langmut Erfolg hätten.[205] Dabei könnte eine Deutung des יפתה von der Wurzel פתח zugrundeliegen.[206] Allerdings ist der griechische Text auch im Sinne der masoretischen Vokalisation übersetzbar: „Durch Langmut wird ein guter Gang (der Dinge) bei Königen (erreicht)."[207] Peschitta und Targum folgen der masoretischen Lesung, wobei beide in der Wortwahl stärker voneinander abweichen. Auffällig ist hier besonders, dass der Targum לשון רכה

205 So LXX. D.
206 So Baumgartner, *Étude critique sur l'état du texte du Livre des Proverbes d'après les principales traductions anciennes*, 221.
207 Hans-Winfried Jüngling, Hermann von Lips und Ruth Scoralick, "Παροιμιαι / Proverbia / Sprichwörter / Sprüche Salomos", in *Septuaginta Deutsch. Erläuterungen und Kommentare zum griechischen Alten Testament*, hrsg. Martin Karrer und Wolfgang Kraus (Stuttgart, 2011), 1992.

mit מלתא רכיכתא „sanftes Wort" übersetzt und dadurch die oben beschriebene Spannung auf der Bildebene aufhebt.

Kommentatoren Raschi gibt für die Bildelemente im zweiten Halbvers klare sachliche Entsprechungen an: „weiche Zunge" bezeichne etwa das Gebet (תפלה) oder das Flehen (תחנונים), also Modi des sprachlichen Handelns, die für hierarchische Unterordnung bestimmt und nicht durch Aggressivität geprägt sind. Den Knochen, der zerbrochen werden soll, versteht er als „die Härte des Urteils".

Je nachdem, ob קצין als „Richter" oder als „Vorgesetzter" verstanden wird, konstruieren die Ausleger eher einen Gerichtskontext oder das Abhängigkeitsverhältnis innerhalb einer Hierarchie.[208]

Meta-Pragmatik Der Spruch erhält seine Aussagekraft durch das Oxymoron, dass von der weichen Zunge nicht erwartet werden kann, dass sie (wie evtl. die Zähne) Knochen zerbrechen könne. Zieht man jedoch den funktionalen Bedeutungsbereich (Rede) mit in Betracht, wird die Aussage sinnvoll: Die Rede kann harte Konsequenzen nach sich ziehen, einschließlich Handgreiflichkeiten und Körperstrafen.[209] Mit Beharrlichkeit, aber gleichzeitig auch mit besänftigendem oder vermittelndem sprachlichen Handeln kann man auch entgegen vorgegebenen Machtstrukturen seine Interessen einbringen.

Metaphorische Konzepte Im ersten Versteil erscheint der „lange Atem" als ein metaphorisches Element, dass für Ausdauer bzw. Geduld steht. Es ist schon stark lexikalisiert und wird nicht durch einen zweiten Transparenzmarker in seiner figurativen Funktion betont. Im zweiten Versteil liegt dagegen ein explizites sprachliches Bild vor, das das Paradox von weicher Zunge und Knochenzerbrechen formuliert und nur in Anwendung auf sprachliches Handeln sinnvoll ist. Es entfaltet das metaphorische Konzept WEICHHEIT IST VERMITTLUNG/BESÄNFTIGUNG (siehe S. 95) und verbindet das mit Assoziationen zur äußeren Beschaffenheit der Sprechwerkzeuge (metonymisch motiviertes Bildelement: WEICHE ZUNGE IST SANFTE REDE). Wie der Vergleichstext bei Achikar zeigt,[210] ist aber auch diese explizite Bildanwendung offenbar konventionalisiert.

4.2.4.6 Spr 10,31 f.

Die beiden abschließenden Sprüche von Kap. 10 sind durch Themen und Stichworte eng aufeinander bezogen. Für die darin verwendeten Verbformen sind von den Übersetzungen und Auslegern sehr unterschiedliche Deutungen vorgeschlagen worden, teils mit Emendationen, teils mit unterschiedlichen Herleitungen der

---

208 Plöger, *Sprüche*, 302; Meinhold, *Sprüche*, 426.
209 Vgl. oben S. 182.
210 AramAchikar 6,89 f., Niehr, *Aḥiqar*, 43.

Wurzeln. Die metonymische Verwendung von „Mund" und „Lippen" wird dann mit Bildelementen von Pflanzenwuchs bzw. einer Wasserquelle in Verbindung gebracht. V. 32 scheint mit יְדָעוּן רָצוֹן eine Formulierung zu beinhalten, die das Rezeptionsverhalten der Zuhörer im Blick hat.

Spr 10,31 f.

פִּי־צַדִּיק יָנוּב חָכְמָה וּלְשׁוֹן תַּהְפֻּכוֹת תִּכָּרֵת

שִׂפְתֵי צַדִּיק יֵדְעוּן רָצוֹן וּפִי רְשָׁעִים תַּהְפֻּכוֹת

> Der Mund des Gerechten lässt Weisheit sprießen (oder: sprosst durch Weisheit), aber eine Zunge von Verkehrtheit wird abgehauen.
> Die Lippen des Gerechten haben acht auf Wohlgefallen, aber der Mund der Frevler ist Verkehrtheit.

Alte Übersetzungen LXX, Peschitta und Tragum verlassen den Bildbereich einer sprießenden Pflanze, der in ינוב gesehen werden kann. Die LXX liest statt dessen offenbar eine Form von נבע und bietet daher (wie auch in V. 32) die Form ἀποστάζει „träufeln". Peschitta und Targum benennen dagegen die Sachebene „redet" (*mmll*, ימליל). Nur die Vulgata nimmt den Bildbereich des Pflanzenwuchses mit *parturiet sapientiam* („lässt Weisheit sprießen") auf. In V. 32 übernimmt die LXX die Verbform des vorhergehenden Verses, während Peschitta und Targum die hebräische Form ידעון mit der gleichlautenden Wurzel wiedergeben (*ydʿn*, ידען).

Kommentatoren Raschi und PsIbnEsra erschließen die Form ינוב von ניב שפתים in Jes 57,19 her und entfalten daher das Bild vom Frucht-Bringen als Ertrag des Handelns (תבואה). Während PsIbnEsra dabei (wie etwa Plöger[211]) חכמה instrumental versteht, sehen die meisten Ausleger die Weisheit als Objekt des Verbs[212] an. Die Kommentatoren diskutieren verschiedenen Ableitungen der verwendeten Verben, darunter wird sowohl für ינוב als auch für ידעון die Bedeutung „fließen" vorgeschlagen (vgl. LXX).[213] Jedoch ist der Bildbereich des Pflanzenwuchses durch die Form תכרת als Transparenzmarker sehr wahrscheinlich.[214] Auch für die Form ידעון ist keine sprachvergleichende Herleitung, oder eine Angleichung an ähliche Formulierungen (10,21 ירעו רבים, 15,2.28 יביע) nötig, wenn ידע als „beachten/sich verstehen auf" gedeutet wird.[215]

---

211 Plöger, *Sprüche*, 130.
212 So z. B. Meinhold, *Sprüche*, 184 f.
213 Referiert bei McKane, *Proverbs*, 424 f.
214 McKane, 423 f; Meinhold, *Sprüche*, 184.
215 Meinhold, 184 f.

Meta-Pragmatik Mit רָצוֹן kommt in diesem Spruchpaar das Thema des Rezeptionsverhaltens zur Sprache. Die Rede der Gerechten, die von Weisheit geprägt ist, ist in der Öffentlichkeit anerkannt und wird gern gehört.[216]

Metaphorische Konzepte Das in V. 31 der Bildbereich „Wachsen" verwendet ist, wird vor allem dadurch deutlich, dass beide Verbformen (תכרת, ינוב) diesen semantischen Bezug zu haben scheinen und gegenseitig als Transparenzmarker dienen. Deshalb kann hier ein metaphorisches Konzept EIN SPRECHWERKZEUG IST EINE FRUCHTTRAGENDE PFLANZE (siehe S. 116) postuliert werden. Dass die Zunge ausgerissen wird, kann allerdings nicht mehr als Metonymie eines Sprechwerkzeugs für das Reden verstanden werden,[217] sondern nimmt die Bildszenerie des Pflanzenwuchses auf und kann gleichzeitig auch wörtlich verstanden werden. Diese Mehrdeutigkeit scheint bewusst eingesetzt zu sein.

4.2.4.7 Spr 25,14

Ähnlich wie in V. 23 wird hier in Spr 25,14 eine kollektive Erfahrung mit Wetterphänomenen herangezogen, um die üblicherweise erwartbaren Handlungsmuster zwischenmenschlichen Verhaltens deutlich zu machen. Das Ausbleiben des Erwarteten gehört durchaus mit in die Erfahrungswelt, wird jedoch als – negativ bewertete – Unregelmäßigkeit wahrgenommen.

Spr 25,14

נְשִׂיאִים וְרוּחַ וְגֶשֶׁם אָיִן אִישׁ מִתְהַלֵּל בְּמַתַּת־שָׁקֶר׃

Wolken und Wind aber kein Regen – ein Mann, der sich eines trügerischen Geschenkes rühmt.

Alte Übersetzungen Die Lesart der LXX scheint zwei Entsprechungen für das Element נשיאים „Wolken" des masoretischen Textes aufzuweisen: νέφη „Wolke", und ἐπιφανέστατοι „deutlich sichtbar" (נשיאים als „herausgehobene"). Beide griechischen Äquivalente stehen nicht mehr an der eröffnenden Position wie das hebräische Lexem. Die plausibelste Erklärung scheint dafür zu sein, dass in einer ersten Übersetzung נשיאים als Verb übersetzt wurde. Im Nachhinein wurde diese Fassung nach der gängigen Deutung des hebräischen Textes korrigiert und das Element „Regen" nachgetragen.

An der Stelle der Verneinung אין im hebräischen Text steht steht im griechischen – als Eröffnung der zweiten Vershälfte ein οὕτως. Kann ein אין als כן gelesen worden sein? Während der masoretische Text von Wolken ohne Regen spricht,

---

216 Vgl. McKane, *Proverbs*, 177.
217 Vgl. Luchsinger, *Poetik*, 239.

geht die Septuaginta davon aus, dass Wind, Wolken und Regen deutlich sichtbar sind. Damit ist die Bezugnahme zwischen Bild- und Sachhälfte verschoben. Dennoch bleibt die Aussage: Wettererscheinungen werden als gut beobachtbare Ereignisse beschrieben.

Kommentatoren Dass Wind und Regen in der Regel miteinander in Verbindung gebracht wurden, belegt Dalman mit Spr 25,14; 2 Kön 3,17 und Ps 147,18 sowie mit der Formulierung des Segens über den Regenspender im Achtzehnbittengebet (im Winter): משיב הרוח ומוריד הגשם.[218] Die Unstimmigkeit in der hier beschriebenen sprachlichen Handlung wird mit einem Naturvergleich illustriert: Es geht um das Wecken von Erwartungen, die nicht erfüllt werden. Nach Plöger und Meinhold verspricht einer hier mehr, als er hält.[219] Nach PsIbnEsra geht es um eine absichtliche Täuschung. Aber es ist ebenso vorstellbar, dass es nicht die Absicht des Sprechers war zu täuschen, sondern das Versprechen basierte auf Selbstüberschätzung.

Meta-Pragmatik Die Absicht des Sprechenden liegt nicht im Fokus der Aussage. Vielmehr wird verdeutlicht, dass ein bestimmtes Verhalten (ob sprachlich oder nicht) Erwartungen bei den Adressaten/Umstehenden weckt. Frühere Erfahrungen werden auf die aktuelle Position projiziert. Kommt es dann nicht zu den erwarteten Folgen, wird das als Unzuverlässigkeit interpretiert.

Auch auf der Bildhälfte geht es um Enttäuschung: Wolken und Wind lassen den ersehnten Regen erwarten. Aber auch hier kann es passieren, dass der Regen ausbleibt. Auch das Enttäuscht-Werden stellt sich – hierarchisch untergeordnet – als Muster heraus. Denn der erfahrene Beobachter ist sich auch dieser Möglichkeit bewusst.

Metaphorische Konzepte Da Regen und Geschenk sich in den Spruchhälften entsprechen und das Ausbleiben als שקר „Trug" bezeichnet wird, kann man davon ausgehen, dass die positiven Assoziationen des Elements Wasser hier aktiv werden. So kann etwa das Konzept BEFRIEDIGUNG EINER ERWARTUNG IST ERFRISCHUNG vorausgesetzt sein. Die Bildszenerie ist aber vor allem durch eine andere metaphorische Struktur geprägt: REGELMÄSSIGKEITEN SIND WETTERERSCHEINUNGEN.

4.2.4.8 Spr 25,23

Auch Spr 25,23 verdeutlicht (wie 25,14) durch die Beobachtung regelmäßiger Wettererscheinungen, dass auch zwischenmenschliches Verhalten durch erwartbare Handlungsmuster geprägt ist – sodass Konsequenzen mit ähnlicher Sicherheit

---

218 Gustaf Dalman, *Arbeit und Sitte in Palästina*, Bd. I: Jahreslauf und Tageslauf. 1. Hälfte: Herbst und Winter (Gütersloh, 1928), 238.
219 Meinhold, *Sprüche*, 426; Plöger, *Sprüche*, 301.

vorausgesagt werden könnten. Möglicherweise bildet das Verborgen-Sein ein wichtiges Bildelement in Entsprechung zum Hervorbringen.

Spr 25,23

רוּחַ צָפוֹן תְּחוֹלֵל גָּשֶׁם וּפָנִים נִזְעָמִים לְשׁוֹן סָתֶר׃

Nordwind erzeugt Regen und zornige Gesichter eine verborgene Rede.

Alte Übersetzungen LXX und Vulgata sehen im Versteil b zuerst das Subjekt (zorniges Gesicht) und dann das Objekt (verborgene Rede) aufgeführt. Peschitta und Targum dagegen verstehen beide Elemente der zweiten Spruchhälfte als Subjekt – und lassen damit das Objekt offen: „Nordwind ist von Regen schwanger wie ein zorniges Gesicht und eine verborgene Zunge."[220]

Während LXX, Peschitta und Targum darüber sprechen, dass der Nordwind den Regen bringt, repräsentiert die Vulgata (im Anschluss an Symmachus) die Deutungstradition, die das Verb תחולל „vertreiben" oder ähnlich bedeuten lassen (vgl. die Kommentatoren).[221]

Kommentatoren Moderne Ausleger verstehen den Vers meist als Chiasmus, sodass verborgene Rede zu zornigen Gesichtern führt.[222] Beide Deutungen erscheinen sinnvoll: Sprache und Emotionen stehen in einem reziproken Verhältnis.

Ein besonderes Problem stellt der Nordwind dar, der in Palästina gar keinen Regen bringe.[223] Nimmt man eine ägyptische Herkunft an, würde das viel besser passen,[224] aber der Spruch muss ja auch in Palästina verständlich bleiben! Allerdings speist sich diese Skepsis vor allem (auch bJoma 21b // bBB 147a) aus modernen palästinischen Aussagen zum Nordwind, die durchweg negativ sind.[225] Prinzipiell wurde in der Antike ein enger Zusammenhang zwischen Wind und Regen gesehen.[226] Und wenn es sich etwa um NW-Wind handelt, kann er durchaus Regen bringen.[227]

Saadia Gaon geht für die Wurzel חול von der Bedeutung „in Angst versetzen", „vertreiben" aus (und versteht den Spruch chiastisch: „ ... leise Rede bringt den

---

220 Healey, *Targum*, 53; Fox, *Eclectic edition*, 337.

221 Fox, 337 f.

222 Meinhold, *Sprüche*, 432; Plöger, *Sprüche*, 304.

223 Dalman, *Arbeit und Sitte Ia*, 246 f.

224 Gemser, *Sprüche*, 92; Siegfried Morenz, "Feurige Kohlen auf dem Haupt", *ThLZ* 78 (1953): 191.

225 Dalman, *Arbeit und Sitte Ia*, 239 f.

226 Dalman, 238.

227 Dalman, 241; Meinhold, *Sprüche*, 432.

Zorn zum Schweigen").[228] Diese Deutung des Verbs, die offenbar die meteorologischen Verhältnisse Palästinas berücksichtigt,[229] greift PsIbnEsra auf, versteht den Spruch jedoch nicht chiastisch, ähnlich auch Buber-Rosenzweig: „Nordwind vertreibt Regen und ein erzürntes Gesicht die verborgene Rede" – wer seinen Zorn deutlich zeigt, schüchtert die Verleumder ein.

J. van der Ploeg hat darauf hingewiesen, dass צפן auch „verbergen" bedeutet und daher mit סתר korrespondiert. Demnach könnte der Spruch den Wind, dessen Herkunft unbekannt ist (vgl. Hiob 38,22 ff.; Ps 135,7), mit Verleumdung vergleichen, von der man nicht weiß, wer sie in die Welt gesetzt hat. Das eine verdunkelt den Himmel, das andere das Gesicht. Ploeg gesteht zu, dass auch das eher eine gezwungene Deutung sei.[230]

Im zweiten Versteil ist nicht ganz klar, was Subjekt und Objekt ist.[231] Unter Annahme einer chiastischen Struktur ist es die Rede im Verborgenen, die Unmut bewirkt, sobald sie bemerkt wird, gerade weil die Außenstehenden vermuten, dass es gegen sie selbst geht. Unter den körperlichen Zeichen, die in altorientalischen Omenserien auf Charaktereigenschaften des Menschen schließen lassen, steht das verfinsterte Gesicht (im Gegenüber zu leuchtenden Augen) als Ausdruck finsterer Gedanken und innerer Bosheit.[232] Das Leuchten des Gesichts benennt Spr 15,30.[233]

Meta-Pragmatik Alle Erklärungen haben etwas für sich. Letztlich zeigen die Übersetzungen, dass es auch möglich war, die vermeintlich unsinnige Bedeutung vom regenbringendem Nordwind zu tradieren. Was in allen Lösungsvorschlägen bleibt, ist der Vergleich zwischenmenschlicher Interaktion mit einem Wetterphänomen.

Die Aussage dieses Spruches ist vergleichbar mit Spr 15,1: Ein Verhalten, das Emotionen zum Ausdruck bringt, führt zu entsprechenden Vorsichtsmaßnahmen in der Redegestaltung. Dazu gehören auch Gesichtsausdrücke.[234] Ein zorniges Ge-

---

228 Saadia Ben Josef Al-Fayyoûmî, *Version arabe des Proverbes surnommés Livre de la recherche de la Sagesse de R. Saadia Ben Iosef al-Fayyoûmî publiée pour la première fois et accompagnée de notes hébraïques avec une traduction française d'après l'arabe par J. Derenbourg et Mayer Lambert*, hrsg. Joseph Derenbourg, Mayer Lambert und Hartwig Derenbourg (Paris, 1894), 151.
229 Fox, *Eclectic edition*, 337.
230 J. van der Ploeg, "Prov. xxv 23", *VT* 3 (1953): 191.
231 Meinhold, *Sprüche*, 431 f.
232 Berlejung, "Menschenbilder", 379.
233 Siehe S. 163. Vgl. Gillmayr-Bucher, "Emotion und Kommunikation", 286.
234 Nach Ges[18], 1061: Gen 31,2; 40,7; Dtn 28,50; Ez 2,4; Dan 8,23; Hiob 9,27; Spr 7,13; Spr 15,13.

sicht führt dazu, dass beim Gegenüber Aggressionen verborgen bleiben – was die Situation freilich undurchschaubarer macht.[235]

Metaphorische Konzepte In diesem kreativen Vergleich kann man folgende metaphorische Konzepte als aktiv ansehen: ERREGUNG IST BEWEGUNG (siehe S. 94), das durch den Wind ausgedrückt wird, sowie UNAUFRICHTIGKEIT IST VERBERGEN (s. S. 83), markiert vor allem durch das Lexem סתר. Vor allem ist der Spruch aber geprägt von dem metaphorischen Konzept REGELMÄSSIGKEITEN SIND WETTERERSCHEINUNGEN.

4.2.5 Rechter und falscher Zeitpunkt/Hast

Dass für eine sprachliche Handlung ein zugehöriger Zeitpunkt zu beachten ist, kann ganz allgemein formuliert sein wie in Spr 15,23b: וְדָבָר בְּעִתּוֹ מַה־טּוֹב: („… und ein Wort, gesprochen zu seiner Zeit, wie gut ist es!"). Die Zuweisung einer bestimmten Zeit wird als vorgegeben vorausgesetzt, ohne dass festgestellt wird, woher diese Festlegung kommt. Die Formulierung בעתו wird vorrangig für regelmäßige Naturerscheinungen im Jahreskreis benutzt wie Regen (Dtn 11,14; 28,12; Jer 5,24; Ez 34,26), Frucht tragen (Ps 1,3, und ernten: Hos 2,11; Hiob 5,26) und für den Nahrungserwerb von Tieren (104,27; 145,15). Hiob 38,32 thematisiert die vorgegebene Ordnung der Bewegungen der Sternzeichen. In einem Großteil der Belege (insbesondere Koh 3,11) spielt Gott implizit oder explizit als Ursache dieser Ordnung eine Rolle.

Vergleichstexte Ein Blick in Texte aus der Umwelt Israels zeigt die Verbreitung der Vorstellung in verschiedenen Zusammenhängen und führt das Problem noch weiter aus:

Sir 1,23 f.
Der Geduldige hält aus bis zur rechten Zeit ἕως καιροῦ, doch dann erfährt er Freude.
Bis zur rechten Zeit hält er mit seinen Worten zurück, dann werden viele seine Klugheit preisen.[236]

Anchscheschonq 12,24
„Sag nicht ein Wort, wenn es nicht seine Zeit (pe-s t3) ist."[237]

235 Vgl. Gillmayr-Bucher, "Emotion und Kommunikation", 286.
236 Einheitsübersetzung.
237 S. R. K. Glanville, *Catalogue of Demotic Papyri in the British Museum. Vol. II: The Instructions of ‹Onchsheshonqy (British Museum Papyrus 10508). Part I: Introduction, transliteration, translation, notes, and plates* (London, 1955), 30. Der verwendete Terminus kann auch „Jahreszeit" heißen und würde dann auch inhaltlich der hebräischen Formulierung nahe stehen.

Menandri Monostichoi 88:
ἄκουε πάντα καὶ λάλει καιρῷ, φίλος
Listen to everything and speak at the proper time, O friend.[238]

Wenn allerdings der Zeitpunkt da ist, soll man reden und nicht schweigen:

Papyrus Insinger 3,7
Gib keinen Anlaß, Dich „Tölpel" zu nennen, weil Du schweigst, wenn es an der Zeit ist zu reden.[239]

Texte aus der Umwelt Israels mahnen im Gegenüber zu Höhergestellten zum Zögern.

Anchscheschonq 17,10
Übereile Dich nicht beim Sprechen in Gegenwart Deines Vorgesetzten.[240]

Anchscheschonq 22,18:
Hast Du die Absicht, zu Deinem Vorgesetzten zu sprechen, zähle an der Hand bis zehn![241]

Sextussentenzen 153: σκέπτου πρὸ τοῦ λέγειν ἵνα μὴ λέγῃς ἃ μὴ δεῖ
Think before you speak so that you do not say what you should not.[242]

Die zeitliche Verzögerung müsste dann allerdings weniger in dem Sinn zu verstehen sein, den rechten Zeitpunkt zu erkennen, sondern zielt eher darauf ab, Gelegenheit zu haben, die Konsequenzen abzuwägen.

Hast Ein verwandtes Themengebiet behandeln Sprüche, die die Eile beim Reden tadeln. Die damit verbundenen Aussagen geben deutlich zu erkennen, dass es hierbei nicht nur (oder eher nicht?) darum geht, wie schnell man spricht, und dadurch eventuell Fehler macht. Die Fehler sind vor allem in mangelnder Selbstkontrolle begründet: Ohne vorheriges Überlegen (und Beachten der Situation) wird ausgesprochen, was einem gerade in den Sinn kommt. Deshalb stehen diese Aussagen dem Thema *Reden zur Unzeit* ebenso nahe wie der allgemeinen Mahnung zur Zurückhaltung und Auswahl dessen, was zu sagen ist.

---

238 Lazaridis, *Wisdom*, 276.
239 Thissen, "Die Lehre des Anchscheschonqi, P. Lovre 2414, P. Insinger", 283.
240 Thissen, 267.
241 Thissen, 272.
242 Lazaridis, *Wisdom*, 283. Vgl. auch Menandri Monostichoi 565 (Lazaridis, 283).

Vergleichstexte zum Thema Hast

Ratschläge und Warnungen für rechtes und falsches Tun und Reden, Z. 133–134:
Was du eilig gesagt hast, wirst du nachher zurückbekommen, (es sei denn) du bemühst deinen Verstand zur Überprüfung deiner Rede.[243]

Ani 20,8:
„Enthülle Dein Herz nicht dem fremden Mann, um ihm deinen überhasteten Ausspruch kundzutun"[244]

Anchscheschonqi 7,23–24:
„Sei nicht hastig beim Reden, daß du keinen Ärger erregst. Sprich nicht das, was dir gerade einfällt,[245] in demselben Moment aus."[246]

Stottern? Die Übersetzungen der verwendeten Lexeme mit „hastig" evozieren unter anderem den semantischen Bereich „schnell, kurzatmig sprechen" – mit der Gefahr, sich bei der Aussprache einzelner Worte oder bei der Einhaltung der Syntax zu verhaspeln. Auch wenn das ein Sinnzusammenhang sein kann, der in den aufgeführten Mahnungen mit eingeschlossen ist, wurde es doch in den aufgeführten Beispielen nirgendwo explizit gemacht.[247] Dazu sind unten außerbiblische Bilder vom Ausgleiten mit der Zunge zu beachten.[248] Gregory stellt jedoch sehr klar fest, dass es auch in den hier einschlägigen Sirach-Belegen weder um Malapropismus oder phonetische Verwechslung noch um freudsche Versprecher geht.[249]

---

243 Lämmerhirt, *Wahrheit und Trug. Untersuchungen zur altorientalischen Begriffsgeschichte*, 143.
244 Quack, *Die Lehren des Ani. Ein neuägyptischer Weisheitstext in seinem kulturellen Umfeld*, 106 f., 307 f.
245 Wörtl: aus dem Herzen kommt (*pr n ḥt.t-k*), vgl. Glanville, *Instructions*, 71, Anm. 97.
246 Thissen, "Die Lehre des Anchscheschonqi, P. Lovre 2414, P. Insinger", 258.
247 Thematisiert wird das Stottern in der Hebräischen Bibel vor allem in Jes 32,4 (עלג). Evtl. spielt es auch in Jes 28,11; 33,19 (לעג) eine Rolle. Die Bedeutung von עמקי שפה (Jes 33,19; Ez 3,5 f.) und von כבד פה / לשון (Ez 3,5 f.; Ex 4,10), die eher Unverständlichkeit oder mangelnde Eloquenz bedeuten, ist umstritten (Weinberg, "Consciousness", 190–193). Mitchell Dahood, "Hebrew-Ugaritic Lexicography VII", *Bib.* 5 (1969): 349).
248 Siehe Kap. 3.4.5.1.
249 Gregory, "Slips", 337 f.

4.2.5.1 Spr 18,13

Der Spruch 18,13 ist ein aussagekräftiger Beleg für den thematischen Komplex des passenden oder angemessenen Zeitpunktes, denn im vorliegenden Fall wird ein gut nachvollziehbarer Grund vor Augen geführt, warum eine vorzeitige sprachliche Handlung scheitert. Der Ausdruck „antworten" (שוב *hif.*) impliziert eine vorausgegangene Rede des Gesprächspartners. Es ist also die dadurch angedeutete Konstellation der Gesprächssituation, die das Nacheinander von Hören und Antworten notwendig macht.

Spr 18,13

מֵשִׁיב דָּבָר בְּטֶרֶם יִשְׁמָע אִוֶּלֶת הִיא־לוֹ וּכְלִמָּה׃

Wer antwortet, bevor er zuhört, dem gereicht das zu Torheit und Schande.

Alte Übersetzungen Die LXX steht sehr nahe zum masoretischen Text. In kleinen Details weicht die Peschitta davon ab, in dem sie keine Entsprechung für das hebräische לוֹ bietet und die beiden Nomina am Versende durch Adjektive wiedergibt.[250] Bei Voraussetzung der Standardannahme macht der Targum diese Abweichungen wieder rückgängig, bzw. gleicht den Text an den masoretischen Text an. Während die Peschitta das hebräische משיב דבר mit der im Syrischen geläufigen Phrase *yhb ptgmᵓ* „antworten" übersetzt, verwendet der Targum das für LJLA gebräuchliche חזר *afel*, „antworten", wodurch die Phrase מחזיר פתגמא auch durchsichtig wird für ein wörtliches Verständnis von משיב דבר als „ein Wort zurückgeben".

Die Vulgata umschreibt den Zusammenhang zwischen vorschneller Antwort und Beschämung deutlicher, indem ausgeführt wird, dass der Sprecher sich durch sein unüberlegtes Handeln selbst vorführt (*stultum se esse demonstrat et confusione dignum*).

Kommentatoren Gelegentlich wird angenommen[251], dass es um einen Gerichtsprozess gehe. Andere legen Wert auf ein allgemeineres Verständnis.[252] Nach A. Meinhold[253] geht es nicht einfach um Einhaltung der gebotenen Reihenfolge, sondern um Respekt dem Gesprächspartner gegenüber und angemessene Demut.

---

250 Baumgartner, *Étude critique sur l'état du texte du Livre des Proverbes d'après les principales traductions anciennes*, 171; Pinkuss, "Übersetzung", 187.

251 Nach Martin A. Klopfenstein, *Scham und Schande nach dem Alten Testament: eine begriffsgeschichtliche Untersuchung zu den hebräischen Wurzeln bôš, klm und ḥpr*, AThANT 62 (Zürich, 1972), 131 f; Bühlmann, *Reden*, 196–198.

252 Plöger, *Sprüche*, 213.

253 Meinhold, *Sprüche*, 303 f.

Meta-Pragmatik Wie auch immer die Situation zu konstruieren ist, aus dem Spruch wird die Aussage deutlich, wie wichtig es für die Kommunikation ist, zuzuhören. Bevor man selbst spricht, soll das Gehörte gut bedacht und auch die eigenen Worte geprüft sein.

Metaphorische Konzepte In dem Verb שוב (hif.) „antworten" zeigt sich das Konzept, dass eine Bewegung in die entgegengesetzte Richtung gekehrt wird: Ein Wort wurde vom Sprecher zum Hörer geschickt. Der „lässt es umkehren", indem er eine Antwort gibt. Die lexikalisierte Phrase läßt sich als metaphorisches Konzept ANTWORTEN IST ZURÜCKGEBEN beschreiben. Die Varianten von Peschitta und Targum machen auf vergleichbare konzeptuelle Strukturen in den entsprechenden Sprachen aufmerksam. Ob daraus auch ein Konzept SPRECHEN IST WORTE IN BEWEGUNG SETZEN ableitbar ist, müsste mit weiteren Belegen erhärtet werden. Im vorliegenden Spruch lassen sich jedenfalls keine weiteren Transparenzmarker ausmachen.

4.2.5.2 Spr 20,25

Das unüberlegte Reden, das in Spr 20,25 im Kontext ritualbezogener Handlungen angedeutet wird, gehört zunächst in den Themenkomplex mangelnder Selbstkontrolle zeigt aber einen engen Zusammenhang zum Thema des unpassenden Zeitpunktes bzw. es voreiligen Redens. Dieser zeitliche Aspekt wird vor allem durch die Form ואחר explizit gemacht.

Spr 20,25

מוֹקֵשׁ אָדָם יָלַע קֹדֶשׁ וְאַחַר נְדָרִים לְבַקֵּר׃

Eine Falle eines Mannes: Er sagt unüberlegt „heilig" –
um erst nach den Gelübden zu überlegen.

Alte Übersetzungen Die Septuaginta stützt das von den modernen Übersetzungen zugrundegelegte Verständnis mit „schnell weihen". Das Adverb hat die Peschitta ausgelassen und dadurch die Aussageabsicht auf die Reue nach dem Geloben verschoben, was die verschiedenen Targumvarianten ins Gegenteil verkehren, wobei das rabbinische Verständnis vorausgesetzt ist, dass Gelübde prinzipiell zu unterlassen sind: „Eine Falle ist es für einen Mann, dem Heiligen zu geloben und sich hinterher zu freuen."[254]

Kommentatoren Unbedacht ein Gelübde auszusprechen, wird hier als Beispiel genannt für die Gefahr, die in voreiligem unbedachtem Reden liegt, wovor Koh 5,1–5

---

254 Healey, *Targum*, 45.

ausdrücklich warnt.[255] Der zeitliche Aspekt der Aussage hängt einerseits an dem Verb לעע „unbedacht reden" in Kombination mit der zeitlichen Bestimmung ואחר „hinterher".

Meta-Pragmatik Während das Qal von לעע 1 in Hiob 6,3 als „stammeln" übersetzt wird, legt sich für Spr 20,25 die Bedeutung „voreilig sprechen" nahe, was freilich die Verwandtschaft zu arabisch *lwʿ* statt *lġy* wahrscheinlicher macht.[256] Die spezielle Situation des Gelobens illustriert die Gefahren, die von unüberlegtem Reden ausgehen (vgl. Num 30,7.9). Ob dabei der semantische Aspekt der Geschwindigkeit eine Rolle spielt, hängt an der Etymologie des Verbs ילע, wird jedoch gestützt durch das „hinterher überlegen" im zweiten Halbvers.

Hastiges Reden erscheint vor allem als eine spezielle Form des unbedachten Redens. An der zeitlichen Abfolge scheint der Zusammenhang für den Außenstehenden ablesbar zu sein.

Metaphorische Konzepte Um die Gefahr zu verdeutlichen, die in der Nichtbeachtung des Spruches liegt, ist das Konzept NEGATIVE KONSEQUENZEN SIND FALLEN verwendet worden. Da außer der Nennung des Lexems מוקש kein weiterer Transparenzmarker auftritt, muss offen bleiben, wie stark der Bildbereich evoziert wird.

4.2.5.3 Spr 29,20

Auch in Spr 29,20 ist das Motiv des unbeherrschten Redens verbunden mit dem Thema des falschen Zeitpunktes, oder genauer der Eile beim Reden. Dabei ist vorausgesetzt, dass דברים hier mit „Worten" wiederzugeben ist, statt mit „Angelegenheiten". Zur Deutung des Spruches müssen die Überschneidungen mit Spr 19,2 und 26,12 herangezogen werden.

Spr 29,20

חָזִיתָ אִישׁ אָץ בִּדְבָרָיו תִּקְוָה לִכְסִיל מִמֶּנּוּ׃

> Du siehst einen Mann, der mit seinen Worten eilt – Hoffnung hat (sogar),
>   wer dümmer ist als er.

Alte Übersetzungen Die antiken Versionen der beiden Sprüche stehen in einem komplexen Verhältnis zueinander, das sich vor allem in der zweiten Spruchhälfte zeigt. Anstelle der Formulierung תקוה לכסיל ממנו wird in LXX, Peschitta und Targum ein Nebensatz gebildet. Die Peschitta umschreibt das mit *dʿ dṭb hw mnh sklʾ* „Erkenne, dass der Tor besser (dran) ist als er". Die „Hoffnung" scheint im „gut

---

255 McKane, *Proverbs*, 538; Fuhs, *Sprichwörter*, 301 f. Zer-Kavod und Qil, ספר משלי / *sefær mišlê*, 154.
256 Ges[18] s. v.

sein" impliziert zu sein und ist nicht erwähnt. Sowohl LXX als auch Targum weisen ebenfalls einen Nebensatz auf, bringen jedoch – jeweils an unterschiedlicher Stelle die „Hoffnung" explizit mit ein: LXX.D: „Erkenne, dass ein Unverständiger eher Hoffnung hat als er." Tragum: „Es gibt Hoffnung, dass der Unverständige besser (dran) ist, als er." Es scheint, dass die parallele Formulierung in 26,12 den Ausgangspunkt für die Variationen in 29,20 bildet.

Kommentatoren PsIbnEsra stellt die beiden Deutungsmöglichkeiten des falschen sprachlichen Handelns nebeneinander: ממהר לדבר או ממהר בעיניו „Er eilt beim Reden oder er eilt in seinen Angelegenheiten." Raschi verwendet zur Erklärung die Wurzel בהל *ni*, die sowohl „(über-) eilen", als auch „erschrecken" bedeutet. Den zweiten Versteil erläutert er durch die Einfügung eines יתר: Der Tor hat *mehr* Hoffnung als der Hastige.

Der Spruch ist am besten als Variation der Aussage von 26,12 zu verstehen. Dort korrespondiert der (wörtlich identische) Versteil b inhaltlich stärker mit Versteil a: Wer sich selbst für weise hält, wird dem, der dümmer ist als er, gegenübergestellt. Dieser hat nämlich Erfolgsaussichten. Von daher kann die Aussage von 29,20 als Illustration dazu gesehen werden: Wer sich für weise hält, getraut sich eher zu, das Wort zu ergreifen – und läuft dabei auch Gefahr, sich zu blamieren.

Syntaktisch stellt sich in Versteil b vor allem das Problem, worauf sich das *min comparationis* bezieht. In der Regel wird so übersetzt als bezöge es sich auf תקוה: Ein Tor habe *mehr* Hoffnung als er. Die gesteigerte Eigenschaft ist dann sinngemäß ergänzt.[257] Allerdings kann כסיל als Eigenschaft aufgefasst werden. Dann müsste die Übersetzung etwa lauten: „Hoffnung hat (sogar) jemand, der dümmer ist als er".

Während Arndt Meinhold hier vor allem die nicht wohl überlegte Rede thematisiert sieht,[258] rechnen McKane und Plöger auch mit den negativen Auswirkungen hastigen Redens – explizieren letzteres aber dann doch auch in dem Sinn, dass der Sprechende sich keine Zeit nimmt, gut zu überlegen.[259] Der zu besprechende Bildbereich des Stolperns kann jedoch auch implizieren, sich beim Aussprechen der Worte zu verhaspeln.

Meta-Pragmatik Der negative Effekt zu eiligen Sprechens ist ein Mangel an תקוה. Worauf ist diese Hoffnung gerichtet? Das Ziel von תקוה wird selten konkretisiert.[260] Auch wenn ein „[w]irklich profaner Gebrauch [...] selten [ist]"[261], geht es um Hoffnungen, Aussichten und Erwartungen des Menschen im anthropologischen

---

257 Entsprechend GK §133e.
258 Meinhold, *Sprüche*, 490.
259 McKane, *Proverbs*, 635 f. Plöger, *Sprüche*, 348.
260 Ernst-Joachim Waschke, "קוא *qwh*", *ThWAT* VI (1989): 1232.
261 Waschke, 1230.

Sinn.[262] Es bleibt festzustellen, dass Hast – auch beim Reden – die Gefahr des Scheiterns birgt, entweder in dem Sinn, dass ein Redebeitrag zur Unzeit sein Ziel verfehlt, oder in dem Sinn, dass keine wohl durchdachte und schön formulierte Rede unter Eile zustande kommen kann.

Metaphorische Konzepte Zur Klärung der Bildelemente kann eine vergleichbare Aussage herangezogen werden, in der nicht speziell das Reden des Menschen charakterisiert, sondern über sein Handeln gesprochen wird: In Spr 19,2 heisst es: גַּם בְּלֹא־דַעַת נֶפֶשׁ לֹא־טוֹב וְאָץ בְּרַגְלַיִם חוֹטֵא׃ „Ohne Erkenntnis ist Eifer (נפש) nicht gut, und wer mit den Beinen hastet, tritt fehl." Das in der ersten Vershälfte angesprochene Thema des unüberlegten Eifers wird in der zweiten Vershälfte mit zwei Verben expliziert, die beide auch transparent zum Bildbereich des Weges sind: אוץ „drängen, eilen, hasten" und חטא „fehl treten, sündigen". Jeweils für sich genommen steht bei beiden Verben dieser Bildbereich nicht im Vordergrund, in der Kombination miteinander machen sie den Spruch transparent zum Konzept GEHEN IST HANDELN. Wer hastet, läuft auf einem Weg und droht zu stolpern. In Spr 29,20 fehlt ein zweiter Transparenzmarker. Das Verb אוץ „hasten" evoziert möglicherweise auch hier diesen Bildbereich. Konkreter könnte man hier formulieren: FEHLER-MACHEN IST STRAUCHELN.

4.2.6 Die Unverfügbarkeit des einmal Gesprochenen

Gelegentlich wird formuliert, was den entscheidenden Unterschied ausmacht zwischen Worten, die man für sich behält und solchen, die man vor anderen ausgesprochen hat: Letztere hat man nicht mehr unter Kontrolle, man hat keinen Zugriff mehr darauf, man kann sie nicht ungesprochen machen. Hierzu gehören die Belege Spr 10,18, 17,14 und 26,2.

Vergleichstexte

> SP 3.177[263]
> ka-ta é-gál šu-a nu-gál
> What comes out of one's mouth is not in one's hand.

Nach Alsters Deutung geht es hier darum, dass man seine Worte weder zurücknehmen, noch ihre Wirkung kontrollieren kann.[264]

---

262 Waschke, "*qwh*", 1229–31.
263 Bendt Alster, *Proverbs of Ancient Sumer. The World's Earliest Proverb Collections*, Bd. I–II (Bethesda, Maryland, 1997), I: 109.
264 Alster, II: 394.

Mit dem Bild der Unbeständigkeit eines Vogels[265] ist das formuliert im aramäischen Achikar

Achikar 6,82

מן כל מנטרה טר פמך ועל זי ש[מעת/אל] הוקר לבב כי צנפר הי מלה ומשלחה גבר לא לב[ב]

> Mehr als alle Wachsamkeit bewache deinen Mund und in Bezug auf das, was du h[örst], mach hart das Herz. Denn ein Vogel ist ein Wort und wer es ausschickt, ein Mann ohne Verst[and].[266]

4.2.6.1 Spr 10,18

Zurückhalten und Herauslassen von Worten sind hier wohl beide als destruktives sprachliches Handeln gegenübergestellt. Das Lexem דבה „Gerücht, Verleumdung" steht regelmäßig in Verbindung mit יצא *hif.* „herauslassen". Das daran anschließende Weiter-Verbreitet-Werden und Wirkung-Entfalten hat der Sprecher nun nicht mehr unter Kontrolle.

Spr 10,18

מְכַסֶּה שִׂנְאָה שִׂפְתֵי־שָׁקֶר וּמוֹצִא דִבָּה הוּא כְסִיל׃

> Es bedeckt den Hass jemand mit Lügen-Lippen. Und wer Verleumdung hervorbringt, ist ein Tor.

Alte Übersetzungen Dass die Septuaginta χείλη δίκαια „gerechte Lippe" anstelle von שפתי שקר „Lügenlippen" setzt, zählt Gerlemann zu den vielen Fällen, an denen die Septuaginta einen synthetischen Parallelismus in eine Antithese auflöst.[267] Peschitta und Targum folgen dagegen dem masoretischen Text.

Kommentatoren In welchem Verhältnis die beiden Vershälften jedoch genauer zu beschreiben sind, fällt auch den Kommentatoren schwer festzustellen. Denn das Verbergen kann sowohl positiv als auch negativ bewertet sein und auch das „Zudecken von Fehlverhalten" (10,12: על כל פשעים תכסה אהבה) kann eher wohlwollend erwähnt sein. Ist es nicht gut, sich mit Äußerungen zurückzuhalten? Das sagt doch auch die zweite Vershälfte. Vielleicht ist eine Steigerung impliziert: Lügenlippen verbergen (durch Heucheln – Raschi: חונף) Hass, aber ein Gerücht in Umlauf zu bringen hat noch schlimmere Folgen.[268]

---

265 Siehe unten S. 138.
266 Niehr, *Aḥiqar*, 42 f.
267 Gerleman, *Proverbs*, 19.
268 Vgl. Plöger, *Sprüche*, 127.

Meta-Pragmatik Die zwei Spruchhälften warnen vor zwei scheinbar widersprechenden Formen destruktiven sprachlichen Verhaltens, das Verbergen seiner wahren Ansichten einerseits und üble Nachrede andererseits. Die Bewertung von letzterem als Torheit macht deutlich, dass hier die negativen Konsequenzen den Sprecher selbst treffen können.

Metaphorische Konzepte Wenn die Aussage der ersten Vershälfte negativ verstanden wird, repräsentiert sie das Konzept HINTERHÄLTIGE AGGRESSION IST VERBERGEN. Die Formulierung in der zweiten Vershälfte – ähnlich wie in 10,12 – lässt dagegen ein Konzept ZURÜCKHALTUNG IST VERBERGEN voraussetzen (s. zu beidem S. 83).

Die zweite Vershälfte bildet insofern einen Gegensatz zur ersten, weil hier gerade vom „Herauslassen" (הוצִיא) gesprochen wird – also einem Mangel an Zurückhaltung. Im Hintergrund steht der Gegensatz von Innen und Außen des Körpers, in dem Dinge verborgen bleiben bzw. nach außen gebracht werden. Das einmal nach außen Gebrachte entwickelt seine eigene Dynamik und Wirkung. Das wird insbesondere durch Spr 25,10b verdeutlicht: ודבתך לא תשוב „und deine Verleumdung wird nicht zurückkehren (aufhören)".

4.2.6.2 Spr 17,14

Die innere Dynamik des Streits wird in Spr 17,14 mit dem ausdrucksstarken Bild eines Dammbruchs illustriert. In einer aggressionsgeladenen Atmosphäre werden Vorwürfe ausgesprochen, die möglichst zugespitzt sind, um den Gegner zu treffen. Es entsteht eine – ggf. nur mentale – Gewaltspirale. Selbstkontrolle ist auch in dieser Situation geraten, aber viel schwerer zu bewahren. Geraten wird also dazu, diese Eigendynamik an Aggressivität von Anfang an zu vermeiden. Dass der Auslöser eines Streites unbedachte Worte sein können, macht die Variante der LXX explizit, die diese Selbstbeherrschung mit der technischen Kraftanstrengung eines Staudamms vergleicht. Die Folgen des Dammbruches illustrieren sehr deutlich die unangenehmen Folgen eines (unbedacht) ausgesprochenen Wortes, die man nicht merh in der Hand hat.

17,14

פּוֹטֵר מַיִם רֵאשִׁית מָדוֹן וְלִפְנֵי הִתְגַּלַּע הָרִיב נְטוֹשׁ

Wasser loszulassen ist der Beginn des Streites, und bevor ein Streit eröffnet wird, lass ab!

Alte Übersetzungen Die LXX, die große Schwierigkeiten hat, den Text angemessen zu übersetzen, scheint eine wichtige Abweichung ihrer hebräischen Vorlage zu bezeugen, die zur Erklärung der hebräischen Textüberlieferung beiträgt:[269] Statt פוטר מים scheint ihr פוטר מלים vorgelegen zu haben, „Worte loszulassen …". Die Warnung vor unbeherrschtem Reden, das Streit auslösen kann, würde mit dieser rekonstruierten Fassung sehr deutlich werden. Der vorliegende masoretische Text dagegen expliziert den Bildbereich des Dammbruchs durch die Verwendung des Lexems מים, der auch in dem Verb פטר impliziert ist. Aber wie dieser Dammbruch als Auslöser des Streites zu verstehen ist, bleibt dadurch unklar.

Inhaltlich weicht die LXX stark von diesem Verständnis des Spruches ab.[270] Lediglich die Einsicht in die Macht von Worten scheint aufgenommen und explizit angesprochen zu sein: ἐξουσίαν δίδωσιν λόγοις .

Peschitta und Targum konstruieren eine Verbindung zwischen Dammbruch und Streit durch den Extremfall des Blutvergießens. Der Aspekt des sprachlichen Handelns spielt dann nur noch eine untergeordnete Rolle.

Kommentatoren PsIbnEsra illustriert den Vergleich von Streit und Dammbruch sehr anschaulich:

> Wer einen Streit anfängt, ist wie jemand, der ein Loch in die Seitenwände einer offenen Wasserleitung bohrt. Sodass das Wasser herausfließt. Und das Loch wird immer größer. So wächst auch der Streit immer weiter an.

Wasser ist demnach schwer festzuhalten und entwickelt erstaunliche zerstörerische Kräfte.

Ähnlich entfalten die modernen Ausleger das Bild – allerdings bezogen auf einen Staudamm, bei dem ein kleiner Durchbruch sehr schnell zur Zerstörung des ganzen Dammes führt.[271]

Meta-Pragmatik Es sind drei pragmatische Einsichten, die dieser Mahnung zugrunde liegen. Zum einen geht es um die Unverfügbarkeit des einmal Gesprochenen. Daraus folgt zum andern die Mahnung zur Selbstbeherrschung, insbesondere in Bezug darauf, einen Rechtsstreit zu beginnen. Die Notwendigkeit dieser Mahnung ergibt sich zum dritten aus der zerstörerischen Kraft des begonnenen Streits.

---

269 So Jaeger, *Observationes*, 127; Baumgartner, *Étude critique sur l'état du texte du Livre des Proverbes d'après les principales traductions anciennes*, 163; Fox, *Eclectic edition*, 258 f.

270 James Barr, *Comparative Philology and the Text of the Old Testament, With Additions and Corrections* (Winona Lake, Indiana, 1987 (Reprint der Ausgabe Oxford 1968)), 257.

271 Gemser, *Sprüche*, 73; Plöger, *Sprüche*, 203 f. Meinhold, *Sprüche*, 290.

Metaphorische Konzepte Das hier entfaltete Bild impliziert mehrere konzeptuelle Teilelemente: 1. Wasser ist schwer zu halten ähnlich wie etwas einmal Gesagtes. 2. Wasser tritt hier vor allem mit gefährlichen, zerstörerischen Eigenschaften in Erscheinung. 3. Wasser zu kanalisieren oder anzustauen ist ein aussagekräftiges Bild für die Selbstbeherrschung. REDE IST KRÄFTIG FLIESSENDES WASSER hat also Verbindungen zu SELBSTBEHERRSCHUNG IST WORTE-ZURÜCKHALTEN wie auch zu NEGATIVE KONSEQUENZEN SIND GEFAHREN.

4.3 Maßstäbe und Handlungsempfehlungen

4.3.1 Selbstbeherrschung und Schweigen

Die verschiedenen Mahnungen, die der Weise beim Sprechen beachten soll, lassen sich unter dem Oberbegriff „Selbstbeherrschung" zusammenfassen. Es geht darum, sein Reden unter Kontrolle zu haben und unbedachtes Sprechen zu vermeiden: Spr 15,28 לֵב צַדִּיק יֶהְגֶּה לַעֲנוֹת וּפִי רְשָׁעִים יַבִּיעַ רָעוֹת:) („Das Herz eines Gerechten sinnt nach, was zu antworten ist. Aber der Mund der Frevler lässt Bosheit sprudeln.")

Dieser Tenor der Selbstkontrolle findet sich oft auch mit entsprechenden Bildern zum Ausdruck gebracht, die vom Bewachen der Sprechwerkzeuge reden:[272] Spr 21,23 שֹׁמֵר פִּיו וּלְשׁוֹנוֹ שֹׁמֵר מִצָּרוֹת נַפְשׁוֹ: Von der Selbstbeherrschung, aber nicht direkt auf das Reden bezogen spricht Spr 16,32 טוֹב אֶרֶךְ אַפַּיִם מִגִּבּוֹר וּמֹשֵׁל בְּרוּחוֹ מִלֹּכֵד עִיר: („Besser ist ein Langmütiger als ein Held, und jemand, der seinen Geist beherrscht, als einer, der eine Stadt erobert.") Sehr plastisch ist das Thema in Ps 39,2 entfaltet: אָמַרְתִּי אֶשְׁמְרָה דְרָכַי מֵחֲטוֹא בִלְשׁוֹנִי אֶשְׁמְרָה לְפִי מַחְסוֹם בְּעֹד רָשָׁע לְנֶגְדִּי: („Ich sprach, ich will bewachen meine Wege, um nicht mit meiner Zunge zu verfehlen. Ich will bewachen meinen Mund, solange der Frevler vor mir steht.") Das metaphorische Konzept SELBSTKONTROLLE IST WACHESTEHEN, das hier vor allem verwendet wird, ist oben (siehe S. 128) ausführlich beschrieben.

Selbstbeherrschung wird sehr häufig auf das Reden bezogen. Hier lauern die größten Gefahren, einen Fehler zu machen – im falschen Moment das Falsche zu sagen und dadurch unerwünschte Konsequenzen ertragen zu müssen. Die ägyptische Weisheit stellt das Schweigen schon dadurch in den Mittelpunkt, dass es den idealen Weisen als „den Schweiger" bezeichnet, der „dem Heißen" gegenübergestellt wird.[273] Schon an diesem Gegensatz wird klar, dass es nicht allein darum

---

272 Vgl. dazu Kap. 3.4.6.2.
273 Werner Urbanz, "Schweigen (AT), August 2012", www.wibilex.de/stichwort/Schweigen. Zum Weiterleben dieser Tradition im ägyptischen Mönchtum siehe Brunner-Traut, "Weiterleben".

geht, nicht zu reden, sondern dass es um die Vermeidung voreiligen (sprachlichen) Handelns geht. So schließen die hebräischen Lexeme zum Schweigen auch den semantischen Bereich des „Nicht-Handelns" mit ein.[274] Freilich kann das Schweigen auch negativ konnotiert sein. Das ist sowohl bei dem Schweigen (und Nicht-Handeln) Gottes der Fall, als auch wenn – etwa bei Hiob – die Begrenztheit menschlicher Rede oder ihre Wirkungslosigkeit beklagt werden.[275]

Zunächst werden im folgenden drei Sprüche aufgeführt, die das Bild des Be-wachens verwenden, Spr 21,23; 13,3 und 14,3. Danach folgen zwei Sprüche, die diese Mahnung zur Selbstbeherrschung eher technisch umschreiben (15,28 Denken vor dem Reden; 17,27 Worte zurückhalten). Am Ende verwendet Spr 11,13 den Bildbereich Aufdecken/Verbergen und bezieht, das Vertrauensverhältnis zum Mitmenschen mit ein.

4.3.1.1 Spr 21,23

Die doppelte Verwendung von שמר „bewachen" in Spr 21,23 führt deutlich die beiden Bedeutungsaspekte dieses Lexems vor Augen: „Schutz" und „Kontrolle/Beschränkung" (vgl. Spr 13,3). Man soll seine Sprechwerkzeuge bewachen, um unbedachtes Reden zu vermeiden. Dadurch beschützt man seine ganze Person, für die die נפש hier steht.

Spr 21,23

שֹׁמֵר פִּיו וּלְשׁוֹנוֹ שֹׁמֵר מִצָּרוֹת נַפְשׁוֹ׃

Wer seinen Mund und seine Zunge bewahrt,
bewahrt vor Nöten sein Leben.

Alte Übersetzungen Die alten Übersetzungen stimmen in großem Maß mit dem masoretischen Text überein. LXX, Peschitta und Targum übersetzen צרות mit einem Singular, was jedoch eine sachgemäße Übersetzung eines Abstraktplurals sein kann. Während Peschitta und Targum das zweimalige שמר in beiden Fällen mit der Wurzel nṭr/ נאר wiedergeben, vermeidet die LXX die Wiederholung durch Verwendung von φυλάσσει und διατηρεῖ.

Kommentatoren Während Raschi beide, Mund und Zunge, auf das Reden bezieht, erwähnt er auch eine andere Auslegung, die Saadia explizit vertritt. „Mund" stehe für das Essen und „Zunge" für das Reden. Während Raschis Deutung von den mo-

---

274 Göran Eidevall, "Sounds of Silence in Biblical Hebrew. A Lexical Study", *VT* 62 (2012): 167–172.

275 van Oorschot, "Beredte Sprachlosigkeit im Ijob. Körpererfahrung an den Grenzen von Weisheit und Wissen", 145–147.

dernen Auslegern geteilt wird,[276] zeigt die Verwendung des Themas in Spr 23,1–8, dass es durchaus Zusammenhänge gibt, in denen beide Themen, Selbstbeherrschung beim Essen und beim Reden, nahe beieinander liegen. Konkrete Anhaltspunkte für die Situation liefert der Spruch nicht. Moderne Auslegungen sehen hier eine Mahnung zu wohlüberlegtem Reden. Andernsfalls sähe man sich schnell Anfeindungen konfrontiert, die z. T. auch lebensberohlich werden könnten.[277]

Meta-Pragmatik Das prominente Thema der Weisheitsliteratur ist hier nicht als Mahnung zu generellem Schweigen zu verstehen, sondern dazu, sich im richtigen Moment und in der richtigen Form (unter Beachtung der Situation) einzumischen. Erst gründlich nachzudenken, bevor man spricht, setzt das Vermögen voraus, dem Impuls zu widerstehen, sofort auf einen Gesprächspartner zu reagieren. Es geht also um Affektkontrolle, um situationsangemessenes sprachliches Verhalten zu generieren.

Metaphorische Konzepte Dem Konzept SELBSTKONTROLLE IST WACHESTEHEN ist für deutsche Sprecher sehr plausibel, weil dem Begriff „Selbstbeherrschung" ein vergleichbares Konzept zugrunde liegt, der im aktuellen Gebrauch immer wieder transparent zur Bildebene bleibt. Bei der Verwendung im biblischen Hebräisch wird das Selbst durch ein Körperteil-Lexem repräsentiert, das mit dem jeweiligen Handlungsaspekt zusammenhängt, im konkreten Fall פה und לשון als Verweis auf sprachliches Verhalten. Bemerkenswert ist, dass die parallele Formulierung in der zweiten Spruchhälfte שמר ... נפשו nicht das Konzept „Selbstbeherrschung" bezeichnet, sondern das Ergebnis der kontrollierenden Handlung, „Selbstbewahrung".

4.3.1.2 Spr 13,3

Mit den Verben נצר und שמר wird der Bildbereich der „Wache" evoziert, der die Ambivalenz von „Schutz" und „Kontrolle/Beschränkung" impliziert, was beides auf den Akteur selbst bezogen ist (siehe auch Spr 21,13).

Das Motiv vom Mund-Aufreißen ist ein Bildelement, dass das Gegenteil des hier empfohlenen Zurückhalten von Worten mit der physischen Gestalt der Sprechwerkzeuge zum Ausdruck bringt.

Spr 13,3

נֹצֵר פִּיו שֹׁמֵר נַפְשׁוֹ פֹּשֵׂק שְׂפָתָיו מְחִתָּה־לֹו׃

Wer seinen Mund bewacht, bewahrt sein Leben.
Wer seine Lippen aufreißt, bereitet sich selbst Verderben.

---

276 Z. B. Meinhold, *Sprüche*, 358.
277 McKane, *Proverbs*, 551; Plöger, *Sprüche*, 248 f. Meinhold, *Sprüche*, 357 f.

Alte Übersetzungen Die Wendung פשק שפתיו wird von den alten Übersetzungen entweder wörtlich als öffnen der Lippen wiedergegeben (Peschitta *dpṭḥ spwth*, Targum דפתח שפוותיה, Saadia מן שאק שפתאה) oder als „voreilig" (LXX προπετὴς) oder „unbesonnen" (Vulgata *inconsideratus*) übersetzt.

Kommentatoren Während Raschi letztere Deutung stützt („ständig alles zu sagen, was man denkt" לדבר תמיד כל רוחו), bezieht PsIbnEsra den Versteil b ausdrücklich auf boshafte Rede. Ähnlich scheint Saadia den Vers zu deuten, der in den beiden Vershälften zwei unterschiedliche Warnungen erkennt.

Barucq hatte diesen Vers als doppeldeutige Warnung vor Unbeherrschtheit gedeutet, die neben der Zurückhaltung beim Reden auch diejenige beim Essen im Blick hat (נפש als „Bauch").[278] McKane hat dem deutlich widersprochen im Sinne der großen Mehrheit der Auslegungen.[279]

Meta-Pragmatik Auch hier geht es um die Mahnung, sein Handeln unter Kontrolle zu behalten und spontanen Reaktionen zu widerstehen, sondern vor dem sprachlichen Handeln nachzudenken und abzuwägen. Hier wird die Gefährung (durch die durch unvorsichtiges Reden provozierten Anfeindungen) mit dem Begriff מחתה explizit genannt.

Metaphorische Konzepte In dem Spruch ist deutlich das Konzept SELBSTKON-TROLLE IST WACHESTEHEN belegt, gebildet durch die Synonyme נצר und שמר. Letzteres deutet allerdings schon auf den erwünschten Effekt. Das Konzept ist also genauer als Selbstbewachung *und* Selbstbewahrung zu fassen.

Die zweite Spruchhälfte verdeutlicht durch antithetische Gegenüberstellung, dass die Kontrolle darin besteht, den Mund geschlossen zu halten. Denn, wer den Mund „aufreißt" פשק verursacht seinen eigenen Untergang. AGRESSIVES ODER LEICHTSINNIGES REDEN ALS MAUL-AUFREISSEN (siehe S. 78).

4.3.1.3 Spr 14,3

Spr 14,3

בְּפִי־אֱוִיל חֹטֶר גַּאֲוָה וְשִׂפְתֵי חֲכָמִים תִּשְׁמוּרֵם׃

Im Munde des Toren ist eine Rute des Stolzes,
aber Lippen von Weisen bewahren sie.

Alte Übersetzungen Septuaginta und Vulgata stimmen im Verständnis des Ausdrucks חטר גאוה als „Rute/Stachel von Hochmut" (βακτηρία ὕβρεως, *virga super-*

---

278 André Barucq, *Le livre des proverbes*, Sources Bibliques (Paris, 1964), 118.
279 McKane, *Proverbs*, 457.

biae) überein. Peschitta und Targum lesen dagegen *zqt> wṣ‹r›*/זקתא וצערא „Stachel und Schmerz".[280]

Kommentatoren Die öfter vorgeschlagene[281] und auch in Bibelübersetzungen eingegangene Lesung[282] חֹטֶר גֵּאוּה „eine Rute des Rückens" ist eher unwahrscheinlich, weil sie von der damit verglichenen Phrase שֵׁבֶט לְגֵב „ein Stab für den Rücken" relativ stark abweicht.

Allerdings ist auch die masoretische Lesart dahingehend deutungsbedürftig, wer der Geschädigte ist: Für Raschi, Saadia und PsIbnEsra steht der Stab für Aggressivität, mit der der Stolz einhergeht. Letzterer sieht in dem Stab ausdrücklich die Zunge assoziiert, die mit stolzen Worten schlägt. Moderne Ausleger sehen bei der Auslegung dieses Verses auch den Aspekt angesprochen, dass der Sprecher selbst (mit-)geschädigt wird.[283]

Meta-Pragmatik Während in der zweiten Vershälfte von den positiven Konsequenzen beherrschter (weiser) Rede für den Sprecher selbst ausgedrückt wird, ist für den ersten Versteil lediglich klar bzw. lässt sich schliessen, dass es um negative Konsequenzen sprachlichen Handelns von Toren geht. Meist wird hier als Thema Hochmut angenommen und eine Warnung vor dessen negativen Konsequenzen gesehen.

Metaphorische Konzepte Im zweiten Versteil ist der Bildbereich des Wachestehens als Ausdruck der Selbstkontrolle deutlich (SELBSTKONTROLLE IST WACHESTEHEN, siehe S. 128). Das könnte im ersten Halbvers im Bild der Zuchtrute seine Entsprechung finen: Spott oder Zorn, den törichtes Reden hervorruft, können als Strafe für den geäußerten Hochmut angesehen werden. UNANGENEHME KONSEQUENZEN SIND PRÜGEL (siehe S. 126).

4.3.1.4 Spr 15,28

Dass das rechte Verhältnis von Innen und Außen des Menschen das der Selbstbeherrschung zugrundeliegende elementare Konzept ist, wird in diesem Spruch mit dem Gegenüber von לב „Herz" und פה „Mund" zum Ausdruck gebracht. Der eigentliche Vorgang der Selbstkontrolle wird jedoch nicht bildhaft ausgedrückt, sondern mit zweier Verben, die den Übergang vom „Reden im Herzen" zum „Reden mit dem Mund" veranschaulichen. הגה steht für ersteres und wird eingesetzt, um letzteres zu kontrollieren.

---

280 TL gleicht die Konstruktion an M an: זקתא דצער (Healey, *Targum*, 34).
281 Ferdinand Hitzig, *Die Sprüche Salomo's* (Orell, Füssli und Comp., 1858), 133.
282 Einheitsübersetzung, Zürcher.
283 So z. B. Plöger, *Sprüche*, 169; Meinhold, *Sprüche*, 230 f, die beide in חטר, als „Sproß" übersetzt auch das Bildkonzept *Frucht des Mundes* aktiv sehen (siehe dazu Kap. 3.4.4).

Spr 15,28

לֵב צַדִּיק יֶהְגֶּה לַעֲנוֹת וּפִי רְשָׁעִים יַבִּיעַ רָעוֹת:

Das Herz eines Gerechten sinnt nach, was zu antworten ist.
Aber der Mund der Frevler lässt Bosheit sprudeln.

Alte Übersetzungen Die Lesart der LXX (LXX.D: „Die Herzen der Gerechten sprechen stets Glaubwüriges, der Mund der Gottlosen aber antwortet Böses.") erklärt
sich dadurch, dass יהגה לענות zu einer ethischen Bewertung umgeformt wird.[284]
Dass dabei eine klangliche Nähe von לַעֲנוֹת zu לֶאֱמֶת ausschlaggebend war,[285]
ist wenig wahrscheinlich und Peschitta, Targum und Vulgata können wegen der
Standardhypothese[286] nicht als unabhängige Zeugen angesehen werden. Entscheidend für diese Umformung war die Mehrdeutigkeit von הגה als „meditieren"
oder als „sprechen".

Die Septuaginta stellt bemerkenswerterweise Spr 16,9 nach 15,29 um, sodass
erneut das Thema „Nachdenken" erscheint. Im Hebräischen ist hier der Weg (d. h.
das Handeln[287]) des Menschen Objekt des Nachdenkens (לֵב אָדָם יְחַשֵּׁב דַּרְכּוֹ). Die
griechische Fassung vermeidet in der ersten Vershälfte das Bild des Weges und
spitzt die Aussage inhaltlich stärker auf gerechtes Handeln zu (λογιζέσθω δίκαια).
Ihren Fokus auf Gerechtigkeit[288] verstärkt die Septuaginta auch in 15,28, wo die
Herzen der Gerechten „Glaubwürdigkeiten sprechen" (μελετῶσιν πίστεις).
Kommentatoren Plöger und Meinhold machen darauf aufmerksam, dass mit Versteil b eine Wiederaufnahme von 15,2b vorliege,[289] und dass deshalb auch ein Rückbezug auf Vers 1 zu sehen sei:[290] Es gehe darum zu überlegen, welche Wirkung die
Worte haben werden. Dieses Meditieren könne durchaus auch ein leises Murmeln
sein.[291]

Falls ענה hier die Bedeutung „antworten" hat, steht die Aussage der von
Spr 18,13 nahe, die davor warnt zu antworten, bevor man gehört hat.[292] Auch
wenn die Bedeutung eher „anheben zu reden" ist, verbindet beide Verse doch
das gemeinsame Thema eines kontrollierten Zögerns. PsIbnEsra's kann man un-

---

284 Fox, *Eclectic edition*, 342.
285 Healey, *Targum*, 38 f. Tov und Polak, "The Revised CATSS Hebrew/Greek Parallel Text".
286 Siehe oben S. 48.
287 Vgl. Kap. 3.4.5.
288 Scoralick, "Gewänder", 69–72.
289 Plöger, *Sprüche*, 184.
290 Meinhold, *Sprüche*, 260.
291 Meinhold, 260.
292 Siehe S. 204. So die Deutung von Raschi: יחשוב ויבין מה יענה קודם עישיב דבר.

ter einem Einfluss der „Wahrhaftigkeit" aus dem Targum verstehen: Er deutet den masoretischen Text im Sinne einer Aussage vor einem gerechten Gericht.[293]

Meta-Pragmatik Der Spruch wird also einzuordnen sein in das häufig erscheinende Thema Zurückhaltung/Selbstbeherrschung. Der Zweck, der sonst nur implizit zu denken ist, wird hier explizit genannt: Es geht bei der gebotenen Zurückhaltung nicht darum, zu schweigen, sondern gründlich zu überlegen, was der Situation angemessen zu antworten ist.

Metaphorische Konzepte Im Gegenüber vom Herz als innerem Organ, das spontane Äußerung zunächst zurückhält, zum Mund, der das im Inneren Verborgene nach außen bringt, zeigt sich ein zentrales mit dem Reden verbundenes metaphorisches Konzept SPRECHEN IST HERAUSLASSEN. Die Wurzel הגה 1 bezeichnet (unterdrückte) Lautäußerungen, (leises) Sprechen sowie Nachsinnen. Im vorliegenden Fall ist die letztere Bedeutung besonders durch die Verbindung mit לב „Herz" plausibel, da das „Sprechen im Herzen" (אמר בלב) die übliche Ausdrucksweise für „Nachdenken" ist.

Im antithetischen Parallelismus des zweiten Halbverses wird das Gegenteil von Zurückhaltung durch das Verb נבע (hif.) zum Ausdruck gebracht, bei dessen Verwendung der Bildbereich von fließendem Wasser anklingen kann.

4.3.1.5 Spr 17,27

Selbstbeherrschung ist in Spr 17,27 erneut als Kontrolle über die Schnittstelle von Innen und Außen konzeptualisiert, und zwar durch die Mahnung, dass man Worte (in seinem Inneren) zurückhalten soll. Das ist verbunden mit dem Ausdruck „kühler Geist", der einerseits die innere geistige Bewegtheit deutlich macht und andererseits eine Drosselung dieser Dynamik durch „Kühle" anzeigt.

Spr 17,27

חוֹשֵׂךְ אֲמָרָיו יוֹדֵעַ דָּעַת וְקַר (יקר)־רוּחַ אִישׁ תְּבוּנָה׃

Wer seine Worte zurückhält, ist ein Kenner.
und einer von kühlem Geist ist ein Mann von Einsicht.

Alte Übersetzungen Die stärksten Differenzen bei Deutung und Übersetzung finden sich in bezug auf die bildhafte Formulierung קר רוח „kühler Geist" in der zweiten Spruchhälfte. Das Qere deutet ihn durch Hinzufügung eines Jod (יקר רוח) als „wertvollen Geist". Septuaginta (μακρόθυμος) und Peschitta (*dngyr* *rwḥ*) übersetzen ihn im Sinne von ארך אפים als „Langmütiger", was die Sache wohl angemessen erfasst, die Bildebene jedoch nicht mit transportiert. Der Targum spricht dagegen

---

293 יחשוב לענות על דין הצדק׃

von דמכיכא רוחא „zerschlagenem Geist" wie רוח נכאה in 15,13 übersetzt wird. Denselben hebräischen Ausdruck kann der Targum in 17,22 aber auch mit רוחא רביכתא „schwacher/sanfter Geist". Der Targum übersetzt also in Spr 17,27 etwa im Sinne von „gedemütigter/demütiger Geist" und reflektiert damit eher das Qere „wertvoller Geist" im Sinne der Hochschätzung des Duldens. Der Grundgedanke der *Zurückhaltung* ist aber auch bei dieser Übersetzung realisiert.

Kommentatoren Die modernen Kommentatoren verweisen auf die Nähe der Vorstellung zur ägyptischen Weisheit, wo der „Schweiger" das positive Gegenbild zum „Hitzigen" ist. Gerade auch dieser Zusammenhang legt nahe, das Ketiv zur Grundlage der Deutung zu nehmen. Hitze ist Ausdruck der inneren Erregung. Der „kühle Geist" ist dann Ausdruck von Selbstbeherrschung.[294] Raschi und PsIbnEsra legen dagegen das Qere aus und können daher das Bildelement von Hitze und Kühle nicht entfalten.

Metapragmatik Der Spruch zielt auf die Warnung vor unbedachtem Reden. Dabei kann der Sprecher sehr schnell bloßgestellt werden – und dadurch als Gegenteil eines Weisen angesehen zu werden. Die Bildelemente „zurückhalten" und „Kühle" machen deutlich, dass diese Selbstkontrolle dem Drang des Menschen entgegenwirken muss, zuviel zu sprechen, und der diesem Drang zugrundeliegende innere Erregung entgegenzuwirken.

Metaphorische Konzepte Das Zurückhalten von Worten ist eine typische Formulierung der bekannten Mahnung zu schweigender Selbstbeherrschung (SELBSTBEHERRSCHUNG IST WORTE-ZURÜCKHALTEN). Es steht hier parallel zur Kühlheit des Geistes. Wenn Erregung als Hitze konzeptualisiert wird, steht ihr Gegenteil für die Beherrschung dieses Zustandes. Im Unterschied zu Ps 39,4 führt das jedoch nicht zu einem gedachten Hitzestau im Inneren. Statt dessen gelingt es dem Sprecher, auch innerlich ruhig zu bleiben. SELBSTBEHERRSCHUNG IST KÜHLHEIT DES GEISTES (siehe S. 89).

4.3.1.6 Spr 11,13

Das Thema der Zurückhaltung wird in Spr 11,13 einerseits durch den Bildbereich des Zudeckens konzeptualisiert. Das korrespondiert mit der Phrase נאמן רוח, die mit רוח einerseits die Dynamik des geistigen Befindens als Bewegtheit konzeptualisiert (vgl. oben zu Spr 17,27), die andererseit jedoch die Verlässlichkeit der Person im Umgang mit vertraulichen Dingen deutlich macht.

Spr 11,13

הוֹלֵךְ רָכִיל מְגַלֶּה־סּוֹד וְנֶאֱמַן־רוּחַ מְכַסֶּה דָבָר:

---

294 McKane, *Proverbs*, 507; Meinhold, *Sprüche*, 295.

Wer Verleumdung betreibt, deckt Geheimnisse auf, aber wer zuverlässigen Geistes ist, verbirgt die Sache.

Alte Übersetzungen Die Versionen liegen sehr nahe beieinander. Die LXX weist mit βουλὰς ἐν συνεδρίῳ eine Doppelübersetzung von swd auf, was die Bedeutungsbreite des Wortes („Geheimnis" und „Ratsversammlung") aufnimmt.

Die griechische Entsprechung für הולך רכיל ist δίγλωσσος, „doppelzüngig". Targum und Peschitta verwenden die Phrase אכל קרצא, wörtlich „Stückchen essen", mit der lexikalisierten Bedeutung „verleumden".[295]

Kommentatoren Die beiden Vershälften bilden eine klare Antithese zueinander und erläutern sich so gegenseitig. Die Kommentatoren beschreiben, wie wichtig es ist, dass die Teilnehmer einer Beratung das Besprochene vertraulich behandeln und nicht durch Gerede breittreten.[296] Unbedachtes Reden kann der Sache und den Beteiligten schaden. Die Übergänge zwischen unbedachtem Geschwätz und gezielter Verleumdung sind fließend. McKane schreibt:

> A breach of confidence may also involve an attempt by indisciplined garrulity or malicious gossip to misrepresent or discredit the other party or parties to the confidence.[297]

PsIbnEsra enfaltet das Thema Geheimnisverrat mithilfe der bildhaften Assoziation von הולך רכיל:

> Es heißt „gehen", weil er das Geheimnis bei dem Einen hört und dann zum Nächsten *geht* und es verrät.[298]

Meta-Pragmatik Dass jemand „zuverlässigen Sinnes" (נאמן רוח) ist, bezieht sich also auf seine Fähigkeit, mit dem Besprochenen der Situation angemessen umzugehen. Auch wird wieder deutlich, dass diese Situation vor allem davon bestimmt ist, wer an dem Gespräch teilgenommen hat, bzw. für wen die Aussagen bestimmt waren.

Metaphorische Konzepte Sehr deutlich wird in beiden Spruchhälften das Bildelement Aufdecken–Verbergen entfaltet. Das Stichwortpaar כסה/גלה führt das deutlich vor Augen. Hier ist das „Aufdecken" negativ und das „Verbergen" positiv bewertet. Das ergibt sich jeweils aus dem Kontext. Es geht letztlich um die Frage, was einer Situation angemessen ist. GEHEIMNISSE-VERRATEN IST AUFDECKEN (s. S. 83).

---

295 Vgl. dazu das modernhebräische לפטפט „schwatzen", abgeleitet von פטפוט „Krümel".
296 Meinhold, *Sprüche*, 192.
297 McKane, *Proverbs*, 429.
298 Übersetzung und Hervorhebung: jth.

Nimmt man an, dass in der Phrase הוֹלֵךְ רָכִיל die Bildelemte aktiv sind, muss man ebenso formulieren Unbedacht reden ist Herumlaufen/Hausieren.

4.3.2 Lüge, Unrecht, Betrug, Nutzlosigkeit

Biblisch-hebräische Lexeme, die im Deutschen oft mit „Lüge" bzw. „Wahrheit" übersetzt werden, gehören zu einem Wortfeld, das die Semantik der entsprechenden deutschen Konzepte weit überschreitet, bzw. davon abweicht. Es geht dabei nicht nur um die Frage ob eine Aussage mit einer entsprechenden Realität übereinstimmt.[299] So schreibt Alexa F. Wilke dazu:

> Bei der Entgegensetzung von „Wahrheit" und „Lüge" geht es wesentlich um die Verlässlichkeit und Dauer, um die Auswirkung auf das Gemeinschaftsleben des Beschriebenen (vgl. etwa der Gegensatz von שֶׁקֶר šæqær und אֱמוּנָה ʾæmûnāh in Jer 9,2). Die „Lüge" wird in der Regel aus der Perspektive ihrer Folgen in den Blick genommen und nicht vorrangig als Gegensatz zur Wahrheit.[300]

Die größere semantische Offenheit ergibt sich durch die Beobachtung oft verwendeter Parallelbegriffe und Antonyme, die sich auf verschiedene Grundbedeutungen zurückführen lassen (Lüge/Täuschung/Betrug/Verbrechen; Treulosigkeit/Unzuverlässigkeit; Leere/ Nutz"-losigkeit und entsprechende Gegenbegriffe).[301] Es hat vor allem durch die Arbeit von M. A. Klopfenstein einen differenzierten Blick auf die verschiedenen Lexeme gegeben,[302] die spezielle Bedeutungsnuancen der verschiedenen Lexeme mit deren Herleitung aus verschiedenen Anwendungskontexten (Recht, Magie, zwischenmenschliche Beziehungen) verbindet.[303] Gerade die parallele (und anscheinend austauschbare) Verwendung dieser Lexeme in manchen Literaturkontexten macht es jedoch schwierig, diese Differenzierungen jeweils anzuwenden. Die Kontexte legen oft einen Bedeutungsbereich nahe, der eher der Grundbedeutung eines der Parallelbegriffe entspricht.

---

299 Vgl. z. B. Alexa F. Wilke, "Lüge / Lügen (März 2013)", http://www.bibelwissenschaft.de/de/stichwort/25176/. Für den altorientalischen Kontext Lämmerhirt, *Wahrheit und Trug. Untersuchungen zur altorientalischen Begriffsgeschichte*, 10–13. Wichtige Gegenargumente führt Siebenthal, "'Wahrheit' bei den Althebräern. Anmerkungen zur Diskrepanztheorie aus linguistischer Sicht" auf, der im Gegenzug auch dem Deutschen und Englischen ein dem biblischen Wahrheitsbegriff durchaus ähnliches Konzept zugesteht (224 f.).
300 Wilke, "Lüge / Lügen (März 2013)".
301 Siehe etwa F. V. Reiterer, "שָׁוְא šāwʾ", *ThWAT* VII (1993): 1104–1117.
302 Martin A. Klopfenstein, *Die Lüge nach dem Alten Testament. Ihr Begriff, ihre Bedeutung und ihre Beurteilung* (Zürich, 1964).
303 Vgl. die Auflistung bei Wilke, "Lüge / Lügen (März 2013)" mit kritischen Modifizierungen.

So legt sich in Spr 25,14 für מתת שקר ein Verständnis nahe, das auf das mangelnde Ergebnis eines Versprechens hindeutet – ein nicht eingelöstes Versprechen, bzw. eine Gabe, die nicht den Erwartungen entspricht (also eher im Sinne von Wirkungslosigkeit/Nichtigkeit).[304] Die immer wiederkehrende negative Beurteilung als Falschzeuge in den Sprüchen wird meist mit עד שקרים/עד שקר bezeichnet. In ähnlichem Sinn scheint עד בליעל, „ein nutzloser Zeuge" in Spr 19,28 gemeint zu sein, dessen genaue Bedeutung jedoch offen bleibt.[305] Offenbar anders konnotiert ist dagegen der עד חנם „ein grundloser Zeuge" in Spr 24,28 konnotiert zu sein – auch er hat aber negative Wirkungen.[306]

Ein Bildbereich zur Lüge, der auch in kreativen Metaphern entfaltet wird (Spr 26,23–26), ergibt sich durch das Konzept des Verbergens durch eine (glatte) Oberfläche. Das Verdecken (Stichwort כסה) ist zwar nicht immer negativ bewertet, lässt sich aber als metaphorisches Konzept feststellen.[307] Hierbei spielt die Wurzel חלק 1 „glatt sein" eine wichtige Rolle.

Angewendet auf sprachliche Handlungen ist der semantische Bereich der Nutzlosigkeit/Wirkungslosigkeit von Bedeutung. Während in Spr 21,16 לשון שקר neben הבל und מות erscheint und die fehlende Dauerhaftigkeit unrechten Gewinns beschreibt, spricht 12,19 direkt vom kurzen Bestand der Lügenrede selbst. In Spr 14,23 wird von der Fruchtlosigkeit von „Lippenworten" (דבר שפתים) gesprochen – Worte, denen keine Taten entsprechen. Die parallele Formulierung מרדף ריקם (Spr 28,19) und מרדף אמרים (Spr 19,7) illustriert diese Vorstellung. Es geht hier nicht um die Behauptung, Worte seien bloße Zeichen. Vielmehr wird ihre Nutzlosigkeit mit dem metaphorischen Bereich der Leere, bzw. der trügerischen Außenseite des Menschen beschrieben. Dabei ist impliziert, dass diese „leeren Worte" durchaus negative Konsequenzen haben.

Im Folgenden werden zuerst die beiden Sprüche 10,11 f. besprochen, die eine ambivalente Verwendung des Bildbereiches AUFDECKEN/VERBERGEN deutlich werden lassen. Darauf folgen Belege, in denen der Bildbereich der WEGES bzw. des damit korrespondierenden Bereiches von GRUBEN oder FALLEN wachgerufen wird (17,20; 16,29; 29,5; 12,6; 22,14). Andere Sprüche des Themenbereiches Lüge bringen Aspekte von UNBESTÄNDIGKEIT und FLÜCHTIGKEIT ins Spiel (Spr 12,19; 21,6; 19,7). Zuletzt wird die Akzeptanz von Verleumdungen mit wohlschmeckenden SPEISEN verglichen (Spr 18,8//26,22).

---

304 Siehe dazu S. 197.
305 Siehe dazu S. 280.
306 Siehe S. 284.
307 Siehe Kap. 3.4.1.1.

4.3.2.1 Spr 10,11f.

In 17,14 war die Dynamik und deren nötige Beherrschung mit dem Bild des Staudamms verglichen worden. Hier in Spr 10,11 werden positive Assoziationen zu fließendem Wasser geweckt. Es dient zur Erfrischung und ist fundamentaler Lebensspender (REDEN IST FRISCHES WASSER). Nicht umsonst wird es als מִים חַיִּים und eine Quelle deshalb als מְקוֹר חַיִּים bezeichnet.

Spr 10,11

מְקוֹר חַיִּים פִּי צַדִּיק וּפִי רְשָׁעִים יְכַסֶּה חָמָס׃

Eine Quelle von Leben ist der Mund eines Gerechten, aber der Mund von Frevlern bedeckt Gewalttat.

Alte Übersetzungen Die alten Übersetzungen geben das sprachliche Bild durch wörtliche Übersetzungen wieder. In der Septuaginta (ἐν χειρὶ „eine Quelle von Leben ist *in der Hand* des Gerechten") geht das evtl. auf ein im Griechischen ursprüngliches ἐν χείλει zurück,[308] mit dem vielleicht ein doppeltes στόμα in diesem Spruch verhindert wurde. Die Fassung der Septuaginta verweist jetzt stärker auf die Sachhälfte des Bildes, weil keine Assoziationen vom Mund auf die Quelle möglich ist.

Die syntaktische Uneindeutigkeit, was Subjekt bzw. Objekt im zweiten Halbvers ist, wird nur von der Peschitta mit der Präposition *l* aufgelöst: Die Bosheit bedeckt den Mund der Frevler.

Kommentatoren Auch Saadia verschiebt den Akzent in diese Richtung in seiner Übersetzung, indem פה „Mund" mit arabisch קול „Rede" übersetzt. In seinem Kommentar bietet er mehrere Deutungsmöglichkeiten für die Motivierung der Wasser-Metaphorik an: Die Rede der Gerechten zeichne sich dadurch aus, dass sie ununterbrochen fließt wie eine Quelle. Saadia verwendet ein Konzept „Redefluss", das vor allem auch den sinnvollen Zusammenhang des Gesagten impliziert. Ein zweiter Anknüpfungspunkt bildet für Saadia die Lebensgefahr, die mit dem Wasser verbunden sein kann: Die Frevler meiden die weisheitliche Ermahnung, weil sie ihnen vor Augen führt, dass ihre Sünden sie schon überflutet haben (קד גמרהם כ'טאהם). Am Ende wendet er sich jedoch der Sachaussage des Bildes zu: Die Hörer rezipieren die Rede des Gerechten, weil er (im Gegensatz zu den Frevlern) auch tut, was er sagt. Das Bild einer „Quelle von Leben" für Redevorgänge zielt demnach vor allem auf die bereitwillige Aufnahme durch die Hörer.

Während Saadia so in mehreren Ansätzen versucht, den Vergleichspunkt des Bildes zu benennen, beschreibt PsIbnEsra sehr viel klarer den Sachzusammen-

---

308 So Tov und Polak, "The Revised CATSS Hebrew/Greek Parallel Text", z. St. Gerleman, *Proverbs*, 16, vermutet metrische Gründe für die Abweichung.

hang damit, dass die Ermahnung (מוסר) zum Leben führt. Er löst in gewisser Weise das Bild der Quelle auf, indem er das Wort מקור transparent macht für das Verb קור Hi „hervorkommen lassen".

Raschi beschreibt eingehend die in der zweiten Spruchhälfte vorzustellende Bildszenerie:

> פיהם יכסה חמס שבלבם שמחליקים את שפתיהם ושנאה טמונה בלבם „Ihr Mund verdeckt Gewalttat, die in ihrem Herzen ist, indem sie ihre Lippen glatt machen aber der Hass in ihrem Herzen verborgen bleibt."

Nach außen geben sich die Frevler freundlich, und verbergen dadurch ihre bösen Absichten. Die „glatten Lippen" (im Sinne von „schmeicheln" sind ein spezielles Bild, dass auch mit der Gestalt der Sprechwerkzeuge spielt (vgl. Spr 26,24–26).

Auch Arndt Meinhold entfaltet den pragmatischen Aspekt dieses Bildes, wenn er dabei auch weniger an das Schmeicheln denkt:

> Statt offenzulegen, was eigentlich gemeint ist, verdeckt hier die Sprache. Irreführung oder Demagogie findet statt. Das Ziel ist Gewalttat (s. zu V. 6b und 3,31). Soll diese erfolgreich sein, muß sie möglichst verschleiert werden. Im Gegensatz dazu tritt eine Quelle aus dem Verborgenen heraus in die offene Landschaft, allen zu ihrem Besten zugänglich.[309]

PsIbnEsra schließt sich dieser inhaltlichen Deutung an, die Frevler würden das Böse verheimlichen (יעלימו הרעה), führt aber zur Erklärung des Bildes zwei Schriftstellen auf, in denen geradezu ein Wohlgeschmack der Gewalttat (Hiob 20,12), bzw. eine Gier nach ihr (Spr 19,28) benannt wird. Vorgestellt ist also hier das Bild der Nahrungsaufnahme, womit jedoch negative Wirkungen nach außen zusammenhängen.[310] In diesem Sinn spricht McKane von „deep-seated malevolence behind what they say."[311] Demnach ginge es weniger um absichtliches Verstellen, sondern um eine das Handeln dominierende körperlich verankte Eigenschaften.

Eine Gegenposition zur Deutung von ksh repräsentiert Dahood, der unter anderem für Spr 10,11 argumentiert, dass כסה hier gerade „aufdecken" bedeute.[312]

Meta-Pragmatik Zur inhaltlichen Deutung des Spruches ist wenig Konkretes greifbar. Sprachliches Handeln von Gerechten wird in der ersten Spruchhälfte als „Lebensquell" bezeichnet, was allgemein eine positive Wirkung auf die Beteiligten ausdrückt. Ob diese Wirkungen auf einer psychischen, psychosomatischen oder

---

309 Meinhold, *Sprüche*, 172.
310 Vgl. Kap. 3.4.3.
311 McKane, *Proverbs*, 418.
312 Mitchell Dahood, *Proverbs and Northwest Semitic Philology*, Scripta Pontificii Instituti Biblici 113 (Roma, 1963), 18 f.

eher zwischenmenschlichen Ebene vorzustellen sind, lässt sich nicht festlegen. Wahrscheinlich sind alle drei Ebenen mit im Blick.

Demgegenüber beschreibt die zweite Spruchhälfte (parallel formuliert in V. 6) die destruktiven Strategien im sprachlichen Handeln von „Frevlern" als Verbergen von Gewalttat – entweder in dem Sinn, dass das Gerechtigkeit schaffende Aufdecken der Gewalttat verhindert wird, oder in dem Sinn, dass das sprachliche Handeln solche destruktiven Energien impliziert.

Metaphorische Konzepte Die Rede vom Lebensquell basiert auf den basalen Erfahrungen von Wasser als Lebensspender und als Mittel der Erfrischung – REDEN IST FRISCHES WASSER.

In der zweiten Spruchhälfte kann das Konzept HINTERHÄLTIGE AGGRESSION IST VERBERGEN (s. S. 83) als aktiv gesehen werden. Im Gegenüber von Quelle und Verbergen kann der entscheidende Unterschied darin zu Tage treten, dass in einer Quelle etwas aus dem Verborgenen hervortritt.

Spr 10,12 Auch Spr 10,12 verwendet כסה – jedoch in einer positiven Bedeutung. Das Bedecken ist hier unabhängig von der Erfahrung von Innen und Außen am menschlichen Körper zu verstehen.

Spr 10,12

שִׂנְאָה תְּעוֹרֵר מְדָנִים וְעַל כָּל־פְּשָׁעִים תְּכַסֶּה אַהֲבָה׃

Feindschaft weckt Streit, aber alle Vergehen verdeckt die Freundschaft.

Alte Übersetzungen Wie irritierend positive Aussagen über das Verdecken von Fehlern rezeptionsgeschichtlich werden konnten, zeigen die Varianten der alten Übersetzungen. LXX und Peschitta verstehen „bedecken" im Sinne von „schützen". Die Septuaginta fügt eine Negation ein und behauptet, dass „alle *nicht* Streitsüchtigen (μὴ φιλονεικοῦντας) Liebe einhüllt". Die Peschitta setzt, um einen sinnvollen Text zu konstruieren, anstelle von „Liebe" bhtt⸗ „Schande".[313] Der Targum schließt nur sehr leicht an der Peschitta an, folgt aber an sonsten sehr eng dem masoretischen Text. „Bedecken" bedeutet hier also eher „vergeben" oder „ignorieren".

Kommentatoren Während Raschi im zweiten Versteil die vergebende Liebe Gottes gemeint sieht, erklärt PsIbnEsra das Konzept des Bedeckens genauer: „Die Liebe deckt die Vergehen zu, und ein Verheimlichen/Verschweigen einer Sache (העלמת דבר) ist ein Zudecken (הכסה), damit die nicht erkannt wird."

Plöger und Meinhold betonen, dass die beiden Verse 11 und 12 gerade deshalb zusammengestellt sind, weil sie das „Bedecken" von etwas negativ Bewertetem

---

313 Fox, *Eclectic edition*, 178.

erwähnen, wobei der Sinn dieses Bildmotivs jeweils anders konstruiert werden müsse. In Vers 11 gehe es um eine dem Frevler tief innewohnende Bosheit, die durch eine andersartig scheinende Oberfläche verdeckt sei. In Vers 12 gehe es dagegen um ein Vergehen, das aus Versöhnlichkeit nicht zur Sprache gebracht oder anderweitig öffentlich gemacht werde.[314]

Meta-Pragmatik Der Spruch hat in besonderer Weise die Wirkung des (sprachlichen?) Handelns im sozialen Kontext im Blick und macht deutlich wie destruktiv Hass oder Streitsucht in zwischenmenschlichen Beziehungen wirkt und wie demgegenüber eine Rücksichtnahme oder Nachsicht gegenüber den Fehlern anderer das Zusammenleben stärken kann.

Metaphorische Konzepte Das metaphorische Konzept VERGEBEN IST VERBERGEN ist in den biblischen Texten relativ häufig belegt. Dennoch ist die Formulierung von Spr 10,12 auffallend krass und hat vor allem in den Alten Versionen ein anderes Verständnis ergeben. Liebe (אהבה) und Vergehen (פשע) erscheinen beinahe als unvereinbar.

Bemerkenswert ist, dass in Vers 11 und 12 das scheinbar gleiche Bild ganz unterschiedliche Bedeutungen ergeben muss.

4.3.2.2 Spr 17,20

Mit Spr 17,20 beginnt die Reihe der Sprüche über Lüge und Unzuverlässigkeit, die den Bildbereich des Weges, bzw. der Gefahren auf dem Weg berühren (17,20; 16,29; 29,5; 12,6; 22,14). In Spr 17,20 werden zudem Innen und Außen des Menschen betrachtet, beide können durch VERDREHTHEIT „deformiert" sein. Ist der Verstand (לב) dadurch getrübt, bleibt der Erfolg aus, ist aber das (sprachliche) Handeln davon bestimmt, wird das Scheitern (im Bildelement des Weges) vorausgesagt. Gerade die zweite Spruchhälfte macht deutlich, dass VERDREHTHEIT mit dem metaphorischen Konzept HANDELN IST GEHEN korrespondiert.

Spr 17,20

עִקֶּשׁ־לֵב לֹא יִמְצָא־טוֹב וְנֶהְפָּךְ בִּלְשׁוֹנוֹ יִפּוֹל בְּרָעָה׃

Wer verkehrt ist im Herzen, findet nicht Gutes,
und wer wendig ist mit seiner Zunge, fällt ins Unglück.

Alte Übersetzungen Die Versionen stimmen in der sprachlichen Struktur mit dem masoretischen Text überein, ringen jedoch jeweils um die Bedeutung der beiden Wortverbindungen, die die Subjekte benennen und im Hebräischen mit dem Konzept der Verdrehtheit verbunden sind.

---

314 Plöger, *Sprüche*, 125 f. Meinhold, *Sprüche*, 173 f.

Der LXX liegt im ersten Halbvers ein anderer Text zugrunde, denn σκληροκάρδιος „Hartherziger" beruht vielleicht auf קשה לב (anstelle von עקש לב). Im zweiten Halbvers greift sie deutlich das Bildelement DREHEN von נהפך auf und übersetzt mit εὐμετάβολος „veränderlich" auf.

Die Peschitta verwendet im ersten Halbvers mit ʿšyq „bedrängt" ein syrisches Äquivalent, das (mit Metathese) die gleichen Konsonanten wie das Hebräische עקש „verkehrt" verwendet. Klang und Bildelement scheinen dabei wichtiger zu sein als die Semantik. Der Targum bemüht sich mit עקים „krumm, verdreht" eher um letzteres. In der zweiten Vershälfte sind sowohl in Peschitta als auch im Targum die Bildelemente VERDREHEN (mit hpk/הפך) und FALLEN (mit npl/נפל) deutlich leichter wiedergegeben werden.

Kommentatoren Die modernen Kommentatoren beschreiben die Entsprechung von VERDREHTHEIT in der Tiefe (לב) des Menschen sowie in seinem sprachlichen Handeln (לשון). VERDREHTHEIT DER ZUNGE wird klar dem semantischen Bereich der Irreführung oder Lüge zugewiesen. VERDREHTHEIT DES HERZENS beschreibt nach Meinhold und Plöger den verkehrten Verstand des Toren – also seine Unfähigkeit, sich nach weisheitlichen Einsichten zu richten.[315] McKane verwendet eine Begrifflichkeit, die stärker auf eine psychisch tief verankerte Gestörtheit (*derangement*) verweist.[316] In allen Fällen wird deutlich, wie das Bildelement der VERDREHTHEIT zugrunde liegt und mit dem Konzeptsystem des modernen Auslegers und Lesers vermittelt werden soll.

Meta-Pragmatik Innere Einstellung des Menschen und (sprachliches) Handeln entsprechen einander. Wenn sie nicht den weisheitlichen Einsichten entsprechen, werden sie als falsch angesehen und es drohen negative Konsequenzen. Bei falschem sprachlichem Handeln, dass etwa durch Betrug oder Lüge charakterisiert ist, sind die Konsequenzen schwerwiegender, weil die falsche Einstellung durch ein Handeln nach außen getragen wird.

Metaphorische Konzepte Vor allem zwei metaphorische Konzepte spielen in dem Spruch eine Rolle. In beiden Halbversen finden sich Formulierungen, die das Konzept LÜGE/BETRUG IST VERDREHTHEIT DER LIPPEN/ZUNGE (siehe S. 125) zugrundelegen und auch in den Auslegungen deutlich werden. Im zweiten Halbvers erscheint mit der Phrase נפל ברעה auch das Konzept GEFAHREN SIND FALLEN (siehe S. 129).

---

315 Plöger, *Sprüche*, 205; Meinhold, *Sprüche*, 292.
316 McKane, *Proverbs*, 510 f.

4.3.2.3 Spr 16,29

Die destruktive Dynamik eines gewaltbereiten Menschen wird hier dadurch erklärt, dass er andere zu gleicher Handlungsweise drängt. Er setzt sich über die Konventionen des menschlichen Zusammenlebens hinweg und stellt deren Gültigkeit auch für seinen Mitmenschen in Frage. Für die weisheitliche Sicht bereitet er ihm dadurch aber Schaden.

Spr 16,29

אִישׁ חָמָס יְפַתֶּה רֵעֵהוּ וְהוֹלִיכוֹ בְּדֶרֶךְ לֹא־טוֹב:

Ein Gewaltmensch überredet seinen Nächsten
– und führt ihn auf einem nicht guten Weg.

Alte Übersetzungen Die Versionen stimmen in erstaunlichem Maß miteinander überein. Dadurch kommt deutlich zum Ausdruck, dass die verwendete Metaphorik des Weges für die Textüberlieferung immer klar und für die Übersetzer leicht in fremde Sprachen umzusetzen war.

Kommentatoren Auch für die Kommentatoren scheint der Vers in seiner Aussage sehr klar und wenig erklärungsbedürftig gewesen zu sein. PsIbnEsra benennt das Naheliegende, das mit dem Verführen gemeint ist: Der Gewalttäter verführt seinen Nächsten zur Gewalttat.

Arndt Meinholdt betont nachdrücklich, dass der Gewalttäter hier zunächst einmal nicht mit physischer Gewalt, sondern mit „Redevorgängen" befasst ist, die jedoch im Effekt wieder auf die Verabredung von Gewalt abzielen.[317]

Meta-Pragmatik Auf den ersten Blick, scheint es gar nicht vorrangig um sprachliches Handeln zu gehen, vor dem hier gewarnt wird. פתה 1 *pi* „überreden, verführen" wird jedoch manchmal auch ausdrücklich zusammen mit Sprechwerkzeugen verwendet (Ps 78,36; Spr 24,28). Gewalttäter ziehen Menschen ihrer Umgebung mit in ihr sträfliches Handeln mit ein und verstricken Sie in Schuld. Der Zusammenhang von sprachlichem Handeln ergibt sich vor allem auch durch die kompositionelle Einordnung des Verses.

Metaphorische Konzepte Dominant ist in diesem Spruch die Wegmetapher, die sehr deutlich durch zwei Transparenzmarker evoziert wird. הלך *hif* „jemanden führen" und דרך „Weg". Als metaphorisches Konzept kann formuliert werden ZU TATEN ÜBERREDEN IST FÜHREN (siehe S. 120). Dieser Weg ist nicht nur die falsche Richtung des Handelns sondern deutet auch die unangenehmen Folgen mit an, die man auf diesem Weg erwarten muss.

---

317 Meinhold, *Sprüche*, 278.

4.3.2.4 Spr 29,5

Dass der Gewaltmensch eine Gefahr für seinen Mitmenschen ist, weil er ihn auf einen falschen Weg führt, ist bekannt (vgl. Spr 16,29). Aber schon ein Mitmensch, der schmeichelt statt offen zu reden, motiviert in diesem Spruch zu Verwendung des Bildbereiches WEG, um die destruktive Kraft dieses sprachlichen Handelns zu verdeutlichen.

Spr 29,5

גֶּבֶר מַחֲלִיק עַל־רֵעֵהוּ וְרֶשֶׁת פּוֹרֵשׂ עַל־פְּעָמָיו׃

Ein Mann schmeichelt seinem Nächsten. Ein Netz breitet er aus für seine Tritte.

Alte Übersetzungen

Peschitta und Targum übersetzen das Verb החליק im 1. Halbvers mit מתפליג על „(in der Meinung) abweichen von" und leiten es damit offenbar von חלק 2 „teilen" ab. Healey versteht das im Sinne von „Doppelzüngigkeit" als Äquivalent für „Schmeicheln".[318] Fox plädiert statt dessen (ähnlich wie zu Spr 28,23) für die Bedeutung „streiten/sich entzweien".[319]

Die LXX bietet mit παρασκευάζεται „vorbereiten" eine ganz andere Übersetzung des Verbs. Sie versteht deshalb das „Netz" als Akkusativ-Objekt am Ende des ersten Halbverses und muss deshalb in der zweiten Hälfte auf dieses Objekt noch einmal zurückverweisen (αὐτὸ). Ist „vorbereiten" eine denkbare Wiedergabe für „glatt machen/schmeicheln"? Die Septuaginta hat das Glätten des Netzes offenbar als Synonym zu dessen Ausbreiten verstanden – beides Arten der „Vorbereitung".

Aquila (bzw. alle „Übrigen") übersetzte im Sinne von Schmeicheln ἀνὴρ λειαίνων (Syrohex.: *gbrᵓ dmšᵗšᵗ*) „ein glättender Mann".

Kommentatoren Die rabbinischen Kommentare sind sich über die Ableitung von ילק 1 „glatt sein" einig. Sowohl Raschi als auch PsIbnEsra erklären es mit ידבר חלקות „er redet Glattheiten" (vgl. Ps 12,3 f.; Jes 30,10). Saadia erklärt es mit dem sinnverwandten תלין „Weichmachen". Ob das Schmeicheln von vornherein eine Schädigung des nächsten beabsichtigt,[320] ist nicht eindeutig markiert. Vom Bildbereich des Fallenstellens im zweiten Versteil könnte man es schließen.[321]

Schon die LXX bezieht das Suffix von פעמיו auf das Subjekt des ersten Halbverses in dem Sinne, dass die Tat auf ihren Verursacher zurückfällt: Er verstrickt

---

318 Healey, *Targum*, 29.
319 Fox, *Eclectic edition*, 372.
320 So Plöger, *Sprüche*, 343.
321 Meinhold, *Sprüche*, 483.

sich in dem von ihm vorbereiteten Netz. Der Bildbereich des Weges ist hier für beide Vershälften sehr deutlich herausgestellt. Der zweite Halbvers ist doppeldeutig gehalten und warnt vor den negativen Konsequenzen des Schmeichelns für den Akteur wie für denjenigen, dem geschmeichelt wird.[322]

Metaphorische Konzepte Der Vers ist ein wichtiger Beleg dafür, dass חלק *hif* „glätten/schmeicheln" nicht mit der glatten Oberfläche der Sprechwerkzeuge assoziiert sein muss, sondern dass es ebenso im Kontext der Wegmetaphorik verwendet werden kann: Auf glatten Wegen kann man ausgleiten. Allerdings wird hier der Assoziationsbereich des Weges durch das Fallenstellen aufgerufen. SCHMEICHELEI IST EIN RUTSCHIGER WEG/EINE FALLE (siehe S. 122). Auf einer übergeordneten Ebene muss diese Verwendung der primären Konzeptmetapher GLÄTTE IST TÄUSCHEN/SCHMEICHELN zugeordnet werden (siehe S. 97).

4.3.2.5 Spr 12,6
Mit dem Bildkomplex von Krieg und Jagd ist durch ארב דם „Lauern auf Blut" destruktives Reden als Gefahr für Leib und Leben in den Blick genommen. Dem Hinterhalt der Frevler wird Geradlinigkeit der Gerechten gegenüber gestellt. Der Hinterhalt gehört zu den Teileelementen des Konzeptes HANDELN IST GEHEN, weil damit Gefahren vor Augen geführt werden, den den Weg säumen.

Spr 12,6

דִּבְרֵי רְשָׁעִים אֱרָב־דָּם וּפִי יְשָׁרִים יַצִּילֵם׃

Worte von Frevlern sind ein Lauern auf Blut,
aber der Mund der Geradlinigen rettet sie.

Alte Übersetzungen Peschitta und Targum geben übereinstimmend ארב דם durch כמנין לדמא „lauern auf Blut" wieder – wobei der hebräische Infinitiv einem Pt. m. pl. entspricht. Die Septuaginta hat dagegen eine freiere Wiedergabe gewählt, indem den Worten das Attribut δόλιοι „hinterlistig" zugeordnet wurde. Das zugehörige Nomen δόλος schließt auch die Bedeutung „Köder, Falle" mit ein. Dass keine Entsprechung für das Wort דם erscheint,[323] weist aber eher darauf hin, dass der Übersetzer zwar mit der Wahl des Wortes δόλιος die Bildszenerie aufnahm, aber dessen Bedeutungsbreite[324] nutzend den Fokus im Sinne des Bildempfängers (Worte der Gottlosen) verschob.

---

322 Meinhold, *Sprüche*, 483.
323 Anders bei Symmachus (δόλιοι εἰς αἷμα), Aquila und Theodotion ἐνεδρεύσουσιν εἰς αἷμα).
324 Vgl. das deutsche „hinterhältig".

Kommentatoren Den Zusammenhang zwischen sprachlicher Handlung und Totesbedrohung erklärt Raschi durch zwei mögliche Situationen: Es gehe entweder um eine Beratung, bei der ein Mord beschlossen wird, oder um eine Falschaussage, die tödliche Konsequenzen haben kann (יועצים לרצוח בידם או ע"י עדות שקר). Im Sinne der ersten Situation verweist Saadia auf des Beispiel der Ratschläge Achitofels und Huschais (2 Sam 16,15–17,23).

Da die Frevler im ersten Halbvers offensichtlich andere schädigen wollen, wird öfter erwartet, dass auch die Geradlinigen im zweiten Halbvers nicht sich selbst, sondern andere retten (z. B. die Opfer aus V. 6a).[325] Syntaktisch muss das Suffix an יצילם sich jedoch auf das Subjekt beziehen. Sie sind ja auch als Opfer der Frevler vorstellbar.

Meta-Pragmatik Aus dem ersten Halbvers geht deutlich die Absicht der Frevler hervor, andere Peronen zu schädigen. Es ist wahrscheinlich, dass die Worte hier nicht unmittelbar eine Schädigung nach sich ziehen. Man muss sich wohl eine Situation vorstellen, in der eine Person durch Hetze zu einem Feind stilisiert wird, bzw. dass die Worte der Frevler die Planungen von Taten gegen diese Person beinhalten.

Der zweite Halbvers setzt eine Bedrohungssituation voraus – wie sie für die angefeindete Person nach Versteil a entstanden sein könnte. Auf welchem Weg der Mund/die Rede der Geradlinigen diese rettet, wird offen gelassen – evtl. durch ihre letztlich überzeugende Aufrichtigkeit vor Gericht?

Metaphorische Konzepte Das Bild vom „Lauern auf Blut" verweist mit der Wurzel ארב auf die Kriegstechnik des Hinterhalts. Der Gegner kann die drohende Gefahr nicht einsehen. In Spr 1,11.18 steht das Verb parallel zu .spn „verbergen". Die Terminologie wird besonders auch für illegitime Gewaltanwendung verwendet, die den Tod des Bedrohten beabsichtigt ארב לדם/נפש. Es zeigt sich eine Nähe zu den Bildbereichen AUFDECKEN/VERBERGEN (siehe S. 83) und FALLEN-STELLEN (siehe S. 129). Im zweiten Halbvers ist ein metonymischer Gebrauch von ph zu beobachten.

4.3.2.6 Spr 22,14

Die mit dem Aspekt der TIEFE verbundene Innenseite des Menschen ist in diesem Spruch vor allem mit Unzugänglichkeit und Gefahr assoziiert. Sprachliches Handeln ist nur ein semantischer Bereich, den das Lexem פה „Mund" anspricht. Wenigstens ebenso wichtig sind die sexuellen Konnotationen. Sowohl das Bild der Grube, als auch die Vorstellung vom Fallen gehören in die Szenerie des Weges und der Gefahren, die daran lauern (vgl. die vorangegangen Sprüche).

---

325 McKane, *Proverbs*, 446 f; Plöger, *Sprüche*, 149.

Spr 22,14

שׁוּחָה עֲמֻקָּה פִּי זָרוֹת זְעוּם יְהוָה יִפּוֹל (יִפָּל-)שָׁם:

Eine tiefe Grube ist der Mund der Fremden (Frauen),
wem der HERR zürnt, der fällt dort hinein.

Alte Übersetzungen Anstelle von זרות schreibt die LXX παρανόμου „Gesetzloser".
Wahrscheinlich wurde זד anstelle von זר gelesen.[326] Peschitta und Targum folgen
dem masoretischen Text, unterscheiden sich aber vor allem darin, wie die passive
Form זעום umgesetzt wird. Peschitta: ›yn› drgz ‹lwhy mary›. Targum: ומאן דמרגיז
כדמא אלהא אלהא (aktiv).
Kommentatoren Die modernen Kommentatoren ziehen zur Erklärung des Spruches vor allem Spr 23,27 heran, wo die Hure/fremde Frau mit einer tiefen Grube,
bzw. einem engen Brunnen verglichen wird. Hier in 22,14 ist dieses Bild nur
auf den „Mund der Fremden" übertragen. Damit kann an verführendes Reden
gedacht sein – zur Hurerei[327] oder evtl. auch mit Konnotationen zum Götzen-
dienst.[328]
Meta-Pragmatik Da der Spruch die Gründe nicht genauer ausführt, kann er auch
als generelle Mahnung vor Kontakt mit fremden Frauen verstanden werden. Dabei
kann der „Mund" sowohl sprachliches Handeln, als auch körperlichen Kontakt
durch den Kuss evozieren.
Metaphorische Konzepte Mit der שׁוחה „Grube" ist ein Synonym zur Falle (vgl.
Jer 18,22; Ps 57,7) aufgerufen, und damit er Bildbereich von Krieg und Jagd. Gleichzeitig ist das Bild der Falle verknüpft mit der Wegmetapher. Es lässt sich ein metaphorisches Konzept VERFÜHRUNG IST EIN BEDROHLICHER ABGRUND (siehe S. 110)
formulieren, was sich dem allgemeinen Konzept GEFAHREN SIND FALLEN (siehe
S. 129) zuordnen lässt.

4.3.2.7 Spr 12,19
Bei den hier und im folgenden thematisierten Sprüchen (12,19; 21,6; 19,7) wird
das Thema Lüge/Unzuverlässigkeit durch Aspekte der Bildbereiche STEHEN bzw.
FLÜCHTIGKEIT zum Ausdruck gebracht.
Spr 12,19 stellt Wahrheit und Lüge gegenüber und postuliert eine mit der
Wahrheit verbundene Dauerhaftigkeit, die der Lüge abgehe. Die Auslegungen

---

326 Baumgartner, *Étude critique sur l'état du texte du Livre des Proverbes d'après les principales
traductions anciennes*, 201.
327 Meinhold, *Sprüche*, 371.
328 Raschi;Plöger, *Sprüche*, 256.

legen die Deutungsbedürftigkeit der Begriffe offen und versuchen, innere Zusammenhänge zwischen Wahrheit und Dauerhaftigkeit eher auf der sozial-kommunikativen Ebene zu erklären.

Spr 12,19

שְׂפַת־אֱמֶת תִּכּוֹן לָעַד וְעַד־אַרְגִּיעָה לְשׁוֹן שָׁקֶר׃

Zuverlässige Rede besteht für immer, für einen Augenblick Lügenrede.

Alte Übersetzungen Die Aussage des mascretischen Textes, dass die Wahrheit Beständigkeit hat, während die Lüge schnell vergeht (weil sie sich als solche erweist?), erfährt in den alten Versionen eine Konkretisierung auf die Zeugenschaft hin.

Das geschieht in der LXX dadurch, dass ־עַד (MT: „Ewigkeit") und עַד (MT: „bis") als עֵד „Zeuge/Zeugnis" gelesen werden.[329] Positiv wird durch Wahrheit das Zeugnis gefestigt, negativ kommt ein übereilter Zeuge schnell zur Lüge.

Peschitta und Targum übernehmen nur im zweiten Halbvers in etwa diese Deutung der LXX, dass es um eiliges Zeugnis gehe. Im ersten Halbvers orientieren sie sich an der masoretischen Vokalisation und verstehen עַד, ähnlich wie Aquila, Symmachus und Theodotion (ἑτοιμασθήσεται εἰς ἔτι), als „lange Zeit/Ewigkeit": Während allerdings der Targum mit תקן עלמא den rabbinischen Terminus תיקון עולם durchscheinen lässt (assoziiert also von תִּכּוֹן auf תִּקּוּן), benutzt die Peschitta mit *tryṣ* „aufgerichtet" ein Lexem, das vor allem die Bildszenerie des Stehens aufnimmt. Im zweiten Halbvers bleibt der Targum näher an dem anzunehmenden hebräischen Konsonantenbestand der Vorlage, während die Peschitta die Konstruktusverbindung in einen Satz auflöst.

Kommentatoren Schwierig ist vor allem die Verbindung עַד־אַרְגִּיעָה, in der die modernen Ausleger eine Verbform sehen, die jetzt die nominale Bedeutung „Augenblick" hätte. Darin stimmen Ges[18] und KAHAL überein, auch wenn ersteres es von רגע 1 „unruhig sein" ableitet, während letzteres Wörterbuch beide Bedeutungsfelder in einer Wurzel integriert.

Raschi und PsIbnEsra postulieren mit Blick auf das zweite Bedeutungsfeld eine Umschreibung im Sinne von „zum Schweigen bringen". Raschi nimmt den Bildbereich des Stehens auf, indem er weitere damit assoziierte Verbwurzeln verwendet (תתבסס „gründet", תתקיים „besteht"), und zitiert ein Sprichwort: שהשקר אין לו רגלים „Die Lüge hat keine Beine".

Inhaltlich bleibt in jedem Fall deutlich, dass die Lüge keinen Bestand hat. Arndt Meinhold erläutert diese Feststellung damit, dass der Wahrheit durch ih-

---

329 Jan de Waard, Hrsg., *Proverbs*, 5. ed., BHQ 17 (Stuttgart, 2008), 42* unter Verweis auf Leo Prijs, *Jüdische Tradition in der Septuaginta* (Leiden, 1948), 51.

re Verlässlichkeit eine Stabilität eignet, während die Lüge ständig in der Gefahr steht, aufgedeckt zu werden, und immer neue Ausreden benötigt.[330] Wenn 17b ein Nominalsatz sei, dann bringe das Substanzialität für die Wahrheit:

> „Die innere Verfassung eines Menschen und das, was er davon in Worte faßt und in die Öffentlichkeit bringt, stärkt die menschliche Gemeinschaft oder beschädigt sie. Ein Mensch, der Wahrheit verkörpert ...“[331]

Meta-Pragmatik In dem Spruch drückt sich die Zuversicht aus, dass wahrhaftiges sprachliches Handeln dauerhaft gültig bleibt, während die Lüge mit einer Instabilität verbunden ist. Das ist einerseits damit begründet, dass die Lüge davon bedroht ist, aufgedeckt zu werden, setzt aber wohl auch die Überzeugung voraus, dass die destruktiven Potenziale der Lüge auch das Leben ihres Verursachers schädigen kann.

Metaphorische Konzepte Der Spruch ist also ein Beleg für das metaphorische Konzept STEHEN IST GÜLTIGKEIT (siehe s. 87). Das Maß an Stabilität wird in dem Spruch durch Korrelation mit der Zeit zum Ausdruck gebracht: Auch eine Lüge scheint zu stehen – aber nur für einen Augenblick.

4.3.2.8 Spr 21,6

Spr 21,6 spricht einerseits von der Wirksamkeit des Redens, weil mit dem Instrument der (Lügen-)Sprache Reichtum erworben („geschaffen“) werden kann. Durch die Involviertheit von Lüge sind jedoch Wirksamkeitsminderung und Destruktivität vorprogrammiert. In der zweiten Verhälfte verdeutlicht der Bildbereich des Windes den Aspekt der Unbeständigkeit.

Spr 21,6

פֹּעַל אוֹצָרוֹת בִּלְשׁוֹן שָׁקֶר הֶבֶל נִדָּף מְבַקְשֵׁי־מָוֶת׃

Schätze-Machen durch eine Lügen-Zunge ist verwehter Hauch – es sind
Tod-Suchende.

Alte Übersetzungen Text und Deutung sind vor allem im zweiten Versteil unsicher. Als hebräische Vorlage der LXX lässt sich – mit veränderter Vokalisation und ei-

---

330 Meinhold, *Sprüche*, 211 f.
331 Meinhold, 211.

ner Metathese – ein weniger sperriger Text rekonstruieren, dessen textkritische Bewertung jedoch umstritten bleibt, etwa:[332]

פועל אוצרות בלשון שקר הבל רודף (ב/ל)מוקשי מות

> Wer Schätze macht durch Lügenzunge, jagt Nichtigem nach in/zu Fallstricken des Todes.

Targum und Peschitta folgen dem masoretischen Text, haben jedoch offenbar חבל statt הבל gelesen und daher von Zerstörung als Konsequenz des Handelns gesprochen.

Kommentatoren Die Kommentare deuten den Vers häufig im Zusammenhang mit dem vorhergehenden, der von übereiltem Handeln spricht. [333] Demnach geht es um Erfolg bzw. Gewinn, der nicht nachhaltig wirken kann, weil Umstände und Bedingungen zu wenig beachtet sind. Auch V. 6 kann in diesen Zusammenhang gehören, weil nach dieser weisheitlichen Überzeugung die Lüge nicht dauerhaft in Geltung bleiben kann. Vielmehr führt sie in letzter Konsequenz zum Tod.[334]

Meta-Pragmatik Nach der masoretischen Lesung stehen Windhauch und Tod in einem thematischen Zusammenhang. Dem nachzujagen ist ein Bild für nutzlose Beschäftigung. Dem soll die erste Vershälfte entsprechen: Durch Lügen Schätze anzuhäufen, bringt nur scheinbar Nutzen. Auf's Ganze gesehen ist eine destruktive Kraft freigesetzt, die den Akteur selbst schädigt. Auch die Lesart der LXX stimmt inhaltlich mit diesen Aussagen überein, auch wenn das nutzlose Streben des Menschen hier nicht durch בקש sondern durch רדף repräsentiert wird.

Zu beachten ist besonders, wie die (scheinbare) Wirkmacht der Lügen einer (tatsächlichen) Nutzlosigkeit gegenübergestellt wird. Das belegt einerseits das Konzept effektiver Wirkung von Worten, andererseits dessen radikale Relativierung. Die Kritik an diesem Konzept schließt jedoch gleichzeitig das Wissen um die destruktive Kraft der Lügen mit ein.

Metaphorische Konzepte

Die rekonstruierte Vorlage der LXX präsentiert zwei auch anderwärts belegte metaphorische Konzepte: Einerseits das „dem Windhausch Nachjagen", also Nichtigkeit ist (Jagen nach) Wind, andererseits lässt das Bild von „Fallstricken des Todes" das Konzept negative Konsequenzen sind Fallen anklingen.

---

332 Dafür etwaFox, *Eclectic edition*, 286–289. Dagegen Plöger, *Sprüche*, 245. Die Variante מוקשי oder מקשי ist in mittelalterlichen hebräischen Handschriften belegt und offenbar auch Raschi bekannt (Fox, *Eclectic edition*, 288).
333 So PsIbnEsra; Meinhold, *Sprüche*, 349; Plöger, *Sprüche*, 245.
334 Meinhold, *Sprüche*, 349.

Der masoretische Text expliziert nur das metaphorische Konzept NICHTIG-
KEIT IST (JAGEN NACH) WIND durch den Ausdruck הבל נדף „verwehter Windhauch",
der in sich die Nicht-Greifbarkeit des Windes verdoppelt. Das „Suchen nach dem
Tod" kann dann als Dramatisierung des „Haschens nach Wind" gedeutet werden.

4.3.2.9 Spr 19,7

Spr 19,7 thematisiert die durch Verarmung drohende soziale Desintegration. Für
den hier zu besprechenden Zusammenhang ist der schwierig zu deutende Schluss
des Spruches wichtig, weil der Relevanzverlust sprachlichen Handelns thematisiert wird – wahrscheinlich in Korrelation mit schwindenden sozialen Bindungen.

Spr 19,7

כָּל אֲחֵי־רָשׁ| שְׂנֵאֻהוּ אַף כִּי מְרֵעֵהוּ רָחֲקוּ מִמֶּנּוּ מְרַדֵּף אֲמָרִים לא־הֵמָּה:

> Alle Brüder eines Armen hassen ihn, um so mehr halten seine Freunde
> sich von ihm fern. Er jagt Worten (einstigen Beteuerungen) nach, die
> nichts gelten (?).

Alte Übersetzungen Schwierigkeiten mit dem Text zeigen schon die Übersetzungen. Septuaginta, und ihr folgend Vulgata, Peschitta und Targum verstehen mrdp
als negative Aktivität und übersetzen deshalb mit „wer mit Worten reizt" (ὃς δὲ ἐρε-
θίζει λόγους) bzw. „wer mit Worten verleumdet" (ʾynʾ dṭrkn bmlwhy, Targum: איכא
דטרכן במלוהי).

Das Verständnis „bloße Worte, auf die kein Verlass ist" findet sich in der
Vulgata (*eo qui tantum verba sectatur*, wobei *tantum* die entscheidende Richtung
weist; vgl. Symmachus: ἀνύπαρκτος, „nicht vorhanden").

Kommentatoren Dieses Verständnis wird auch von Raschi bestätigt, der die Parallele zu „Haschen nach Wind" aufnimmt: „Jemand sagt ‚mein Verwandter' und
jemand sagt ‚mein Freund', aber alles sind eitle Worte (דברי הבל)." Saadja und
PsIbnEsra deuten den Schluss des Verses dagegen als ein Bitten um Hilfe, dem
nicht entsprochen wird.

Die modernen Kommentatoren verweisen auf den offensichtlich fragmentari-
schen Charakter des letzten Versteils und halten sich deshalb mit Deutungen zurück,[335] nehmen aber doch ein Verständnis an, dass Worte trügerisch sein können
im Sinne nicht gehaltener Versprechungen.[336]

Meta-Pragmatik Ist diese Deutungstradition korrekt, dann zählt Spr 19,7c zu den
Belegen, die die potenzielle Unzuverlässigkeit sprachlicher Handlungen belegen.

---

335 Z. B. Toy, *Proverbs*, 370.
336 Plöger, *Sprüche*, 221 f. Meinhold, *Sprüche*, 314 f.

Auch in diesem Fall wird deutlich, dass auch solche sprachlichen Handlungen Konsequenzen haben – nämlich mangelnde soziale Integration eines Bedürftigen.

Metaphorische Konzepte Diese Deutung stützt sich vor allem auf die angenommene Parallelität zu der Formulierung רקים מרדף „jagend nach leeren/nutzlosen Dingen" (Spr 12,11; 28,19). Damit steht es offenbar im Zusammenhang mit dem metaphorischen Konzept NICHTIGKEIT IST (JAGEN NACH) WIND.

4.3.2.10 Spr 18,8//26,22

Der zweifach vorkommende Spruch ist ein wichtiger Beleg dafür, dass eine „Innerlichkeit" des Menschen stark physisch konzeptualisiert wird, in diesem Fall jedoch nicht mit Körperteilen des Menchen motiviert. Statt dessen wird der semantische Bereich des Hauses hierher übertragen. Dass die Worte nicht mit den Ohren, sondern (als „Leckerbissen") mit dem Mund aufgenommen werden, macht deutlich, dass mit physischen Funktionen von Körperteilen sehr kreativ umgegangen werden kann. Der Spruch macht ein metaphorisches Konzept EIN GESPRÄCH IST EINE GEMEINSAME MAHLZEIT wahrscheinlich.

Spr 18,8 // 26,22

דִּבְרֵי נִרְגָּן כְּמִתְלַהֲמִים וְהֵם יָרְדוּ חַדְרֵי־בָטֶן׃

Worte eines Verleumders sind wie Leckerbissen. Sie steigen hinab in die Kammern des Leibes.

Alte Übersetzungen Die Septuaginta hat die Wiederholung des Spruches vermieden, indem in 18,8 ein ganz abweichender Wortlaut neu gebildet wurde – evtl. inspiriert durch 19,15.[337] Einen spezifischen Einfluss der Septuaginta auf die syrisch-aramäische Texttradition kann man zunächst nicht erkennen, denn sie stimmt in 26,22 relativ stark mit dem masoretischen Text überein. Dabei repräsentiert sie schon die Deutungstradition, dass מתלהמים „schlagen" bedeutet, die sich auch in den älteren Lutherfassungen findet (SCHÄDIGENDES REDEN IST VERLETZEN).

Allerdings ist auffällig, dass an dieser Stelle auch Peschitta und Targum dem hebräischen Text je in eigenständiger Form inhaltlich nahe bleiben. In 18,8 dagegen, wo die Septuaginta völlig abweicht, theologisieren Peschitta und Targum den Spruch übereinstimmend unter Aufnahme von Spr 7,27,[338] wo die Phrase ירד אל חדרי מות erscheint. Der Schluss von Healey, dass der Peschitta eine abweichen-

---

337 So Jaeger, *Observationes*, 132f. Lagarde, *Anmerkungen*, 58.
338 Pinkuss, "Übersetzung", 187.

de hebräische Vorlage zugrunde lag,[339] ist deshalb nicht nötig. Wahrscheinlich hat auch die Peschitta eine reine Wiederholung des Spruches vermeiden wollen. Außerdem erweist sich der Ausdruck כמתלהמים als sehr stark deutungsbedürftig. In 18,8 verwendet die Peschitta *šgšn* „verwirrt", in 26,22 dagegen *rmyn lh bbšt*ʾ „werfen ihn in das Übel".[340]

Der Targum hat in den verschiedenen Handschriften zu 18,8 und 26.22 unterschiedliche Verbformen, die sich um einen ähnlichen Sinn bemühen. L: מדאבנן „betrüben", Z: מתאבנן „belasten" (?), W: מרכנן „niederdrücken".[341] Wie die Peschitta fügt der Targum aber eine Präposition ל mit dem Suffix der 3.m.Sg. ein.

Kommentatoren Die mittelalterlichen Kommentatoren gehen einerseits von einer Deutung der Form מתלהמים von der Wurzel הלם „schlagen" aus, und ziehen dann Vergleichstellen heran, die dem metaphorischen Konzepte SCHÄDIGENDES REDEN IST VERLETZEN zuzuordnen wären (PsIbnEsra zu 26,22, Raschi zu 18,8). Schließlich findet sich zwei Verse vorher der Ausdruck מהלמות „Schläge".

Durch die Phrase ירדו חדרי בטן kommt dagegen ein zweites Bildelement ins Spiel, dass von PsIbnEsra zu 18,8 explizit auf das Konzept AUSSEN/INNEN gedeutet wurde. Der Verleumder verbreitet seine Nörgeleien im Verborgenen.

Moderne Kommentatoren sehen eher die bereitwillige Akzeptanz (und Weitergabe) von Gerüchten und Verleumdung als Thema. Dabei ziehen sie zum Vergleich vor allem auch Spr 22,18 und eine parallele Aussage aus Amenemope heran, um die Vorstellung vom LEIB ALS SPEICHERGEBÄUDE VON WORTEN zu entfalten. Die verleumderischen Worte werden bereitwillig aufgenommen, problemlos behalten, dringen ein in die Tiefenschichten des Bewusstseins[342] und können dann auch wieder schädigend weitergegeben werden.[343]

Dass das Partizip מתלהם, das nur an diesen beiden parallelen Stellen erscheint, „Leckerbissen" heißt, ist die geläufige Annahme von Lexika und Kommetatoren unter Heranziehung besonders der arabischen Wurzel *lhm* „verschlingen".[344]

Meta-Pragmatik Das Wort נרגן gibt zunächst klar den thematischen Zusammenhang vor. Es wird von den Übersetzungen als „Verleumder" oder „Ohrenbläser" (durch heimliches hetzendes Reden) wiedergegeben. Es scheint dem Spruch vor allem um die bereitwillige Akzeptanz von Verleumdung unter den Menschen zu

---

339 Healey, *Targum*, 42 f.
340 Pinkuss, "Übersetzung", 187, als Herleitung von הלם „schlagen" interpretiert (vgl. auch Raschi z. St.).
341 Healey, *Targum*, 42.
342 Meinhold, *Sprüche*, 300.
343 McKane, *Proverbs*, 519 f.
344 Meinhold, *Sprüche*, 300.

gehen. Statt Gerüchte von sich zu weisen, nimmt man das erregende Kommunikationsangebot auf und beteiligt sich. Schon das delbstbewusste Behaupten der Verleumdung scheint ihre Plausibilität zu erhöhen.

Metaphorische Konzepte In diesem Spruch werden zwei metaphorische Konzepte kreativ miteinander kombiniert: EINE PERSON IST EIN GEBÄUDE (siehe S. 105) und VERLEUMDUNGEN SIND LECKERBISSEN (siehe S. 113).

Das erstgenannte Konzept legt sich vor allem von der Verbindung חדרי בטן her nahe und ist besonders in der ägyptisierenden Lehre in 22,18: Worte werden gelernt, im Leib gespeichert und bei passender Gelegenheit wieder ausgesprochen. Jedoch ist hier nicht von Gebäudeteilen (חדר) die Rede, sondern auch in 22,18 kann man leicht an die Aufnahme von Speisen in den Leib denken. Das zweitgenannte Konzept lässt sich mit Spr 16,21.24 einem allgemeineren Konzept WORTE SIND SPEISEN oder HÖREN IST ESSEN zuordnen. Damit ist besonders rezeptives Kommunikationsverhalten beschrieben. Möglich wäre auch zu formulieren: EIN GESPRÄCH IST EINE GEMEINSAME MAHLZEIT.

4.3.3 Wertschätzung guter Rede

Werturteile über sprachliches Verhalten können durch Maß-Aussagen, wie etwa INTENSITÄT, QUANTITÄT, QUALITÄT, HÄUFIGKEIT, DAUERHAFTIGKEIT ausgedrückt sein.[345] Daneben werden Bildkonzepte angewendet, die positive oder negative Assoziationen hervorrufen. Auch wenn in der Regel klar ist, ob jeweils positive oder negative Bewertung damit verbunden ist, kann in speziellen Kontexten die Aussageabsicht davon abweichen.[346]

Die Hochschätzung positiv bewerteter Rede findet sich immer wieder formuliert (z. B. Spr 10,20; 20,15). Dabei werden unterschiedliche Bildbereiche angewendet, die unten aufgeführt werden: Edelmetalle,[347] Reinheit,[348] Schönheit,[349] Süße, Fett,[350] Heilung,[351] Leben. Die öfter auch parallele Verwendung dieser Bilder verdeutlicht den gemeinsamen Assoziationszusammenhang der positiven Wertung. Was genau diese positive Wertung motiviert, ist manchmal hinter den verwendeten Lexemen nur schwer zu greifen.

---

345 Vgl. Pauwels und Simon-Vandenbergen, "Body Parts", 53–57. Siehe etwa das Kap. 3.3.1.4.
346 Pauwels und Simon-Vandenbergen, 58–60.
347 Kap. 3.4.8.
348 Kap. 3.3.2.5.
349 Kap. 3.3.2.5.
350 Kap. 3.4.3.
351 Kap. 3.3.2.3.

4.3.3.1 Spr 10,20

Was an der Rede des „Gerechten" so wertvoll ist, wird in diesem Spruch nicht wirklich deutlich. Wenigstens ergibt sich ein Gegenüber zum „Frevler" und dessen Planungen und Absichten. Diese (innere) Ausrichtung des Frevlers wird als wertlos bezeichnet – gerade weil sie sozial destabilisierend wirken. Die wohlüberlegte (und daher „ausgewählte") Rede des Gerechten, wird also auch wegen ihrer gemeinschaftsstabilisieren Wirkung geschätzt.

Spr 10,20

כֶּסֶף נִבְחָר לְשׁוֹן צַדִּיק לֵב רְשָׁעִים כִּמְעָט:

Erlesenes Silber ist die Zunge eines Gerechten,
das Herz von Frevlern nur wenig.

Alte Übersetzungen Die Wiedergabe des verwendeten Bildes mit der Targumvariante סימנא סניגא nach der Ausgabe von Zamora[352] ist als kreative Bildung einer Paronomasie innerhalb der Targumtradition erklärbar, obwohl סניגא mit der speziellen Bedeutung „geläutert" dem griechischen πεπυρωμένος nähersteht als die gemeinsame Variante gby>/גביא „wertvoll" von Peschitta und Targum. Läuterung ist im Zusammenhang von Edelmetallen eine häufige Konkretisierung der Wertschätzung. Die Variation von „Schatz" (סימנא) statt „Silber" (סאמא) kann neben der poetische Motivation auch als Hinweis auf eine verallgemeinernde Bedeutung des Bildes verstanden werden.

Maybaum hatte unter anderem diesen Vers als Beleg angeführt, dass die Peschitta vom Targum abhängig sei. Die Variante „bitter" (mrt>) als Übersetzung von כמעט in der Peschitta ließe sich am besten als Verschreibung des „Schlacke" (מחתא) im Targum erklären.[353] Die genannte Verschreibung ist unter Voraussetzung der Standardannahme durchaus auch als Textverderbnis innerhalb der syrischen Überlieferung denkbar.[354] Der Targum würde dann die ursprüngliche Peschitta-Lesart bezeugen. Auf jeden Fall zeigen Peschitta und Targum auch in diesem Vers mit dem „und" vor dem zweiten Halbvers eine kleine Gemeinsamkeit mit der Septuaginta gegen den masoretischen Text. Wenn die Deutung von מחתא als „Schlacke" richtig ist, hätte diese Targumvariante das Bild vom Läutern aus dem ersten Versteil aufgenommen und das etwas schwierigere כמעט der hebräischen Vorlage dadurch kreativ umgedeutet.

Kommentatoren Die Kommentare sehen eine gewissen Inkongruenz darin, dass der Zunge der Gerechten das Herz der Frevler gegenübergestellt wird. McKane,

---

352 Diez Merino, *Targum*, 181.
353 Maybaum, "Sprache", 92. Vgl. Fox, *Eclectic edition*, 181, der die Form jedoch anders herleitet.
354 So Pinkuss, "Übersetzung", 111.

Plöger und Meinhold schließen vom Herzen (das beim Frevler beinahe nicht vorhanden ist) auf die Minderwertigkeit seiner Rede.[355] Oder etwas anders pointiert: Der Weise ist dafür bekannt, dass er sich im Reden zurückhält. Das, was er dann aber von sich gibt, ist „auserwählt" und dadurch wertvoll. Der Frevler dagegen charakterisiert sich eher durch vieles unbedachtes Reden – gerade weil er fast keinen (כמעט) Verstand hat. „Ihr Verstand ist umgekehrt selten (נבחר הפך) wie die Rede des Gerechten" (PsIbnEsra)

Meta-Pragmatik Falls diese Deutung zutreffend ist, geht es also auch hier um die Mahnung zur Selbstbeherrschung und Zurückhaltung. Der Wert der Rede eines Weisen besteht darin, dass er nicht unbedacht spricht, sondern das sagt, was wirklich angemessen ist.

Metaphorische Konzepte Der besondere Wert des Silbers, das auf besondere Sorgfalt beim Läuterungsprozess[356] zurückgeht, dient hier als Bild zur Bewertung der Rede des Gerechten – sie ist ebenso kostbar. In Spr 22,1 wird נבחר „erlesen" dagegen zur Höherbewertung des Rufes (שם) im Vergleich mit Reichtum und Edelmetallen verwendet (Sᴘʀᴇᴄʜᴡᴇʀᴋᴢᴇᴜɢᴇ ꜱɪɴᴅ Eᴅᴇʟᴍᴇᴛᴀʟʟᴇ – siehe S. 98, 134).

Die Gegenüberstellung der Zunge der Weisen mit dem Herzen der Toren expliziert den Gegensatz im Rahmen des metaphorischen Konzeptes Aᴜꜰᴅᴇᴄᴋᴇɴ ᴜɴᴅ Vᴇʀʙᴇʀɢᴇɴ in Bezug auf das körperliche Innen und Außen des Sprechers.

4.3.3.2 Spr 15,26

Nicht die Personen der Handelnden werden in Spr 15,26 benannt, sondern die Handlungen selbst. Gegenübergestellt sind freundliche Worte (אמרי נעם) gegenüber bösen Plänen (מחשבות רע). Die Wertschätzung wird hier nicht durch ein kostbares Material, sondern durch „Reinheit" markiert – ein Begriff, der auch kultische Konnotationen implizieren kann.

Spr 15,26

תּוֹעֲבַת יְהוָה מַחְשְׁבוֹת רָע וּטְהֹרִים אִמְרֵי-נֹעַם׃

Ein Greuel des Hᴇʀʀɴ sind Gedanken von Bösem,
aber rein sind Worte von Annehmlichkeit.

Alte Übersetzungen Die Septuaginta verändert in beiden Vershälften die Syntax. In Versteil a löst sie die Genitiv-Verbindung dem Sinn wohl gemäß in einen Dativ auf. Im zweiten Versteil ist ἁγνῶν „rein" als Entsprechung zu טהרים dem Subjekt zugeordnet („die Worte der Reinen sind verehrungswürdig"). Peschitta und Tar-

---

355 McKane, *Proverbs*, 423; Plöger, *Sprüche*, 128; Meinhold, *Sprüche*, 178.
356 Siehe S. 135.

gum sehen offenbar darin eine Spannung, dass in Versteil a תועבה im Singular, מחשבות jedoch im Plural steht. Das Targum übersetzt nur Singular, während die Peschitta beide Elemente in den Plural setzt.

Aufgrund der veränderten Aussagerichtung der Septuaginta weicht sie vom oben zugrundegelegten Verständis „freundliche Worte" für אמרי נעם (so etwa Peschitta und Targum) ab. Die Vulgata bezieht den Ausdruck wahrscheinlich auf rhetorische Gestaltung (*et purus sermo pulcherrimus*).

Kommentatoren Sowohl Saadia als auch PsIbnEsra deuten אמרי נעם in einem religiösen Sinn (Saadia: אקואל אלחכמה, PsIbnEsra: שינעמו לשם).

McKane sieht in טהור als Gegenüber zu תועבה im Vergleich zu Spr 15,8-9 offenbar ein Synonym zu רצן.[357] Reinheit ist damit in diesem Zusammenhang auch mit seinen kultischen Konnotationen angedeutet. Die positive Wertung des freundlichen sprachlichen Handelns untereinander hat seine Begründung in der Beurteilung vor Gott.

Meta-Pragmatik Damit ist zwischenmenschliches Handeln in einen religiösen Horizont gestellt. Wie man miteinander umgeht, ob mit feindseliger Einstellung oder mit einem offenen und freundlichen Umgang, wird mit Blick auf Gottes Wohlgefallen bewertet. Es geht also wahrscheinlich mit אמרי נעם nicht vorrangig um eine besonders gestaltete sprachliche Form.

Metaphorische Konzepte Wenn diese Deutungen korrekt sind, muss für diesen Spruch als zugrundeliegendes metaphorisches Konzept angenommen werden: AUFRICHTIGKEIT IST REINHEIT bzw. FREUNDLICHKEIT IST REINHEIT (siehe S. 98).

4.3.3.3 Spr 20,15

Eine Steigerung erfährt die Wertschätzung in Spr 20,15 dadurch, dass die wertvollen Schmuckmaterialien im ersten Halbvers durch die „Lippen von Erkenntnis" übertroffen werden. Sie sind ein kostbares Werkzeug – und insofern auch eine Art körperlicher Schmuck.

Spr 20,15

יֵשׁ זָהָב וְרָב־פְּנִינִים וּכְלִי יְקָר שִׂפְתֵי־דָעַת:

> Es gibt Gold und viele Edelsteine und/aber ein kostbares Gerät sind Lippen von Erkenntnis.

Alte Übersetzungen Edelsteine übersetzt der Targum mit כיפי טבתא, Peschitta: kʾpʾ ṭbtʾ. Das entspricht auch der Wiedergabe von pnynym als λίθοι πολυτέλοι in der Septuaginta (z. B. Spr 8,11). Theodotion hat offenbar ἐσωτάτων „innerste" gelesen.

---

357 McKane, *Proverbs*, 483. Vgl. Meinhold, *Sprüche*, 259.

Das גונין „bunt" der Syrohexapla ist wahrscheinlich aus dieser Lesart entwickelt (*gwyn* „innere")[358]. Sachlich wird das Lexem als Schmuckkorall gedeutet.[359] **Kommentatoren** W. Bühlmann und O. Plöger schließen aus der Betonung der „Menge" von Edelsteinen, dass für den zweiten Versteil gerade die Seltenheit kluger Rede hervorgehoben wird.[360] Ein מִן-*comparationis* fehlt jedoch und auch eine Gleichstellung ergäbe eine sinnvolle Aussage: Ähnlich wie Gold und Edelsteine kann die wohlüberlegte Rede wertvoll für den Menschen sein – sie ziert ihn und kann ihm sogar ein nützliches Werkzeug sein, um etwas zu erreichen.

Den Werkzeugcharakter stellt Saadia besonders heraus. Mithilfe der Rede könne man Werte gewinnen: Gold und Edelsteine sind sowohl auf irdischen Besitz, als auch auf den Gewinn der kommenden Welt deutbar – unter Berufung auf die Edelsteine im Gottesgarten in Ez 28,13.[361]

Meta-Pragmatik Da den größten Teil des Spruches die Bildelemente ausmachen, muss auf die inhaltliche Ebene vor allem von der Wortverbindung שפתי דעת „Lippen von Erkenntnis" geschlossen werden. Das Sprechwerkzeug als *nomen regens* in Verbindung mit einem nicht-personalen Nomen findet sich 14 mal in Untersuchungsbereich (siehe S. 55). Es geht um sprachliches Handeln, das thematisch durch Weisheit geprägt ist und dessen Form dem auch angemessen ist.

Metaphorische Konzepte Es ist zu erwägen, ob der Vergleich mit dem Werkzeug/Gerät/Gefäß (כלי יקר) mit den Lippen auch Assoziationen zur physischen Form eines Gefäßes (mit שפה um die Öffnung) oder einem Gerät zum Greifen (etwa einer Zange) geweckt sind. Dafür läßt sich zunächst kein weiterer Transparenzmarker anführen. Es würde sich auch eher um eine hintergründige Assoziation handeln. Der zentrale Vergleichpunkt besteht im Wert der Edelsteine und Gerätschaften, mit denen die gemeinschaftsstärkende Wirkung weisheitlichen Redens betont wird. LIPPEN SIND KOSTBARE WERKZEUGE (siehe S. 98, 134).

4.3.4 Zugänglichkeit

Besonders in Verbindung mit Weisheit kann ausgedrückt werden, dass diese einem Ungebildeten nur schwer zugänglich ist. Das wird in 20,5 beleuchtet und wird

---

358 So Fridericus Field, Hrsg., *Origenis Hexaplorum quae supersunt: sive veterum interpretum Graecorum in totum Vetus Testamentum fragmenta* (Oxonii, 1875), 352.

359 Vgl. zur Diskussion Hans Strauss, *Hiob, 2. Teilband: 19,1–42,17*, BK. AT, XVI/2 (Neu"-kirchen-Vluyn, 2000), 150.

360 Bühlmann, *Reden*, 44; Plöger, *Sprüche*, 231, 235.

361 Saadia Ben Josef Al-Fayyoûmî, *Übersetzung und Kommentar zum Sprüchebuch [arab.-hebr.]*, hrsg. J. Kafah (Jerusalem, 1976), 153.

in 18,4 noch einmal vielschichtiger thematisiert. Das Thema der schwer zugänglichen Weisheit ist außerhalb des Sprüchebuches vor allem in den Hiobdialogen entfaltet und speziell in Hiob 28 mit dem Bild des Bergbaus vor Augen geführt. Als unzugänglich für die Kommunikation wird auch der verratene Bruder in Spr 18,19 beschrieben (siehe S. 265).

4.3.4.1 Spr 18,4
Sowohl Wasser als auch Tiefe sind mit ambivalent zueinander stehenden Bedeutungsbereichen verknüpft. Unzugänglichkeit und Bedrohung stehen der Hoffnung auf verborgene Schätze und lebensspendendes Wasser gegenüber. Beide Seiten könnten sich auch in den beiden Spruchhälften widerspiegeln. In Bezug auf den sprachlich Handelnden wird mit dieser Ambivalenz das Gegenüber von Innen und Außen der Person thematisiert.

Spr 18,4

מַיִם עֲמֻקִּים דִּבְרֵי פִי־אִישׁ נַחַל נֹבֵעַ מְקוֹר חָכְמָה:

Tiefes Wasser sind Worte im Munde eine Mannes –
ein sprudelnder Bach, eine Quelle der Weisheit.

Alte Übersetzungen Wahrscheinlich hat die LXX-Fassung oder schon ihre Vorlage den Spruch mit καρδία ἀνδρός an den Wortlaut von 20,5 angepasst: בלב איש.[362] Vielleicht scheint das Herz besser zum Bildelement der Tiefe zu passen. Auch am Ende des Verses gleicht die LXX-Fassung an andere Sprüche-Stellen an, in denen vom Lebensquell gesprochen wird (10,11; 13,14; 14,27).

Auffälligerweise gibt der Targum kein Äquivalent für dbry wieder, obwohl *mly* in der Peschitta, deren Wortlaut an sonsten übernommen ist, durchaus vorhanden wäre. Wenn es kein Versehen ist, macht der Targum darauf aufmerksam, dass דברי פה als Tautologie gelesen werden kann, weil פה allein ja schon Worte bedeuten kann.

Kommentatoren PsIbnEsra führt aus, wie die Bildelemente des Spruches in Bezug auf die Weisheit gedeutet werden sollen: Weisheitsworte sind erfrischend („kühl") und rein (vgl. 20,5) und strömen „ohne Pause" wie ein Bach. Die „Tiefe" scheint hier keine Rolle zu spielen.

Die modernen Kommentatoren besprechen besonders die Frage, ob die beiden Halbverse antithetisch oder klimaktisch zu verstehen sind. In ersterem Fall stünden dann das verborgene, vielleicht trügerische Element im Reden der Men-

362 Baumgartner, *Étude critique sur l'état du texte du Livre des Proverbes d'après les principales traductions anciennes*, 168.

schen dem erfrischenden, konstruktiven und um das Verständnis der Hörenden bemühte weisheitliche Reden im zweiten Spruchteil gegenüber.[363] Ist aber auch der Beginn des Spruches positiv zu verstehen, so wird die TIEFE eher als Ausdruck von Wert und weisheitlichem Hintergrund (*profundity*[364]) der Rede zu verstehen sein.[365]

Meta-Pragmatik Wie im kommenden Abschnitt ausgeführt ist, wirkt der Spruch in seiner Bildsprache hochgradig kreativ und deutungsbedürftig. Der Fokus liegt – vor allem durch die zweite Vershälfte viel stärker auf den konstruktiven, die Gemeinschaft stärkenden Potenzialen weisheitlicher Rede.

Metaphorische Konzepte Wie schon die Alten Übersetzungen zeigen, hebt sich der Spruch durch sehr kreative Metaphern ab, die bei den Lesern leicht als Normverletzungen wahrgenommen werden konnten und an andere, geläufigere Formulierungen angepasst wurden. Das betrifft einerseits den Teil *Worte sind tiefe Wasser* und andererseits die Phrase *Quelle der Weisheit*. Im Unterschied zu (und vielleicht als kreative Weiterentwicklung von) 20,5 ist die *Tiefe* nicht mehr mit dem Herzen als dem tief innen liegenden zentralen Organ des Menschen verbunden, sondern mit dem Mund. Insofern werden hier eher Bilder von fließendem, herausströmendem Wasser evoziert, wie es etwa in Spr 17,22 erscheint, und wie auch die zweite Spruchhälfte ausführt. Die Tiefe des Wassers, die in 22,5 vor allem für die Unzugänglichkeit steht, wird hier im Sinne lebensspendender, erfrischender *Erkenntnis* durch weisheitliche Rede umgedeutet.

Ein übertragener Gebrauch des Lexems עָמֹק lässt sich in anderen biblischen Belegstellen vor allem mit UNERREICHBARKEIT, VERBORGENHEIT (Jes 29,15; Ps 64,7) und ÜBERMASS (Hiob 11,7–9), manchmal jedoch auch einfach im Sinne von INTENSITÄT (Jes 31,8; Hos 9,9) verstehen. Spr 18,4 nimmt diese Aspekte von Verborgenheit, Gefahr, Übermaß und Intensität auf. Der Spruch verbindet diese Assoziationen kreativ mit positiven Konnotationen zu fließendem Wasser und macht einen Versuch menschliche Rede in ihrer Vielschichtigkeit zu charakterisieren. Worte im Munde eines Mannes fließen wie Wasser, können trügerisch oder unzgänglich sein, stellen aber auch das Mittel dar, mit dem Weisheit lebensspendend kommuniziert wird. Demnach stellt sich die Kombination der Bilbereiche eher antithetisch dar, die zu einer spannungsvollen Einheit zusammengesetzt werden: REDE IST EIN ABGRUND (siehe S. 110), WORTE SIND VERBORGENE SCHÄTZE (siehe S. 239), REDEN IST FRISCHES WASSER (siehe S. 111).

---

363 So etwa Hausmann, *Studien*, 190.
364 McKane, *Proverbs*, 513.
365 Plöger, *Sprüche*, 211.

4.3.4.2 Spr 20,5

Die ambivalenten semantischen Bezuge von Tiefe und Wasser, die in 18,4 beschrieben wurden, sind auch in diesem Spruch zu greifen. Die Problemlage wird hier sehr viel deutlicher. Es geht darum, die verborgene Innenseite (von sich selbst bzw. dem Gesprächspartner) zu ergründen und nutzbringend zu verstehen.

Spr 20,5

מַיִם עֲמֻקִּים עֵצָה בְלֶב־אִישׁ וְאִישׁ תְּבוּנָה יִדְלֶנָּה׃

Tiefes Wasser ist ein Ratschluss im Herzen eine Mannes.
Ein Mann von Einsicht schöpft ihn heraus.

Alte Übersetzungen Die LXX gibt das Hebräische עשה meist mit βουλή „Wille" wieder, in einigen Handschriften jedoch mit λόγος „Wort", was aber wahrscheinlich von Spr 18,4 her beeinflusst ist.[366] Allerdings findet diese zweite griechische Variante in der Peschitta ihre Fortsetzung mit *mlt'*. Die Peschitta hat den ersten Versteil sehr stark verändert: „Wasser" ist zum vorhergehenden Vers gezogen und aus der allgemeinmenschlichen Einsicht ist eine Aussage über den König gebildet worden: „Tief ist ein Wort im Herzen eines Königs." Vielleicht ist das ein Verweis auf Spr 21,1.

Kommentatoren Was genau ist so unzugänglich am Ratschluss? Zusammen gesehen mit anderen Sprüchen (etwa 26,24 f.) kann es darum gehen, dass ein Mensch seine wahren Absichten verbergen kann. McKane geht dagegen davon aus, dass es um Ideen geht, die erst im verständigen Gespräch mit einem Weisen eine klare Form bekommen.[367] Meinhold sieht diesen Vorgang auf die Person selbst bezogen: Nur wer einsichtsvoll ist, kann seine Überlegungen in weise, schlüssige Worte fassen.[368]

PsIbnEsra, der wie Raschi das Lernen der Tora im Lehrer-Schüler-Verhältnis im Blick hat, expliziert das Bild das Wassers als Reinheit und Klarheit und Erfrischung.

Meta-Pragmatik Die verschiedenen Deutungen machen auf verschiedene Transformationsvorgänge in der Kommunikation aufmerksam: Erstens kann es um einen Gesprächspartner mit Menschenkenntnis gehen, der die wahren Absichten seines Gegenübers versteht. Zweitens kann es aber auch darum gehen, Gedanken, die noch nicht in Worte gefasst wurden, dadurch zu einer klaren Aussage zu führen – entweder durch den Sprecher selbst oder durch einen Gesprächspartner.

---

366 Gegen Lagarde, *Anmerkungen*, 65.
367 McKane, *Proverbs*, 536.
368 Meinhold, *Sprüche*, 333 f.

Metaphorische Konzept Einerseits ist hier sehr deutlich die Basisvorstellung von AUFDECKEN UND VERBERGEN aktiv. Der Innenbereich ist dabei deutlich durch das Lexem לב angesprochen. Das Lexem עָמֹק „tief" ist vor allem Ausdruck von Unerreichbarkeit, Verborgenheit, Unverständlichkeit. In Verbindung mit עשה taucht es in Jes 29,19 auf und bedeutet dort, einen Ratschluss vor Gott verbergen (// לְסַתִּיר). REDE IST EIN ABGRUND.

Gleichzeitig werden Assoziationen zum Wasser und seiner reinigenden bzw. lebensspendenden Kraft wachgerufen. Besonders der zweite Halbvers vom Wasserschöpfen macht dies deutlich. Wer es schafft zu den bewusst oder unbewusst verstellten Elementen des Gesprächs vorzudringen, schafft für sich (und ggf. auch für seinen Gesprächspartner) neue Perspektiven, die Anspannungen lösen. Positive Assoziationen mit der Tiefe lassen sich als das Konzept WORTE SIND VERBORGENE SCHÄTZE (siehe S. 239) formulieren.

4.3.5 Eloquenz

Einzelne Sprüche legen es nahe, dass auch die sprachliche bzw. poetische Gestaltung bzw. die Redegewandtheit des Sprechers bewertet werden. Auslegungsgeschichtlich können hier freilich auch Rückprojektionen späterer Rhetoriktraditionen eingeflossen sein.

Es ist auffällig, dass solche Deutungen vor allem dann entwickelt werden, wenn Vergleichstexte aus der Umwelt Israels herangezogen werden. So wird für Ägypten – vor allem unter Verweis auf die Lehre des Ptahotep, die Erzählung vom Beredten Bauern und die Lehre des Amenemope – eine entfaltete Rhetoriktradition postuliert, die durchaus mit der griechischen vergleichbar sei.[369] Peter Kaplony beschreibt in diesem Sinne einen ägyptischen Begriff einer „schönen Literatur".[370] Nili Shupak überträgt dieses Verständnis auf israelitische Weisheit. Als Aussagen über Eleganz der Rede führt sie auf: Spr 15,2; 22,11 und 25,11. Neben den letzteren beiden wird im folgenden auch 16,21 besprochen. Zu vergleichen ist auch 17,7 (s. S. 253).

Riad Aziz Kassis hebt für die arabischen Spruchsammlungen die Hochschätzung künstlerischer Redegestaltung hervor und erklärt sie besonders als Einfluss des Dogmas von der sprachlichen Schönheit des Korans.[371] Kassis hat einen deut-

---

369 Friedrich Junge, "Rhetorik", *LÄ* V (1984): 250 f. Friedrich Junge, "Zur ‚Sprachwissenschaft' der Ägypter", in *Studien zu Sprache und Religion Ägyptens*, hrsg. Friedrich Junge (Göttingen, 1984), 261 f.

370 Kaplony, "Definition".

371 Kassis, *The Book of Proverbs and Arabic Proverbial Works*, 126–128.

lich eingeschränkten Begriff von „Eloquence", denn er weist ausdrücklich Nili Shupaks Zuordnung von Spr 15,23 (s. dazu S. 186) zu diesem Zusammenhang zurück, weil es hier lediglich um ein Wort zum richtigen Zeitpunkt gehe.[372] Bei näherem Hinsehen wird deutlich, dass Eloquenz/Beredtheit recht verschiedene Konzepte in der Interpretation einschließen kann: Überzeugungskraft, Situationsangemessenheit, Selbstbeherrschung, moralische Integrität, Argumentation, sprachliche/poetische Gestaltung.[373]

4.3.5.1 Spr 16,21

Beide Spruchhälften von Spr 16,21, obwohl sie gegenüberstellend Innen und Außen des Menschen thematisierungen, nehmen die Akzeptanz einer Person durch andere in den Blick. Der Weise wird „verständig" *genannt*, die wohlgeformte Rede wirkt als „Lehre", die von vielen *aufgenommen*[374] wird.

Spr 16,21

לַחֲכַם־לֵב יִקָּרֵא נָבוֹן וּמֶתֶק שְׂפָתַיִם יֹסִיף לֶקַח׃

Ein Weiser des Herzens wird Verständiger genannt, aber Süße von Lippen vermehrt die Lehre.

Alte Übersetzungen Die beinahe tautologische Aussage des ersten Halbverses wird von der LXX in ihr Gegenteil verkehrt und so eine Antithese gebildet. Ausgangspunkt dafür scheint jedoch eine Textvariante (נבל „töricht" statt נבון „verständig") der hebräischen Vorlage zurückzugehen, die vielleicht auf einem phonetisch begründeten Überlieferungsfehler beruht. Peschitta und Targum stimmen mit dem masoretischen Text überein.[375]

Die LXX übersetzt לקח mit ἀκούσονται und bezeugt damit ein Verständnis, das den hebräischen Terminus als Ausdruck des Rezeptionsverhaltens deutet.[376]

Kommentatoren Die Kommentatoren deuten die Süße als Ausdruck des ethischen Wertes der Weisheit, wie etwa PsIbnEsra durch Bezug auf ומתוקים מדבש in Ps 19,11 deutlich macht. Dabei spielt auch in diesen Erklärungen die Mehrdeutigkeit dieses Wortfeldes eine Rolle, bei Raschi z. B. die Bedeutung von טעם als „Geschmack/Geschmackssinn" als auch als „Sinn/Dedeutung":

---

372 Kassis, *The Book of Proverbs and Arabic Proverbial Works*, 126, unter Verweis auf Shupak, *Widom*, 286.

373 Shupak, 286–288, 332–334; Kassis, *The Book of Proverbs and Arabic Proverbial Works*, 126–128.

374 Vgl. unten zu McKane.

375 Fox, *Eclectic edition*, 249 f.

376 Fox, 250.

כשאדם מטעים דבריו לתלמיד וממתיק דבריו בטעמים יוסיף לקח. Wenn man seine Worte dem Schüler schmackhaft macht und seine Worte mit Geschmack/Sinn versüßt, vermehrt man die Lehre.

Auch wenn beide Vershälften positive Aussagen zur Weisheit darstellen, scheint das Begriffspaar Herz–Lippen eher auf eine Gegenüberstellung[377] hinzudeuten. Der Weise, der eher zurückhaltend ist, sein Wissen nach außen zu tragen, steht auf der einen Seite. Dem wird hier ein Wirken nach außen gegenübergestellt, das aber doch – weil wohlgestaltet – positiv gesehen wird: Durch wohlgestaltete Rede kann weisheitliche Einsicht weitergegeben werden. Nach Bühlmann[378] sind damit sowohl „Kunst des Ausdruckes und der Darstellung" als auch „angenehme[] Stimme und lebhafte[r] Vortrag" gemeint.

Nach McKane würde sogar die Transparenz des Lexems לֶקַח für das Verb לקח die Deutung stützen: Das Augenmerk liegt darauf, dass die Hörer die Lehre gern aufnehmen, so wie man gern Süßes isst oder trinkt.[379]

Meta-Pragmatik Der Spruch thematisiert die einem Weisen angemessene Ausdrucksweise. Das kann sich auf Stil und Wortwahl, den Ton oder auch auf inhaltliche Elemente der Rede beziehen.

Metaphorische Konzepte Mit dem Bildelement der Süße wird hier nicht in dem Maß wie etwa in 16,24 auf das körperlich wahrgenommene Wohlgefühl bei Genuss von Süßem bezug genommen. Es geht nicht um positive psychosomatische Wirkungen von Worten, sondern um die Überzeugungskraft wohlgestalteter Rede (ÜBERZEUGUNGSKRAFT IST SÜSSE – siehe S. 113).

4.3.5.2 Spr 22,11
Kluge und wohlgestaltete Rede sind Voraussetzungen dafür, andere zu überzeugen. Im Spr 22,11 beschriebenen Fall geht es wohl insbesondere um eine Position am Königshof. Mit Schönheit ist dann nicht nur die gekonnte sprachliche Gestaltung sondern auch die inhaltliche Überzeugungskraft der Rede und die Beachtung der dort geforderten Umgangsregeln gemeint.

Spr 22,11

אֹהֵב טהור (טְהָר־) לֵב חֵן שְׂפָתָיו רֵעֵהוּ מֶלֶךְ:

Wer ein reines Herz liebt, wessen Lippen anmutig sind, dessen Freund ist der König.[380]

---

377 Adversatives Waw nach Bühlmann, *Reden*, 57; Plöger, *Sprüche*, 194.
378 Bühlmann, *Reden*, 58.
379 McKane, *Proverbs*, 489.
380 Übersetzung von Meinhold, *Sprüche*, 367.

Alte Übersetzungen Die Syntax des masoretischen Textes ist an mehreren Punkten unklar, weswegen die Übersetzungen – jeweils verschieden – Präpositionen einfügen, Nomina als Verben lesen und ein Subjekt hinzufügen. Letzteres – die Erwähnung Gottes – in Vers a verbindet Septuaginta (κύριος), Peschitta und Targum (ʾlhʾ/אלהא). Versteil b scheint bei allen drei Versionen jeweils eine eigenständige Form darzustellen, den schwierigen hebräischen Text zu verstehen. Die Septuaginta entwickelt aus dem Wort חן einen eigenen Satz und zieht die „Lippen" zum folgenden. Die Form רעהו leitet sie als finite Verbform von רעה I „hüten" ab. Die Peschitta liest dagegen eine Verbform (etwa: חנן[381]), die den zweiten Halbvers bestimmt. Der Targum wiederum übersetzt רעהו mit einer reflexiven Verbform, die das Nomen „Freund" erläutert.

Die Übereinstimmung der drei Versionen im Versteil a belegen nicht zwingend eine literarische Abhängigkeit. Insbesondere zwischen Septuaginta einerseits und Peschitta und Targum andererseits könnte die Ähnlichkeit auf der gleichen Übersetzungsstrategie beruhen. Setzt man jedoch die Standardannahme voraus, ist es naheliegend anzunehmen, dass Peschitta und Targum bei der Einfügung Gottes als Subjekt durch die Septuaginta beeinflusst sind. Im zweiten Halbvers hat jede Version ihre eigene Strategie gewählt.

Von den alten Übersetzungen benennt vor allem der Targum explizit den Aspekt der Schönheit, jedoch bei der Wahl des Äquivalentes für טוב: שפיר חיסדא.
Kommentatoren PsIbnEsra deutet die „Reinheit des Herzens" bezogen auf das Fehlen von Bosheit (טהור מרעות) und versteht die „Anmut der Lippen" als Bild für kluge, überzeugende Rede (שפתי דעת). Saadia sieht dagegen stärker den Zusammenhang zwischen beiden Bildern: Reinheit des Herzens bedeute Aufrichtigkeit (צדק), dadurch werde seine Rede (נטקה) besser unter den Leuten aufgenommen als die des Königs, der das lediglich durch Strafandrohung erreiche. Dass er sogar über dem König stehe, entnimmt Saadja der Formulierung am Versende, in der der König als „sein Freund" bezeichnet und ihm dadurch untergeordnet werde. „Anmut der Lippen" beschreibt also die Akzeptanz durch die Zuhörer. Der Spruch betont, dass Aufrichtigkeit und Eloquenz zusammen kommen sollen.[382]

Die Verortung dieses Spruches im Umfeld des Königs erleichtert Interpretationen, die in חן שפתים eine Gabe sehen, die der Karriere förderlich ist: „gekonnte wohlgefällige Art zu sprechen",[383] „anmutige Rede",[384] „elegance and persuaveness of speech"[385].

---

381 So Pinkuss, "Übersetzung", 197.
382 Meinhold, *Sprüche*, 370.
383 Meinhold, 370.
384 Plöger, *Sprüche*, 255.
385 McKane, *Proverbs*, 568.

Aufgrund der Unsicherheiten zu Textkritik und Verständnis dieses Spruches ist er als Beleg nicht besonders geeignet. Die verschiedenen Konjekturvorschläge[386] greifen ohne zwingende Gründe sehr stark in den Text ein. Ein akzeptables Verständnis des masoretischen Textes ist möglich, wie die oben wiedergegebene Übersetzung durch Arndt Meinhold zeigt. Die Fassungen von LXX, Peschitta und Targum lassen sich eher als Versuche deuten, einen auch den Übersetzern undurchsichtigen Text durch Zufügungen zu erklären.[387]

Meta-Pragmatik Was mit dem zweiten Versteil aber relativ deutlich wird, ist die wichtige Funktion wohlgestalteter Rede für den Königshof[388] – ein Motiv, das besonders in ägyptischen biographischen Texten immer wieder herausgestellt wird.[389]

Metaphorische Konzepte Die Bildebene des Spruches ist geprägt durch das Gegenüber von Herz und Lippen, also von Innen und Außen des Körpers als Ausdruck dessen, was der Mensch einerseits denkt und plant und andererseits wohlüberlegt ausspricht. Die Wurzel טהר umfasst Reinheit im allgemeinen, wird insbesondere für kultische Reinheit verwendet, findet gelegentlich Anwendung im Kontext von Läuterung von Metallen und wird auch übertragen verwendet. Reinheit des Herzens ist dabei Ausdruck von Aufrichtigkeit und Rechtschaffenheit. Im Gegenüber zu einem Sprechwerkzeug, wie es hier der Fall ist, ist besonders die Übereinstimmung von innerem Planen und äußerem sprachlichen Handeln zu verstehen.

„Anmutige Lippen" (שפתי חן) eröffnen durch das Lexem חן einen Deutungshorizont, der Anmut und Gnade als ein wechselseitiges (sozusagen: kommunikatives) Geschehen deutlich werden lässt. Anmut fällt auf und kann dafür sorgen, dass man Gnade findet in den Augen anderer. Es wird also mit diesen Bildelementen eine wohlüberlegte Rede gemeint sein, die durch Aufrichtigkeit geprägt und wohl auch sprachlich ansprechend formuliert ist. Da die genaue Deutung dessen, worauf der Spruch zielt offen bleiben muss, soll die Formulierung des metaphorischen Konzepts lauten: GUT GESTALTETE REDE HAT ANMUT (siehe S. 98).

4.3.5.3 Spr 25,11
Zu den Belegen, die das Thema Eloquenz berühren gehört evtl. auch Spr 25,11: תַּפּוּחֵי זָהָב בְּמַשְׂכִּיּוֹת כֶּסֶף דָּבָר דָּבֻר עַל־אָפְנָיו׃ „Goldäpfel in Silberfassungen: Ein Wort geredet entsprechend seiner Art (?)." Siehe dazu die Besprechung auf S. 254.

---

386 Gemser, *Sprüche*, 82. Vorsichtig Plöger, *Sprüche*, 376.
387 Siehe dazu oben „Alte Übersetzungen".
388 Zur Deutung von שפתים חן siehe S. 249. Vgl. Bühlmann, *Reden*, 63.
389 Jansen-Winkeln, *Biographien*, II, 361–364.

4.3.6 Angemessenheit

Die Ausdrücke für Angemessenheit von Rede weisen auf eine wichtige Basis zur Beurteilung von Rede hin: Die Annahme, dass die Beteiligten Verstöße gegen ihre Erwartungen ähnlich negativ empfinden. Ob etwas „passend" (נאוה, pre'pon[390]) ist, lässt sich unterschiedlich begründen. Die Behauptung setzt jedoch die Unterstellung voraus, dass dieses Urteil auch von anderen geteilt werde. Der emotionale Aspekt daran korrespondiert mit dem oben angesprochenen positiven Gegenstück: der Freude über ein gelungenes Wort (vgl. Kap. 1.4.4).

Wichtige Faktoren für die Angemessenheit von Rede in einer bestimmten Situation sind vor allem die beteiligten Personen und ihre soziale Stellung. Damit ist nicht nur der wirtschaftliche Status gemeint, sondern (für die Sprüche auch viel entscheidender) das Maß an weisheitlicher Einsicht und der diesbezügliche gesellschaftliche Ruf einer Person.

Vergleichstexte Über die Korrelation von gesellschaftlicher Stellung und Stil kann hier zur Illustration ein Abschnitt aus der Rhetorik des Aristoteles zitiert werden:

> [...] Und ebenso ist es auch in der Dichtung recht unangemessen, wenn in feingewählten Ausdrücken von einem Sklaven oder einem ganz jungen Mann oder über ganz geringfügige Dinge gesprochen wird. Auch hier besteht das Passende darin, zu verkleinern und zu vergrößern. Denn das Natürliche überzeugt, das Gekünstelte bewirkt das Gegenteil [...][391]

Die Grundaussage dieses Zitats kann gut mit den Weisheitssprüchen verglichen werden: Redesituation und Art der Rede müssen einander entsprechen. Verstöße erwecken negative Emotionen und unerwünschte Reaktionen der Gesprächspartner. Deutlicher als in den Weisheitssprüchen, wird hier die sprachliche Form betrachtet (verkürzt oder ausführlich sprechen). Dort weist der Begriff „Tor" eher auf eine moralische Bewertung. Aber auch zu den Weisheitssprüchen, v. a. Spr 17,7 finden sich Deutungen, die den Fokus des Spruches auf die sprachliche Form gerichtet sehen.

4.3.6.1 Spr 17,7

Spr 17,7 verwendet mit נאוה ein Lexem, das Angemessenheit zum Ausdruck bringt. Kollektive Erwartungen werden an den Vornehmen herangetragen, die schon die Bedeutungsbreite von נדיב impliziert. Das Wort beschreibt einerseits eine gehobene soziale Stellung und bezeichnet auch eine freigebige Person. Dem Tor (נבל) wird

---

390 Joachim Krueger, Hrsg., *Ästhetik der Antike*, 2. Aufl (Berlin – Weimar, 1983), 182.
391 Krueger, 183.

hingegen keine gehobene Rede zugetraut – und wenn er sie versucht zu benutzen, wirkt es wie eine Anmaßung.

Spr 17,7

לֹא־נָאוָה לְנָבָל שְׂפַת־יֶתֶר אַף כִּי־לְנָדִיב שְׂפַת־שָׁקֶר:

Nicht geziehmt dem Toren gehobene Rede, ebensowenig wie dem Noblen Lügenrede.

Alte Übersetzungen Die Septuaginta und ihr folgend die Peschitta haben „treu" übersetzt und damit das Gegenüber zur Lügenrede betont; BHK und BHS führen das auf ein Verständnis von ישר zurück, BHQ versteht es als freie Interpretation. Der Targum folgt dem masoretischen Text, indem er den hebräischen Ausdruck morphologisch in aramäische Entsprechungen umsetzt (סיפוותא יתירתא). Die Vulgata übersetzt *verba conposita* „wohl gefügte Worte".

Kommentatoren Raschi betont den negativen Aspekt und erklärt שפת יתר als Ausdruck des unangemessenen Stolzes גאוה. PsIbnEsra dagegen versteht darunter durchaus positiv weisheitliche Rede, die der Tor jedoch nur anwendet, weil er durch sie einen Vorteil erlangt (יתרון). Saadia findet mit „vorzügliche Rede" (אלנטק בלפצ'ול) ein passendes arabisches Äquivalent, das einerseits eine positive Wertung impliziert, und andererseits auf eine Grundbedeutung „überschüssig sein" hin transparent ist.[392]

Bühlmann[393] deutet נבל als „Geizkragen" und נדיב als „Reichen". Demnach wäre שפת יתר „vielversprechende Rede" und somit der erste Halbvers synonym zum zweiten. Die obige Übersetzung geht dagegen von einem antithetischen Parallelismus aus.

Schwierig an diesem Spruch ist die Deutung des Wortes יתר, das in der Regel einen Rest oder einen Überschuss bezeichnet. Mit Gen 49,3 wird die Nuance „Vorzug" belegt, sodass für שפת יתר in Spr 17,7 eine Bedeutung „vorzügliche Rede" angenommen werden kann. Auf welcher Ebene dieser Vorzug liegt – ob eher inhaltlich betrachtet[394] oder von der sprachlichen Gestaltung her[395] – ist dann noch offen. Die negative Aussage des Spruches bringt oft die Bedeutungsnuance „anmaßende Rede" mit ins Spiel.

Meta-Pragmatik Das Thema dieses Spruches ist die häufig aufgeworfene Frage danach, welche Redeweise angemessen ist. Die Auslegungen zeigen, dass die inhaltliche Füllung des Themas schwer zu fassen ist. Geht es um gehobene Rede, um

---

392 Von der Wurzel פצ'ל bestehen freilich auch Ableitungen wie „Abfall".
393 Bühlmann, *Reden*, 143–145.
394 So Meinhold, *Sprüche*, 286.
395 McKane, *Proverbs*, 507.

Eloquenz, oder um Weisheit, die dem Toren nicht anstehen. Auch der Vergleich mit der zweiten Vershälfte bringt wenig Klärung, weil auch dort offen bleibt, was mit dem „Vornehmen" gemeint ist. Ich schließe mich hier der Deutung „gehobene Rede" an, die zunächst einmal vor allem ihre gesellschaftliche Hochschätzung zum Ausdruck bringt. Es ist wahrscheinlich, dass sowohl Wortwahl, Stil als auch Thematik eine Rolle spielen.

Metaphorische Konzepte Insbesamt ist wenig Bildhaftes in diesem Spruch zu greifen. Die Begrifflichkeit יתר שפת ist zu isoliert um sie zu deuten. Dennoch könnte eine konzeptuelle Deutung so ansetzen, dass eine Redeweise sich von alltäglicher Kommunikation abhebt. Das wäre dann als eine Art Überschuss zu deuten, der die Rede aufwertete.

4.3.6.2 Spr 25,11 f.

Die folgenden beiden Sprüche verdeutlichen situative Angemessenheit von sprachlichem Handeln mithilfe des Bildes von Schmuckstücken, die als passend oder unpassend zueinander wahrgenommen werden. Auf welcher Ebene die Angemessenheit der Rede gesehen wird, ist in 25,12 deutlich das aufmerksame Zuhören bei weisheitlicher Unterweisung. In 25,11 kann es um den richtigen Zeitpunkt, den sachlichen Zusammenhang oder die sprachliche Form gehen, die auf Angemessenheit hin beurteilt werden.

Spr 25,11

תַּפּוּחֵי זָהָב בְּמַשְׂכִּיּוֹת כָּסֶף דָּבָר דָּבֻר עַל־אָפְנָיו׃

Goldäpfel in Silberfassungen:
Ein Wort geredet entsprechend seiner Art (?).

Alte Übersetzungen Die Peschitta folgt der LXX insofern, als die genauere Charakterisierung der sprachlichen Handlung am Ende des Spruches fehlt, so als würde die sprachliche Äußerung überhaupt wertgeschätzt. Die Breite der Deutungsmöglichkeiten des hebräischen Versschlusses עַל־פְניו spiegelt sich schon in den übrigen Varianten. Der Targum (פסיאית [L] bzw. פסיא יתיה [Z]) zieht auf eine pragmatische Deutung: „überzeugend"/„besänftigend". Aquila und Theodotion übersetzen etwa im Sinne von „Art und Weise" mit λαλῶν ῥῆμα ἐπὶ ἁρμόζουσιν αὐτῷ „ein Wort für die zu ihm Passenden sagend"[396] Symmachus (λαλῶν λόγον ἐν καιρῷ αὐτοῦ) und Vulgata (*verbum in tempore suo*) zielen dagegen auf ein zeitliches Verständnis.

---

396 Vgl. Plöger, *Sprüche*, 301, der aber in seiner Deutung zu weit geht.).

Kommentatoren Welche Rahmenbedingungen für gelingende Rede hier im Blick sind, hängt an der Deutung des *hapax legomenon* אֹפֶן. Geht man von der seit dem rabbinischen Hebräisch belegten Bedeutung „Art und Weise" aus,[397] so ist der Vers gut verständlich, wenn auch der Fokus noch unklar bleibt. Der Vergleich mit anderen Sprüchen, insbesondere mit 15,23 lässt eher an zeitliche Rahmenbedingungen denken.[398]

Dass angesichts des künstlerisch gestalteten Schmuckelements auf der Bildebene mit „Art und Weise" auf kunstvolle Redegestaltung abgezielt sein kann, zeigt sehr deutlich der Kommentar von Saadia zu dieser Stelle, der unter עַל־פָּנָיו einen seitenlangen Exkurs über Rhetorik und Redegestaltung auf mündlicher, schriftlicher und logischer Ebene (letztere umfasst Kürzung und Erweiterung, Steigerung und Abschwächung) entfaltet.

Unter den modernen Auslegern findet sich öfter ein ähnliches Verständnis, das besonders auf die poetische Gestaltung abzielt. Dabei spielt die Verwendung von אפן in Sir 50,27 eine entscheidende Rolle: וּמוֹשֵׁל אוֹפַנִים, das der griechische Übersetzer nur sinngemäß als ἐχάραξεν „habe ich zugespitzt (in diesem Buch)" zu übersetzen versucht hat, wird auf die poetische Form der Weisheitssprüche gedeutet.[399] Als eine dritte etymologische Herleitung hat schon PsIbnEsra das Lexem mit אוֹפָן „Rad" in Verbindung gebracht.[400] Bezugnehmend darauf (und auf den Dual) deuten moderne Ausleger אפנים als Bezeichnung der Dichtung in parallelen Spruchhälften.[401]

Meta-Pragmatik Je nachdem, welcher Deutung man sich anschließt, geht es in diesem Spruch um angemessenes sprachliches Handeln – beurteilt entweder nach seiner pragmatischen Wirkung, nach Situationsangemessenheit oder nach seiner sprachlich-poetischen Form.

Metaphorische Konzepte Sowohl die Bild- als auch Sachhälfte dieses Spruches geben einige Fragen auf.[402] Geht man davon aus, dass das Bildelement

---

397 Rudolf d. Ä. Smend, *Die Weisheit des Jesus Sirach* (Berlin, 1906), 492. Vgl. jetzt Michael V. Fox, *Proverbs 10–31. A New Translation with Introduction and Commentary*, The Anchor Yale Bible, 18B (New Haven – London, 2009), 783. Der Vergleich dieser Deutung mit arabisch *fann* bei Gesenius, Thesaurus, s. v.

398 Wildeboer, *Sprüche*, 37 f. Die Begründung dieser Deutung durch Vergleich mit arabisch *iffān* findet sich schon bei Ibn Ğanāḥ (Abulwalîd Merwân Rabbi Jona) Ibn Ganâh, *Sepher haschoraschim. Wurzelwörterbuch der hebräischen Sprache*, hrsg. Wilhelm (Benjamin Seev) Bacher (Amsterdam, 1969 (Nachdruck der Ausgabe Berlin 1896)), 44).

399 Vgl. Smend, *Weisheit*, 492: „Spüchwörter von regelrechtem rhythmischem Versbau".

400 David Kimchi, *Rabbi Davidis Kimchi Radicum Liber sive Hebraeum Bibliorum Lexicon*, hrsg. J. H. R. Biesenthal und F. Lebrecht (Berlin, 1847), 49.

401 Plöger, *Sprüche*, 300 f. Meinhold, *Sprüche*, 424 f. und andere.

402 Siehe dazu Thon, "Oberfläche", 350 f.

ein Schmuckelement beschreibt, so legt sich eine Struktur nahe, die ein höherwertiges Inneres einem durchaus auch hoch bewerteten Äußeren in Beziehung setzt. Im zweiten Halbvers entspräche דבר „Wort" dem inneren Element, dem mit דבר על־אפניו entsprechende Rahmenbedingungen zugeordnet (Zeit, Situation, sprachlich-poetische Gestaltung, siehe oben) werden. ANGEMESSENHEIT IST PASSENDER SCHMUCK (siehe S. 98, 134).

Spr 25,12

Spr 25,12

נֶזֶם זָהָב וַחֲלִי־כָתֶם מוֹכִיחַ חָכָם עַל־אֹזֶן שֹׁמָעַת׃

> Gold-Ring und Feingold-Schmuck: ein ermahnender Weiser für ein hörendes Ohr.

Alte Übersetzungen Die LXX hat durch die Wiederholung von σάρδιον und λόγος aus Vers 11 beide Sprüche aufeinander bezogen.[403] So erscheint Vers 12 als eine Art Entfaltung des vorhergehenden Spruches. Das hörende Ohr ist mit dem zu ihm gesprochenes Wort verbunden, wie ein Ohrring mit einem Edelstein. Die Peschitta übernimmt aus der LXX den Karneol (*sardwn*), während der Targum das חלי כתם des hebräischen Textes mit מני די זמרגדי „Smaragd-Ornamente"[404] wiedergibt. Dass es um einen Ohrring geht, darin stimmen die Versionen überein (ἐνώτιον, qdš·, קדשא).

Kommentatoren Auch PsIbnEsra sieht die Verbindung der beiden Spruchhälften darin, dass die Ermahnungen, wie Ohrringe das hörende Ohr schmücken. McKane sieht die Entsprecung des Bildes in einem guten Lehrer-Schüler-Verhältnis, in dem beide Partner gut zueinander passen und sich gegenseitig ergänzen.[405] Meinhold betont auch für den masoretischen Text eine intendierte Zusammenstellung der Verse 11 und 12. Sie vergleichen die stimmige Ausführung sprachlichen Handelns jeweils mit einem Schmuckstück aus zwei zueinander passenden Teilen.[406] Vers 11 zieht vielleicht stärker auf die sprachliche Form eines (aus zwei Hälften zusammengefügten!) Spruches. In Vers 12 wird eine pragmatisches Verständnis sehr deutlich.[407]

Meta-Pragmatik Die Hochschätzung weisheitlicher Rede, die in beiden Sprüchen zum Ausdruck kommt, gründet sich vor allem auf die stimmige Einbettung dieser

---

403 Jüngling, von Lips und Scoralick, "Παροιμιαι", 1991.
404 So Healey, *Targum*, 52.
405 McKane, *Proverbs*, 585.
406 Vgl. Plöger, *Sprüche*, 301.
407 Meinhold, *Sprüche*, 424 f.

sprachlichen Handlungen, einerseits im Kontext der Redesituation, andererseits auch in der dem Thema angemessenen sprachlichen Form.

Metaphorische Konzepte Goldschmuck dient hier und im vorangehenden Spruch (vgl. oben) zum Vergleich für weises Reden – in Vers 12 mit Betonung der Rezeption. Einzelne Bildelemente lassen nach besonderen Berührungspunkten mit dem beschriebenen Redevorgang fragen: Der „Ring" spielt wahrscheinlich auf einen Schmuck für das „hörende Ohr" an. Und das jeweils aus zwei Elementen bestehende Bild (Schmuckstück in Fassung / Ring mit Schmuckstück), verbunden mit den je zwei Elementen der Sachebene (Wort und Art / Mahnung und Ohr) illustriert das Erfordernis der Angemessenheit mit Blick auf die Redesituation. ANGEMESSENHEIT IST PASSENDER SCHMUCK.

4.3.6.3 Spr 26,7.9
Die beiden folgenden, nahe beieinanderstehenden Sprüche stimmen in ihrer jeweiligen zweiten Hälfte wörtlich miteinander überein. Und hier wird auch gesagt, worum es geht: Die Verwendung eines Weisheitsspruches durch einen „Toren", womit in sich schon Unangemessenheit zum Ausdruck gebracht ist. Zwei unterschiedliche Bilder illustrieren diese Beurteilung und lassen Assoziationen zu unterschiedlichen negativen Konsequenzen aufkommen (Nutzlosigkeit bzw. Destruktivität).

Spr 26,7

דַּלְיוּ שֹׁקַיִם מִפִּסֵּחַ וּמָשָׁל בְּפִי כְסִילִים׃

Es baumeln die Schenkeln am Lahmen herab – und ein Weisheitsspruch
im Munde von Toren.

Alte Übersetzungen Die LXX sprach ursprünglich wohl über „Gesetzlosigkeit" (παρανομία, „nimm weg das Gehen der Schenkel – und die Gesetzlosigkeit aus dem Munde der Toren"). Die hexaplarische Fassung mit παροιμία (für משל)[408] führt nun eher zu einem unverständlichen Text, die daher von der syrisch-aramäischen Übersetzungstradition umgestaltet wurde (s. u.).

Peschitta und Targum, die im Grunde den gleichen Text bieten, stimmen bei *mn pwmyh*/פומיה מן mit dem ἐκ στόματος der Septuaginta überein und stehen gegen den masoretischen Text. Die Form *mltꜣ* („Wort") der Peschitta, die vielleicht nur eine Verschreibung von *mtlꜣ* (für משל/παροιμία) ist,[409] wird vom Targum nicht nach dem masoretischen korrigiert, sondern durch Pleneschreibung auch noch eindeu-

---

408 Jüngling, von Lips und Scoralick, "Παροιμιαι", 1993.
409 Pinkuss, "Übersetzung", 206.

tig gemacht. Beide Beobachtungen sprechen für die Standardannahme. Peschitta und Targum orientieren sich auch am Beginn des Verses eher an der Septuaginta („nimm weg den Gang der Beine"), wenden den (schwierigen, s. o.) Sinn des griechischen Textes jedoch ins Gegenteil: „Wenn du dem Lahmen das Gehen gibst, erhältst du ein Wort aus dem Munde des Toren."

Kommentatoren Je nachdem, von welcher Wurzel man die Form דליו ableitet und welchen Vergleichbeleg man dann wählt, wird das Bild unterschiedlich entfaltet (PsIbnEsra: Der Lahme hat keine Beine. Raschi: Dem Lahmen sind die Beine zu hoch [ihre Verwendung ist ihm nicht möglich]. Moderne Kommentare und Übersetzungen: Die Beine baumeln am Lahmen herab.). Inhaltlich ergibt sich dann jedoch immer eine Brücke zum gleichen Thema: Der Weisheitspruch ist unbrauchbar im Munde des Toren. Nach Raschi liegt der Grund z. B. darin, dass dem Toren die Weisheit „zu hoch", als dass er sie lernen könnte.

Plöger sieht zwei Deutungsvarianten. Die Dummheit des Sprechers macht den Spruch unbrauchbar, oder der Tor hält einen Spruch nur für weise. In beiden Fällen geht es um unpassendes Verwenden der Gattung Weisheitspruch. Unpassend ist das Verhalten, weil der Sprecher kein Weiser ist.

Meta-Pragmatik Wörtlich gleich wie im übernächsten Vers (siehe unten) benennt die zweite Spruchhälfte die Regelverletzung in einer Redesituation: Es geht um die Anwendung eines Weisheitspruches durch einen Toren. Wer die Autorität hat dieses zu beurteilen, wird nicht gesagt. Beobachten könne man aber die Wirkungslosigkeit des Spruches. Ein passend platzierter Spruch entfaltet seine Wirkung bei den Zuhörern, weil er ein wesentliches Element der Situation gut aufgreift, und weil er im Munde des Sprechers authentisch wirkt. Entsteht dagegen der Eindruck, dass der Spruch lediglich angelernt ist, verliert er seine augenblickliche Überzeugungskraft.

Metaphorische Konzepte Die Kraftlosigkeit bzw. Funktionsuntüchtigkeit eines gelähmten Körperteils illustriert, wie ein Weisheitspruch seine Wirkung verfehlt, wenn ein Tor ihn ausspricht, und offensichtlich nicht versteht, was er da sagt. Das Bild der Funktionsuntüchtigkeit der Beine verbindet den Spruch mit dem vorhergehenden (s. S. 295). Durch das Bild der Beine ergeben sich Bezüge zum Konzept STEHEN IST FUNKTIONSTÜCHTIGKEIT (siehe S. 87).

Spr 26,9
Spr 26,9

חוֹחַ עָלָה בְיַד־שִׁכּוֹר וּמָשָׁל בְּפִי כְסִילִים׃

Ein Dornzweig geriet in die Hand eines Betrunkenen – und ein Weisheitsspruch in den Mund von Toren.

Alte Übersetzungen Die LXX hatte die wörtliche Wiederholung des zweiten Halbverses in 26,7 und 26,9 durch Variation voneinander differenziert. Anstelle von משל stand in 26,7 ursprünglich παρανομία (s. o. S. 257). In 26,9 ist משל durch δουλεία „Sklaverei" ersetzt. Die LXX liest in beiden Vershälften ἐν χειρί und geht deshalb gar nicht von einer sprachlichen Handlung aus, sondern deutet משל als „herrschen". Peschitta und Targum folgen in 26,9 dagegen dem Hebräischen Text, ersetzen jedoch משל durch šṭywtʾ/שיטותא „Torheit" – sie machen also deutlich, was passiert, wenn ein Tor versucht, einen Weisheitsspruch zu verwenden.

Kommentatoren Während Raschi meint, dass der Dorn den Betrunkenen selbst in die Hand sticht (und der falsch verwendete Weisheitsspruch dem Sprecher Schaden zufügt), geht PsIbnEsra davon aus, dass der Betrunkene anderen weh tue (und also auch vor allem die Hörenden leiden müssten).

Meinhold erwägt die verschiedenen Möglichkeiten und fasst dann zusammen:

> Deutlich ist nur, dass zugleich etwas Gefährliches und (Selbst-)Verletzendes wie auch lächerlich Ziel- und Orientierungsloses vor Augen gestellt wird. Die Äußerungen eines Toren bzw. Frevlers haben ohnehin diese Qualität [...], aber selbst ein wohlgeformter Weisheitsspruch [...] würde durch ihn zu etwas Wert- und Sinnlosem, zugleich lächerlich und gefährlich.[410]

Meta-Pragmatik Wie oben unter 26,7 schon ausgeführt geht es auch hier um den unpassenden Gebrauch eines Weisheitsspruches, der dadurch seine spezifische achtunggebietende Wirkung verliert. Durch die Bildelemente der ersten Spruchhälfte wird das Destruktive solchen sprachlichen Handelns deutlich. Es verletzt die Stilerwartungen der Gesprächspartner und ebenso das Ansehen des Sprechers durch sein anmaßendes Verwenden eines Spruches.

Metaphorische Konzepte Hatten die Bildelemente in 26,7 eher die Funktionsuntüchtigkeit der sprachlichen Handlung illustriert, wird in 26,9 der Schwerpunkt dahin verlagert, die destruktiven Effekte zu verdeutlichen: UNANGENEHME KONSEQUENZEN SIND VERLETZUNGEN (siehe S. 126).

4.4 Situationen und soziale Stellung

4.4.1 Vorgesetzte und Untergebene

Zu den weisheitlichen Mahnungen gehört die grundsätzliche Warnung, die Regeln im gesellschaftlichen Umgang (besonders angesichts hierarchischer Struk-

---

410 Meinhold, *Sprüche*, 440.

turen) zu beachten. Sie findet sich in Textsammlungen der alten Weisheit und ist bis in die Spätzeit belegt.[411]

Spr 29,19 kommentiert die Kommunikation mit einem Knecht als Untergebenem, und macht dabei auch auf die Grenzen verbaler Kommunikation aufmerksam (בִּדְבָרִים לֹא־יִוָּסֶר עָבֶד כִּי־יָבִין וְאֵין מַעֲנֶה:) „Durch Worte wird ein Knecht nicht überzeugt. Er versteht zwar, aber es gibt keine Entsprechung.[412]").

Die gegenteilige Perspektive nimmt Spr 25,6–7 ein, der unten besprochen wird. Er blickt nach oben. Knecht und König skizzieren die Eckpunkte der Hierarchie, sodass die Adressaten durchaus den gleichen gesellschaftlichen Gruppen angehören können.

Diese Mahnungen stehen im Zusammenhang mit dem breiter belegten Thema der empfohlenen Selbstbeherrschung.[413] Sie gehören sachlich zusammen, weil das unbedachte Wort besonders in solchen Situationen Gefahren birgt, in denen Höhergestellte beteiligt sind und die Verletzung hierarchischer Regeln droht.

Eine positive Aussage darüber, wodurch man sich vor dem König auszeichnen kann, findet sich in Spr 22,11: אֹהֵב טְהָור־ (טְהָר־) לֵב חֵן שְׂפָתָיו רֵעֵהוּ מֶלֶךְ: („Wer ein reines Herz liebt, wessen Lippen anmutig sind, dessen Freund ist der König." siehe dazu S. 249)

Für die Sprechsituation ist natürlich auch die andere Seite wichtig: Das Sprechen des Königs, das man ja gegebenenfalls durch Reden am Hof provoziert. Seine unproportionale Macht impliziert, das Äußerungen des Königs weitreichende Konsequenzen haben können. Das wird in Spr 19,12 mit dem Brüllen des Löwen gleichgesetzt.

Vergleichstexte Das Verhalten in Gegenwart eines Vorgesetzten ist ein sehr häufiger Topos in der ägyptischen Weisheit. Der Vorgesetzte repräsentiert dabei in der konkreten beruflichen Stellung das Verhältnis zum König und damit zum Gemeinwesen insgesamt.[414]

Papyrus Louvre 2414, 2,10
Verfluche deinen Vorgesetzten nicht vor Gott.
Verfluche nicht den, den du nicht kennst.
Sag nicht zu deinem Vorgesetzten: „Ich werde dir die Sache geben", wenn du sie überhaupt nicht hast.[415]

---

411 Schipper, "Lehre", 66, verweist auf Römheld, *Amenemope*, 72.
412 Siehe dazu S. 192.
413 Siehe Kap. 4.3.
414 Hellmut Brunner, "Berufsethik", *LÄ* I (1975): 717.
415 Thissen, "Die Lehre des Anchscheschonqi, P. Lovre 2414, P. Insinger", 279. Vgl. Kap. 4.4.6.

Die Zusammenstellung dieser Sprüche und auch der weitere Kontext macht den Fokus deutlich: Es sollen Handlungen vermieden werden, die auf einen Bereich vorausgreifen, über den man gar keine Kontrolle hat – insbesondere nicht über die Konsequenzen. Ein Höhergestellter wird sich revanchieren können, von einem Unbekannten weiß man nicht, ob er dazu in der Lage sein wird. Der Fluch zielt darauf, den anderen zu schädigen und beschädigt gleichzeitig dessen Ansehen.[416]

Amenemope 23,22–24,3
22 Wenn du die Antwort eines Beamten in seinem Hause hörst,
XXIV 1 dann wiederhole sie nicht einem anderen draußen.
2 Lasse deinen Ausspruch nicht nach draußen gebracht werden,
3 damit dein Herz nicht bitter werde.[417]

Zwischen Vorgesetztem und Untergebenem besteht ein gegenseitiges Abhängigkeitsverhältnis, insofern sich der Vorgesetzte auf die Zuverlässigkeit des Untergebenen verlassen können muss. Das wird besonders bei Sprüchen zum Boten und seinem Sender deutlich.[418] Wer das entgegengebrachte Vertrauen verletzt, hat deshalb mit schwerwiegenden Konsequenzen zu rechnen.

Anchscheschonq 17,10.25
Übereile Dich nicht beim Sprechen in Gegenwart Deines Vorgesetzten.

[...]
Rede nicht zuviel angesichts Deines Vorgesetzten.[419]

Thematisch sind diese Sprüche verbunden mit den Warnungen vor Ungeduld[420] und Geschwätz[421].

Anchscheschonq 22,18
Hast Du die Absicht, zu Deinem Vorgesetzten zu sprechen, zähle an der Hand bis zehn![422]

Papyrus Insinger 3,11
Sprich nicht freizügig, wenn ein Vorgesetzter Deine Stimme hört.[423]

---

416 Nordh, *Curses*, 96 f.
417 Shirun-Grumach, "Die Lehre des Amenemope", 246.
418 Siehe dazu Kap. 4.4.7.
419 Thissen, "Die Lehre des Anchscheschonqi, P. Lovre 2414, P. Insinger", 267.
420 Siehe Kap. 4.2.5.
421 Siehe dazu S. 273.
422 Thissen, "Die Lehre des Anchscheschonqi, P. Lovre 2414, P. Insinger", 272.
423 Thissen, 284.

4.4.1.1 Spr 25,6–7a

Die Warnung vor mangelnder Zurückhaltung in Bezug auf sein eigenes Ansehen und die soziale Stellung wird in diesem Doppelspuch kombiniert mit einer Szenerie von Nähe und Distanz innerhalb einer Runde von Vornehmen.

Spr 25,6–7a

אַל־תִּתְהַדַּר לִפְנֵי־מֶלֶךְ וּבִמְקוֹם גְּדֹלִים אַל־תַּעֲמֹד:
כִּי טוֹב אֲמָר־לְךָ עֲלֵה הֵנָּה מֵהַשְׁפִּילְךָ לִפְנֵי נָדִיב

Lobe dich nicht selbst vor dem König, und unter Großen stehe nicht auf.
Denn es ist besser, er sagt: steig herauf!, als dass man dich niedrig macht
vor einem Vornehmen.[424]

Alte Übersetzungen In der Bedeutung „prahlen" für hdr *hitp* stimmen die alten (LXX a)lazoneu'omai, Peschitta und Targum tStbhr) und modernen Übersetzungen weitgehend überein. Die semitischen Formen entsprechen dabei dem Hebräischen formal insofern, als es sich um Formen in T-Stämmen handelt. Peschitta und Targum weichen erheblich voneinander ab. So verwendet erstere die Wurzel *mky* (*pael*), während der Targum die hebräische Wurzel שׁפל aus der Vorlage aufnimmt und mit *afel* wiedergibt.

Kommentatoren PsIbnEsra führt das mit dem Spruch Gemeinte beispielhaft am Verwenden unangemessener Statussymbole aus, wie königliche Kleidung oder Wagen. Ein solches offenes Sich-selbst-ehren führe nach Saadia zum Neid חסדה des Königs. Deshalb sei es wichtig, dass man seinen (angemessenen) Platz kenne, und darauf zu warten, dass man gerufen werde.[425]

Während Verbformen der Wurzel הדר „schmücken/verherrlichen" relativ häufig belegt sind, handelt es sich hier um den einzigen Beleg im Hitpael mit der Bedeutung „prahlen/sich selbst loben". Dass die hebräische Form reflexive Bedeutung hat, lässt sich nur aus dem Kontext des Satzes schließen. Auch wenn es vorstellbar ist, dass jemand vor dem König geehrt wird, liegt es näher, den Spruch als Mahnung gegen ein aktives Handeln zu verstehen. Dafür spricht auch die Parallelität zum zweiten Halbvers. Und die Fortsetzung in V. 7a stellt ja durchaus das passive Geehrtwerden bei demütigem Verhalten in Aussicht.

Während McKane die Nennung des Königs als Anhaltspunkt nimmt, dass der Spruch einen Auftritt bei formal gehobener Runde bei Hofe im Blick hat,[426] geht

---

424 Die Zugehörigkeit von 7b אֲשֶׁר רָאוּ עֵינֶיךָ: ist umstritten. Damit könnte auch V. 8 eingeleitet sein (vgl. Meinhold, *Sprüche*, 417, Anm. 128).
425 אן יערף מג'לסה אן יצבר חתי ירפעה מאלך אלמחל.
426 McKane, *Proverbs*, 580.

Plöger davon aus, dass vielmehr ein allgemeinerer Kommentar zur hierarchischen Stellung von Vorgesetzten und Untergeben vorliegt.[427]
Meta-Pragmatik Vers 6 kann zunächst als Wahrnung vor Selbst-Lob vor Höhergestellten angesehen werden – also als Beispiel für angesichts der Umstehenden unangemessenes sprachliches Verhalten. Nimmt man die Erläuterung von Vers 7a-b hinzu, so wird hier weniger Wert auf sprachliches Handeln gelegt, als darauf, sich angesichts seiner hierarchischen Stellung richtig einzuordnen. Sprachlich gehandelt wird eher von außen: Man wird des Platzes verwiesen, oder in der Position erhöht.
Metaphorische Konzepte Ein figuratives Element kommt in diesem Doppelspruch narrativ zustande. Es wird eine Versammlung am Königshof evoziert, bei der man seinen zustehenden Platz finden muss. Also wird hier die hierarchische Position im Sinne einer „Stellung" in einer Menschengruppe vor Augen geführt. Der Situation und den anwesenden Personen angemessenes Verhalten wird als POSITION-BEZIEHEN IN EINEM RAUM (vgl. S. 83) konzeptualisiert.

4.4.2 Arm und Reich

Wie weit man sich in seiner sozialen Position hervorwagen kann, ist unter anderem eng verbunden mit dem wirtschaftlichen Vermögen eines Menschen. Es ist daher leicht zu beobachten, dass ein Armer viel vorsichtiger agiert, während sich ein Reicher aggressive Sprache leisten kann und zu seinem Machterhalt sich möglicherweise dazu gezwungen sieht (Spr 18,23).[428]

In ähnlichem Sinn wird von Spr 10,15 beschrieben, wie wirtschaftliches Vermögen als Sicherheit wahrgenommen wurde (im Vergleich mit einer befestigten Stadt). Darauf geht Spr 18,11 ein und macht darauf aufmerksam, dass es sich dabei um eine mentale Selbstvergewisserung handelt – die trügerisch sein kann. Auf einer sehr konkreten Ebene wird die Stellung des Armen in Spr 19,7 beschrieben: Durch Verarmung verliert man die Sicherheit sozialer Bindungen. Wie leicht sich das Blatt wenden kann, wird durch Spr 21,13 in Erinnerung gebracht.

Daher finden sich auch Stimmen, die die Notwendigkeit, Verhältnisse zu akzeptieren, positiv wenden und darauf hinweisen, dass man mit bewusster Redegestaltung Einfluss auf soziale Stellung und öffentliches Ansehen haben kann.

---

427 Plöger, *Sprüche*, 299.
428 Meinhold, *Sprüche*, 308 f.

Vergleichstexte

Amenemope XXV, 12–13
12 Besser ist der Arme, wenn er das Süße spricht,
13 als der Reiche, dessen Rede bitter ist.[429]

4.4.2.1 Spr 18,23
Die soziale Stellung steht in engem Zusammenhang mit ökonomischen Möglichkeiten eines Menschen. Wenn über Reichtum und Armut gesprochen wird, gilt
zunächst auch die Mahnung, die Gegebenheiten zu akzeptieren.
Spr 18,23

תַּחֲנוּנִים יְדַבֶּר־רָשׁ וְעָשִׁיר יַעֲנֶה עַזּוֹת׃

Flehentlich redet ein Armer, aber ein Reicher entgegnet hart.

Alte Übersetzungen Während der Vers keine Entsprechung in der Septuaginta hat,
finden sich in den alten Übersetzungen keine Hinweise auf Varianten in den Vor-
lagen. Auch die Deutung des Spruches ist durch das Verständnis von תחנונים als
„flehentlich" (Vulgata *cum obsecrationibus*, Targum תחנוני, Peschitta *rkykʾ*) und
von עזות als „hart" (Vulgata *rigide*, Targum/Peschitta עשׁינתא) relativ einheitlich.
Kommentatoren Saadia findet dafür arabische Äquivalente, die den hebräischen
Lexemen auch etymologisch nahe stehen: בתחנון und באלעזה. Er konstatiert die
„profane" Aussage, dass der Spruch die „Realität in der Welt" beschreibe,[430] obwohl das Gegenteil angebracht sei. Auch Raschi benennt diese „gewöhnliche Art
und Weise",[431] die der Spruch thematisiert und stellt fest, dass ein ähnliches Verhalten zwischen Lehrer und Schüler[432] zu beobachten sei.

McKane und Meinhold betonen den engen Zusammenhang zwischen wirt-
schaftlicher Sicherheit (durch Reichtum) als Grundlage des Agierens in der Gesellschaft. Reichtum gibt Sicherheit und Selbstbewusstsein, Armut bedeutet Abhängigkeit und entsprechend angepasstes Verhalten – in diesem Fall auf der Ebene
der Sprache.[433] McKane hebt dabei hervor, dass auch die harte Rede des Reichen
eine Abwehrreaktion dagegen ist, zu sehr von Armen mit Bitten bedrängt zu werden.[434]

---

429 Shirun-Grumach, "Die Lehre des Amenemope", 248.
430 הד'א מן חכיה אלוג'דאן אלד'י וג'דה פי אלעאלם.
431 ללמדך דרך ארץ.
432 וכן הענין הרב לתלמיד.
433 McKane, *Proverbs*, 518; Meinhold, *Sprüche*, 308 f.
434 McKane, *Proverbs*, 518.

Meta-Pragmatik Um erfolgreich zu sein, muss man situationsangemessen agieren können. Das schließt ein, sich seiner sozialen Stellung bewusst zu sein. Die wirtschaftlich ungesicherte Stellung des Armen nötigt ihn zu Zurückhaltung, Bitten, evtl. sogar Unterwürfigkeit. Die gesicherte Stellung des Reichen verleiht ihm Selbstbewusstsein. Er bestimmt, was passiert. Dass mit Reichtum auch soziale Verantwortung verbunden sein könnte, klingt hier nicht an. Eher werden Beobachtungen konstatiert. Teilweise ist das abweisende („gewalttätige") Auftreten des Reichen auch eine Abwehrreaktion.

Metaphorische Konzepte תחנונים „Gnadenbitte, Flehen" dient hier zur Näherbestimmung einer sprachlichen Handlung. Es steht oft im Kontext von Gebet. Mit seiner Redeweise evoziert der Arme gegeüber dem Reichen ein übersteigertes Abhängigkeitsverhältnis, das aus dem religiösen Bereich entlehnt ist. Der Reiche wird demgegenüber als stark und gesichert, aber auch drohend dargestellt. Seine Rede strahlt Gewalt (עזות als Adverb zu דבר *pi*) aus. Das Konzept KOMMUNIKATION IST KAMPF hat hier eine lebensweltlich sehr naheliegende Motivierung. Sprachliches Handeln ist Teil der zwischenmenschlichen Vorgänge, die die soziale Stellung klären und mit Aggressionen verbunden sind.

4.4.3 Familie, Freunde, Geschäftspartner

Wichtig für die soziale Integration eines Menschen ist seine familiäre und freundschaftliche Vernetzung. Hier findet er seine primären emotionalen und ökonomischen Sicherungsmechanismen. Um so wichtiger ist es, beim sprachlichen Handeln darauf zu achten, diese Beziehungen nicht zu gefährden.

4.4.3.1 Spr 18,19
Mit Bildern von Stadtbefestigung und Palastbau wird hier die *Zugänglichkeit* einer nahestehenden Person beschrieben. Freunde und Verwandte sind in der Regel offen für Bitten, denn sie selbst profitieren davon, in ein Netzwerk von Solidaritäten eingebunden zu sein. Umso schwerwiegendere Konsequenzen hat es laut diesem Spruch, wenn sich eine solche Person verletzt oder hintergangen fühlt.

Spr 18,19

אָח נִפְשָׁע מִקִּרְיַת־עֹז וּמִדְוָנִים (ומדינים) כִּבְרִיחַ אַרְמוֹן:

Ein verletzter Bruder ist mehr (verschlossener?) als eine Stadt von Stärke und Streite sind wie der Riegel eines Palastes.

Alte Übersetzungen Die Septuaginta hat den schwierigen Vers dadurch anders verstanden, dass sie statt נפשע offenbar נושע „gerettet" gelesen und es deshalb mit βοηθούμενος „geholfen" übersetzt hat.[435] Diese positive Wendung, verbunden mit einer dem כי entsprechenden Präposition haben auch Peschitta, teils der Targum und die Vulgata übernommen.[436]

An einer Stellen hat der Targum den von der Peschitta übernommenen Wortlaut an den masoretischen Text angepasst: Statt „von seiner Burg" (*mn ḥsnh*) steht am Ende des ersten Halbverses עשינתא „stark". Und eine Handschrift und einzelne Drucke haben auch die Verbform im ersten Halbvers zu מתעי geändert („dem Unrecht widerfahren ist"), was dem נפשע des masoretischen Textes entspricht.

Die Bilder von der befestigten Stadt und dem verschlossenen Palast passen sich jeweils gut in beide Kontexte ein und mussten nicht variiert werden. Die Metapher der Stärke bzw. Uneinnehmbarkeit veranschaulicht sowohl intakte soziale Beziehungen, wie auch deren Störung. Die anzunehmende Textvarianten נפשע oder נושע sind durch ihre grundsätzlich verschiedene Grundbedeutung ausschlaggebend für die verschiedenen Akzentuierungen der Metapher.

Kommentatoren Raschi scheint eine Formulierung des Targums aufzunehmen את דמתעוי מן אחוי und paraphrasiert יש את נפשע מאחוי. Und illustriert die Kränkung an den Paaren Abraham und Lot sowie Jakob und Esau. PsIbnEsra und Saadia erklären den Vers im Zusammenhang mit dem vorhergehenden, in dem die Trennung durch Streit thematisiert wird. Der räumliche Abstande wird nun noch durch die Bilder von Stadtmauern und Palasttoren verdeutlicht – es geht um Unzugänglichkeit, Unnahbarkeit.

Die komprimierte sprachliche Form des Spruches erfordert vom Leser Ergänzungen. Der Gebrauch des komparativen מן muss durch eine Eigenschaft (verschlossen?) ergänzt werden,[437] die aus der Bildhälfte des zweiten Verses erschlossen ist.[438] Dabei wird die befestigte Stadt zum Ausdruck für Unzugänglichkeit.[439] McKane entfaltet sehr plausibel, die besonders hartnäckige Störung des Miteinanders von Menschen, deren vormaliges Vertrauensverhältnis enttäuscht wurde.[440]

Meta-Pragmatik Dass der Nifal von פשע nur an dieser Stelle erscheint, macht seine Deutung schwierig. Dennoch ist auffällig, dass die Kommentatoren – auch in Zusammenschau mit dem vorangegangenen Vers auf die gleiche Problemlage gestörter Kommunikation abheben. Das gestörte Vertrauensverhältnis führt zu einem Beziehungsabbruch, der nur sehr schwer überwunden werden kann.

435 Barucq, *Proverbes*, 152.
436 Vgl. McKane, *Proverbs*, 520.
437 GK[27], §133e.
438 Meinhold, *Sprüche*, 306.
439 Gemser, *Sprüche*, 75; Ringgren, "Sprüche. Übersetzt und erklärt", 75.
440 McKane, *Proverbs*, 520.

Metaphorische Konzepte Hilfreich zum Verständnis der Bildhälfte ist, dass beide Spruchhälften verwandte Bilder assoziieren lassen. Ist in Verteil a noch unklar, worauf das Bild der befestigten Stadt abzielt, verdeutlicht der im Versteil b erwähnte Riegel das Bild der Verschlossenheit und damit bewirkten Unzugänglichkeit: KOMMUNIKATIONSABBRUCH IST VERSCHLOSSEN-SEIN, EINE PERSON IST EIN GEBÄUDE. Dieses Konzept korrespondiert daher mit dem Basiskonzept AUSSEN UND INNEN (siehe S. 105).

4.4.3.2 Spr 21,19
21,19

טוֹב שֶׁבֶת בְּאֶרֶץ־מִדְבָּר מֵאֵשֶׁת מדונים (וּמִדְיָנִים) וָכָעַס

Wohnen in wüstem Land ist besser als eine Frau von Streitereien und Zorn.

Alte Übersetzungen LXX und Peschitta benennen deutlicher, was in den beiden Vershälften miteinander verglichen wird, nämlich das Wohnen. LXX gelingt das durch Einfügung eines μετὰ „mit", der Peschitta durch Zusatz von *mn dlmᶜmar ᶜm* „als zu wohnen mit …". Der Targum reduziert die Wortwahl der Peschitta auf die Entsprechungen zum masoretischen Text, folgt in der zweiten Spruchhälfte jedoch der Wortwahl der syrischen Übersetzung.

In der LXX wird אשת מדונים/מדינים offenbar doppelt übersetzt mit γυναικὸς μαχίμου καὶ γλωσσώδους „eine streitsüchtige und geschwätzige Frau".[441] Dahinter steht wahrscheinlich die Vorstellung, dass die mangelnde Selbstbeherrschung eines Geschwätzigen in engem Zusammenhang mit Streitsucht steht, weil das unüberlegte Reden der Grund ist, dass es mit diesem Menschen leicht zu Streit kommt.

Kommentatoren Das Ketiv-Qere-Paar מְדְיָנִים/מדונים erscheint regelmäßig im Sprüchebuch. Nach Michael V. Fox handelt es sich um dialektale Varianten zur Pluralform von מדון „Streit", die keine semantische Variation darstellen.[442]

Schon in 21,9 wird das Zusammenleben mit einer streitsüchtigen Frau in einem Haus thematisiert. Otto Plöger weist auf die Steigerung der vorzuziehenden Einsamkeit hin: In 21,9 die Ecke des Hausdaches, in 21,19 die Wüste.[443] PsIbnEs-

---

441 Fox, *Eclectic edition*, 293.
442 Fox, 133.
443 Plöger, *Sprüche*, 245 f.

ra expliziert diesen Begriff als Ausdruck der Entfernung von Schutz und Wärme: „Kälte und Frost zu erdulden".[444]

Meta-Pragmatik Erst in der Lesart der LXX wird sprachliches Handeln explizit zum Thema dieses Spruches („streitsüchtig"). Es ist jedoch im Thema „Streit" meist impliziert. Das Zusammenleben mit einem streitsüchtigen Partner führt deutlich die soziale Einbettung menschlichen Handelns vor Augen: Die Konsequenzen der Handlungen seine Partners muss man mittragen und kann dieser problembeladenen Gemeinschaft nicht entkommen – es sei denn unter Verzicht auf einen Großteil der Vorzüge sozialer Einbindung.

Metaphorische Konzepte Die Wüste ist in diesem Spruch deutlicher Ausdruck für den Rückzug aus sozialen Bindungen, der einhergeht mit dem Verzicht auf den Schutz der Gemeinschaft. Implizit (explizit in 21,9) ist das Haus als Ausdruck der Gemeinschaft Gegenbild zur Wüste (RÜCKZUG AUS KOMMUNIKATION IST WÜSTE – vgl. S. 83).

Die griechische Fassung repräsentiert mit γυνὴ γλωσσώδος die Vorstellung, dass ein geschwätziger Mensch vor allem durch die Sprachwerkzeuge repräsentiert sein kann – vgl. שׂפתים in Hiob 11,2.

4.4.3.3 Spr 20,14
Hier wird eine typische Kommunikationssituation beschrieben, bei der eine (strukturell bedingte) Art von UNAUFRICHTIGKEIT vor Augen geführt wird. Die Beschreibung kommt ganz ohne Bezug auf metaphorische Konzepte aus.

Spr 20,14

רַע רַע יֹאמַר הַקּוֹנֶה וְאֹזֵל לוֹ אָז יִתְהַלָּל׃

„Schlecht, schlecht", sagt der Käufer, aber wenn er geht, lobt er es.

Alte Übersetzungen Während die Septuaginta diesen Spruch nicht überliefert, teilen der Targum und die Peschitta offensichtlich ein Verständnis von רע als Nächster, und sind dadurch gezwungen, den Vers mit dem folgenden zu verbinden.[445] Die Peschitta ließe sich bei diesem Vers – entgegen der üblichen Standardannahme – als Ableitung aus dem Targum erklären, der trotz des abweichenden Verständnisses von רע in der Wortstellung dem hebräischen Text folgt, während die Peschitta die Worte umstellt, um sie dem so konstruierten Sinn anzupassen.

Kommentatoren Die rabbinischen Kommentare folgen dieser Deutung nicht, sondern verstehen רע im Sinne von „böse" oder „schlecht". Raschi bezieht den

---

444 Vgl. auch Meinhold, *Sprüche*, 356.
445 Vgl. Healey, *Targum*, 44.

Spruch auf denjenigen, der durch Schicksalsschläge Tora erwirbt (הקונה תורה). Im Moment des Leidens klagt er, aber im Nachhinein ist er dankbar für die Erfahrung.

PsIbnEsra entfaltet die Situation wie die meisten modernen Ausleger und Übersetzer als Kaufverhandlung: יבזהו כדי שיוכל לקנות בזול „er macht es verächtlich, um es billger kaufen zu können". Von der gleichen Situation geht Saadia aus, sieht jedoch eine negative Aussage intendiert: Der Käufer illustriert das tadelnswerte Verhalten verschlagener Menschen (וד'ם פיה אלמתקלבין), die nicht offen sprechen.

Eine andere Situation setzt Luther voraus, wenn er übersetzt „Böse / böse / spricht man / wenn mans hat / Aber wens weg ist / so rhümet man es denn." und setzt dazu die Randbemerkung: „Böse. Das ist was man hat des wird man vberdrüssig vnd wil haben das nicht da ist."[446]

Meta-Pragmatik Das Konsonantengerüst des Spruches lässt verschiedene Deutungen zu und auch unter Voraussetzung der masoretischen Vokalisation werden verschiedene Situationen konstruiert. Aber selbst wenn die meisten Ausleger den Zusammenhang einer Kaufverhandlung voraussetzen, bleibt offen, ob eine negative Bewertung intendiert ist.

In dem Beispiel wird deutlich vor Augen geführt, dass es die Absicht des Käufers ist zu täuschen – und das gelingt auch. Was durch den Spruch deutlich gemacht werden soll, ist die Diskrepanz zwischen verborgenen Überlegungen und sprachlichen Äußerungen. Im anzunehmenden Kontext des Feilschens kann man hier freilich nicht von Täuschung sprechen, weil derartige verdeckte Rede ja zur erwarteten Konvention gehört.[447]

Metaphorische Konzepte Dieser Spruch kommt ohne einschlägiges metaphorisches Konzept aus. Er schildert eine typische konventionalisierte Situation, in der es um mangelnde Transparenz geht. Dennoch wird weder das metaphorische Konzept DER LEIB IST EIN BEHAELTER FÜR WORTE noch UNAUFRICHTIGKEIT IST VERBERGEN verwendet.

4.4.4 Weise, Toren und die Verweigerung der Kommunikation

Die Personenkonstellation, die am häufigsten genannt wird, ist die in der Spruchweisheit generell häufig genannte bzw. implizierte Gegenüberstellung von Weisem/Gerechtem und Toren/Frevler. Wie in dem oben als „Angemessenheit" beschriebene Themenbereich ausgeführt, ergeben sich Gesprächskonstellationen,

---

446 Martin Luther, *Biblia/das ist/die gantze Heilige Schrifft Deudsch*, Bd. I–II (Leipzig, 1983), z. St.
447 Vgl. Plöger, *Sprüche*, 235; Meinhold, *Sprüche*, 337 f.

die als unpassend oder ungeeignet erscheinen, weil die grundsätzliche Haltung der Gesprächspartner fundamental differiert. Allerdings ist die Frage offen, ob diese schwarz-weiß-malenden Gruppenbezeichnungen reale Personengruppen vor Augen haben, oder ob damit eher die Möglichkeiten des menschlichen Verhaltens polarisierend vor Augen gestellt werden.

Spr 26,4.5 bilden einen Doppelspruch der die Ambivalenz ausdrückt, dass das Gespräch zwischen Weisem und Toren einerseits nötig und andererseits gefährlich ist. Wenn der erste Spruch davor warnt, sich auf die Denkmuster des Toren einzulassen, lässt sich der zweite Spruch am sinnvollsten so deuten, dass man mit einem Toren so sprechen solle, wie es seine Torheit erfordert. Das Spiel mit dem Doppelsinn der Formulierung ist vor allem durch die Bedeutungsbreite der Präposition כִּי möglich.

4.4.4.1 Spr 10,14

Spr 10,14 ist eine allgemeine Charakterisierung des sprachlichen Handelns von Weisen und Toren. Erstere zeichnen sich eher durch Zurückhaltung aus, sogar dahingehend, ihr Wissen weiterzugeben. Letztere dagegen gefährden sich und andere durch ihr Reden, das (hier nicht expliziert) wahrscheinlich durch Unbedachtheit bestimmt ist.

Spr 10,14

חֲכָמִים יִצְפְּנוּ־דָעַת וּפִי־אֱוִיל מְחִתָּה קְרֹבָה׃

Weise verbergen das Wissen, aber der Mund des Toren ist nahes Verderben.

Alte Übersetzungen Die Versionen variieren vor allem in der zweiten Spruchhälfte, da die Septuaginta aus dem Attribut קרובה „nahe" durch Verwendung des Verbes ἐγγίζει eine Bewegung beschreibt: Der Mund bringt seinen Besitzer dem Verderben nahe. Die Peschitta übernimmt diese Syntax, während der Targum dem masoretischen Text folgt. LXX und Peschitta konkretisieren die Torheit des Toren auch in der gleichen Richtung, dass er nämlich „voreilig" sei (προπετοῦς, msrhbʾ), und verbinden den Spruch dadurch mit den Themen mangelnder Selbstbeherrschung und des rechten Zeitpunktes.

Kommentatoren PsIbnEsra betont unter Verweis auf Ps 119,11 (בלבי צפנתי אמרתך) den Aspekt des Aufbewahrens, den die Verwendung des Verbs צפן mit einschließen kann. Es gehe vor allem darum, das Wissen zu behalten. Plöger und Meinhold gehen von einer ähnlichen Bedeutung des Verbs aus. Dadurch wird allerdings der

Gegensatz zum zweiten Halbvers abgeschwächt.[448] Es geht nach Meinhold deshalb nicht nur um den Gegensatz dazwischen, ein Wissen zurückzuhalten oder auszusprechen. Sondern das sorgfältige Aufbewahren und Auswählen des Wissens entscheide, ob ein sprachliches Handeln konstruktiv wirke.[449]
Meta-Pragmatik Folgt man dieser Sichtweise, dann impliziert das eine mehrschichtige Charakterisierung des sprachlichen Handelns von Weisen und Toren. Einerseits würden daran Zurückhaltung und Selbstbeherrschung als weise betont, andererseits würden Weise ein Wissen bewahren, das im Gegensatz zum unkontrollierten Reden der Toren Leben bewahrt und nicht bedroht.
Metaphorische Konzepte Einerseits wird der Spruch hier unter den Belegen zu dem Konzept AUFDECKEN IST BEKANNTMACHEN (siehe S. 83) eingeordnet. צפן „verbergen, aufbewahren" zeigt dafür eine deutliche semantische Überschneidung mit כסה „bedecken". Andererseits impliziert das Verb deutlich den semantischen Bereich „aufbewahren" von Wertvollem. Diesen Aspekt kann man auch bei der Anwendung von Bildern des Bergbaues bzw. eines tiefen Brunnens beobachten.[450]

4.4.4.2 Spr 10,21
Besonders im ersten Halbvers von Spr 10,21 geht es um das Verhältnis eines weisen Sprechers zu seinen Hörern, bzw. allgemein zur Gemeinschaft in der er lebt. Die Interpretationen, die insbesondere von der jeweiligen Deutung der Form ירעו abhängig sind, zielen auf die Autorität und die gemeinschaftstabilisierende Wirkung der weisheitlichen Rede. Dem sind die Toren gegenübergestellt, die sogar sich selbst ins Unglück stürzen.

Spr 10,21

שִׂפְתֵי צַדִּיק יִרְעוּ רַבִּים וֶאֱוִילִים בַּחֲסַר־לֵב יָמוּתוּ׃

Die Lippen eines Gerechten hüten viele, aber die Toren sterben durch
Mangel an Verstand.

Alte Übersetzungen Welche Handlung die Lippen vollziehen, war für Übersetzer und Kommentatoren immer wieder schwierig. Während die Peschitta das Verb von der syrischen Wurzel rʿ „gefallen" her versteht, liest die Septuaginta mit ἐπίσταται ὑψηλά einen geänderten Text ידעו רמים „sie kennen die erhabenen Dinge" statt ירעו רבים.

---

448 Plöger, *Sprüche*, 126; Meinhold, *Sprüche*, 174 f.
449 Meinhold, 174 f.
450 Vgl. dazu besonders S. 244 und 246.

Kommentatoren Rabbinische und moderne Kommentatoren sehen dagegen die Hirtenmetaphorik aktiv und lesen die Wurzel רעה 1 „weiden lassen"[451] Hier steht der häufige transitive Gebrauch des Verbs mit Herrschern als Subjekt im Hintergrund. Es geht darum, eine Gemeinschaft in ihrem eigenen Interesse zu leiten. Es geht also um die soziale Funktion von sprachlichem Handeln, das als „Lippen eines Gerechten" exemplifiziert wird.

Meta-Pragmatik Die Gegenüberstellung von Tor und Gerechtem macht deutlich, worin der Unterschied bei beiden liegt: Der Tor kann wegen seines fehlenden Verstandes nicht einmal für sich selbst sorgen, sodass er sterben muss. Der Gerechte dagegen sorgt auch für viele andere. Es ist anzunehmen, dass das sowohl seine Akzeptanz als Autorität als auch das stabilisierende Wirken seines „gerechten", das heißt auf die Gemeinschaft bedachten, Redens im Blick hat. Beides bedingt sich gegenseitig.

Metaphorische Konzepte Ein metaphorisches Konzept EINE GEMEINSCHAFT FÜHREN IST EINE HERDE WEIDEN ist ein bekanntes Bildmotiv der altorientalischen Königsideologe, das biblisch auch auf Gott angewendet werden kann.[452] Es ist allerdings in diesem Spruch lediglich aus der verwendeten Verbwurzel zu schließen. Möglicherweise ist diese metaphorische Ebene auch verblasst.

4.4.4.3 Spr 20,19

Für den Zusammenhang der Personenkonstellation ist in Spr 20,19 vor allem die am Ende stehende Mahnung relevant, sich nicht mit dem Schwätzer einzulassen, der vom ersten Verteil her in die Nähe des Verleumders gestellt wird. Es geht im Grunde um eine Kommunikationssituation, die einem aufgedrängt wird, in die einzutreten aber verweigert werden soll. Dahinter steht die Vorstellung, dass das Reden des Toren in seiner Destruktivität weitere Personen mit ins Verderben reißen kann.

Spr 20,19

גּוֹלֶה־סּוֹד הוֹלֵךְ רָכִיל וּלְפֹתֶה שְׂפָתָיו לֹא תִתְעָרָב:

Wer ein Geheimnis aufdeckt, betreibt Verleumdung.
Und mit dem Schwätzer lass dich nicht ein.

Alte Übersetzungen Während in 11,13 die Versionen relativ nahe beieinander stehen, fehlt 20,19 in der LXX, während die Peschitta eine Doppelübersetzung bietet:

---

451 Plöger, *Sprüche*, 128.
452 W. Schottroff und L. Schottroff, "Hirt", *NBL* II (1995): 168.

Targum: ‏גלי רזיא אכל קורצא ולמאן דמשרגג בשפוותיה לא תתחלט‎, Peschitta: *dglʾ ʾrzʾ ʾklqrṣʾ wdmhymn brwḥh ksʾ mltʾ. wʿm dmsrhbn spwtʾ lʾ tthlṭ*

Die Peschitta hat die erste Vershälfte um ihre Fortführung in dem parallelen Spr 11,13a ergänzt.

‏פתה שפתיו‎ steht hier in 20,19 parallel zu ‏הלך רכיל‎ – und legt deshalb eine Bedeutungsnuance wie „verleumden" nahe. In diesem Sinne übersetzt es auch der Targum (‏משרגג‎ „verführen"). Die Peschitta betont dagegen mit *msrhb* „eilen" die unkontrollierte Redeweise, ähnlich Saadia ‏מגפל פי נטקה‎ „ein Tor in der Rede". Die Vulgata versucht mit *dilatat labia* „Lippen ausbreiten" die Ableitung von ‏פתה‎ 2 wiederzugeben (s. u.).

Kommentare Geheimnisaufdecken und Verleumdung stehen jeweils in den ersten Halbversen nebeneinander, obwohl sie inhaltlich nicht wirklich zusammenpassen: Ein Verleumder, der Unwahres über jemanden verbreitet, tut ja etwas anderes als jemand, der etwas Unbekanntes von diesem bekannt macht. Der Sinn der Aussage könnte darin liegen, dass beides gleich bewertet wird, also: Wer Geheimnisse aufdeckt ist wie ein Verleumder – denn er schädigt seinen Nächsten in vergleichbarer Weise.

Bühlmann nimmt für ‏רכיל‎ einen Bedeutungswandel von „Hausierer" → „Schwätzer" → „Verleumder" an.[453] Dann könnte man im Zusammenhang dieser beiden Sprüche von der Bedeutung „Schwätzer" ausgehen: Einem Schwätzer kann man keine Geheimnisse anvertrauen. Darauf würde auch die Verwendung von ‏פתה‎ 1 „töricht reden",[454] bzw. ‏פתה‎ 2 „(Lippen) aufsperren/schwatzen" schließen lassen.

PsIbnEsra beschreibt den Zusammenhang zwischen dem Umhergehen und dem Geheimnisaufdecken: „Er heißt so, weil er die Angelegenheiten vermischt, und er heißt ‚Gehender' (‏הולך‎), weil er von diesem ein Geheimnis hört und dann geht er, um es einem anderen aufzudecken."

Meta-Pragmatik Die Übersetzungen und Kommentare erweisen also eine gewisse Unsicherheit in Bezug auf die semantische Erfassung des Spruches. Deutlich ist ein sachlicher Zusammenhang zwischen unbedachtem Reden und Geheimnisverrat. Verwendet wird aber auch ein Terminus, der gewöhnlich mit Verleumdung in Zusammenhang gebracht wird. Entweder werden diese verschiedenen Formen schädigenden sprachlichen Handelns nebeneinander gestellt, oder „Verleumden" bedeutet hier lediglig ein unbedachtes Reden.

Metaphorische Konzepte Verschiedene metaphorische Konzepte für das Schwatzen lassen sich aus der Etymologie der verwendeten Lexeme ableiten. Wie prä-

453 Bühlmann, *Reden*, 24, 138–142.
454 So Plöger, *Sprüche*, 237.

sent diese bildlichen Bedeutungsebenen beim Gebrauch waren, bleibt jedoch ungewiss: AGRESSIVES ODER LEICHTSINNIGES REDEN ALS MAUL-AUFREISSEN; UNBEDACHT REDEN IST HERUMLAUFEN/HAUSIEREN; GEHEIMNISSE-VERRATEN IST AUFDECKEN (s. S. 83).

4.4.4.4 Spr 23,9

Auch in Spr 23,9 soll die Kommunikation verweigert werden. Allerdings wird sie einem nicht so stark aufgedrängt wie in 20,19. Dafür wird hier der Grund für die Verweigerung expliziert: Es wird unterstellt, dass der „Tor" unangemessen das Gespräch aufnehmen würde, und es dabei versuchen würde lächerlich zu machen.

Spr 23,9

בְּאָזְנֵי כְסִיל אַל־תְּדַבֵּר כִּי־יָבוּז לְשֵׂכֶל מִלֶּיךָ׃

Sprich nicht zu den Ohren des Toren, denn er wird den Verstand deiner Worte verachten.

Alte Übersetzungen Der Targum verwendet in diesem Vers die homonymen gegensinnigen Wurzeln סכל 1 „weise sein" und סכל 2 „töricht sein" und macht damit auf das Klangspiel zwischen כסיל und שכל im Hebräischen aufmerksam. Die Peschitta geht sogar soweit, durch das Demonstrativpronomen *hlyn* vom zweiten Halbvers auf den ersten zurückzuverweisen: *qdm skl› l› tmll mṭl dš›t lhyn/lhlyn lmlyk* „Vor dem Toren sprich nicht, denn er verachtet diese deine Worte(?).“[455]

Kommentatoren Saadia betont zu diesem Spruch, dass es natürlich nicht prinzipiell darum gehe, Toren nicht zu unterweisen, sondern dass man sich in der Art und Weise seiner Ausführungen seinem Gesprächspartner anpassen muss. Es gehe also um Elementarisierung. Und interessanterweise sieht Saadia eine Parallelität zur hypothetischen Gegenaussage: Spräche man mit Weisen zu einfach, dann würden sie einen verächtlich machen. Dementsprechend dürfe man mit einem Dummen nicht so reden, dass er es nicht versteht.

Die modernen Kommentatoren sehen den Grund der Verachtung der Worte durch den Toren im Sinne dieses Spruches eher im Wesen des Toren begründet: Er hält sich selbst für klug und nimmt die weisheitliche Ermahnung nicht an[456]

---

455 Das entspricht einer Tendenz der Peschitta die äquivalente für „Tor" und „Torheit" zu variieren (Melamed, "Targum", 74).

456 McKane, *Proverbs*, 385; Meinhold, *Sprüche*, 388.

– oder er macht sie sogar lächerlich.[457] Dabei klingt in den Formulierungen eine figurative Deutung der Phrase באזני כסיל „in den Ohren des Toren" an.[458]
Meta-Pragmatik Auch hier geht es um Angemessenheit der Kommunikation in bezug auf beteiligte Personen. Der Spruch nimmt Bezug auf die Beziehung zu jemandem, der weisheitliche Belehrung ablehnt. Der intendierte Effekt kann dadurch nicht eintreten. Alle wohlüberlegten Reden scheitern, weil der Kommunikationspartner sich verschließt.

Falls der Spruch die bloße Anwesenheit eines Toren benennt (siehe unten), liegt die Befürchtung wohl eher darin, dass derselbe das Gehörte aufschnappen und und sich darüber lustig machen könnte.
Metaphorische Konzepte Einige Kommentatoren haben die hervorgehobene Stellung der Phrase באזני כסיל in einem figurativen Sinn aufgenommen (im Sinne von „in die Ohren des Toren"), und als Ausdruck der Verschlossenheit des Gesprächspartners gesehen. Der Weise versuche, über die Ohren in den Toren zu dringen. Es würde also eine bewusste Verwendung des Konzepts AUSSEN UND INNEN des Menschen vorliegen. Allerdings ist zu beachten, dass diese Phrase häufig in Verbindung mit Verben des Sprechens auftritt und manchmal lediglich die Anwesenheit einer Person während des Sprechens bezeichnet (z. B. Gen 23,10).

4.4.4.5 Spr 26,4–5
Das nun schon angedeute Problem, dem Toren die Kommunikation zu verweigern, obwohl man ihm eigentlich etwas zu sagen hätte, wird in dem Doppelspruch Spr 26,4–5 in seiner Ambivalenz vor Augen geführt und dabei deutlich gemacht, dass die eine Handlungsweise ähnlich sinnvoll sein kann wie ihr Gegenteil. Es kommt letztlich immer darauf an, wie sicher man seine eigene Position in der Kommunikationssituation einschätzt, um eine erfolgversprechende Intervention zu starten.

Spr 26,4 f.

אַל־תַּעַן כְּסִיל כְּאִוַּלְתּוֹ פֶּן־תִּשְׁוֶה־לּוֹ גַם־אָתָּה׃
עֲנֵה כְסִיל כְּאִוַּלְתּוֹ פֶּן־יִהְיֶה חָכָם בְּעֵינָיו׃

Antworte einem Toren nicht gemäß seiner Torheit, damit nicht auch du ihm gleichst.

---

457 Plöger, *Sprüche*, 272.
458 Plöger, 272: „eindringliches Reden". Meinhold, *Sprüche*, 388: „Sie [scil.: die Ohren – jth] deuten das eindringliche [...] Reden an, das ein Einsichtsvoller in den Toren hineinzubringen versucht sein könnte".

Antworte dem Toren gemäß seiner Torheit, damit er sich nicht selbst für weise hält.

Alte Übersetzungen Die Septuaginta hat die Doppeldeutigkeit dieses Spruchpaares mit zwei verschiedenen griechischen Präpositionen übersetzt (πρὸς „mit Rücksicht auf„ und κατὰ „entsprechend" – LXX. D).

Peschitta und Targum lösen dieses Spiel mit den Bedeutungen dadurch auf, dass sie in V. 5 „gemäß seiner Torheit" mit „gemäß deiner Weisheit" ersetzen (כחכימותך). Außerdem wechseln beide Versionen das Verb (V. 4: *ntl ptgmʾ*/ השיב פתגמא „antworten"; V 5: *mll ʿm*/ מלל עם „reden mit"). Der Unterschied wird also darin deutlich, dass der Weise sich nicht auf die Kommunikationsebene des Toren einlässt, sondern als einzige angemessene Reaktion auf Torheit die eigene Weisheit anzuwenden sei.

Kommentatoren Saadia, Raschi und PsIbnEsra stimmen in etwa darin überein, die beiden Sprüche auf zwei grundsätzlich zu unterscheidende Situationen zu beziehen. Im ersten Fall gehe es um Streit allgemeiner Art, in dem man beschimpft oder verflucht werde. Hier solle man sich nicht dem Gegenüber gleich stellen. In besonderen Fällen, insbesondere wenn Glaubensangelegenheiten berührt würden (Raschi: הבא להסיתך, Saadia: פי אמר דינך וטען אמנתך), sei es aber notwendig, den Gegner entsprechend zurechtzuweisen.

Für die modernen Kommentatoren macht erst die Zusammenstellung der beiden jeweils im 1. Halbvers sehr ähnlich formulierten Sprüche auf die Gradwanderung aufmerksam, die beim Umgang mit „Toren" auszuhalten ist. Die Entscheidung, ob Nichtachtung durch Schweigen oder scharfe Erwiderung dem Gesprächspartner gegenüber notwendig sind, muss in der konkreten Kommunikationssituation vom „Weisen" jeweils selbst entschieden werden.[459] Sobald man die Kommunikation durch eine Antwort aufnimmt, bedeutet das eine Anerkennung des Gesprächspartners. Lässt man eine Äußerung unerwidert, kann auch das einer Anerkennung gleichkommen.

Vers 4b warnt vor einer Herabsetzung des „Weisen", während V 5b vor einer Aufwertung des „Toren" warnt.[460] Auch das Schweigen ist dabei als Aktionsart zu verstehen.[461] Beide Anweisungen basieren auf demselben Grundsatz, sich nicht mit dem „Toren" gemein machen zu lassen. Skladny deutet diese Konstellation eher als Mahnung zu einer ausgleichenden Position.[462]

---

459 Hans Heinrich Schmid, *Wesen und Geschichte der Weisheit. Eine Untersuchung zur altorientalischen und israelitischen Weisheitsliteratur*, BZAW 101 (Berlin, 1966), 172; Plöger, *Sprüche*, 309 f.
460 Meinhold, *Sprüche*, 438.
461 Plöger, *Sprüche*, 310.
462 Skladny, *Spruchsammlungen*, 51.

Meta-Pragmatik Das Spruchpaar macht gerade in seiner Gegensätzlichkeit die Notwendigkeit deutlich auf Situationsangemessenheit zu achten. Dabei lässt sich diese Angemessenheit nicht als eindeutige Regel formulieren. Gerade erst in der Situation selbst kann und muss der „Weise" entscheiden, welche Reaktion die passendere und wirkungsvollere ist: Nichtbeachtung oder deutliche Gegendarstellung. Letztlich hängt das ja auch von dem „Weisen" ab, und davon, was er sich selbst zutraut.

Metaphorische Konzepte Ausgeprägte Bildstrukturen liegen in diesen Sprüchen nicht vor. Die Präposition כ ruft jedoch die Grundstruktur eines Vergleiches wach, die zumindest in V. 4b durch das Verb שוה bestätigt wird: „damit du ihm nicht gleich wirst". Auch die Phrase היה בעיני „in jemandes Augen erscheinen als" ruft ein Konzept wach, dass Anerkennung und sozialer Status mit visueller Wahrnehmung etwa von Körperhaltung oder (erhöhtem) Standort zu tun hat. Insofern wird die Situationsbezogenheit des sprachlichen Verhaltens hier als Konstellation kommunizierender Personen im Raum konzeptualisiert (STANDORT ALS SOZIALE STELLUNG). Das Konzept ist jedoch bei weitem nicht in dem Maße präsent, wie es etwa in der deutschen Phrase „auf Augenhöhe miteinander reden" der Fall ist.

4.4.5 Gericht und Zeugenschaft

Auch wenn im Sprüchebuch öfter von ריב und משפט die Rede ist, so ist damit vom Streit und Gerechtigkeit eher in einem allgemeinen Sinn gesprochen, ohne dass eine lokale Gerichtsbarkeit der israelitischen Vollbürger zu Tage träte. Im Blick ist vor allem die Rechtsprechung des Königs.[463] Gesprochen wird jedoch häufig von Zeugen und den Folgen ihres Verhaltens.[464] Das wird aber nicht explizit in einem rechtlichen Kontext verortet.

Öfter wird in den Sprüchen von Zeugen gesprochen. Eine Falschaussage bedroht direkt den dadurch zu unrecht Beschuldigten, zusätzlich stellt sie das Zusammenleben der Gemeinschaft in Frage.[465] Auffällig ist dabei jedoch, dass mehrmals sehr ähnliche relativ pauschale Aussagen gemacht werden (vor allem Spr 12,17; 14,5; 14,25; 19,5; 19,9[466], die den wahrhaftigen Zeugen loben und ihm den Lügenzeugen gegenüber stellen.

---

463 Volker Wagner, "Die Gerichtsverfassung Israels nach der Weisheitsliteratur des Alten Testaments", *BZ* 56 (2012): 97–100. Siehe dazu auch Kap. 4.4.1.
464 Vgl. hierzu Hausmann, *Studien*, 205–210.
465 Klopfenstein, *Lüge*, 23–27.
466 A. Scherer schließt aus der Zusammenstellung von Spr 19,4–9, dass es in V. 5 und 9 um gekaufte Zeugen gehe (Andreas Scherer, *Das weise Wort und seine Wirkung. Eine Untersuchung*

Vergleichstexte Zu angemessenem Verhalten mahnt auch der folgende Beleg aus der Lehre des Amenemope. Allerdings scheint es hier vor allem darum zu gehen, überzeugend zu bleiben – und dadurch den gewünschten Effekt zu erzielen.

Amenemope 20,8–18
Tritt nicht in das Gericht ein vor einem Fürsten, und verfälsche nicht deine Rede. Geh nicht herauf und herunter mit deiner Antwort, wenn deine Zeugen aufgestellt sind.
Bemühe dich nicht mit Eiden „bei deinem Herrn" noch mit Reden im Untersuchungshofe. Sage die Wahrheit vor dem Fürsten, damit er sich nicht deines Leibes bemächtige.
Wenn du (dann) morgen vor ihn kommst, so zollt er allen deinen Reden Beifall; er trägt deinen Ausspruch in der Residenz vor dem Kollegium der Dreissig vor ...

4.4.5.1 Spr 18,17

In einem zeitlichen Nacheinander wird in Spr 18,17 beschrieben, dass Konfliktpartner unterschiedliche Sichtweisen auf das Geschehene haben, und dass in einem Streit immer beide Seiten gehört werden sollen.

18,17

צַדִּיק הָרִאשׁוֹן בְּרִיבוֹ יבא (וּבָא־)רֵעֵהוּ וַחֲקָרוֹ

Gerecht *erscheint* der Erste in seinem Streit, kommt (aber) sein Nächster, dann forscht er ihn aus.

Die alten Übersetzungen weichen nicht sehr stark von M ab, setzen aber z. T. eigene Akzente. So übersetzt die Peschitta הראשון „der Erste" mit *brnšʾ* „Mensch" und generalisiert dadurch die Aussage. Die LXX steigert moralisierend: Selbst wenn der Gerechte sich zunächst selbst beschuldigt (im Sinne von: „Der Gerechte ist der Erste [der anklagt] in seinem [gegen sich selbst gerichteten] Rechtsstreit"), wird er in der Verhandlung widerlegt. Die Sätze scheinen in ihr Gegenteil gewendet zu sein. Am Ende steht jedoch wieder die gleiche Aussage: Durch Anhörung beider Seiten, wird das Gericht die Wahrheit aufdecken.
Kommentatoren Auch PsIbnEsra scheint die Aussage des Spruches in's Gegenteil zu verkehren: הראשון „der Erste" ist bei ihm derjenige, der die Bestechung gibt, und deshalb von den Großen gerecht gesprochen wird. Was PsIbnEsra hier als

---

zur Komposition und Redaktion von Proverbia 10,1–22,16, WMANT 83 (Neu"-kirchen-Vluyn, 1999), 271).

Faktum hinstellt, ist der Missstand, vor dem der Spruch warnt: Der Richter solle nach der Anhörung nur eines Streitenden nicht schon das Urteil fällen (Saadiah). Auch die modernen Kommentatoren deuten den Spruch im Sinn einer fairen Prozessführung und sehen gleichzeitig die Möglichkeit, die Aussage auf zwischenmenschliche Konflikte zu verallgemeinern: Es ist wichtig, zu einer Sache die verschiedenen Positionen anzuhören, um verantwortungsvolle Entscheidungen zu treffen.[467]

Meta-Pragmatik Es spricht einiges dafür, das Verständnis des Spruches nicht auf den Kontext einer Gerichtsverhandlung zu begrenzen. Denn der Vorgang ist leicht verallgemeinerbar: Es geht darum, dass Ereignisse von verschiedenen Personen unterschiedlich erlebt und dargestellt werden, und dass erst die Konfrontation verschiedener Sichtweisen das Geschehene erschließen kann. Dabei geht es weniger um absichtliche Falschdarstellungen, sondern darum, dass jeder Beteiligte sich um ein kohärentes Gesamtverständnis bemüht, das eben jeweils nur seine eigene Sichtweise repräsentiert. Der Spruch macht – unter Hinweis auf den Rechtsstreit – auf die Notwendigkeit aufmerksam, verschiedene Perspektiven zu berücksichtigen.

Metaphorische Konzepte Als metaphorisches Konzept ist hier vor allem das primäre Konzept aktiv, dass Distanz ein Kommunikationshemmnis darstellt. Das hier verwendete Verb בא „hineingehen" bezeichnet die Teilnahme an der Kommunikation. Diese wird also als Überwindung einer räumlichen Distanz konzeptualisiert. Als zweiter Transparenzmarker kann dazu das Wort ראשון angesehen werden: Der „Erste" ist demjenigen, der hinzukommt, darin voraus, dass er sich schon in dem Kommunikationszusammenhang befindet, in dem er seine Sicht darstellen kann.

Die Wurzel חקר „erforschen, prüfen" assoziiert beim Gebrauch gelegentlich die Bedeutung „etwas Verborgenes/Unzugängliches ergründen". So sprechen Jer 31,37; Hiob 38,16; Ps 95,4 von Grundfesten der Erde, bzw. Tiefen des Meeres, Jer 46,23 dagegen von der Undurchdringlichkeit des Waldes. Eine Assoziation des metaphorischen Konzeptes TRANSPARENZ IST AUFDECKEN ist auch in Spr 18,17 möglich. Als Erklärung der Etymologie wird diese Zusammenhang jedoch bestritten[468] und es fehlt ein zweiter Transparenzmarker.

4.4.5.2 Spr 19,28

Spr 19,28 scheint die Situation einer Verhandlung vor Gericht vor Augen zu stellen und deutet wenigstens konkrete Ärgernisse in einem Rechtsstreit an. Es muss of-

---

467 So etwa Meinhold, *Sprüche*, 305.
468 M. Tsevat, "חָקַר ḥāqar", *ThWAT* III (1982): 157 f.

fen bleiben, welches Fehlverhalten genau beklagt wird. Für einen Spruch, der verallgemeinerbar bleiben muss, wird dennoch der Tenor deutlich, dass das Verhalten von Zeugen durch Aufrichtigkeit, Ernsthaftigkeit und angemessener Zurückhaltung geprägt sein muss. Anderenfalls kommt sie einer Falschaussage nahe.
Spr 19,28

עֵד בְּלִיַּעַל יָלִיץ מִשְׁפָּט וּפִי רְשָׁעִים יְבַלַּע־אָוֶן׃

Ein nichtsnutziger Zeuge verspottet das Gericht.
Und der Mund der Frevler verschlingt/verbreitet (?) Sünde.

Alte Übersetzungen Obwohl die Septuaginta stark vom masoretischen Text abweicht, setzt sie auch einen Kontext vor Gericht voraus, indem sie עֵד בְּלִיַּעַל als zwei Personen, nämlich den „Zeugen des Nichtswürdigen" versteht und erklärt das durch die Spezifizierung ὁ ἐγγυώμενος παῖδα ἄφρονα „ein sich für törichte Kinder Verbürgender". Allerdings legt das „verbürgen" vielen Exegeten auch eine hebräische Vorlage der LXX von ערב „bürgen" statt עד ל „Zeuge für..." nahe, was aber weitere Textänderungen nach sich zieht (Tov/Polliak: ערב לילד oder ערב לאויל[469]). Die Peschitta hat an dieser Stelle ⟨wlʾ⟩, was sowohl die Bedeutung „Kind", als auch „töricht" mit einschließt.

Der Targum belegt mit מפיק עאתה „lässt Betrug herausgehen" ein Verständnis der Wurzel בלע, die hier wohl durch den Zusammenhang sprachlichen Handelns naheliegend ist, nämlich, dass etwas aus dem Mund herausgeht. Unter Annahme der Bedeutung „verschlingen" liest die Septuaginta καταπίεται κρίσεις „verschlingt Gerichtsurteile". Aquila und Theodotion (καταπόντιει) und die Peschitta (ṭbʿ) gehen offenbar von einer allgemeineren Bedeutung der Wurzel בלע „verderben" aus und übersetzen „versenken".

Kommentatoren Die Vielfalt der Auslegungen zu diesem Vers deutet an, wie groß die Unsicherheiten im Einzelnen sind. Das liegt vor allem an der Mehrdeutigkeit der Verben ליץ („verspotten"/„vermitteln") und בלע („verschlingen"/„reden") bzw. ihrer Zuordnung zu einer Wurzel, aber auch an der Offenheit der Genitivverbindungen für verschiedene Deutungen. Vor allem im zweiten Halbvers erwarten die Ausleger eine Aussage, dass Frevler die Sünde verbreiten. Allerdings wird mit guten Gründen auch vertreten, dass mit dem Verb metaphorisch die Gier der Frevler ausgedrückt wird, Böses zu tun.

Dass Frevler Unrecht „essen" scheint im Zusammenhang mit Versteil a unpassende Aktionsrichtung zu sein. Deshalb ist vorgeschlagen worden, in Analogie zu

---

469 Tov und Polak, "The Revised CATSS Hebrew/Greek Parallel Text", z. St. Vgl. Lagarde, *Anmerkungen*, 63.

Spr 15,28 יביע statt יבלע zu lesen,[470] bzw. die Form direkt von einer Wurzel בלע 2[471] „äußern, mitteilen" abzuleiten.[472]

Eine andere Deutung repraesentieren PsIbnEsra und Saadia, die Verschlingen als Verderben deuten Verschlingen als Verbergen (beide unter Hinweis auf Num 4,20). Saadia deutet die Wurzel ליץ auf den Anwalt, der wieder besseres Wissen die Wahrheit zugunsten seines Mandanten verdrehe.[473] PsIbnEsra nimmt diese Deutung auf den Anwalt als eine mögliche auf und schließt eine zweite an: ידבר ליצנות על המשפט „er redet Spott über das Gericht". Dieser zweiten Deutung schließen sich auch die modernen Ausleger an, doch ist das Verhältnis von nicht ernstzunehmendem Spott und schädigender Lüge jeweils etwas anders umrissen – und auch oft in mehrdeutigen Formulierungen. Otto Plöger schreibt

> [...] ein[] Taugenichts von einem Zeugen, der sich frivol und spöttisch über jedes Recht hinwegsetzt.[474]

Arndt Meinhold macht den Tatbestand der Lüge deutlicher und beschreibt ihn als

> [...] nichtigen, weil unwahren Zeugen, der das Recht durch seine Entstellungen höhnt [...][475]

William McKane konstruiert zwei verschiedene Tatbestände, die mit „Missachtung des Gerichtes" einhergehen

> [...] either a witness whose testimony is destructive or one who wilfully distorts the facts [...] Such a person is guilty of contempt of court and deliberately perverts the course of justice [...][476]

Meta-Pragmatik Je nachdem, für welche Textfassung man sich entscheidet, und welche Deutung angewendet wird, ergeben sich für die erste Spruchhälfte verschiedene konkrete Situationen destruktiven sprachlichen Handelns im Kontext von Zeugenschaft, bzw. Bürgschaft. Die zweite Spruchhälfte macht eine allgemeinere Aussage über sprachliches Handeln von „Frevlern" das wegen der Mehrdeutigkeit der Form יבלע auch mehrdeutig bleibt und vielleicht auch so angelegt ist.

---

470 So W. Frankenberg, *Die Sprüche übersetzt und erklärt*, HK, II, 3.1 (Göttingen, 1898), 115, mit vielen Nachfolgern (McKane, *Proverbs*, 529).

471 Gen[18], 154.

472 So KBL³, 129. So Driver mündlich nach Gemser, *Sprüche*, 77.

473 Saadia, *Kommentar*, 149.

474 Plöger, *Sprüche*, 227.

475 Meinhold, *Sprüche*, 327.

476 McKane, *Proverbs*, 529.

Mataphorische Konzepte Bedeutet בלע hier „verschlingen", dann wird entweder der Drang zu destruktivem Handeln mit einem Konzept Aggression ist Genuss verdeutlicht,[477] oder es geht darum, mit dem Geheim halten ist Verbergen das Unterschlagen von Wissen um Unrecht auszudrücken. In beiden Fällen, wird der Mund als Esswerkzeug angesprochen. Heißt בלע dagegen „aussprechen" (Sprechen ist Herauslassen), dann wird der Mund metonymisch als Sprechwerkzeug verwendet.

4.4.5.3 Spr 21,28
Die Falschaussage stellt nicht nur eine Gefahr für den Beschuldigten dar, sondern zieht negative Konsequenzen für den Lügenzeugen nach sich. In Spr 21,28 ist das verknüpft mit der Überzeugung, dass Wahrhaftigkeit Dauerhaftigkeit verbürgt (vgl. Spr 12,19).

Spr 21,28

עֵד־כְּזָבִים יֹאבֵד וְאִישׁ שׁוֹמֵעַ לָנֶצַח יְדַבֵּר׃

Ein Lügenzeuge vergeht, aber ein Hörender redet auf Dauer.

Alte Übersetzungen Die meisten Varianten finden sich in den Übersetzungen zu der Form לָנֶצַח, die „für immer" (1) oder aber „zum Ruhme" (2) bedeuten kann. Deutungen im letzteren Sinn setzen oft einen Infinitiv von נצח *pi* voraus „führen, leiten". Die Septuaginta scheint mit φυλασσόμενος eine Form der Wurzel נצר „bewachen" zu lesen.[478]Das scheint eine entsprechende hebräische Vorlage vorauszusetzen, oder einen Übersetzer, der eine solche Form rekonstruierte. Die Vulgata stützt mit *victoriam* die Form des masoretischen Textes und belegt damit ein Verständnis im Sinne des Bedeutungsbereiches von (2) „zum Ruhme". Die syrisch/aramäischen Formen[479] stehen offenbar in Abhängigkeit zueinander und scheinen eine moralisierende Deutung zu sein,[480] die letztlich sowohl לנצח wie auch לנצר voraussetzen könnten.

Kommentatoren Saadia, Raschi und PsIbnEsra setzen ein zeitliches Verständnis von לנצח voraus, wobei PsIbnEsra auch die Bedeutungskomponente „Sieg" mit aufnimmt: כל ימי נצחו „alle Tage seines Sieges". Saadia konstruiert mehrere Si-

---

477 Vgl. Meinhold, *Sprüche*, 327; Plöger, *Sprüche*, 227.

478 Mit der Form לְנְצֹר Ludovicus Capellus, *Critica sacra sive de variis quae in sacris Veteris Testamenti libris occurrunt lectionibus libri sex* (Paris, 1650), IV, 6,3, S. 265. Siehe auch zum ganzen Vers J. A. Emerton, "The Interpretation of Proverbs 21,28", *ZAW* 100 (1988): 161–170.

479 *tryṣ°yt*, שרירא ית, „wahrhaftig", bzw. שפירא יאות, „ein guter, hörender Mann redet wahrhaftig" (Fox, *Eclectic edition*, 296; Healey, *Targum*, 46).

480 Fox, *Eclectic edition*, 296, siehe aber McKane, *Proverbs*, 555.

tuationen zur Illustration des Dauernd-Redens. Der genaue Zuhörer, der den Lügenzeugen überführt hat, soll diesen Fakt dauerhaft öffentlich machen, oder: wer Sachverhalte exakt so weitergibt, wie er sie gehört hat, soll auf Dauer bestehen (die Dauer ist also nicht auf das Reden bezogen), oder beides kombiniert: wer Gottes Wort hört und beachtet, soll auf Dauer bestehen und Gottes Ruhm verkünden.[481]

Auch die modernen Kommentatoren sehen die Möglichkeit, dass die beiden Halbverse eng aufeinander bezogen sind, die Termini שומע und נצר evtl. juristisch geprägt seien,[482] und dann davon gesprochen werde, dass die Widerlegung einer Falschaussage durch genaues Hinhören am Ende durch Gerichtsurteil dauerhaft gültig ist.

Steht der zweite Halbvers eher für sich, dann ist das „Hören" hier als ideales weisheitliches Verhalten aufzufassen. Im Gegenüber zum ersten Halbvers wird dann gerade die Gegenüberstellung von (durch sein sprachliches Handeln) „untergehen" bzw. „bestehen bleiben" besonders aussagekräftig.[483]

Meta-Pragmatik Im oft angenommenen rechtlichen Kontext hat das Dauerhaft-Reden dann vor allem die Bedeutung, im Rechtsstreit zu siegen und deshalb in seiner Aussage dauerhaft bestätigt zu sein. Wird dagegen das allgemeinere Verständnis von weiser Rede dessen vorausgesetzt, der gut zuzuhören versteht, dann ist mit dem Dauerhaft-Reden eher die gesellschaftlich anerkannte Autorität eines Weisen gemeint, dessen Wort in der Öffentlichkeit Gewicht hat.

Metaphorische Konzepte Die Gegenüberstellung von אבד und נצח in den beiden Halbversen, evoziert das metaphorische Konzept DAUERHAFTIGKEIT/GÜLTIGKEIT IST STEHEN (siehe S. 87), auch wenn es als Bildkonzept im „Untergehen" höchstens angedeutet ist, während das Dauerhaft-Reden gerade nicht die Bildhälfte dieses Konzeptes aufruft. Ist mit נצח keine zeitliche Bedeutungskomponente verbunden, dann ist die Wirksamkeit des Konzeptes nur noch mit einem Transparenzmarker, nämlich mit אבד verbunden.

4.4.5.4 Spr 24,28

Falsches Verhalten von Zeugen gehört zu den Handlungsweisen, die Schädigungen nach sich ziehen. In Spr 24,28 sind es negative Folgen für andere. Dabei ist eher noch nicht an Falschaussagen gedacht, sondern es wird davor gewarnt, sich

---

481 Saadia, *Kommentar*, 167.
482 G. R. Driver, "Problems in ‚Proverbs'", *ZAW* 50 (1032): 144 f. McKane, *Proverbs*, 555, mit Bezug auf Ri 11,10; Hi 23,7.
483 Meinhold, *Sprüche*, 360 f.

danach zu drängen, als Zeuge aufzutreten. Denn die Gefahr, dabei selbst in die Zerrüttung der mitmenschlichen Beziehungen hineingezogen zu werden, ist groß.

Spr 24,28

אַל־תְּהִי עֵד־חִנָּם בְּרֵעֶךָ וַהֲפִתִּיתָ בִּשְׂפָתֶיךָ׃

Tritt nicht grundlos als Zeuge gegen deinen Nächsten auf, und betrüge (nicht dadurch) mit deinen Lippen.

Alte Übersetzungen Die LXX gibt פתה 1 normalerweise mit ἀπατάω „betrügen" bzw. mit πλανάω „irreführen" wieder, hat sich hier dagegen für πλατύνω „breit machen" entschieden, das normalerweise für רחב hif verwendet wird. Im Sinne moderner Lexikographie ordnet die LXX den Gebrauch an dieser Stelle also der Wurzel פתה 2 „breit machen" zu. Auffällig ist, dass alle diese griechischen Äquivalente mit den Lauten *p* und *t* den Klang des hebräischen Lexems aufnehmen.

Auch die Peschitta knüpft an diesen Klang an und übersetzt mit *tptptywhy* „verleumde ihn". Der Targum ersetzt dieses Wort durch תשרגג „überreden, verleiten" – was dem Bedeutungsbereich von פתה 1 entspricht.

Mit der Übersetzung von רע „Nächster" mit πολίτης „Mitbürger" hebt die LXX den wichtigen Zusammenhang zwischen funktionierender Rechtsprechung und gesamtgesellschaftlichem Miteinander hervor.

Kommentatoren Plöger und Meinhold betonen gegen die Tendenz der Versionen, dass mit עד חנם nicht ein Falsch-Zeuge gemeint ist, sondern, dass חנם hier „unbegründet" bzw. „unberufen" bedeute. Es gehe darum, sich nicht ohne Not in einen fremden Streit einzumischen.[484]

Meta-Pragmatik Setzt man dieses Verständnis voraus, müsste mit והפתית בשפתיך eher ein unbeabsichtliches sprachliches Handeln sein (im Sinne von „schwatzen", „unbedacht reden"), das im Kontext eines Gerichtes durchaus destruktive Auswirkungen haben kann.

Metaphorische Konzepte Eine bildhafte Vorstellung träte vor allem dann hervor, wenn die Konstruktion והפתית בשפתיך „den Mund weit machen" (vgl. פתה שפתיו in Spr 20,19) heißen würde, wie die LXX es liest. Dann läge hier ein Fall vor, in dem die Lippen als Sprechwerkzeuge deutlich physisch assoziiert werden können, und einen metonymischen Gebrauch nahelegt (Agressives oder leichtsinniges Reden als Maul-Aufreissen).

---

484 Plöger, *Sprüche*, 287 f. Meinhold, *Sprüche*, 412 f.

4.4.5.5 Spr 25,18

Spr 28,18 wendet den Bildbereich von Gewaltanwendung bei Jagd und Kampf an, um deutlich zu machen, wie gefählich Falschaussagen für den Beschuldigten sind.

Spr 25,18

מֵפִיץ וְחֶרֶב וְחֵץ שָׁנוּן אִישׁ עֹנֶה בְרֵעֵהוּ עֵד שָׁקֶר׃

Keule, Schwert und gespitzter Pfeil:
ein Mann, der gegen seinen Nächsten als Lügenzeuge aussagt.

Alte Übersetzungen Während חרב und חץ שנון häufig gebrauchte Nomina mit unbestrittener Semantik sind, wird die Form מֵפִיץ vom masoretischen Text als Partizip Hifil von פוץ vokalisiert, das noch einmal in Nah 2,2 im Sinne von „Zerstreuer" erscheint. Septuaginta (ῥόπαλον), Peschitta und Targum (פדועה[485]) übersetzen dieses Wort mit „Keule" oder „Schwert". Deshalb wird vorgeschlagen, das Wort wie in Jer 51,20 als מַפֵּץ „Hammer" zu vokalisieren.[486] Die masoretische Punktation steht dazu allerdings nicht wirklich im Widerspruch. מֵפִיץ „Zerstreuer" kann als mögliche Bezeichnung für „Keule" verstanden worden sein, die der Pleneschreibung gerecht wurde.

Kommentatoren PsIbnEsra erwägt zwei verschiedene Erklärung der Syntax. עד könnte direktes Objekt sein und müsste dann „Zeugnis" heißen. Andererseits kann es als Attribut verstanden werden („als Lügenzeuge aussagen"). Die Versionen umgehen diese Problem, indem sie beides in einem Nebensatz ausführen. So etwa der Targum: גברא דמסהד על חבריה סהדותא דשיקרא, „ein Mann, der gegen seinen Nächsten ein Lügenzeugnis aussagt."

Saadia nutzt die Szenerie, um auszuführen welche psychologische Funktion der Vergleich mit Waffen (auch der Hammer![487]) haben soll. Er dient zur Warnung (תרהיב) des (potenziellen) Lügenzeugen. Er solle sich nicht einbilden (לא תתוהם), er habe „nur Worte gesagt" (כלאמא פקט) gegen seinen Nächsten. Vielmehr soll er sich bewusst machen, dass er sich verhalten hat, als habe er seinen Nächsten mit einer der aufgezählten Waffen geschlagen. Saadia bleibt deutlich im Modus des Vergleiches. Er betont jedoch ganz klar, dass es eine Illusion ist, dass Worte keine Konsequenzen hätten.

---

485 Beachte beim Targum allerdings die beiden offenbar sekundären Varianten פריעא und פריצא (Healey, *Targum*, 52), die sich jedoch auch mit Wurzelbedeutungen für „spalten", „zerstören" oder „zerstreuen" in Verbindung bringen lassen.
486 PsIbnEsra z. St.; Plöger, *Sprüche*, 296.
487 So Raschi; Meinhold, *Sprüche*, 428.

Die Verwendung der Waffen dient zur Verdeutlichung der schweren, lebensbedrohlichen Konsequenzen einer Falschaussage. Sie bewirkt sowohl Rufschädigung als auch Körperstrafen, die mit Blessuren und Wunden verbunden sind.[488] Die Zusammenstellung mit dem nachfolgenden V. 19, der vom Vertrauensbruch (בֶּגֶד מִבְטָח) redet, lassen Plöger und Meinhold den Begriff רֵעַ in V. 18 im Sinne einer nahestehenden Person deuten („Nachbar"), die besonders zur Loyalität verpflichtet wäre.[489]

Meta-Pragmatik Die schwerwiegenden Konsequenzen des Lügenzeugnisses sollen in diesem Spruch vor Augen geführt werden. Dazu werden die schädlichen Konsequenzen für den Betroffenen wie dem Handelnden die schwere Schuld deutlich gemacht, die er auf sich lädt.

Metaphorische Konzepte Der Vergleich mit der Anwendung von Kriegswaffen impliziert Körperverletzungen, die dem Geschädigten als Folge der Falschaussage zugefügt werden könnten. Noch stärker wird aber die Destruktivität des Handelns im Hinblick auf die Integrität der Person und der sozialen Beziehungen im Blick sein. Es lässt sich also das metaphorische Konzept formulieren SCHÄDIGENDES REDEN IST VERLETZEN (siehe S. 126).

4.4.6 Segen und Fluch

Fluch und Segen sind spezielle Redesituationen, für die eine sehr spezifische Wirkweise vorausgesetzt wird, die einer eigenen Untersuchung bedürfen. Deshalb kann die Problematik hier nur skizziert werden. Anne Marie Kitz betont gegen eine automatistische Auffassung für den mesopotamischen Bereich, dass Flüche als modale Äußerungen zu verstehen seien.[490] Katarina Nordh hat die Funktionsweisen ägyptischer Fluch- und Segensformeln als multifunktional differenziert: Sie seien zunächst sprachliche Handlungen, die durch Drohung überzeugen wollen. Es gehe ihnen um die Bewahrung der Maat in Übereinstimmung mit den Eigeninteressen des Absenders.[491] Zu diesem Zweck erinnern sie den Adressaten an seine Eigeninteressen, die durch seine maatfeindlichen Handlungen gefährdet würden.[492] Die wohlüberlegten Formulierungen werden als schöne Wort (*mdw nfr*) angesehen, denen eine kreative Kraft innewohne (*ḥḥ3*). Diese Kraft sei jedoch eher nicht als magische Kraft zu übersetzen, sondern erkläre sich

---

488 McKane, *Proverbs*, 583 f.
489 Plöger, *Sprüche*, 303; Meinhold, *Sprüche*, 429.
490 Anne Marie Kitz, "Curse I. Ancient Near East", *EBR* V (2012): 166 f.
491 Nordh, *Curses*, 96–99.
492 Nordh, 104.

von der Übereinstimmung mit der Maat als dem schöpferischen Prinzip her.[493] Auch der hier vermiedene Begriff Magie wird religionswissenschaftlich oft im Sinne performativer Kraft sprachlicher Handlungen gedeutet, die im Kontext von Ritualen in besonderem Maße einem Set von Regeln unterworfen seien.[494] Auf dieser Grundlage kann Martin Leuenberger um die Rehabilitation eines so verstandenen magischen Konzepts von Segen werben.[495] Klar ist, dass Gott auch als Akteur im sozialen Gefüge angesehen wurde:

> Papyrus Louvre 2414, 2,10
> Verfluche Deinen Vorgesetzten nicht vor Gott.[496]

Im Kontext dieses Spruches geht es um verschiedene Handlungsweisen im Umgang mit Mitmenschen. Der Fluch „vor Gott" bedeutet offenbar die Berufung auf höchste Autorität, die nicht wieder zurückgenommen werden kann. Die schwerwiegenden Konsequenzen, die das nach sich ziehen kann, deutet Papyrus Louvre 2414, 1,2 an (ein Versprechen im Angesicht Gottes muss eingelöst werden).

4.4.6.1 Spr 26,2

Spr 26,2

כַּצִּפּוֹר לָנוּד כַּדְּרוֹר לָעוּף כֵּן קִלְלַת חִנָּם לֹא (לוֹ) תָבֹא:

> Wie ein Vogel, wenn er flattert wie ein Sperling, wenn er auffliegt, so ist ein grundloser Fluch: er trifft nicht ein.

Alte Übersetzungen Die Aussage des Spruches wird durch die Differenz von Ketiv (לֹא תבא „[der Fluch] tritt nicht ein") und Qere (לוֹ תָבֹא „[der Fluch] kommt zu ihm [dem Sprecher?] zurück") grundsätzlich verändert. Und auch die Alten Übersetzungen schwanken zwischen beiden Lesarten: Während LXX, Peschitta und Targum, wahrscheinlich jeweils unabhängig voneinander dem Kere folgen, schließt sich die Vulgata annähernd dem Verständnis des Qere an: *in quempiam superveniet* „trifft irgendjemanden".

Die drei Bedeutungsbereiche des Lexems חנם „unentgeltlich", „grundlos" bzw. „vergeblich", sind letztlich alle in diesem Vers anwendbar. Die Entscheidung für einen von ihnen ist jedoch fundamental für die Deutung des Spruches.

---

493 Nordh, 99.

494 Tambiah, *Magic*, 73.

495 Leuenberger, *Segen und Segenstheologien im alten Israel. Untersuchungen zu ihren religions- und theologiegeschichtlichen Konstellationen und Transformationen*, 10 f., 482–485, bes. 483.

496 Thissen, "Die Lehre des Anchscheschonqi, P. Lovre 2414, P. Insinger", 279.

Auch die alten Übersetzungen helfen dabei wenig, weil die jeweils gewählten Äquivalente ähnlich mehrdeutig sind (Septuaginta: ματαία „erfolglos", „grundlos", „töricht", „frevelhaft"; Aquil., Symmach., Theodot.: δωρεάν „als Geschenk", „umsonst", „grundlos"; Vulgata: *frustra* „irrtümlich", „umsonst", „zwecklos", „grundlos"; Targum: מגן „umsonst", „nichtig"; Peschitta: *sryqᵓ* „leer", „nichtig", „grundlos"). Obwohl „erfolglos" mit der ersten Vershälfte am stärksten übereinstimmt, ist diese Deutung wenig sinnvoll, weil dann eine Tautologie vorläge („ein erfolgloser Fluch trifft nicht ein"). Meist wird die Deutung „grundlos" angenommen, die die Assoziationen „töricht" bzw. „frevelhaft" zulässt. Allerdings muss auch die Möglichkeit im Blick behalten werden, dass es um einen zu bezahlenden Fluch gehen könnte – im Sinne des Gebrauchs von קסם in Num 22,7.

Kommentatoren Michael V. Fox trägt überzeugende Argumente zugunsten des Ketivs vor: Das Bild vom unbeständig flatternden Vogel veranschaulicht eher die Wirkungslosigkeit des Fluches. Das Suffix von לו hat keinen expliziten Referenzpunkt, allenfalls den in der Verbform implizierten Sprecher.[497] Das Qere versucht dagegen die Grundidee des Tun-Ergehen-Zusammenhangs in diesem Spruch herauszuarbeiten und vor der Anwendung unbegründeter Flüche zu warnen: Sie kämen auf den Sprecher selbst zurück. Raschi („wie ein Vogel der zu seinem Nest zurückkehrt" und PsIbnEsra („es wird nicht mit Alef geschrieben [sic!], um deutlich zu machen, dass der Fluch den Fluchenden trifft und nicht denjenigen, der verflucht wird.") erklären den Vers in diesem Sinn.

Nach Otto Plöger sei es der Fluch selbst, der die Grundlosigkeit selbst wahrnehme und deshalb ziellos hin- und herflattere. Diese Deutung, den Fluch aktiv eingreifen zu lassen, ist freilich mit dem Vergleich mit Vögeln verbunden.[498] Tova L. Forti schreibt die Relativierung der Wirkung des Fluches der Autorität der Weisen zu.[499] Das sei nicht so sehr auf religiöser oder moralischer Ebene zu verstehen: Flüche werden im Kontext praktischer Lebensvollzüge betrachtet. Sie werden als Ausdruck innersozialer Konflikte verstanden.[500] Auch Arndt Meinhold sieht hier ein differenziertes Verständnis des Fluches, das sich von dem der „Frühzeit" unterscheide.[501]

Die Erklärung der Nichtwirksamkeit des Fluches werden öfter mit der konkreten Vorstellung vom Flugverhalten der angenommenen Vogelarten (Sperling, Schwalbe) verbunden. Nach Otto Plöger fliegen sie scheinbar ziellos hin und her.

---

497 Fox, *Eclectic edition*, 341.
498 Plöger, *Sprüche*, 309.
499 Forti, *Imagery*, 70.
500 Forti, 70 unter Bezug auf Spr 30,10.
501 Meinhold, *Sprüche*, 437.

Ebenso habe auch der Fluch sein Ziel verloren und bliebe ziellos in der Luft.[502] T. L. Forti erschließt von den nahestehenden Wurzeln nwd und nd.ud die sehr weit auseinandergehenden Bedeutungen „Vogelzug" und „Flattern", schließt ersteres aus und lässt letzteres anklingen, stellt aber am Ende ebenfalls das „ziellose Herumfliegen" als in dem Spruch wirksame Bedeutung fest.[503] Dieser verbreiteten Deutung muss hier entgegengesetzt werden, dass beide Wurzeln (נדד und נוד) mit „Vertreibung", „Flucht" und „Verschwinden" verbunden sind (in Spr 27,8 auch auf Vögel bezogen). Deshalb sollte die ähnliche Phraseologie in Hiob 20,8 beachtet werden, wo der zu erwartende Untergang der Frevler mit der Flüchtigkeit des Traums verglichen wird. Wie ein Traum verflüchtigt sich auch der grundlose Fluch – weil er gegenstandslos ist. לא תבא sagt darin nicht aus, dass er sein Ziel verfehlte, sondern dass er „nicht eintritt".

Um die Frage nach dem Sonderfall des Fluches in Spr 26,2 aufzugreifen, muss die Verwendung des gleichen Bildes in Pred 10,20 besprochen werden. Auch hier wird die Unverfügbarkeit des einmal gesprochenen Fluches mit Vögeln in Beziehung gebracht. Sie tragen ihn weiter, auch wenn der Fluch im Verborgenen gesprochen wurde. Allerdings ist auffällig, dass der Fluch nicht selbst als aktiv dargestellt wird, sondern dass er von dritter Hand weitergetragen wird. Was wird dabei erwünscht und was wird befürchtet? Wird a) ein Fluch gesprochen in der Hoffnung, dass er eintrifft, aber niemand den Urheber des Fluches erkennt? Oder wird b) ein Fluch im Verborgenen gesprochen, der dennoch eintritt, obwohl niemand ihn gehört hat? Im Fall a) ist es nicht die Wirkung des Fluches, sondern nur die Kunde davon, die im Bild von den Vögeln weitergetragen wird.[504] Im Fall b) geht der Sprecher offenbar selbst nicht davon aus, das sein Fluch eintrifft (er wollte nur seinem Herzen Luft machen), das Bild von den Vögeln macht jedoch auf die Gefährlichkeit unbedachten Äußerns von Flüchen aufmerksam. In beiden Fällen steht das Bild also nicht für eine selbstverständlich vorausgesetzte automatische Wirkung von Flüchen.[505]

Meta-Pragmatik In diesem Spruch geht es um eine besondere Sprechsituation – das Fluchen –, die nicht in pragmatischen Beobachtungen zu gewöhnlichen sprachlichen Handlungen aufgeht: Fluch und Segen erreichen mit hoher Gewiss-

---

502 Plöger, *Sprüche*, 309. Daran anschließend Stiglmair, "" 1178; Meinhold, *Sprüche*, 437.

503 Forti, *Imagery*, 70.

504 So Otmar Keel, *Vögel als Boten*, hrsg. Urs Winter, OBO 14 (Freiburg, Schweiz – Göttingen, 1977), 94–99, mit antiken Beispiele für die Warnung „die Wände haben Ohren" (Keel, 98), der jedoch eingesteht, dass unklar ist, „ob das böse Wort selbsttätig wirksam wird." (Keel, 97)

505 Siehe die Diskussion zur Wirkung von Flüchen in Kap. 4.4.6.

heit ihr Ziel.[506] Das verwendete Bild findet sich jedoch auch auf solche Situationen angewendet, sodass durchaus gefragt werden muss, inwieweit die Aussage hier wirklich eine andere Qualität hat. Gerade hier wird überraschenderweise davon gesprochen, dass der Fluch sein Ziel verfehlt. Diese Vorstellung war problematisch genug, dass die Lesung des Qere durch Änderung des לא in לו die Stelle zu einem Spezialfall des Tun-Ergehen-Zusammenhanges umdeutete: Der unbegründete Fluch geht gerade nicht ins Leere, sondern trifft den, der ihn gesprochen hat.

Ein Fluch stellt eine stark ritualisierte Form sprachlichen Handelns dar, der eine hohe performative Kraft zugetraut wird. Wie Katarina Nordh für das Alte Ägypten klarstellt, ist das nicht als Automatismus vorzustellen. Vielmehr basiert die Wirkung des Fluches auf der besonderen Übereinstimmung des Fluchenden mit der Gottheit aufgrund seines frommen Lebenswandels (Übereinstimmung mit der Maat).[507] Vor dem Hintergrund dieser Erklärung lässt sich der Ausdruck קללת חנם „unbegründeter Fluch" erklären: Ein Fluch bleibt wirkungslos, der im Widerspruch zu gemeinschaftsgemäßem Handeln steht.

Die sprachliche Handlung lässt also nicht die beabsichtigte Wirkung folgen. Insofern ist auch das ein Beispiel für die Unverfügbarkeit des einmal Gesprochenen, jedenfalls stellt das Bild der Flüchtigkeit von Vögeln die Aussage in die Nähe dieses Themas. Der Spruch lässt allerdings den Umkehrschluss zu, dass Flüche normalerweise – also wenn sie nicht „unbegründet" sind – durchaus die intendierten Folgen haben.

Metaphorische Konzepte Als metaphorisches Konzept ist hier vor allem die Vorstellung aktiv, dass etwas, das fliegen kann, schwer zu greifen ist: MANGELNDE VERFÜGBARKEIT IST FLIEGEN. ähnlich wie der Wind entziehen sich Vögel schnell dem Zugriff des Menschen.

Ein weiteres metaphorisches Konzept, das in diesem Spruch erscheint, ist die Vorstellung, dass ein bestimmter Zeitpunkt „kommen", ein angekündigtes Vorzeichen „eintreten", eine Drohung oder Verheißung in Erfüllung „gehen" kann. Es handelt sich dabei allerdings um eine lexikalisierte Bedeutungsvariante des Verbs בוא „eintreten". Mit dem Bild eines Vogels wird das bildhafte Element dieser Wendung wieder wachgerufen: Man hat nicht unter Kontrolle, ob der Vogel zu einem bestimmten Ort fliegt.

---

506 Vgl. dazu Kap. 4.4.6.
507 Nordh, *Curses*, 25–29.

4.4.6.2 Spr 27,14

Spr 27,14

מְבָרֵךְ רֵעֵהוּ בְּקוֹל גָּדוֹל בַּבֹּקֶר הַשְׁכֵּים קְלָלָה תֵּחָשֶׁב לוֹ׃

> Wer seinen Nächsten segnet, mit lauter Stimme, am frühen Morgen – als
> Fluch wird es ihm angerechnet[508].

Alte Übersetzungen Septuaginta und Peschitta verschieben im zweiten Versteil
den Vergleich von der sprachlichen Handlung auf die Person. Der im falschen Tonfall Grüßende unterscheide sich nicht von dem Fluchenden. Der Targum schließt
sich dagegen deutlicher an den masoretischen Text an. Hier wird der Segen dem
Sprecher als Fluch angerechnet.

Kommentatoren O. Plöger[509] und A. Meinhold[510] verstehen den Spruch so, dass
mit der überlauten Stimme eine verborgene Absicht verdeckt werden soll. Meinhold versteht „früh am morgen" unter Bezug auf Jer 7,13 als „etwas eifrig tun".
V. Hamp zieht diese Phrase schon zum zweiten Halbvers: Am nächsten Morgen
wird es ihm als Fluch angerechnet. Dabei wird eine vergleichbare Aussage bei
Amenemope angeführt, wo es inhaltlich deutlicher um das Thema Heuchelei
geht:

> Amenemope 13,11–14
> Grüße nicht den Heißen, indem du dir Gewalt antust,
> und schädige nicht dein eigenes Herz.
> Sage ihm nicht ein falsches „Sei gegrüßt";
> es bedeutet Schrecken in deinem Innern.[511]

Metapragmatik Segnen erscheint in diesem Spruch eher in abgeschwächter Bedeutung alltäglicher Formeln des Grüßens. In der Gegenüberstellung von ברכה
zu קללה wird nun aber drastisch vor Augen geführt, wie destruktiv Alltagsrede
erscheinen kann, wenn sie unangemessen gebraucht wird.

Metaphorische Konzepte Der Spruch basiert auf der Beschreibung einer typischen Redesituation und bedient sich keiner metaphorischen Elemente.

---

508 Vgl. dazu Matthias Köckert, "‚Glaube' und ‚Gerechtigkeit' in Gen 15,6", *ZThK* 109 (2012): 430,
beim Vgl. der Stelle mit Gen 15,7.
509 Plöger, *Sprüche*, 325.
510 Meinhold, *Sprüche*, 457.
511 Shirun-Grumach, "Die Lehre des Amenemope", 236.

4.4.7 Der Bote

Boten sind im Alten Orient ein konstitutives Element, um Kommunikation über Entfernungen aufrechtzuerhalten. Ob sie Botschaften mündlich oder schriftlich überbringen, ob sie Geschenke übergeben, als Informanten, Inspektoren, Zeugen oder Kundschafter eingesetzt werden – für Sender und Empfänger kann ihre Funktion oft als geradezu lebenswichtig verstanden werden. Durch sie werden Kommunikation und soziale Beziehung aufrechterhalten.[512] Spr 25,25 erwähnt den Boten zwar nicht explizit, in irgendeiner Form ist Nachrichtenübermittlung vorzustellen – evtl. durch Händler.[513] Aus dem selben Bildbereich ERFRISCHUNG[514] wurde in Spr 25,13 eine weitere Einsicht zum Boten formuliert, die eine bestimmte Situation des komplexen Botenauftrags in den Blick nimmt.

Was ein guter oder ein schlechter Bote sind, deuten auch Spr 10,26 und 13,17 an. Statt von ERFRISCHUNG spricht 13,17 von der HEILUNG,[515] die ein guter Bote (ציר אמונים) darstellt oder bewirkt. Während dieser Vers den schlechten Boten (מלאך רשע) sein eigenes Unglück finden lässt, spricht Spr 10,26 davon, dass der Faule „für seinen Sender" so unangenehm ist, wie Essig für die Zähne und Rauch für die Augen. Und Spr 26,6 vergleicht das Senden eines Toren mit einer Selbstverstümmelung.

Der Auftrag des Boten ist erst dann vollendet, wenn er zu seinem Sender zurückkehrt und diesem damit die gelungene Ausführung des Auftrags bestätigt wird.[516] Die starke Erregtheit des Senders besonders dann, wenn das Eintreffen eines Boten direkt bevorsteht, ist in Ugarit und der Bibel als literarischer Topos belegt, denn Hoffnungen bzw. Befürchtungen werden in diesen Situationen besonders präsent.[517] Für die Rückkehr des Boten zu seinem Sender kommt noch hinzu, dass die beauftragte Person in der Regel kein Namenloser war. Sollte sie wirkungsvoll und glaubhaft den Sender vertreten, war es wichtig, einen ihm Nahestehenden zu schicken (für den König etwa einen Prinzen oder Adligen).[518] Gerade das machte den ganzen Vorgang jedoch auch zu einem gefählichen Unternehmen, denn nicht selten kamen Boten beim Ausführen ihrer Aufgabe um, oder

---

512 Siehe hierzu insgesamt Samuel A. Meier, *The messenger in the ancient Semitic world*, Harvard Semitic Monographs 45 (Atlanta, Ga, 1988).
513 Vgl. Meier, 21.
514 Siehe dazu Kap. 3.4.2.
515 Siehe dazu Kap. 3.3.2.3.
516 Meier, *Messenger*, 230 f.
517 Meier, 131–134.
518 Meier, 22.

wurden unterwegs bzw. vom Empfänger zurückgehalten.[519] Auch darin kann also die Erregung begründet sein, die in Spr 25,13 beschrieben wird.

Samuel A. Meier macht darauf aufmerksam, dass bei der Zuverlässigkeit des Boten weder an wort-wörtliche Übermittlung der Botschaft zu denken ist (es sei denn, er überbrachte einen Brief), sondern eher die zuverlässige Vollendung des Auftrags, die glaubhafte Vetretung des Senders währenddessen sowie wirkungsvolle Redegewandtheit und angemessenes Benehmen.[520] Besonders in Mari wird auch die Schnelligkeit als wichtige Eigenschaft eines Boten benannt.[521]

4.4.7.1 Spr 25,13

Spr 25,13

כְּצִנַּת־שֶׁלֶג ׀ בְּיוֹם קָצִיר צִיר נֶאֱמָן לְשֹׁלְחָיו וְנֶפֶשׁ אֲדֹנָיו יָשִׁיב׃

> Wie Schneekühle am Tag der Ernte ist ein zuverlässiger Bote für seinen Sender: Seinen Herrn erquickt er.

Alte Übersetzungen Es ist deutlich, dass in allen Versionen das Konzept HITZE als Vergleichspunkt für „angespannte Erwartung" deutlich und übereinstimmend zum Ausdruck kommt. Im masoretischen Text wird צנה „Kühle" benannt, in der Septuaginta dagegen καῦμα „Hitze". Die Abweichungen der Septuaginta lassen sich klar als Textvarianten einer hebräischen Vorlage rekonstruieren: כצאת שלג בחום קציר „Beim Herausgehen des Schnees in der Hitze der Ernte", statt masoretisch q.syr bywm Slg k.snt כצנת שלג ביום קציר „Wie Schneekühle am Tag der Ernte".[522] Durch den Kontrast von Schnee in der Erntezeit ist dieser Bildbereich von Anfang an präsent und wird durch die Versionen immer wieder im gleichen Sinn betont.

Kommentatoren Während PsIbnEsra die Phrase להשיב נפש mit der Rückkehr des Boten in Verbindung bringt (entweder erfüllt er die Erwartung seines Herrn und bringt ihm eine entsprechende Antwort,[523] oder die Seele des Herrn hängt [mit seinen Erwartungen] an der Person des Boten, und kehrt erst mit seiner Rückkehr zurück[524]), deutet Saadia das Idiom von der inneren Erregung des Menschen

---

519 Meier, 70–82, 235–241.

520 Meier, 166–179.

521 Meier, 25.

522 So Harenberg, "De Nive", 38; Jaeger, *Observationes*, 180; Lagarde, *Anmerkungen*, 82; Pinkuss, "Übersetzung", 205; Tov und Polak, "The Revised CATSS Hebrew/Greek Parallel Text", z. St.

523 .כתאות נפש אדניו ישיב לו מענה

524 כאילו נפש האדון דבקה בציר בלכתו ובשובו ישיבם על קרבו באמונתו.

her: Die Erwartung dessen, der den Boten sendet, erhitzt ihn,[525] und wenn die Antwort erwartungsgemäß ausfällt, wirkt das wie eine Abkühlung[526]. Saadia legt nun Wert darauf, dass die Formulierung להדיב נפש durchaus mit seiner eigenen (aristotelisch geprägten) Vorstellung von der Seele korrespondiert: Denn die Seele befindet sich normalerweise im Herzen.[527] Durch die Sorge hat sie sich jedoch von ihrem Zentrum entfernt und kehrt durch die richtige Antwort wieder an ihren Ruhepunkt zurück. Man kann das als eine dem Text fremde Anschauung ansehen. Sie ermöglicht es Saadia jedoch, die innere Unruhe so zu beschreiben, dass sowohl körperlich gefühlte Hitze, als auch die Phrase „die Seele zurückbringen", die er in dem Vers vorfindet, in einen sinnvollen Zusammenhang gebracht sind.

Meta-Pragmatik Wie in Spr 25,25 bewirkt die Ausführung eines Botendienstes hier als Beruhigung für den Auftraggeber. Hier steht allerdings weniger der Inhalt der Botschaft im Vordergrund als die Zuverlässigkeit des Boten. Von dessen Geschick auf dem Weg und seinen Kommunikationskompetenzen hängt das Gelingen des Auftrags ab – und insbesondere auch davon, ob er seinem Auftraggeber gegenüber loyal bleibt.

Dabei geht es einmal um die positive Wirkung der Nachricht für den Empfänger, das andere Mal um die des Boten für den Sender. Auf beides wird aber das gleiche Bild angewendet: Die Rückkehr der Lebenskraft. Die Verwendung des Lexems נפש ermöglicht es, dass der ganzheitliche Aspekt dieser Belebung im Vordergrund steht, sodass Bildhälfte und Sachhälfte hier zusammenfallen: Die gelingende Übermittlung der Botschaft stärkt die Lebenskraft, wie das auch die Erfrischung durch kühles Wasser tut, die körperliche Kräfte und geistigen Zustand stärkt.[528]

Metaphorische Konzepte Die Erfrischung, die das Bild von Schneekühle in der Erntezeit sehr deutlich vor Augen führt (BEFRIEDIGUNG EINER ERWARTUNG IST ERFRISCHUNG), korrespondiert auf der Sachebene mit dem allgemeineren Ausdruck für „erfrischen", „wiederbeleben" (להשיב נפש) am Ende des Verses. Während der Hifil von Swb in Spr 15,1[529] das Zurückdrängen einer inneren Unruhe impliziert, wird das hier verwendete להשיב נפש in der Regel mit vergleichbaren Verwendungen im Qal in (v. a. 1 Kön 17,21 f.) erläutert: Dort kehrt der Lebensgeist in den Menschen zurück (על קרבו), hier lässt der treue Bote den Lebensgeist seines Herrn zurückkehren. Einen ähnlichen Vergleich benutzt Spr 25,25.[530] In Zusammenstel-

---

525 ראסל אלרסול יחמא ויקלק ללג'ואב.

526 פכאנה יברד קלבה וירד נפשה.

527 Guttmann, *Die Religionsphilosophie des Saadia*, 195, 197, 201.

528 Vgl. Kap. 1.4.4 und 4.2.2.

529 Siehe dazu S. 145.

530 Siehe S. 172.

lung mit der starken Aktivität in der Ernte kann das Bild aber nicht nur als Mangel an innerer Bewegung gedeutet werden: Die Hitze in der Ernte entsteht ja nicht nur durch die lähmende Hitze der Jahreszeit, sondern auch durch die anstrengende Arbeit. Mit Spr 25,13 kommt die ambivalente Beobachtung zum Ausdruck, dass durch Zweifel genährte innere Unruhe lähmen kann. Die Bildszenerie des Spruches legt es nahe, die Phrase להשיב נפש nicht nur im Sinne von „Rückkehr des Lebensgeistes" zu deuten, sondern in einem allgemeineren Sinne für den Hifil von שוב belegten Bedeutungsbereich „wiederherstellen".

4.4.7.2 Spr 26,6
Spr 26,6

מְקַצֶּה רַגְלַיִם חָמָס שֹׁתֶה שֹׁלֵחַ דְּבָרִים בְּיַד־כְּסִיל

> Füße verstümmelnd, Gewalttat trinkend – wer Worte/Dinge durch die
> Hand eines Toren schickt.

Alte Übersetzungen Wenn die LXX von Rahlfs מקצה רגלים mit ἐκ τῶν ἑαυτοῦ ποδῶν ("von seinen Füßen") übersetzt, hat sie wahrscheinlich מִקְצֵי רַגְלִים gelesen. Die griechischen Hauptzeugen lesen allerdings ὁδῶν statt ποδῶν sowie ποίεται statt πίεται: „Aus seinen eigenen Wegen macht sich Schmach" (LXX. D, Anm. zur Stelle), womit ein ganz neuer Text konstruiert ist.

Die Peschitta nimmt die erwähnte Lesung von מקצה von der LXX auf und gibt es mit *mn tḥyt rglh* „unter seinem Fuß" wieder. Der Targum nähert sich dagegen dem masoretischen Text mit מן דרהטי רגלוי „Wer seine Füße beschleunigt", was sich vielleicht durch ein Verständnis von מקצה als „verkürzen" ableiten lässt.

Einig sind sich die Übersetzungen darin, dass sie דברים als „Worte" verstehen, obwohl auch die Äquivalente λόγος, *mltʾ* bzw. מלי die Bedeutung „Sache" implizieren.

Kommentatoren Auch PsIbnEsra erkennt die Mehrdeutigkeit des Ausdrucks מקצה. Er deutet das Bild entweder als Verstümmeln der Botschaft oder auf das Verhindern ihrer Ausführung. Raschi nimmt die Lesung des Targum auf („beschleunigen") und erklärt sie so, dass man dem törichten Boten schleunigst einen zweiten hinterher schicken muss, der die Fehler korrigiert.

Die modernen Ausleger stimmen dagegen im Verständnis von מקצה רגלים als „Füße abhacken" überein und weisen vor allem auf den Zusammenhang hin, dass ein Bote gewissermaßen stellvertretend für den Sender seine Füße benutzt.[531]

---

531 McKane, *Proverbs*, 597; Meinhold, *Sprüche*, 438 f.

Meta-Pragmatik Der Spruch illustriert sehr schön den Kommunikationsvorgang, der bei einer Botschaft räumlich und zeitlich gedehnt ist. Ein Bote repräsentiert den Auftraggeber, er verwirklicht die Aufgabe, die dieser mit seinen eigenen Beinen hätte verwirklichen müssen, nämlich den Abstand zum Adressaten zu überwinden. Dabei ist es wichtig, dass der Bote versteht, worum es geht, die Botschaft nicht verstümmelt oder sie bzw. den Auftraggeber durch unangemessenes Auftreten in ein falsches Licht rückt.

Metaphorische Konzepte Die in diesem Spruch verwendeten kreativen Metaphern illustrieren das Scheitern des Kommunikationsvorgangs durch den Boten. Füße stehen auch hier für FUNKTIONSTÜCHTIGKEIT (siehe S. 87). Das „Trinken von Gewalttat" verweist auf das Konzept ESSEN IST KONSEQUENZEN TRAGEN. Am spannendsten ist jedoch das metaphorische Konzept, das sich in der Phrase שלח דברים ביד „Worte senden durch" zeigt. Die Worte könnten dabei als vom Sprecher separierbare quasi-materielle Einheiten verstanden werden, die – vergleichbar der modernen „Röhrenmetapher" – den Empfänger erreichen müssen (SPRECHEN IST WORTE IN BEWEGUNG SETZEN). Allerdings bleibt die Verwendung hier eingebettet in den Vorgang der Botschaftsübermittlung, in der es um den Auftrag geht, Worte im Namen des Auftraggebers auszusprechen – bzw. eine geschriebene Botschaft zu überreichen.

4.5 Ertrag

Was in der Spruchweisheit an kommunikativem Handeln reflektiert wird, sind jeweils Einzelaspekte, deren Auswahl relativ zufällig ist und deren Aussagen einander punktuell widersprechen können. Dennoch ergibt die Zusammenschau ein stimmiges Gesamtbild. Das liegt zum einen daran, dass der prägnant formulierte Spruch einen generalisierenden Anspruch hat und deshalb (weil er als solcher gelungen ist) auch überliefert wird. Es sind kollektive Erfahrungen, die darüber entscheiden, ob ein Spruch als treffend wahrgenommen wird. Zum andern lässt sich die relative Geschlossenheit der Aussagen damit begründen, dass diese Reflexionen über kommunikatives Handeln im größeren Rahmen der Weisheitsliteratur entstanden sind und sich deshalb hier thematisch einordnet. Ein Gesamtbild ergibt sich freilich auch dadurch, dass die vorliegende Untersuchungen der Sprüche durch die methodischen Ansätze und damit auch durch Vorentscheidungen bestimmt sind, allen voran die Überzeugung, dass die Einsichten zur Kommunikation im Altertum nicht fundamental anders sein mussten als heute. Wo sich Übereinstimmungen nahelegen, kann das bei einer gewissen Vorsicht auch angenommen werden. Und die zweite, ähnlich gelagerte Vorentscheidung: Metasprachliche Formulierungen dürfen in ihrer metaphorischen Struktur ernst genommen werden – im Altertum wie heute. Im folgenden sollen die Ergebnisse in drei Unterabschnitten zu einem Gesamtbild verbunden werden.

4.5.1 Aufdecken, Verbergen und die Körperlichkeit der Sprechenden

Eine fundamentale metaphorische Struktur, die die Thematisierung von Kommunikation immer wieder bestimmt, ist eine Gegenüberstellung von AUSSEN UND INNEN bzw. davon, dass Dinge entweder verborgen sind oder vor Augen liegen. Oft, aber nicht immer, ist diese Struktur mit der Körperlichkeit der/des Sprechenden verbunden: Worte, Gedanken oder Absichten trägt jede(r) mit sich herum (Spr 18,8//26,22; 20,14;) und er/sie ist gut beraten, darauf Acht zu haben, was er oder sie davon nach außen dringen lässt (Spr 15,28; 17,27). Insbesondere in diesem Zusammenhang kommt das metaphorische Konzept der SELBSTBEWACHUNG zum tragen (Spr 13,3; 21,23). In einigen Fällen ist kein deutlicher Bezug auf die Körperlichkeit der Kommunizierenden gegeben (Spr 10,14; 11,13). Die metaphorische Grundstruktur muss deshalb nicht darauf beschränkt bleiben. Weisheit kann ein Mensch achtsam in sich tragen, sie kann aber auch tief im Wasser verborgen sein (Spr 18,4; vgl. Hiob 28 [in der Erde verborgen]).

Dabei ist bemerkenswert, dass die moralische Wertung des jeweiligen Handelns in verschiedene Richtungen weisen kann. Das hängt aus Sicht der weisheitlichen Mahnungen von der moralischen Ausrichtung der Handelnden ab. Einerseits werden Bosheiten manchmal unter einer scheinbar freundlichen Oberfläche verborgen (Spr 10,11.18; 12,16; 26,24–26), manchmal aber auch aggressiv nach außen getragen (Spr 10,14b). Andererseits wird es sehr positiv bewertet, dass Leute nicht alles, was sie wissen, gleich nach außen tragen (Spr 12,23). Insbesondere etwas von anderen Anvertrautes (Spr 20,19; 25,9) oder bei ihnen Beobachtetes, ja selbst Vergehen (Spr 10,12; 17,9), soll vertraulich behandelt werden. Aufs Ganze gesehen wird eine Übereinstimmung zwischen den verborgenen Anteilen und den nach außen getragenen Aspekten einer Person angemahnt.

Die Körperlichkeit der Sprechenden spielt insbesondere dadurch eine entscheidende Rolle, dass die sprachlichen Formulierungen zum Thema eine Phraseologie aufweisen, die stark durch die Verwendung von Körperteil-Lexemen geprägt ist. Insbesondere die Sprechwerkzeuge – als Schnittstellen zwischen Innen und Außen (vgl. das Gegenüber von Herz und Mund in Spr 15,28) – bilden ein sprachliches Repertoire, durch das metonymisch die Phänome von Reden und Kommunikation zur Sprache gebracht werden. Durch diese semantische Grundstruktur ergibt sich für die Interpretation die Herausforderung einzuschätzen, in welchem Maß die hinter dem Lexem stehende Körperlichkeit semantisch relevant ist oder ob der metonymische Gebrauch des Wortes lediglich den funktionalen

Bereich thematisiert. Dabei wird deutlich, dass nicht die antiken Texte, sondern die modernen Ausleger(innen) ein Problem haben, indem sie eine semantische Unterscheidung suchen und dann in die antiken Texte hineinprojizieren.

Das wird noch einmal dadurch besonders deutlich, dass einige Weisheitssprüche gerade den psychosomatischen Wirkzusammenhang zwischenmenschlicher Kommunikation betonen. Wohltuende Worte bzw. Beleidigungen oder Zurechtweisungen wirken auf einer psychischen Ebene, bewirken damit aber natürlich auch körperliches Wohlbefinden bzw. Unbehagen. Es ist nicht sinnvoll, beides auseinander zu reißen (Spr 12,18; 15,4.30; 16,24; 25,25). Allerdings ist dann bemerkenswert, dass diese Sprüche überhaupt in der Lage sind zwei unterscheidbare Aspekte der Person wie etwa „Seele/Leben" und „Gebein" zu benennen (Spr 16,24). Insofern besteht durchaus ein Bewusstsein für diese verschiedenen Aspekte, die aber auch in Parallelität oder Ergänzung und nicht als Gegensatz gemeint sind.

Die moderne Einsicht in psychosomatische Wirkzusammenhänge kann also einen Zugang zum Verständnis der Texte bieten. Ein anderer moderner Zugang ist es, von der Motivierung metaphorischer Konzepte durch physische Erfahrungen zu sprechen. Letztlich ist plausibel, dass eines auf dem anderen aufbaut, weil auch die Autoren und Überlieferer der Sprüche eine Bildhaftigkeit der Sprache angewendet und weiterentwickelt haben. Wenn etwa von Schmerzen gesprochen wird, die einem durch sprachliches Handeln zugefügt wird, dann liegt einerseits deutlich eine metaphorische Phraseologie vor, die sich in vielen – antiken und modernen – Sprachen belegen läßt (12,18; 25,18). Andererseits sind Emotionen, die durch Störungen des sozialen Gefüges ausgelöst werden, oft auch direkt als körperliche Schmerzen wahrnehmbar.

Wenn es um die Wirkung von Aggressivität in Kommunikation geht, kann man in einigen Sprüchen eine klare Reziprozität der Aggressivität finden. Erregung, Unbeherrschtheit weckt in den Kommunikationspartnern ähnliche Reaktionen und führt also zu Streit (15,1.18; 26,20 f.). Es finden sich aber auch andere Sprüche mit anscheinend widersprechenden Aussagen mit dem Tenor: Wer nur aggressiv auftritt, schüchtert alle anderen so stark ein, dass niemand mehr dagegen hält (Spr 27,3 f.; 28,23). Es ist plausibel, beide Aussagen aus Erfahrungswissen abzuleiten. Unterschiedliche Kommunikationssituationen führen zu unterschiedlichen Ergebnissen. Das Problem ist die generalisierende Tendenz eines Spruches, die scheinbar kein Gegenbeispiel zulässt. Das Buch der Sprüche stellt gern das eine neben das andere.

4.5.2 Sprechen als Handeln

Was für den heutigen Diskurs zur Sprachreflexion eine relativ neue Einsicht zu sein scheint, ist für das Thema Kommunikation im Kontext altorientalischer Weisheit ganz selbstverständlich naheliegend. Wenn als Generalthema der Weisheit der Tun-Ergehen-Zusammenhang festgestellt wird, dann wird auch das Reden unter diesem Horizont besprochen. Das Reden des Menschen wird hier überhaupt nur deshalb thematisiert, weil es ein Aspekt seines Handelns ist. Und zwar ein relativ prominenter. Denn es geht insbesondere um ein gelingendes Zusammenleben der Menschen und für das soziale Gefüge ist eben Kommunikation besonders entscheidend. Daher hat diese Betrachtung des menschlichen Redens vor allem eine pragmatische Fragerichtung.

Dieser Zusammenhang zeigt sich vor allem durch die Verwendung zweier matephorischer Grundstrukturen, nämlich HANDELN IST GEHEN und WIRKUNGEN SIND FRÜCHTE. Beides sind metaphorische Konzepte, die den handelnden Menschen vor Augen führen. Dass auch das Reden des Menschen mit dieser Bildsprache thematisiert werden kann, macht den genannten Zusammenhang zwischen Reden und Handeln deutlich. So ist das Reden des Menschen von Geradheit bzw. Verkehrtheit geprägt und von Fallen bedroht (Spr 12,13; 18,7; 19,1), wie auch sein Handeln durch solche Charakteristika von Wegen bestimmt ist (Spr 16,29; 22,14; 29,5). Ein Mensch kann die Früchte des Mundes essen ebenso wie die Früchte der Hände (12,14; 18,20). Hier steht das Thema von Faulheit und Fleiß im Hintergrund. Reden ist also eine Art Arbeit. Und so findet sich hier auch die Benennung eines gegenteiligen Falles: Ein Reden, das nicht mit den Beschwerlichkeiten von Arbeit verbunden ist, also „bloßes" Reden, trägt auch keine Früchte und der Sprechende muss sich auf Mangel gefasst machen (14,23). Reden wird also, wie anderes Verhalten auch danach bewertet, ob es einen nutzbaren Ertrag bringt. Es geht etwa darum, dass die Kommunizierenden nicht hinter den Dingen stehen, die sie sagen, dass sie auf ihre Worte nicht Taten folgen lassen (25,14). Insofern gibt es hier schon eine Unterscheidung und Gegenüberstellung von Wort und Tat. Aber doch wird ein solches „Lippenwort" als ein Handeln wahrgenommen – nämlich als Ausdruck von Faulheit bzw. Unzuverlässigkeit (vgl. auch Spr 19,7; 21,6). Wichtig ist festzustellen, dass an dieser Stelle ein Begriff von einem Scheitern einer sprachlichen Handlung erscheint, der sich etwa dadurch paraphrasieren lässt, dass das beabsichtigte Ergebnis einer Handlung verfehlt wird.

4.5.3 Kommunikation: Situation und Teilnehmende

Der Blick auf das Scheitern sprachlichen Handelns fordert zum Vergleich mit einer modernen linguistischen Beurteilung heraus, die ein solches Glücken oder Scheitern allerdings in einem viel engeren Bedingungsgefüge festmacht: Nach Austin geht es vor allem um die Frage, ob eine performative sprachliche Handlung „glückt" – also ob die Statusveränderung, die durch den Vollzug der Handlung stattfinden soll, eintritt. Die Weisheitssprüche können auch diese Frage implizieren, betrachten aber insbesondere auch die Person des Sprechers/der Sprecherin und fragen nach ihrer/seiner sozialen Integrität. Deshalb ist es sinnvoll auch auf Erving Goffmans Theorie der Interaktionsrituale Bezug zu nehmen, weil dadurch Kommunikation als Ausdruck eines sozialen Gefüges deutlich wird.

Worin die Weisheitssprüche mit den modernen Theorien insbesondere übereinstimmen, ist die Einsicht, dass gelingende Kommunikation daran hängt, dass die Situation betrachtet wird, in der sie stattfindet. Und dass es darauf ankommt, auf die jeweils an der Kommunikation Teilnehmenden Rücksicht zu nehmen. Ein gutes Beispiel dafür ist die Aussage, dass ein Weisheitsspruch im Munde eines Toren seine Wirkung verfehlt – bzw. sogar negative Effekte zeigt (Spr 17,7; 26,7.9). Es handelt sich also um das Problem, dass ein speziell konnotiertes sprachliches Register durch eine Person verwendet wird, der dieses Register konventionell gar nicht zugebilligt wird. Es entsteht entweder der Eindruck, dass sich jemand einen sozialen Status anmaßt, der ihm in den Augen der anderen Teilnehmer nicht zusteht, oder dass er sich offensichtlich über diesen sozialen Kontext lustig macht. Vielleicht ist es einfach der mangelnde Eindruck von Authentizität, den der Sprecher/die Sprecherin hinterlässt. Die Handlung scheitert, weil Zeit, Ort, Thema und/oder Personen nicht zusammenstimmen.

Insofern kann man als generelle Problemstellung die Frage nach der Angemessenheit formulieren, mit der Weisheitssprüche das sprachliche Handeln eines Menschen vorrangig beurteilen. Der deutlichste Ausdruck dafür ist die Formulierung, dass ein Wort „zu seiner Zeit" gesagt wird (Spr 15,23; evtl. 25,11). Aufgabe des Kommunizierenden ist es, seine eigene hierarchische Stellung in Bezug auf die Gesprächspartner im Blick zu haben und dementsprechend (wie auch als generelle Mahnung formuliert) nicht jedem spontanen Handlungsimpuls folgt, sondern vor jedem Reden genau überlegt, den rechten Zeitpunkt abwartet und die richtigen Worte wählt (Spr 10,19; 18,13; 29,20). Wie oben schon erwähnt drückt sich diese Achtsamkeit in der Bildsprache zur Selbstbeherrschung aus.

Die eben genannte Formulierung „zu seiner Zeit" verweist noch auf einen weiteren Themenzusammanhang, der hier zum Vergleich herangezogen wird. Denn die Phrase gehört in den Kontext von Jahreszeiten und Ernte. Pflanzen – und damit auch die Arbeit des Bauern – bringen ihre Früchte zu dem durch Erfahrungswissen bekannten Zeitpunkt im Jahr. Natur- und Wetter-Beobachtungen sprechen eine deutliche Sprache davon, das Dinge in einem regelmäßigen Zusammanhang miteinander stehen und deshalb auch bestimmte Effekte annähernd vorhersagbar sind. Wenn sprachliches Handeln mit solchen Naturbeobachtungen verglichen wird, drückt sich damit die Überzeugung aus, dass auch hier regelmäßige Wirkzusammenhänge bestehen, die erwartbare Ergebnisse bringen (Spr 25,14.23).

Für die weisheitliche Perspektive ist der Horizont dieser Betrachtungen gelingendes zwischenmenschliches Zusammenleben. Die vielen Einzelbeobachtungen der Weisheitssprüche lassen sich meist gut vor diesem Hintergrund verstehen, und das zeigt sich auch bei den Aussagen zum sprachlichen Handeln. Die Sprüche fragen danach, unter welchen Bedingungen Reden gelingen kann, sodass der Sprecher selbst Freude daran hat (Spr 15,23; 24,26). Letztlich hängt das immer wieder am Gelingen seiner sozialen Integration (Spr 11,10 f.; 19,7; 29,8).

Literaturverzeichnis

Aitken, James K. "דֶּרֶךְ". In *Semantics of ancient Hebrew*, herausgegeben von Takamitsu Murao-ka, 11–37. ABR-Nahrain. Supplement Series 6. Louvain, 1998.

Albertz, Rainer, und Claus Westermann. "רוּחַ *rūaḥ*". *THAT* II[3] (1984): 726–753.

Alonso Schökel, L. "יָשַׁר *jāšār* III". *ThWAT* III (1982): 1061–1069.

Alster, Bendt. *Proverbs of Ancient Sumer. The World's Earliest Proverb Collections*. Bd. I–II. Bethesda, Maryland, 1997.

Andreasen, Niels-Erik. "Town and Country in the Old Testament". *Encounter* 42 (1981): 259–275.

Antos, Gerd. *Laien-Linguistik. Studien zu Sprach- und Kommunikationsproblemen im Alltag. Am Beispiel von Sprachratgebern und Kommunikationstrainings: Studien zu Sprach- und Kommunikationsproblemen im Alltag ; am Beispiel von Sprachratgebern und Kommunikationstrainings*. Reihe Germanistische Linguistik 146. Tübingen, 1996.

Aristoteles. *Über die Seele. Griechisch – Deutsch*. Herausgegeben von Horst Seidl, Wilhelm Biehl und Otto Apelt. Philosophische Bibliothek 476. Hamburg, 1995.

Assmann, Jan. "Konstellative Anthropologie. Zum Bild des Menschen im Alten Ägypten." In Janowski, Liess und Zaft, *Der Mensch im alten Israel. Neue Forschungen zur alttestamentlichen Anthropologie*, 95–120.

Assmann, Jan. *Ma'at. Gerechtigkeit und Unsterblichkeit im Alten Ägypten*. Beck'sche Reihe 1403. München, 2001.

Assmann, Jan. "Reden und Schweigen". *LÄ* V (1984): 195–201.

Auslos, Hans, und Bénédicte Lemmelijn. "Etymological Translations in the Septuagint". In *Die Sprache der Septuaginta / The Language of the Septuagint*, herausgegeben von Eberhard Bons und Jan Joosten, 193–201. Handbuch zur Septuaginta 3. Gütersloh, 2016.

Austin, John L. *Zur Theorie der Sprechakte (How to do things with words)*. Stuttgart, 2005.

Avrahami, Yael. *The Senses of Scripture. Sensory Perception in the Hebrew Bible*. New York, 2012.

Barr, James. *Bibelexegese und moderne Semantik. Theologische und linguistische Methode in der Bibelwissenschaft*. München, 1965.

Barr, James. *Comparative Philology and the Text of the Old Testament, With Additions and Corrections*. Winona Lake, Indiana, 1987 (Reprint der Ausgabe Oxford 1968).

Barr, James. "Etymology and the Old Testament". In *Bible and Interpretation. The Collected Essays, III: Linguistics and Translation*, 1. ed., herausgegeben von John Barton und Ernest Nicholson, 402–424. Oxford, 2014.

Barucq, André. *Le livre des proverbes*. Sources Bibliques. Paris, 1964.

Basson, Alec. "The Path Image Schema as Underlying Structure for the Metaphor *Moral Life is a Journey* in Psalm 25". *OTE* 24 (2011): 19–29.

Baumann, Gerlinde. "»Er hat mir den Weg mit Quadersteinen vermauert« (Thr 3,9). Ein Vorschlag zur Auslegung einer ungewöhnlichen Metapher". In Hecke, *Metaphor in the Hebrew Bible*, 139–145.

Baumgarten, Albert I. "Metaphors of Memory". In *»Der Odem des Menschen ist eine Leuchte des Herrn.« Aharon Agus zum Gedenken*, herausgegeben von Ronen Reichmann, 77–89. Schriften der Hochschule für Jüdische Studien Heidelberg 9. Heidelberg, 2006.

Baumgartner, Antoine Jean. *Étude critique sur l'état du texte du Livre des Proverbes d'après les principales traductions anciennes*. Leipzig, 1890.

Beentjes, Pancratius C., Hrsg. *The book of Ben Sira in Hebrew. A text edition of all extant Hebrew manuscripts and a synopsis of all parallel Hebrew Ben Sira texts: a text edition of all extant*

https://doi.org/10.1515/9783110765663-005

Hebrew manuscripts and a synopsis of all parallel Hebrew Ben Sira texts. VT. S 68. Leiden [u.a.], 1997.

Bergman, J., A. Haldar-Ringgren und K. Koch. "דֶּרֶךְ *dæræk*". *ThWAT* II (1977): 288–312.

Bergmann, Claudia C. *Childbirth as a Metaphor for Crisis. Evidence from the Ancient Near East, the Hebrew Bible, and 1QH XI, 1–18.* BZAW 382. Berlin – New York, 2008.

Berlejung, Angelika. "Menschenbilder und Körperkonzepte in altorientalischen Gesellschaften im 2. und 1. Jt. v. Chr. Ein Beitrag zur antiken Körpergeschichte". In Berlejung, Dietrich und Quack, *Menschenbilder und Körperkonzepte im Alten Israel, in Ägypten und im Alten Orient*, 367–397.

Berlejung, Angelika, Jan Dietrich und Joachim Friedrich Quack, Hrsg. *Menschenbilder und Körperkonzepte im Alten Israel, in Ägypten und im Alten Orient.* Orientalische Religionen in der Antike 9. Tübingen, 2012.

Bertram, Georg. "Die religiöse Umdeutung altorientalische Lebensweisheit in der griechischen Übersetzung des ATs". *ZAW* 54 (1936): 153–167.

Beyse, K.-M. "נָשַׁק *nāšaq*". *ThWAT* V (1986): 676–680.

Boeser, P. A. A. "Transkription und Übersetzung des Papyrus Insinger". *OMRM* N. R. III (1922): 1–XLVIII.

Bonfiglio, Ryan P. "לָשׁוֹן *lāšôn*, לִישָׁן *lîšān*". *ThWQ* II (2013).

Brown, William P. "The Didactic Power of Metaphor in the Aphoristic Sayings of Proverbs". *JSOT* 28 (2004): 133–154.

Brunner, Hellmut. "Berufsethik". *LÄ* I (1975): 717–719.

Brunner-Traut, Emma. "Weiterleben der ägyptischen Lebenslehren in den koptischen Apophthegmata am Beispiel des Schweigens". In *Studien zu altägyptischen Lebenslehren*, herausgegeben von Erik Hornung und Othmar Keel, 173–216. OBO 28. Freiburg Schweiz – Göttingen, 1979.

Bühlmann, Walter. *Vom rechten Reden und Schweigen. Studien zu Proverbien 10–31.* OBO 12. Freiburg Schweiz – Göttingen, 1976.

Burkard, Günter. "Die Lehre des Ptahotep". *TUAT* III, 2 (2005): 195–221.

Busche, Hubertus. *Die Seele als System. Aristoteles' Wissenschaft von der Psyche.* Paradeigmata 25. Hamburg, 2001.

Cancik-Kirschbaum, Eva, und J. Cale Johnson, Hrsg. *Encoding metalinguistic awareness. Ancient Mesopotamia and beyond.* Berliner Beiträge zum Vorderen Orient 29. Gladbeck, 2019.

Cancik-Kirschbaum, Eva, und J. Cale Johnson. "Metalinguistic awareness, orthographic elaboration and the problem of notational scaffolding in the ancient Near East". In *Encoding metalinguistic awareness. Ancient Mesopotamia and beyond*, 9–50.

Capellus, Ludovicus. *Critica sacra sive de variis quae in sacris Veteris Testamenti libris occurrunt lectionibus libri sex.* Paris, 1650.

Carasik, Michael. *Theologies of the Mind in Biblical Israel.* StBL 85. New York u. a., 2006.

Ceriani, Antonio Maria, Hrsg. *Codex Syro-Hexaplaris Ambrosianus photolithographice editus.* MSP VII. Mailand, 1874.

Clements, R. E., und H.-J. Fabry. "מַיִם *majim*". *ThWAT* IV (1984): 843–866.

Clines, David J. A. *Job 1 – 20.* WBC 17. Nashville, 1989.

Clines, David J. A. "The Arguments of Job's three Friends". In *Art and meaning. Rhetoric in Biblical literature: rhetoric in Biblical literature*, herausgegeben von David J. A. Clines, David M. Gunn und Alan J. Hauser, 199–214. JSOT. S 19. Sheffield, 1982.

Cohen, Jeffrey M. "An unrecognized connotation of *nšq peh* with special reference to three Biblical occurences". *VT* 32 (1982): 416–424.

Cook, Johann. *The Septuagint of Proverbs – Jewish and/or Hellenistic Proverbs? Concerning the Hellenistic Colouring of LXX Proverbs*. Supplements to Vetus Testamentum 69. Leiden [u.a.], 1997.

Dahood, Mitchell. "Hebrew-Ugaritic Lexicography VII". *Bib*. 5 (1969): 337–356.

Dahood, Mitchell. "Hebrew-Ugaritic Lexicography VIII". *Bib*. 51 (1970): 391–404.

Dahood, Mitchell. *Proverbs and Northwest Semitic Philology*. Scripta Pontificii Instituti Biblici 113. Roma, 1963.

Dalman, Gustaf. *Arbeit und Sitte in Palästina*. Bd. I: Jahreslauf und Tageslauf. 1. Hälfte: Herbst und Winter. Gütersloh, 1928.

Dalman, Gustaf. *Arbeit und Sitte in Palästina*. Bd. III: Von der Ernte zum Mehl. Beiträge zur Förderung christlicher Theologie. Gütersloh, 1933.

Dalman, Gustaf H. *Arbeit und Sitte in Palästina*. Bd. VI. Gütersloh, 1939.

Dathe, Johann August. "De Ratione consensus versionis Chaldaicae et Syriacae". In *Opuscula Ad Crisin Et Interpretationem Veteris Testamenti Spectantia*, herausgegeben von Ernst Friedrich Karl Rosenmüller, 106–129. Lipsiae, 1796.

de Waard, Jan, Hrsg. *Proverbs*. 5. ed. BHQ 17. Stuttgart, 2008.

Dhorme, Edouard. *L'emploi métaphorique des noms de parties du corps en hébreu et en akkadien*. Paris, 1963.

di Lella, Alexander A., Hrsg. *Proverbs*. OTSy, 5,2. Leiden, 1979.

di Vito, Robert A. "Alttestamentliche Anthropologie und die Konstruktion personaler Identität". In Janowski, Liess und Zaft, *Der Mensch im alten Israel. Neue Forschungen zur alttestamentlichen Anthropologie*, 213–241.

Dietrich, Jan. "Hebräisches Denken und die Frage nach den Ursprüngen des Denkens zweiter Ordnung im Alten Testament, Alten Ägypten und Alten Orient". In Wagner und Van Oorschot, *Individualität und Selbstreflexion in den Literaturen des Alten Testaments*, 45–65.

Dietrich, Jan. "Individualität im Alten Testament, Alten Ägypten und Alten Orient". In Berlejung, Dietrich und Quack, *Menschenbilder und Körperkonzepte im Alten Israel, in Ägypten und im Alten Orient*, 77–96.

Dietrich, Jan. "Welterfahrung (AT)", 2017. http://www.bibelwissenschaft.de/stichwort/34744/.

Diez Merino, Luis, Hrsg. *Targum de proverbios. Edición Príncipe del Ms. Villa-Amil n.o 5 de Alfonso de Zamora*. Madrid, 1984.

Dobrovol'skij, Dmitri, und Elisabeth Piirainen. *Zur Theorie der Phraseologie. Kognitive und kulturelle Aspekte*. Tübingen, 2009.

Donner, H., und W. Röllig. *Kanaanäische und aramäische Inschriften (KAI), Bd. I–III*. Wiesbaden, 1962–1964.

Drioton, Etienne. "Sur la sagesse d'Aménémopé". In *Mélanges bibliques, FS André Robert*, 254–280. Travaux de l'Institut catholique de Paris 4. [Paris], 1955.

Driver, G. R. "Hebr. *môqēš*, „Striker'". *JBL* 73 (1954): 131–136.

Driver, G. R. "Linguistic and textual Problems: Minor Prophets. II". *JThS* 39 (1938): 260–273.

Driver, G. R. "Problems in ‚Proverbs'". *ZAW* 50 (1032): 141–148.

Driver, G. R. "Reflections on recent articles". *JBL* 73 (1954): 125–136.

Driver, Samuel Rolles, Hrsg. *A Commentary on the Book of Proverbs attributed to Abraham Ibn Ezra*. Oxford, 1880.

Drory, Rina. "‚Words beautifully put'. Hebrew versus Arabic in tenth-century Jewish Literature". In *Genizah research after ninety years, the case of Judaeo-Arabic. Papers read at the Third Congress of the Society for Judaeo-Arabic Studies*, 53–66. University of Cambridge oriental publications 47. Cambridge, 1992.

Dürr, Lorenz. *Die Wertung des göttlichen Wortes im Alten Testament und im Alten Orient. Zugleich ein Beitrag zur Vorgeschichte des neutestamentlichen Logosbegriffes.* MVÄG, 42,1. Leipzig, 1938.

Eidevall, Göran. "Sounds of Silence in Biblical Hebrew. A Lexical Study". *VT* 62 (2012): 159–174.

Eidevall, Göran. "Spatial Metaphors in Lamentations 3,1–9". In Hecke, *Metaphor in the Hebrew Bible*, 133–137.

Emerton, J. A. "The Interpretation of Proverbs 21,28". *ZAW* 100 (1988): 161–170.

Fahlgren, K. Hj. *ṣedāḳā, nahestehende und entgegengesetzte Begriffe im Alten Testament.* Uppsala, 1932.

Fiedermutz-Laun, A., F. Pera, E. T. Peuker und F. Diedrich, Hrsg. *Zur Akzeptanz von Magie, Religion und Wissenschaft. Ein medizinethnologisches Symposium der Institute für Ethnologie und Anatomie, Westfälische Wilhelms-Universität Münster.* Worte – Werke – Utopien 17. Münster, 2002.

Field, Fridericus, Hrsg. *Origenis Hexaplorum quae supersunt: sive veterum interpretum Graecorum in totum Vetus Testamentum fragmenta.* Oxonii, 1875.

Forti, Tova L. *Animal imagery in the book of Proverbs.* Supplements to the Vetus Testamentum 118. Leiden [u.a.], 2008.

Fox, Michael V. "From Amenemope to Proverbs. Editorial Art in Proverbs 22,17–23,11". *ZAW* 126 (2014): 76–91.

Fox, Michael V. *Proverbs 10–31. A New Translation with Introduction and Commentary.* The Anchor Yale Bible, 18B. New Haven – London, 2009.

Fox, Michael V. *Proverbs. An eclectic edition with introduction and textual commentary.* Atlanta, 2015.

Frankenberg, W. *Die Sprüche übersetzt und erklärt.* HK, II, 3.1. Göttingen, 1898.

Freuling, Georg. „Wer eine Grube gräbt ....“ *Der Tun-Ergehen-Zusammenhang und sein Wandel in der alttestamentlichen Weisheitsliteratur.* WMANT 102. Neukirchen-Vluyn, 2004.

Frevel, Christian, Hrsg. *Biblische Anthropologie. Neue Einsichten aus dem Alten Testament.* QD 237. Freiburg im Breisgau [u.a.], 2010.

Frevel, Christian. "Von der Selbstbeobachtung zu inneren Tiefen. Überlegungen zur Konstitution von Individualität im Alten Testament". In Wagner und Van Oorschot, *Individualität und Selbstreflexion in den Literaturen des Alten Testaments*, 13–43.

Frey-Anthes, Henrike. "Krankheit und Heilung (AT)", 2007. http://www.bibelwissenschaft.de/stichwort/24036/.

Fritzsche, Kurt, Michael Wirsching und Axel Schweickhardt, Hrsg. *Psychosomatische Medizin und Psychotherapie: mit 16 Tabellen ; [neue Approbationsordnung].* Springer-Lehrbuch. Heidelberg, 2006.

Fry, Euan. "Cities, Towns and Villages in the Old Testament". *The Bible Translator* 30 (1979): 434–438.

Fuhs, Hans Ferdinand. *Das Buch der Sprichwörter. Ein Kommentar.* FzB 95. Würzburg, 1991.

Furaiḥa, Anīs. *Aḥīqār ḥakīm min aš-šarq al-adnā al-qadīm.* Silsilat al-ʿulūm aš-šarqīya 40. Bairut, 1962.

Gauger, Hans-Martin. *Sprachbewußtsein und Sprachwissenschaft.* Serie Piper 144. München, 1976.

Gehman, Henry S. "Notes on מוקש". *JBL* 58 (1939): 277–281.

Geiger, Michaela. "Raum", 2012. http://www.bibelwissenschaft.de/stichwort/65517/.

Gemser, Berend. *Sprüche Salomos.* 2. Aufl. HAT, I, 16. Tübingen, 1963.

Gerleman, Gillis. *Studies in the Septuagint III. Proverbs.* Lunds Universitets Årsskrift, N.F. 52,3. Lund, 1956.

Gese, Hartmut. *Lehre und Wirklichkeit in der alten Weisheit: Studien zu den Sprüchen Salomos und zu dem Buche Hiob.* Tübingen, 1958.

Giercke, Annett. "Eine Zunge voller Jubel – sprachliche Bilder als Emotionsträger in Ps 126". In *Ein Herz so weit wie der Sand am Ufer des Meeres, FS für Georg Hentschel*, herausgegeben von Susanne Gillmayr-Bucher, Annett Giercke und Christina Nießen, 377–387. EThSt 90. Würzburg, 2006.

Giese, Ronald L. "Qualifying Wealth in the Septuagint of Proverbs". *JBL* 111 (1992): 409–425.

Gillmayr-Bucher, Susanne. "‚Meine Zunge – ein Griffel eines geschickten Schreibers.' Der kommunikative Aspekt der Körpermetaphern in den Psalmen". In Hecke, *Metaphor in the Hebrew Bible*, 197–213.

Gillmayr-Bucher, Susanne. "Emotion und Kommunikation". In Frevel, *Biblische Anthropologie. Neue Einsichten aus dem Alten Testament*, 279–299.

Glanville, S. R. K. *Catalogue of Demotic Papyri in the British Museum. Vol. II· The Instructions of ʿOnchsheshonqy (British Museum Papyrus 10508). Part I: Introduction, transliteration, translation, notes, and plates.* London, 1955.

Goffman, Erving. *Interaktionsrituale. Über Verhalten in direkter Kommunikation.* Suhrkamp Taschenbuch Wissenschaft 594. Frankfurt am Main, 1986.

Goldwasser, Orly. *From icon to metaphor. Studies in the semiotics of the hieroglyphs: studies in the semiotics of the hieroglyphs.* OBO 142. Fribourg, Switzerland, 1995.

Goossens, Louis, u. a., Hrsg. *By Word of Mouth. Metaphor, Metonymy and Linguistic Action in a Cognitive Perspective.* Pragmatics & beyond, N. S., 33. Amsterdam [u. a.], 1995.

Goossens, Louis. "Metaphtonymy: the interaction of metaphor and metonymy in expressions for linguistic action". *Cognitive Linguistics* 1–3 (1990): 323–340.

Goossens, Louis. "muþ, mouth(e), mouth denoting linguistic action. Aspects of the development of a radial category". *Acta Linguistica Hungarica* 38 (1988): 61–81.

Goossens, Louis. "The Rise of a New Conceptual Pattern: Old English *lippe, weler, tunge* and *muþ* with Reference to Linguistic Action". In *Historical linguistics 1989. Papers from the 9th International Conference on Historical Linguistics*, herausgegeben von Henk Aertsen und Robert J. Jeffers, 141–154. Current Issues in Linguistic Theories 106. Amsterdam [u.a.], 1993.

Grady, Joseph Edward. "Foundations of meaning. Primary metaphors and primary scenes". Diss., Berkeley, 1997.

Grapow, Hermann. *Vergleiche und andere bildliche Ausdrücke im Ägyptischen.* Der Alte Orient, 21, 1/2. Leipzig, 1920.

Gregory, Bradley C. "Slips of the Tongue in the Speech Ethics of Ben Sira". *Bib.* 93 (2012): 321–339.

Gressmann, Hugo. "Die neugefundene Lehre des Amen-em-ope und die vorexilische Spruchdichtung Israels". *ZAW* 42 (1924): 272–296.

Grether, Oskar. *Name und Wort Gottes im Alten Testament.* BZAW 64. Gießen, 1934.

Grimm, Jacob, und Wilhelm Grimm. *Deutsches Wörterbuch.* Sonderaufl. [Leipzig, 1984.

Grözinger, Karl Erich. *Jüdisches Denken. Theologie – Philosophie – Mystik. Bd. I. Vom Gott Abrahams zum Gott des Aristoteles.* Frankfurt u. a., 2004.

Grünberg, Smil. "Die weisen Sprüche des Achikar nach der syrischen Hs Cod. Sachau Nr. 336 der Kgl. Bibliothek in Berlin". Diss., Gießen, 1917.

Guttmann, Jacob. *Die Religionsphilosophie des Saadia.* Hildesheim [u.a.], 1981.

Habermas, Jürgen. *Theorie des kommunikativen Handelns, 2 Bände,* 9. Aufl. Frankfurt am Main, 2014.

Hagedorn, Anselm C. *Between Moses and Plato. Individual and Society in Deuteronomy and Ancient Greek Law.* FRLANT 204. Göttingen, 2004.

Hallpike, Christopher Robert. *Die Grundlagen primitiven Denkens.* München – Stuttgart, 1990.

d'Hamonville, David-Marc. *Les Proverbes.* La Bible d'Alexandrie 17. Paris, 2000.

Harenberg, Johann Christoph. "De Nive in messe Palæstinos recreante ad Prov. XXV. vs. 13. observationis". In *Museum Historico-Philologico-Theologicum,* herausgegeben von Theodor Hase und Nicolaus Nonnen, 36–52. Bremae, 1728.

Häusl, Maria. "Auf den Leib geschrieben. Körperbilder und -konzepte im Alten Testament". In Frevel, *Biblische Anthropologie. Neue Einsichten aus dem Alten Testament,* 134–163.

Häusl, Maria. "Zuraten, zurechtweisen und sich zurückhalten. Sprüche zur Sprache aus der älteren Weisheit (Spr 10–22 und 25–29)". *BZ* 49 (2005): 26–45.

Hausmann, Jutta. *Studien zum Menschenbild der älteren Weisheit: (Spr 10ff.)* FAT 7. Tübingen, 1995.

Healey, John F. *The Targum of Proverbs. Translated with a critical introduction, apparatus and notes.* The Aramaic Bible 15. Collegevielle, Minn., 1991.

Hecke, Pierre Van. *From linguistics to hermeneutics: a functional and cognitive approach to Job 12 - 14.* Studia Semitica Neerlandica 55. Leiden, 2011.

Hecke, Pierre Van, Hrsg. *Metaphor in the Hebrew Bible.* BEThL 187. Leuven-Louvain – Paris – Dudley, MA, 2005.

Hempel, Johannes. "Die israelitischen Anschauungen von Segen und Fluch im Lichte altorientalischer Parallelen". *ZDMG* 79 (1925): 20–110.

Henry, M. L. "Vogelfang". *BHH* III (1966): 2111.

Hitzig, Ferdinand. *Die Sprüche Salomo's.* Orell, Füssli und Comp., 1858.

Hogan, Larry P. *Healing in the Second Temple Period.* Freiburg – Göttingen, 1992.

Horst, Friedrich. *Hiob. Kapitel 1–19.* BK. AT, XVI, 1. Neu"-kirchen-Vluyn, 1983.

Hundley, Michael. "To Be or Not to Be: A Reexamination of Name Language in Deuteronomy and the Deuteronimistic History". *VT* 59 (2009): 533–555.

Ibn Ganâh, Abulwalîd Merwân (Rabbi Jona). *Sepher haschoraschim. Wurzelwörterbuch der hebräischen Sprache.* Herausgegeben von Wilhelm (Benjamin Seev) Bacher. Amsterdam, 1969 (Nachdruck der Ausgabe Berlin 1896).

Jaeger, Johann Gottlob. *Observationes in proverbiorum Salomonis versionem Alexandrinam.* Meldorpi, 1788.

Janowski, Bernd. "Das Herz – ein Beziehungsorgan. Zum Personverständnis des Alten Testaments". In *Dimensionen der Leiblichkeit. Theologische Zugänge,* herausgegeben von Bernd Janowski und Christoph Schwöbel, 1–45. Neu"-kirchen-Vluyn, 2015.

Janowski, Bernd. "Die Tat kehrt zum Täter zurück. Offene Fragen im Umkreis des »Tun-Ergehen-Zusammenhangs«". *ZThK* 91 (1994): 247–274.

Janowski, Bernd, u. a., Hrsg. *Gefährten und Feinde des Menschen. Das Tier in der Lebenswelt des alten Israel: das Tier in der Lebenswelt des alten Israel.* Neukirchen-Vluyn, 1993.

Janowski, Bernd. *Konfliktgespräche mit Gott. Eine Anthropologie der Psalmen.* Neu"-kirchen-Vluyn, 2003.

Janowski, Bernd. "Konstellative Anthropologie. Zum Begriff der Person im Alten Testament". In Frevel, *Biblische Anthropologie. Neue Einsichten aus dem Alten Testament,* 64–87.

Janowski, Bernd, Kathrin Liess und Niko Zaft, Hrsg. *Der Mensch im alten Israel. Neue Forschungen zur alttestamentlichen Anthropologie: neue Forschungen zur alttestamentlichen Anthropologie.* Herders biblische Studien 59. Freiburg im Breisgau [u.a.], 2009.

Jansen-Winkeln, Karl. *Ägyptische Biographien der 22. und 23. Dynastie.* ÄAT 8. Wiesbaden, 1985.

Jenni, Ernst. *Die Präposition Beth.* Die hebräischen Präpositionen, Bd. 1. Stuttgart, 1992.

Jindo, Job Y. *Biblical metaphor reconsidered. A cognitive approach to poetic prophecy in Jeremiah 1–24.* Harvard Semitic Museum publications 64. Winona Lake, Ind., 2010.

Jindo, Job Y. "Toward a Poetics of Biblical Mind: Language, Culture, and Cognition". *VT* 59 (2009): 222–243.

Joode, Johan de. *Metaphorical Landscapes and the Theology of the Book of Job. An Analysis if Job's Spacial Metaphors.* VT. S 179. Leiden – Boston, 2018.

Joode, Johan de. "The Body and Its Boundaries. The Coherence of Conceptual Metaphors for Job's Distress and Lack of Control". *ZAW* 126 (2014): 554–569.

Joosten, Jan. "Doublet Translations in Peshitta Proverbs". In *The Peshitta as a translation. Papers Read at the II Peshitta Symposium, Held at Leiden 19–21 August 1993*, herausgegeben von Peter B. Dirksen und Arie van der Kooij, 63–72. MPIL 8. Leiden, 1995.

Junge, Friedrich. "Rhetorik". *LÄ* V (1984): 250–253.

Junge, Friedrich. "Zur ‚Sprachwissenschaft' der Ägypter". In *Studien zu Sprache und Religion Ägyptens*, herausgegeben von Friedrich Junge 257–272. Göttingen, 1984.

Jüngling, Hans-Winfried, Hermann von Lips und Ruth Scoralick. "Παροιμιαι / Proverbia / Sprichwörter / Sprüche Salomos". In *Septuaginta Deutsch. Erläuterungen und Kommentare zum griechischen Alten Testament*, herausgegeben von Martin Karrer und Wolfgang Kraus, 1950–2000. Stuttgart, 2011.

Kaminka, A. "Septuaginta und Targum zu Proverbia". *HUCA* 8–9 (1931/32): 169–191.

Kaplony, Peter. "Die Definition der schönen Literatur im Alten Ägypten". In *Fragen an die altägyptische Literatur. Studien zum Gedenken an Eberhard Otto*, herausgegeben von Jan Assmann, 289–314. Wiesbaden, 1977.

Kassis, Riad Aziz. *The Book of Proverbs and Arabic Proverbial Works.* VT. S 74. Leiden – Boston – Köln, 1999.

Kedar-Kopfstein, B. "לָשׁוֹן *lāšôn*". *ThWAT* IV (1984): 595–605.

Kedar-Kopfstein, B. "פֶּרַה *pārāh*". *ThWAT* VI (1989): 740–752.

Kedar-Kopfstein, B. "שָׂפָה *śāpāh*". *ThWAT* VII (1993): 840–849.

Keel, Othmar. *Feinde und Gottesleugner. Studien zum Image der Widersacher in den Individualpsalmen.* Stuttgarter Biblische Monographien 7. Stuttgart, 1969.

Keel, Otmar. *Vögel als Boten.* Herausgegeben von Urs Winter. OBO 14. Freiburg, Schweiz – Göttingen, 1977.

Kimchi, David. *Rabbi Davidis Kimchi Radicum Liber sive Hebraeum Bibliorum Lexicon.* Herausgegeben von J. H. R. Biesenthal und F. Lebrecht. Berlin, 1847.

Kitz, Anne Marie. "Curse I. Ancient Near East". *EBR* V (2012): 1166–1170.

Klopfenstein, Martin A. *Die Lüge nach dem Alten Testament. Ihr Begriff, ihre Bedeutung und ihre Beurteilung.* Zürich, 1964.

Klopfenstein, Martin A. *Scham und Schande nach dem Alten Testament: eine begriffsgeschichtliche Untersuchung zu den hebräischen Wurzeln bôš, klm und ḥpr.* AThANT 62. Zürich, 1972.

Koch, Klaus. "Gibt es ein Vergeltungsdogma im Alten Testament". *ZThK* 52 (1955): 1–42.

Koch, Klaus. "Wort und Einheit des Schöpfergottes in Memphis und Jerusalem". *ZThK* 62 (1965): 251–293.

Koch, Klaus. "צדק *ṣdq* gemeinschaftstreu/heilvoll sein". *THAT* II³ (1984): 507–530.

Köckert, Matthias. "‚Glaube' und ‚Gerechtigkeit' in Gen 15,6". *ZThK* 109 (2012): 415–444.
Kopf, L. "Arabische Etymologien und Parallelen zum Bibelwörterbuch". *VT* 8 (1958): 161–215.
Kouloughli, Djamel-Eddine. "La thématique du langage dans la Bible". In *Histoire des idees linguistiques, I: La naissance des métalangages en Orient et en Occident*, herausgegeben von Sylvain Auroux, 65–78. Liège – Brüssel, 1989.
Kövecses, Zoltán. *Metaphor. A Practical Introduction*. Oxford u. a., 2002.
Krebernik, Manfred. "Zur Entwicklung des Sprachbewusstseins im Alten Orient". In Wilcke, *Das geistige Erfassen der Welt im Alten Orient. Sprache, Religion, Kultur und Gesellschaft, Nach Vorarbeiten von Joost Hazenbos und Annette Zgoll*, 39–61.
Krinetzki, G. "Kuß". *NBL* II (1995): 569.
Krueger, Joachim, Hrsg. *Ästhetik der Antike*. 2. Aufl. Berlin – Weimar, 1983.
Kruger, Paul A. "Gefühle und Gefühlsäußerungen im Alten Testament. Einige einführende Bemerkungen". In Janowski, Liess und Zaft, *Der Mensch im alten Israel. Neue Forschungen zur alttestamentlichen Anthropologie*, 243–262.
Krüger, Thomas. "Das ‚Herz' in der alttestamentlichen Anthropologie". In Wagner, *Anthropologische Aufbrüche. Alttestamentliche und interdisziplinäre Zugänge zur historischen Anthropologie*, 103–118.
Kurth, Dieter, Hrsg. *Der Oasenmann. Eine altägyptische Erzählung*. 1. Aufl. Kulturgeschichte der Antiken Welt 103. Mainz am Rhein, 2003.
de Lagarde, Paul, Hrsg. *Hagiographa Chaldaice*. Lipsiae, 1873.
Lagarde, Paul. *Anmerkungen zur Griechischen Übersetzung der Proverbien*. Leipzig, 1863.
Laisney, Vincent Pierre-Michel. *L'enseignement d'Aménémopé*. Studia Pohl 19. Roma, 2007.
Lakoff, George. "The contemporary theory of metaphor". In Ortony, *Metaphor and Thought*, 202–251.
Lakoff, George, und Mark Johnson. *Leben in Metaphern. Konstruktion und Gebrauch von Sprachbildern, aus dem Amerikanischen übersetzt von Astrid Hildenbrand*. 6. Aufl. Heidelberg, 2008.
Lakoff, George, und Mark Johnson. *Metaphors We Live By*. Chicago – London, 1980.
Lakoff, George, und Zoltán Kövecses. "The cognitive model of anger inherent in American English". In *Cultural Models in Language and Thought*, herausgegeben von Dorothy Holland und Naomi Quinn, 195–221. Cambridge, 1987.
Lakoff, George, und Mark Turner. *More than Cool Reason. A Field Guide to Poetic Metaphor*. Chicago – London, 1989.
Lambert, Wilfred G. *Babylonian Wisdom Literature*. Reprinted. Winona Lake, Ind, 1996.
Lämmerhirt, Kai. *Wahrheit und Trug. Untersuchungen zur altorientalischen Begriffsgeschichte: Untersuchungen zur altorientalischen Begriffsgeschichte*. AOAT 348. Münster, Westf., 2010.
Lang, B. "Wasser". *NBL* III (2001): 1061–1065.
Lazaridis, Nikolaos. *Wisdom in Loose Form. The Language of Egyptian and Greek Proverbs in Collections of the Hellenistic and Roman Periods: the language of Egyptian and Greek proverbs in collections of the Hellenistic and Roman periods*. Mnemosyne. Leiden [u. a.], 2007.
Leuenberger, Martin. *Segen und Segenstheologien im alten Israel. Untersuchungen zu ihren religions- und theologiegeschichtlichen Konstellationen und Transformationen*. AThANT 90. Zürich, 2008.
Lips, Hermann von. "Beobachtungen zur griechischen Übersetzung des Proverbia-Buches". In *Frühjudentum und Neues Testament im Horizont biblischer Theologie. Fachsymposium zum Thema Altes Testament – Frühjudentum – Neues Testament*, herausgegeben von Wolfgang Kraus, 36–49. WUNT 162. Tübingen, 2003.

Lübbe, J. C. "Semantic domains, associative fields, and Hebrew Lexicography". *Journal of Semitics* 12 (2003): 128–142.

Luchsinger, Jürg. *Poetik der alttestamentlichen Spruchweisheit*. Stuttgart, 2010.

Lucy, John A. "Reflexive language and the human disciplines". In *Reflexive language. Reported speech and metapragmatics*, 9–32.

Lucy, John A., Hrsg. *Reflexive language. Reported speech and metapragmatics: reported speech and metapragmatics*. Cambridge [u.a.], 1993.

Luther, Martin. *Biblia/das ist/die gantze Heilige Schrifft Deudsch*. Bd. I–II. Leipzig, 1983.

Lux, Rüdiger. "Sprache und Schöpfung". *Leqach* 8 (2009): 85–100.

Malina, Bruce J. "The Idea of Man and Concept of the "'Body'" in the Ancient Near East". In Berlejung, Dietrich und Quack, *Menschenbilder und Körperkonzepte im Alten Israel, in Ägypten und im Alten Orient*, 43–60.

Marti, Karl. *Das Dodekapropheton*. KHC XIII. Tübingen, 1904.

Maybaum, Siegmund. "Über die Sprache des Targum zu den Sprüchen und dessen Verhältniss zum Syrer". *Archiv für die wissenschaftliche Erforschung des Alten Testamentes* 2 (1871/72): 66–93.

McKane, William. "Functions of Language and Objectives of Discourse according to Proverbs, 10 – 30". In *La sagesse de l'Ancien Testament*, 2. Aufl., herausgegeben von Maurice Gilbert, 166–185. BEThL 51. Leuven, 1990.

McKane, William. *Proverbs. A New Approach*. OTL. London, 1977.

Meier, Samuel A. *The messenger in the ancient Semitic world*. Harvard Semitic Monographs 45. Atlanta, Ga, 1988.

Meinhold, Arndt. *Die Sprüche. Teil 1–2*. ZBK. AT, 16,1. Zürich, 1991.

Meinhold, Arndt. *Maleachi*. BK. AT, XII, 8. Neu"-kirchen-Vluyn, 2006.

Melamed, E. Z. "The Targum on Proverbs (hebr.)" In *Memorial to H. M. Shapiro: (1902 - 1970)*, herausgegeben von H. Z. Hirschberg, I:18–91. Bar-Ilan University : annual. Ramat-Gan, 1972.

Merten, Klaus. *Einführung in die Kommunikationswissenschaft, Bd. 1: Grundlagen der Kommunikationswissenschaft*. Münster – Hamburg – London, 1999.

Minissale, Antonino. "The metaphor of ‚falling': hermeneutic key to the book of Sirach". In *The Wisdom of Ben Sira. Studies on Tradition, Redaction, and Theology*, herausgegeben von Angelo Passaro und Giuseppe Bellia, 253–275. DCLS 1. Berlin [u.a.], 2008.

Morenz, Ludwig D. "‚Du wirst es gut bei mir haben, du wirst die Sprache Ägyptens hören.' Identitätsdiskurs und Sprachbewusstsein im Alten Ägypten". In Thon, Veltri und Waschke, *Sprachbewusstsein und Sprachkonzepte im Alten Orient, Alten Testament und dem rabbinischen Judentum*, 61–80.

Morenz, Ludwig D. "Vom Himmel hoch ... – Zu Bild-Zeichen geronnene Himmelsmetaphorik". *GM* 232 (2012): 97–101.

Morenz, Siegfried. "Feurige Kohlen auf dem Haupt". *ThLZ* 78 (1953): 187–192.

Moriarty, Frederick L. "Word as Power in the Ancient Near East". In *A Light unto my Path, Festschrift für Jacob M. Myers*, herausgegeben von Howard N. Bream, Ralph D. Heim und Carey A. Moore, 345–362. GTS 4. Philadelphia, 1974.

Mourlon Beernaert, Pierre. *Cœur – langue – mains dans la Bible. Un langage sur l'homme*. Cahiers evangile 46. Paris, 1983.

Mowinckel, Sigmund. *Psalmenstudien 1: Åwän und die individuellen Klagepsalmen*. Skrifter utgit av Videnskapsselskapet. Kristiana, 1921.

Müller, Cornelia. *Metaphors dead and alive, sleeping and waking. A dynamic view: a dynamic view*. Chicago, Ill. [u.a.], 2008.

Müller, Hans-Peter. "Handeln, Sprache, Magie und Religion". In Fiedermutz-Laun, Pera, Peuker und Diedrich, *Zur Akzeptanz von Magie, Religion und Wissenschaft. Ein medizinethnologisches Symposium der Institute für Ethnologie und Anatomie, Westfälische Wilhelms-Universität Münster*, 53–63.

Müller, Katrin. "Synthetische Körperauffassung – keine Besonderheit des hebräischen Denkens". In Wagner und Van Oorschot, *Individualität und Selbstreflexion in den Literaturen des Alten Testaments*, 67–77.

Müller, Katrin, und Andreas Wagner. "Das Konzept der synthetischen Körperauffassung in der Diskussion". In *Synthetische Körperauffassung im Hebräischen und den Sprachen der Nachbarkulturen*, 222–238.

Müller, Katrin, und Andreas Wagner, Hrsg. *Synthetische Körperauffassung im Hebräischen und den Sprachen der Nachbarkulturen: Internationales Forschungssymposium zum Thema "Synthetische Körperauffassungen"*. AOAT 416. Münster, 2014.

Murphy, Roland E. *Proverbs*. WBC 22. Nashville, 1998.

Niedzielski, Nancy A., und Dennis Richard Preston. *Folk linguistics*. Trends in linguistics. Studies and Monographs 122. Berlin – New York, 2000.

Niehr, Herbert. *Aramäischer Aḥiqar: Werner Georg*. JSHRZ. NF, 2, 2. Gütersloh, 2007.

Nöldeke, Theodor. "Das Targum zu den Sprüchen von der Peschitta abhängig". *Archiv für die wissenschaftliche Erforschung des Alten Testamentes* 2 (1871/72): 246–249.

Nordh, Katarina. *Aspects of Ancient Egyptian Curses and Blessings. Conceptual Background and Transmission*. BOREAS 26. Stockholm, 1996.

Okoye, John Ifeanyichukwu. *Speech in Ben Sira with special reference to 5,9–6,1*. European university studies. Frankfurt am Main, 1995.

van Oorschot, Jürgen. "Beredte Sprachlosigkeit im Ijob. Körpererfahrung an den Grenzen von Weisheit und Wissen". In Berlejung, Dietrich und Quack, *Menschenbilder und Körperkonzepte im Alten Israel, in Ägypten und im Alten Orient*, 239–253.

Ortony, Andrew, Hrsg. *Metaphor and Thought*. 2. Aufl. Cambridge, 1994.

Otto, Eberhard. "Geschichte einer religiösen Formel". *ZÄS* 87 (1962): 150–154.

Otto, Eckart. "Altorientalische Kontexte der deuteronomischen Namenstheologie". *ZAR* 13 (2007): 237–248.

Otto, Eckart. "Magie – Dämonen – göttliche Kräfte. Krankheit und Heilung im Alten Orient und Alten Testament". In *Heilung – Energie – Geist. Heilung zwischen Wissenschaft, Religion und Geschäft: Heilung zwischen Wissenschaft, Religion und Geschäft*, herausgegeben von Werner H. Ritter und Bernhard Wolf, 208–225. Biblisch-theologische Schwerpunkte 26. Göttingen, 2005.

Overlach, Fabian. *Sprache des Schmerzes – Sprechen über Schmerzen: eine grammatisch-semantische und gesprächsanalytische Untersuchung von Schmerzausdrücken im Deutschen*. Linguistik – Impulse und Tendenzen 30. Berlin [u.a.], 2008.

Owens, Robert J. "The Relationship Between the Targum and Peshitta Texts of the Book of Proverbs: *status questionis*". In *Targum Studies II: Targum and Peshitta*, herausgegeben von Paul V. M. Flesher, 195–207. SFSHJ 165. Atlanta, Georgia, 1998.

Padel, Ruth. *In and out of the mind. Greek images of the tragic self: Greek images of the tragic self*. Princeton, NJ, 1992.

Paganini, Simon. "„Krankheit" als Element der alttestamentlichen Anthropologie. Beobachtungen zu der Wurzel חלה und zu Krankheits-Konstruktionen im Alten Testament". In Frevel, *Biblische Anthropologie. Neue Einsichten aus dem Alten Testament*, 291–299.

Pardee, Dennis. "*yph* ‚witness' in Hebrew and Ugaritic". *VT* 28 (1978): 204–213.

Paul, Ingwer. *Praktische Sprachreflexion*. Konzepte der Sprach- und Literaturwissenschaft 61. Tübingen, 1999.

Pauwels, Paul. "Levels of Metaphorization. The Case of *Put*". In Goossens u. a., *By Word of Mouth. Metaphor, Metonymy and Linguistic Action in a Cognitive Perspective*, 125–158.

Pauwels, Paul, und Anne-Marie Simon-Vandenbergen. "Body Parts in Linguistic Action. Underlying Schema and Value Judgements". In Goossens u. a., *By Word of Mouth. Metaphor, Metonymy and Linguistic Action in a Cognitive Perspective*, 35–69.

Pinkuss, Hermann. "Die syrische Übersetzung der Proverbien textkritisch und in ihrem Verhältnisse zu dem masoretischen Text den LXX und dem Targum untersucht". *ZAW* 14 (1894): 65–141, 161–222.

Ploeg, J. van der. "Prov. xxv 23". *VT* 3 (1953): 189–191.

Plöger, Otto. *Sprüche Salomos. Proverbia*. BK. AT XVII. Neu"-kirchen-Vluyn, 1984.

Prijs, Leo. *Jüdische Tradition in der Septuaginta*. Leiden, 1948.

Quack, Joachim Friedrich. *Die Lehren des Ani. Ein neuägyptischer Weisheitstext in seinem kulturellen Umfeld*. OBO 141. Freiburg Schweiz – Göttingen, 1994.

von Rad, Gerhard. *Theologie des Alten Testaments. Band 2: Die Theologie der prophetischen Überlieferungen Israels*. München, 1960.

Reddy, Michael J. "The conduit metaphor: A case of frame conflict in our language about language". In Ortony, *Metaphor and Thought*, 164–201.

Reichenmacher, Hans. "Kognitive Linguistik und althebräiche Lexikographie". *JNSL* 30 (2004): 43–59.

Reiterer, F. V. "שָׁוְא *šāw*". *ThWAT* VII (1993): 1104–1117.

Richardson, H. Neil. "Some Notes on לִיץ and its Derivates". *VT* 5 (1955): 163–179.

Riede, Peter. *Im Netz des Jägers. Studien zur Feindmetaphorik der Individualpsalmen*. Wissenschaftliche Monographien zum Alten und Neuen Testament 85. Neukirchen, 2000.

Ringgren, Helmer. "Sprüche. Übersetzt und erklärt". In *Sprüche, Prediger, Das Hohe Lied, Klagelieder, Das Buch Esther*, herausgegeben von Helmer Ringgren, Volkmar Herntrich, Artur Weiser und Walther Zimmerli, 1–122. Berlin, 1967.

Ringgren, Helmer. "יָקֹשׁ *yāqāš*". *ThWAT* III (1982): 866–868.

Römheld, Diethard. *Lehren der Weisheit. Die Lehre Amenemopes und Proverbien 22,17–24,22*. BZAW 184. Berlin – New York, 1989.

Rösel, Hartmut N. "Kleine Studien zur Auslegung des Amosbuches". *JBL* 39 (1938): 2–18.

Rösel, Martin. "Tun-Ergehen-Zusammenhang". *NBL* III (2001): 931–934.

Rössler, Otto. "Die Verträge des Königs Bar-Ga᾿yah von Ktk mit König Mati᾿-Il von Arpad (Stelen von Sefire)". *TUAT* I, 2 (2005): 178–189.

Rowlands, E. R. "The Targum and the Peshiṭta Version of the Book of Isaiah". *VT* 9 (1959): 178–191.

Rudolph, Wilhelm. *Joel – Amos – Obadja – Jona*. Lizenzausg., 1. Aufl. KAT. Berlin, 1974.

Saadia Ben Josef Al-Fayyoûmî. *Emunot we-Dëot oder Glaubenslehre und Philosophie, übersetzt von Julius Fürst*. Die jüdischen Religionsphilosophen des Mittelalters 1. Hildesheim – New York, 1970.

Saadia Ben Josef Al-Fayyoûmî. ספר הנבחר באנות ודעות / *sefær han-nibḥār b᾿æmûnôt wde*. Herausgegeben von Josef Kafah. Jerusalem, 1992/93.

Saadia Ben Josef Al-Fayyoûmî. *Version arabe des Proverbes surnommés Livre de la recherche de la Sagesse de R. Saadia Ben Iosef al-Fayyoûmî publiée pour la première fois et accompagnée de notes hébraïques avec une traduction française d'après l'arabe par J. Derenbourg et Mayer Lambert.* Herausgegeben von Joseph Derenbourg, Mayer Lambert und Hartwig Derenbourg. Paris, 1894.

Saadia Ben Josef Al-Fayyoûmî. *Übersetzung und Kommentar zum Sprüchebuch [arab.-hebr.]* Herausgegeben von J. Kafah. Jerusalem, 1976.

Sauer, Georg. *Jesus Sirach (Ben Sira).* JSHRZ, III, 5. Gütersloh, 1981.

Saur, Markus. *Einführung in die alttestamentliche Weisheitsliteratur.* Darmstadt, 2012.

Scharbert, Josef. *Der Schmerz im Alten Testament.* Bonner biblische Beiträge 8. Bonn, 1955.

Schellenberg, Annette. "More than Spirit. On the Physical Dimension in the Priestly Understanding of Holiness". *ZAW* 126 (2014): 163–179.

Schenk, Wolfgang. "Altisraelitische Sprachauffassungen in der Hebräischen Bibel". In *Geschichte der Sprachtheorie*, herausgegeben von Peter Schmitter, II, 3–25. Tübingen, 1987–.

Scherer, Andreas. *Das weise Wort und seine Wirkung. Eine Untersuchung zur Komposition und Redaktion von Proverbia 10,1–22,16.* WMANT 83. Neu"-kirchen-Vluyn, 1999.

Schipper, Bernd Ulrich. "Die Lehre des Amenemope und Prov 22,17–24,22. Eine Neubestimmung des literarischen Verhältnisses". *ZAW* 117 (2005): 53–72, 232–248.

Schipper, Bernd Ulrich. *Hermeneutik der Tora: Studien zur Traditionsgeschichte von Prov 2 und zur Komposition von Prov 1-9.* Beihefte zur Zeitschrift für die alttestamentliche Wissenschaft 432. Berlin [u.a.], 2012.

Schipper, Bernd Ulrich. *Sprüche (Proverbia), Teilband 1: Proverbien 1,1–15,33.* BK. AT, XVII/1. Göttingen–Bristol, 2018.

Schmid, Hans Heinrich. *Wesen und Geschichte der Weisheit. Eine Untersuchung zur altorientalischen und israelitischen Weisheitsliteratur.* BZAW 101. Berlin, 1966.

Schorch, Stefan. "The Avoidance of Speech-Sins in Ancient Israel". In *Papers for Discussion. Presented by the Department of Ancient Near Eastern Studies / Egyptology – The Hebrew University*, herausgegeben von Sarah Groll und Irene Shirun-Grumbach, III:87–98. Jerusalem, 2003.

Schottroff, W., und L. Schottroff. "Hirt". *NBL* II (1995): 167–169.

Schroer, Silvia, und Thomas Staubli. *Die Körpersymbolik der Bibel.* Darmstadt, 1998.

Schunck, K.-D. "חֵמָה ḥemāh". *ThWAT* II (1977): 1032–1036.

Schwaáb, Zoltán. "The Sayings Clusters in Proverbs: Towards an Associative Reading Strategy". *JSOT* 38 (2013): 59–79.

Schwartz, Seth. "Language, Power and Identity in Ancient Palestine". *PaP* 148 (1995): 3–47.

Scoralick, Ruth. "Salomos griechische Gewänder. Beobachtungen zur Septuagintafassung des Sprichwörterbuches". In *Rettendes Wissen. Studien zum Fortgang weisheitlichen Denkens im Frühjudentum und frühen Christentum*, herausgegeben von Karl Löning und Martin Faßnacht, 43–75. AOAT 300. Münster, 1002.

Scott, R. B. Y. "Meteorological Phenomena and Terminology in the Old Testament". *ZAW* 64 (1952): 11–25.

Shirun-Grumach, Irene. "Die Lehre des Amenemope". *TUAT* III,2 (2005): 222–250.

Shupak, Nili. "Ägyptische Redewendungen und Belege in biblischer Weisheit (hebr.)" *Tarbitz* 54 (1984/85): 475–484.

Shupak, Nili. *Where can Wisdom be found? The Sages's Language in the Bible and in Ancient Egyptian Literature.* OBO 130. Freiburg Schweiz – Göttingen, 1993.

Siebenthal, Heinrich von. ",Wahrheit' bei den Althebräern. Anmerkungen zur Diskrepanztheorie aus linguistischer Sicht". In *Theologische Wahrheit und die Postmoderne. Theologische Studienkonferenz des Arbeitskreises für Evangelikale Theologie: Theologische Studienkonferenz des Arbeitskreises für Evangelikale Theologie*, herausgegeben von Herbert H. Klement, 208–232. Wuppertal – Gießen – Basel, 2000.

Silverstein, Michael. "Metapragmatic discourse and metapragmatic function". In Lucy, *Reflexive language. Reported speech and metapragmatics*, 33–58.

Silverstein, Michael. *The limits of awareness*. Sociolinguistic working paper 84. Austin, 1981.

Simon-Vandenbergen, Anne-Marie. "Assessing Linguistic Behaviour. A Study of Value Judgements". In Goossens u. a., *By Word of Mouth. Metaphor, Metonymy and Linguistic Action in a Cognitive Perspective*, 71–124.

Skladny, Udo. *Die ältesten Spruchsammlungen in Israel*. Berlin, 1961.

Smend, Rudolf d. Ä. *Die Weisheit des Jesus Sirach*. Berlin, 1906.

Smith, Mark S. "Herz und Innereien in israelitischen Gefühlsäußerungen. Notizen aus der Anthropologie und Psychobiologie". In Wagner, *Anthropologische Aufbrüche. Alttestamentliche und interdisziplinäre Zugänge zur historischen Anthropologie*, 171–181.

Stählin, Gustav. *Skandalon. Untersuchungen zur Geschichte eines biblischen Begriffsgeschichte*. BFChTh, II, 24. Gütersloh, 1930.

Stählin, Gustav. "σκάνδαλον, σκανδαλίζω". *ThWNT* VII (1964): 338–358.

Stein, Peter. "Aspekte von Sprachbewusstsein im antiken Südarabien". In Thon, Veltri und Waschke, *Sprachbewusstsein und Sprachkonzepte im Alten Orient, Alten Testament und dem rabbinischen Judentum*, 29–59.

Steinert, Ulrike. *Aspekte des Menschseins im Alten Mesopotamien. Eine Studie zu Person und Identitat im 2. und 1. Jt. v. Chr. eine Studie zu Person und Identitat im 2. und 1. Jt. v. Chr.* Cuneiform monographs 44. Leiden, 2012.

Steinert, Ulrike. "Synthetische Körperauffassungen in akkadischen Keilschrifttexten und mesopotamische Götterkonzepte". In Müller und Wagner, *Synthetische Körperauffassung im Hebräischen und den Sprachen der Nachbarkulturen*, 73–106.

Stemberger, Joseph Paul. "Spontaneous and Evoked Slips of the Tongue". In *Linguistic disorders and pathologies. An international handbook*, herausgegeben von Gerhard Blanken, 53–65. Handbücher zur Sprach- und Kommunikationswissenschaft 8. Berlin [u.a.], 1993.

Stendebach, F. J. "עָנָה I ". *ThWAT* VI (1989): 233–247.

Stenger, Jan. "Körper, Kognition, Kultur. Körperteilbezeichnungen im Griechischen". In Müller und Wagner, *Synthetische Körperauffassung im Hebräischen und den Sprachen der Nachbarkulturen*, 163–183.

Stiglmair, A. "עוּף ". *ThWAT* V (1986): 1177–1183.

Stoebe, H. J. "רפא *rpʾ* heilen". *THAT* II[3] (1984): 803–809.

Stol, Marten. "Psychosomatic Suffering in Ancient Mesopotamia". In *Mesopotamian magic: Conference on Mesopotamian Magic*, herausgegeben von Tzvi Abusch, 57–68. Ancient magic and divination 1. Groningen, 1999.

Strauss, Hans. *Hiob, 2. Teilband: 19,1–42,17*. BK. AT, XVI/2. Neu"-kirchen-Vluyn, 2000.

Svenaeus, Frederik. *The Hermeneutics im Midicine and the Phenomenology of Health. Steps toward a Philosophy of Medical Practice*. Doordrecht – Boston – London, 2000.

Svenbro, Jesper. *La parole et le marbre. Aux origines de la poétique grecque: aux origines de la poétique grecque*. Lund, 1976.

Szeruda, Johann. *Das Wort Jahwes. Eine Untersuchung zur israelitisch-jüdischen Religionsgeschichte*. Łódź, 1921.

Tambiah, Stanley Jeyaraja. *Magic, science, religion, and the scope of rationality*. Cambridge, 1990.

Tambiah, Stanley Jeyaraja. "The Magical Power of Words". *Man* N. S. 3 (1968): 175–208.

Tavares, Ricardo. *Eine königliche Weisheitslehre? Exegetische Analyse von Spr 28–29 und Vergleich mit den ägyptischen Lehres Merikaras und Amenemhats*. OBO 234. Fribourg – Göttingen, 2007.

Thissen, Heinz J. "Die Lehre des Anchscheschonqi, P. Lovre 2414, P. Insinger". *TUAT* III, 2 (2005): 251–319.

Thon, Johannes. "'Oberfläche' und 'Tiefe' als Bildelemente in Weisheitssprüchen über sprachliches Verhalten". In *Studien zur Theologie des Alten Testaments: Studien zur Theologie des Alten Testaments ; Festschrift für Rüdiger Lux zum 65. Geburtstag*, herausgegeben von Angelika Berlejung und Raik Heckl, 333–355. ABG 39. Leipzig, 2012.

Thon, Johannes. "Das Interesse an Sprache in Gen 11". In Thon, Veltri und Waschke, *Sprachbewusstsein und Sprachkonzepte im Alten Orient, Alten Testament und dem rabbinischen Judentum*, 95–120.

Thon, Johannes. "Diachrones Sprachbewusstsein im Alten Testament am Beispiel von I Sam 9,9". In *Nichts Neues unter der Sonne? Zeitvorstellungen im Alten Testament, FS für Ernst-Joachim Waschke*, herausgegeben von Jens Kotjatko-Reeb, Stefan Schorch, Johannes Thon und Benjamin Ziemer, 37–54. BZAW 450. Berlin [u.a.], 2014.

Thon, Johannes. "Sprachbewusstsein in nichtklassischen Kontexten. Eine Einleitung aus alttestamentlicher Perspektive". In Thon, Veltri und Waschke, *Sprachbewusstsein und Sprachkonzepte im Alten Orient, Alten Testament und dem rabbinischen Judentum*, 1–27.

Thon, Johannes, Giuseppe Veltri und Ernst-Joachim Waschke, Hrsg. *Sprachbewusstsein und Sprachkonzepte im Alten Orient, Alten Testament und dem rabbinischen Judentum*. Halle (Saale), 2012.

Tov, Emanuel. "Recensional differences between the masoretic text and the Septuagint od Proverbs". In *Of scribes and scrolls. Studies on the Hebrew Bible, intertestamental Judaism, and Christian origins, FS John Strugnell*, herausgegeben von Harold W. Attridge und John J. Collins, 43–56. College Theology Society resources in religion 5. Lanham, Md. [u.a.], 1990.

Tov, Emanuel, und Frank Polak. "The Revised CATSS Hebrew/Greek Parallel Text". Department of Religious Studies, University of Pennsylvania, 2011.

Toy, Crowford H. *A Critical and Exegetical Commentary to the Book of Proverbs*. 3. Aufl. ICC. Edinburgh, 1914.

Tsevat, M. "חָקַר ḥāqar". *ThWAT* III (1982): 157–160.

Uehlinger, Christoph. *Weltreich und „eine Rede". Eine neue Deutung der sogenannten Turmbauerzählung*. OBO 101. Freiburg Schweiz – Göttingen, 1990.

Urbanz, Werner. "Schweigen (AT), August 2012". www.wibilex.de/stichwort/Schweigen.

Van Hecke, Pierre. *From Linguistics to Hermeneutics. A Functional and Cognitive Approach to Job 12–14*. Studia Semitica Neerlandica 55. Leiden, 2011.

Vanparys, Johan. "A Survey of Metalinguistic Metaphors". In Goossens u. a., *By Word of Mouth. Metaphor, Metonymy and Linguistic Action in a Cognitive Perspective*, 1–34.

Veltri, Giuseppe, Hrsg. *Gegenwart der Tradition. Studien zur jüdischen Literatur und Kulturgeschichte*. JSJSup 69. Leiden – Boston – Köln, 2002.

Veltri, Giuseppe. *Magie und Halakha. Ansätze zu einem empirischen Wissenschaftsbegriff im spätantiken und frühmittelalterlichen Judentum*. TSAJ 62. Tübingen, 1997.

Verschueren, Jef. *International News Reporting. Metapragmatic Metaphors and the U-2*. Pragmatics and Beyond, VI: 5. Amsterdam – Philadelphia, 1985.

Vittmann, Günter. *Altägyptische Wegmetaphorik*. VIAä 83. Wien, 1999.

Vogt, E. ",Ihr Tisch werde zur Falle' (Ps 69,23)". *Bib.* 43 (1962): 79–82.

von Soden, Wolfram. ",Weisheitstexte' in akkadischer Sprache". *TUAT* III, 1 (2005): 110–188.

Wagner, Andreas, Hrsg. *Anthropologische Aufbrüche. Alttestamentliche und interdisziplinäre Zugänge zur historischen Anthropologie*. FRLANT 232. Göttingen, 2009.

Wagner, Andreas, Hrsg. *Emotionen, Gefühle und Sprache im Alten Testament*. KUSATU 7. Waltrop, 2006.

Wagner, Andreas. "Wider die Reduktion des Lebendigen. Über das Verhältnis der sog. anthropologischen Grundbegriffe und die Unmöglichkeit, mit ihnen die alttestamentliche Menschenvorstellung zu fassen". In *Anthropologische Aufbrüche. Alttestamentliche und interdisziplinäre Zugänge zur historischen Anthropologie*, 183–199.

Wagner, Andreas, und Jürgen Van Oorschot, Hrsg. *Individualität und Selbstreflexion in den Literaturen des Alten Testaments*. 48. Leipzig, 2017.

Wagner, Volker. "Die Gerichtsverfassung Israels nach der Weisheitsliteratur des Alten Testaments". *BZ* 56 (2012): 96–106.

Wälchli, Stefan. "Zorn (AT)". http://www.bibelwissenschaft.de/stichwort/35502/.

Waschke, Ernst-Joachim. "Der *Nābî*ʾ. Anmerkungen zu einem Titel". *Leqach* 4 (2004): 59–63.

Waschke, Ernst-Joachim. "קוא *qwh*". *ThWAT* VI (1989): 1225–1234.

Webber, Jonathan. "Some Notes on Biblical Ideas about Language. An Anthropological Perspective". *European Judaism* 5 (1981): 21–25.

Weigl, Michael. *Die aramäischen Achikar-Sprüche aus Elephantine und die alttestamentliche Weisheitsliteratur*. BZAW 399. Berlin – New York, 2010.

Weinberg, Werner. "Language Consciousness in the OT". *ZAW* 92 (1980): 185–204.

Weippert, Helga. "Altisraelitische Welterfahrung. Die Erfahrung von Raum und Zeit nach dem Alten Testament". In *Ebenbild Gottes – Herrscher über die Welt. Studien zu Würde und Auftrag des Menschen*, herausgegeben von Hans-Peter Mathys, 9–34. Biblisch-Theologische Studien 33. Neukirchen-Vluyn, 1998.

Weiss, Andrea L. *Figurative Language in Biblical Prose Narrative.Metaphor in the Book of Samuel*. VT. S 107. Leiden – Boston, 2006.

Werning, Daniel A. "Der ,Kopf des Beines', der ,Mund der Arme' und die ,Zähne' des Schöpfers. Zu metonymischen und metaphorischen Verwendungen von Körperteil-Lexemen im Hieroglyphisch-Ägyptischen". In Müller und Wagner, *Synthetische Körperauffassung im Hebräischen und den Sprachen der Nachbarkulturen*, 107–161.

Westermann, Claus. *Wurzeln der Weisheit. Die ältesten Sprüche Israels und anderer Völker*. Göttingen, 1990.

Weyler, Tobias. "פְּרִי *perî*". *ThWQ* III (2016): 330–334.

Whybray, R. N. "The social world of the wisdom writers". In *The World of Ancient Israel. Sociological, Anthropological, and Political Perspectives*, Reprint, herausgegeben von R. E. Clements, 227–250. Cambridge, 1995.

Wilcke, Claus, Hrsg. *Das geistige Erfassen der Welt im Alten Orient. Sprache, Religion, Kultur und Gesellschaft, Nach Vorarbeiten von Joost Hazenbos und Annette Zgoll*. Wiesbaden, 2007.

Wildeboer, G. *Die Sprüche*. Freiburg i. B. – Leipzig – Tübingen, 1897.

Wilke, Alexa F. "Lüge / Lügen (März 2013)". http://www.bibelwissenschaft.de/de/stichwort/25176/.

Wilke, Annette. ",,Magisch-religiös"? Hinduistische Weltorientierung und Magie-Debatte". In Fiedermutz-Laun, Pera, Peuker und Diedrich, *Zur Akzeptanz von Magie, Religion und Wis-*

senschaft. Ein medizinethnologisches Symposium der Institute für Ethnologie und Anatomie, Westfälische Wilhelms-Universität Münster, 81–103.

Williams, Ronald J. "The Alledged Semitic Original of the *Wisdom of Amenemope*". *JEA* 47 (1961): 100–106.

Wolff, Hans Walter. *Anthropologie des Alten Testaments*. 6. Aufl. Kaiser-Taschenbücher 91. Gütersloh, 1994.

Zehnder, Markus Philipp. *Wegmetaphorik im Alten Testament. Eine semantische Untersuchung der alttestamentlichen und altorientalischen Weg-Lexeme mit besonderer Brücksichtigung ihrer metaphorischen Verwendung*. BZAW 268. Berlin – New York, 1999.

Zer-Kavod, Mordechay, und Yehudah Qil. ספר משלי / *sefær mišlê*. Jerusalem, 1983.

Zgoll, Annette. "Wort-Bedeutung und Bedeutung des Wortes. Von den Leipziger Semitistischen Studien zur modernen Akkadistik". In Wilcke, *Das geistige Erfassen der Welt im Alten Orient. Sprache, Religion, Kultur und Gesellschaft, Nach Vorarbeiten von Joost Hazenbos und Annette Zgoll*, 83–94.

Ziemer, Benjamin. *Abram–Abraham. Kompositionsgeschichtliche Untersuchungen zu Genesis 14, 15 und 17*. BZAW 350. Berlin – New York, 2005.

Autorenregister

https://doi.org/10.1515/9783110765663-006

Stellenregister

Genesis

1	16, 32
1,3	6
3,1	85
11	16
11,1-9	136
23,10	275
25,29f	173
31,2	200 (Fußnote 234)
37,14	139
40,7	200 (Fußnote 234)
41,40	189
49,3	253

Exodus

4,10	203 (Fußnote 247)

Leviticus

5,4	168

Numeri

4,20	281
22,7	288
30,7	205
30,9	205

Deuteronomium

8,3	119
11,14	201
28,12	201
28,50	200 (Fußnote 234)
29,19	9
30,15	183

Richter

4,21	173

1. Samuel

9,9	20, 21
18,21	133

2. Samuel

11,20	89
16,15-17,23	231
17,29	173
22,31	135

1. Könige

12,11	145
12,16	145
17,21f	294

2. Könige

3,17	198
22,13	64
22,17	64

Jesaja

3,10	118, 119
6,5	100
9,7	139
10,12	119
28,11	203 (Fußnote 247)
28,14	162
29,8	173
29,15	245
29,19	247
30,10	229
31,8	245

https://doi.org/10.1515/9783110765663-007

Canticum

Kohelet

Klagelieder

Esther

Daniel

Sumerian Proverbs (Alster)

Sfire III

Griechenland

Aristoteles

Menandri Monostichoi

Sextussentenzen

Rabbinica